MAISON

D'AMIENS

3541. — ABBEVILLE, TYP. ET STÉR. A. RETAUX. — 1888

MAISON

D'AMIENS

HISTOIRE GÉNÉALOGIQUE

PAR

J. NOULENS

PARIS

PICARD, LIBRAIRE-ÉDITEUR

82, RUE BONAPARTE, 82

CHEZ L'AUTEUR

15, RUE MIROMESNIL, 15

—

1888

D'AMIENS

COMTES, PRINCES ET CHATELAINS D'AMIENS,

COMTES DE FLIXECOURT, BARONS DE VIGNACOURT,

SEIGNEURS DE CANAPLES, L'ESTOILE, LA BROYE, BUIRES, BACHIMONT, ESTRÉES, DOURIEZ,

SAINT-OUEN, OUTREBOIS, HEM, HARDINVAL,

AURICOURT, FLESSELLES, LORSIGNOL, TALMAS, ORVILLE, ABOVAL,

REGNAUVILLE, SIRONVILLE, MESNIL-DONQUEUR, MONCHEAUX, FONTAINES, BRAILINCOURT,

REVILLON, CHASTELET, DESQUINTZ, SAVIÈRES, BECQUET, MOINET, LA COUR,

PIERRE-CLOUÉE, BERLES, LIBESSART, REBREUVES, HALLENCOURT, WARINGHIEN, LA FERTÉ,

RANCHICOURT, PLAISSIER, ETC.

PICARDIE, ARTOIS, COMTÉ DE PONTHIEU, FLANDRE, ROYAUME DE CHYPRE

ARMES

D'AMIENS : De gueules, à trois chevrons de vair. — *Couronne de comte.*

LES D'AMIENS FURENT, AU DÉBUT DE LA FÉODALITÉ, CHATELAINS, PRINCES ET COMTES D'AMIENS, BARONS DE FLIXECOURT ET DE VIGNACOURT.

Les premiers sujets connus de l'illustre et antique race des d'Amiens sont généralement qualifiés dans les Cartulaires et les Chroniques des XIIe et XIIIe siècles, *princes, châtelains* et *comtes d'Amiens.* Ces titres effectifs et assortis de droits régaliens pro-

1

venaient des grands offices et de la suprématie féodale exercés primitivement par les sires d'Amiens. ADAM D'AMIENS, que l'on retrouvera plus loin en tête de la filiation régulière de son lignage, est dit *princeps civitatis*, c'est-à-dire de la cité dont il portait le nom, dans les *Vitœ Sanctorum* de Surius (Vie de saint Geoffroy) pages 28, 29, IIᵉ partie. La même désignation hono- rifique lui est donnée par Nicolas, moine de Saint-Crépin de Soissons, dans sa *Vita S. Gofredi Ambianensis episcopi*[1], par A. de La Morlière dans *les Antiquitez historiques de la ville d'Amiens* et dans *le Recueil de plusieurs nobles Maisons du dio- cèse d'Amiens*[2]. Guibert de Nogent, contemporain et compatriote d'Adam, le signale aussi comme châtelain[3].

GUY D'AMIENS, fils et successeur d'Adam d'Amiens est énoncé comte et seigneur de Flixecourt, *Wido Ambianensis, comes et dominus Flessicurtis*, dans le *Gallia Christiana*, t. X, col. 1354. Il l'est également par D. Rumet dans la *Chronique du pays et du comté de Ponthieu,* et par l'abbé Ed. Jumel dans les *Monogra- phies picardes*, 2ᵉ série, pages 35 et suiv. On rencontre plusieurs fois, dans un manuscrit du XVIᵉ siècle[4], le nom de Guy d'Amiens précédé de la qualité de *Monseigneur* et suivi de celle de *comte d'Amiens*. « Monseigneur Guy d'Amyens, comte d'Amyens, fut

---

1. *Vita S. Gofredi Ambianensis, auctore Nicolao, monacho. (Recueil des historiens des Gaules,* t. XIV, p. 178-179). — SURIUS : *Vita S. Gofredi.* Cologne, 1570-1575. 6 vol. in-fol.

2. Amiens, 1630. In-4, p. 31-32.

3. *De vita sua, libris tribus.*

4. Généalogie de ceulx qui portent le nom et les armes d'Amyens, venant du comté d'Amyens, princes. *(Archives du château de Ranchicourt, Pas-de-Calais.)*

« marié à Madame ..... de Vinacourt, dame du dit lieu et de La
« Broye, Fraxelle, Flixecourt, Lestoile, Canaples, Talemas,
« Buyres, les Hallots, Bachimont, Regnauville, Vuarmes et
« d'Estrées-les-Crécy, et estoyt *comte d'Amyens*, en 1138 ; de
« laquelle eut quatre fils, Regnault, Thibault, Alliame et Ber-
« nard. » On lit encore dans le même mémoire : « Guy
« d'Amyens, dernier *comte d'Amyens*, mourut longtemps après
« son retour de la Terre-Sainte et est enseveli sous le petit por-
« tail de Nostre Dame d'Amyens[1]. »

DREUX D'AMIENS, petit-fils de Guy qui précède, est dit comte
d'Amiens, comme son aïeul, dans le *Nécrologe de l'Église d'A-
miens*, par l'abbé Roze, p. 181.

ALEAUME OU ALERME D'AMIENS, fils et héritier du dit Guy,
s'intitule ainsi dans une charte confirmative de 1151 qui sera
analysée plus loin : « Ego Alermus, Fleciscortis et Ambianis
« civitatis *princeps quartus*, recognosco et ad posterorum meo-
« rum memoriam conscribi facio, etc.[2] » Il cite, parmi les
témoins et les garants de sa ratification, son oncle Robert de
Boves, comte d'Amiens : « Robertus, comes Ambianensis, avun-
« culus meus. » Ce Robert, fils de Thomas de Marle, comparait,
en 1246, à côté de sa sœur Mahaut ou Mathilde, femme de Guy
d'Amiens, dans une concession de pêcherie nocturne, faite par
les parents de cet Aleaume d'Amiens en expiation de ses dé-

---

1. *Ut suprà.*
2. Collection Du Cange, Supplément français, n° 1203 ; Cabinet des titres ;
Bibliothèque nationale. — *Les Antiquitez de la ville d'Amiens*, par A. de La
Morlière, p. 57.

prédations sur les abbayes du diocèse[1]. D. Caffiaux[2], le P. Daire[3],
l'abbé Ed. Jumel[4] rappellent le rang élevé d'Aleaume d'Amiens
et ses qualités effectives de prince et de châtelain.

DE LA PUISSANCE ET DES PRÉROGATIVES DES COMTES, PRINCES, CHATELAINS ET BARONS AU MOYEN AGE.

Les d'Amiens priment en outre les barons de Flandre, de
Picardie et d'Artois à la fin du xiie siècle et au début du xiiie,
notamment dans les rôles des nobles de ces pays qui partici-
pèrent, le 27 juillet 1214, à la journée de Bouvines[5]. On y voit
figurer, en effet, immédiatement après le groupe des comtes de
Ponthieu, de Beauvais, de Saint-Pol, de Soissons, et en première
ligne des barons, Pierre d'Amiens, arrière-petit-fils de Guy dont
il a été question. Baudouin d'Aubigny, les sires Enguerrand
de Coucy, de Nesle, le vidame de Picquigny sont inscrits à sa
suite, ce qui témoigne, en ce temps de hiérarchie rigoureuse, que
la puissance de Pierre d'Amiens était supérieure à celle de ses
pairs et compagnons d'armes. Le même Pierre d'Amiens est
également inscrit sur le rôle officiel des comtes et des barons

1. *Cartulaire I du Chapitre d'Amiens*, fol. 32. — *Trésor généalogique*,
par D. Villevieille, publié par Henri et Alphonse Passier. T. I, p. 353. —
Histoire de l'État de la ville d'Amiens et de ses Comtes, par Du Cange. Amiens,
1840. In-8, p 289-292.
2. D. CAFFIAUX: *Trésor généalogique.*
3. *Histoire de la ville d'Amiens*, par P. Daire. T. I, p. 35-36.
4. *Monographies Picardes*. 2e S., Vignacourt, par l'abbé Jumel, p. 35.
5. *Noblesse et chevalerie du comté de Flandre, d'Artois et de Picardie*, par
Roger, p. 110.

de l'Artois qui devaient, au commencement du xiii° siècle, l'hommage et le ban à Philippe-Auguste : « *Barones* : Delphi- « nius de Alvernia — vice comes Thoarcensis, vice dominus « Pinqueiquiaci, — PETRUS AMBIANENSIS [1].» Regnault d'Amiens, sire de Vignacourt et de Flixecourt, est aussi cité parmi les barons qui signèrent la déclaration de 1225, pour pousser Louis VIII à anéantir les albigeois [2].

En ces âges lointains le titre n'était pas comme aujourd'hui une simple décoration du nom patronymique ; il était attaché à la glèbe. C'était donc la terre, honorée et honorante, qui communiquait son rang à ses détenteurs. C'est pour ce motif que les fiefs étaient appelés « *feuda dignitatum, seu feudales dignitates* ». En résumé le haut seigneur et après lui ses vassaux se trouvaient investis par les fiefs de leur prédominance à divers degrés. Aussi ces grands feudataires ont-ils toujours été regardés avec raison comme bien au-dessus des ducs, marquis et comtes de création monarchique, postérieurs au xvi° siècle. C'est à cette hauteur sociale que les d'Amiens se montrent entre 1000 et 1300 dans les cartulaires contemporains, le *Gallia Christiana*, la *Vie de Louis VI*, par Suger. Les premiers avaient la puissance réelle tandis que les derniers ne l'avaient que fictive et nominale. Au temps d'Adam, de son fils Guy et de son petit-fils

---

1. Scripta de feodis ad regem spectantibus et de militibus ad exercitum vocandis a Philippo Augusti regestis excerpta. (*Recueil des historiens des Gaules*, t. XXII, p. 682.)

2. *Ex Chronico Turonensi*, auctore anonymo S. Martini Turon. Canonico. (*Recueil des historiens des Gaules*, t. XVIII, p. 312, note *b*.)

Aleaume, ceux qui étaient châtelains, comtes et princes, comme eux, marchaient en tête de la société féodale.

De La Roque dans son *Traité de la noblesse* fait à propos du titre de prince les réflexions ci-dessous : « Après la qualité de « duc, dit-il, on met celle de prince, qu'on suppose précéder « celle de marquis et de comte quoiqu'ils aient été en concur- « rence ; mais l'exemple d'Epinoy qui, de comté, a été érigé en « principauté, semble décider la question. » Le grand feudiste prénommé donne ailleurs le pas au prince sur le marquis : « en suite du prince est le marquis. » Le rôle de prince, en dehors du sang royal, est moins bien défini dans les anciens juristes que celui des autres grands vassaux, mais, en l'interprétant de la manière la plus étroite, il n'en reste pas moins considérable et éminent. D'après Loyseau, *Traité des Seigneuries*, chap. v, n° 72, la principauté n'égalait point l'importance du comté, mais elle dépassait de beaucoup celle de la vicomté et de la baronnie.

La dignité de comte était une des plus élevées dans le monde féodal. Garibay, historiographe espagnol, suivant l'opinion de Vasco, affirme que les comtes étaient au-dessus, non seulement des marquis, mais même des ducs. L'opinion d'A. de La Roque confirme celle des auteurs précités. « Les titres de duc et de « comte étaient synonymes, ainsi qu'il se remarque par les « chartes et par les histoires qui ont traité des ducs de Norman- « die et de Bretagne, qui les appellent indifféremment ducs et « comtes... Les comtes de Champagne, de Toulouse et de « Flandre étaient en même considération que les ducs de Bre- « tagne, de Normandie et d'Aquitaine. » Le président Chassanée

estime qu' « en France le marquisat cède au comté ; en effet, les
« comtés avaient droit de préséance sur les marquis, comme
« Saluces. » Les premiers avaient le privilège d'assister au sacre
des rois et les seconds ne l'avaient pas. Mézeray, dans sa *Vie de
Charles VI*, constate également que le titre de comte est l'égal
de celui de duc. Selon de La Roque, on vit des marquisats,
érigés en comtés, comme celui de Juliers par Louis de Bavière,
en 1329. La pairie fut souvent donnée à un comté, jamais à un
marquisat. Le comte, dit M. Chéruel, dans son *Dictionnaire historique des Institutions de la France*, venait après le duc et le
roi et exerçait une quasi-souveraineté. En plein Moyen-Age, le
comte, comme le duc, devait être accompagné de quatre cents
lances au moins et sa bannière suivie de celles de ses barons.

La qualité de baron elle-même constituait des prééminences
exceptionnelles ; ceux qui la possédaient avaient le privilège de
dresser des fourches patibulaires, d'accorder gage de bataille,
d'être les pairs des ducs, des princes, même des souverains étrangers qui avaient des terres en France, enfin de les juger et d'être
jugés par eux. Ils étaient libres encore de tenir des cours ordinaires et plénières, des officiers domestiques, des échansons,
des panetiers, des écuyers tranchants, des filles d'honneur, tout
un personnel de roi. Plusieurs battaient monnaie et partici-
paient à la législation et aux grandes affaires de l'État. « Le
« bers (baron) a toute justice en sa terre, et le roi ne peut
« mettre ban en la terre au baron sans son assentement. »

Dans un grand nombre de chartes, une infinité de personnages du nom d'Amiens, sont, aux XIIᵉ et XIIIᵉ siècles, qualifiés

Monseigneur. Cette désignation honorifique n'était applicable, à cette époque, qu'aux barons et aux chevaliers, c'est-à-dire qu'à ceux qui avaient exclusivement le privilège de porter la lance, le haubert, la double cotte de mailles, celle d'armes, l'or, le vair, le petit gris, le velours, l'écarlate, de placer sur leur donjon une girouette qui était carrée, comme la bannière, pour les bannerets, et pointue, comme les pennons, pour les simples chevaliers.

Si les d'Amiens ne firent point usage de leur titre réel en toutes circonstances, postérieurement à la déclaration de 1225, c'est parce qu'un tel étalage était inutile pour les vieilles races, M. de Semainville va nous en donner la raison : « Tandis que « parmi les anciens leudes ou barons, il y en avait qui, posses- « seurs héréditaires de duchés, marquisats, comtés, etc., se « décoraient des titres de leurs fiefs, il y en avait d'autres, non « moins illustres et puissants, qui dédaignaient ces titres et « tenaient, au contraire, à l'honneur de se dire seulement sei- « gneurs des grands patrimoines qui leur appartenaient en franc- « alleu. Tels étaient les sires de Bourbon, de Beaujeu, de « Montmorency, de Coucy, de Sully, etc. [1]. »

ATTRIBUTIONS ET PRIVILÈGES DU CHATELAIN D'AMIENS.

Nous avons vu qu'Adam et Aleaume d'Amiens, son petit-fils, étaient et se qualifiaient « princes et châtelains de la cité d'A-

[1]. *Code de la Noblesse française*, par P. de Semainville, p. 567.

miens » dont ils occupaient la citadelle, comme seigneurs et capitaines. Nous allons essayer de montrer l'importance et les avantages de leur office héréditaire.

Au début du xii⁰ siècle, l'autorité féodale, dans la ville d'Amiens et la région environnante, était partagée entre l'évêque, le comte, le vidame et le châtelain qui possédait une forteresse appelée Châtillon. Celle-ci s'élevait sur l'emplacement de l'église Saint-Firmin et de la tour du beffroi. Les châtelains avaient en outre la garde de la citadelle et la juridiction supérieure sur les lieux circonvoisins. En temps de guerre ils devaient conduire les forces locales contre l'ennemi. Le P. Daire les assimile à des gouverneurs de villes frontières pourvus du triple pouvoir politique, militaire et judiciaire. La comparaison n'est juste qu'à demi, car ces derniers, loin d'avoir l'omnipotence des châtelains, relevant uniquement de leur épée, n'exerçaient qu'une autorité restreinte, et l'héridité de leurs charges était à la merci du bon plaisir royal.

Après une héroïque défense de sa citadelle, Adam d'Amiens ayant été obligé de la remettre, en 1117, à Louis le Gros, celui-ci la fit démanteler, ce qui n'empêcha pas les d'Amiens et leurs successeurs, pendant trois ou quatre générations, de conserver toutes les prééminences attachées précédemment à leur châtellenie. Le châtelain Adam, détenteur d'un quart de la principauté d'Amiens et des environs, était pour ainsi dire, grâce à la forte position qu'il occupait dans sa tour, maître de la cité qu'il avait mission de garantir contre les attaques du dehors. En retour de on protectorat, quelquefois oppressif, le châtelain percevait

divers droits qu'Augustin Thierry divise en généraux et particuliers. Les premiers frappaient tous les produits de la terre,
les autres ne portaient que sur les objets de commerce et de
consommation. Les droits généraux comprenaient; 1° *Le travers,*
2° *Le tonlieu,* 3° *Les coutumes. Le travers* variait selon qu'il était
appliqué au transport par terre ou par eau, il s'étendait par conséquent aux rivières aussi bien qu'aux routes aboutissant à
Amiens; *Le tonlieu* était une taxe douanière prélevée dans les
marchés et les foires à la fois sur le vendeur et l'acheteur; le
rendement de cette contribution était réparti entre l'évêque, le
comte et le châtelain. Ce dernier recevait en totalité les contri-
butions appelées *La coutume du Pont de grand pont* qui obligeait les bateliers à payer pour passer dessous, et *La coutume
des canges* qui imposait péage aux changeurs tenant comp-
toirs. « Le sire de Vignacourt, dit le P. Daire, d'après le Car-
« tulaire de l'évêché d'Amiens, prend dans la ville, en qualité de
« châtelain, et dans chaque taule à changeur de monnoye une
« poignée de deniers de la monnoye courante en la cité. »
Parmi les droits particuliers nous citerons entr'autres *le sesterage,* qui grevait le mesurage des grains, du sel et du vin; *le
pesage* des marchandises; *le forage ou afforage* « banum vini »
taxe fournie aux seigneurs par les taverniers; *l'estalage* sur les
marchés; *le toreillage,* spécial à l'avoine torréfiée servant à la
fabrication de la bière; *le cambage* dû par les brasseurs; *le wic-
turne* qui conférait au châtelain la faculté exclusive de pêcher
pendant une nuit déterminée de l'année; *le gréage* relatif à la
vente des coupes de bois; *la fouée* à celle des bois de construc-

tion et de chauffage [1]. Telles étaient les prérogatives honorifiques et temporelles du prince ou châtelain Adam d'Amiens et de ses enfants, plus d'un siècle et demi après la destruction du château d'Amiens. Louis le Gros en effet se contenta de raser le grand donjon sans amoindrir les honneurs et les prérogatives des châtelains ; aussi les d'Amiens en jouirent-ils sous les trois règnes suivants. Philippe le Hardi, ne trouvant pas à la convenance de la couronne cette communauté de possession dans la châtellenie d'Amiens, racheta, en 1275, de Dreux d'Amiens, sire de Flixecourt et de Vignacourt, la part de paréage que ses ancêtres ou lui avaient gardée jusqu'alors. C'est ainsi que les d'Amiens se dépouillèrent eux-mêmes de leur haute juridiction sur la ville.

Origine du nom de d'Amiens.

De La Morlière parle d'une façon générale de la suprématie exercée par les d'Amiens, comme princes et châtelains, antérieurement à la cession faite à Philippe le Hardi et indique qu'ils gardèrent le nom de la citadelle après sa destruction. « Il fait « bon et me semble très raisonnable, quoique j'en aye donné « des chapitres entiers au premier livre, que, parmy les sei- « gneurs d'alentour d'Amiens, l'on y voye des premiers ceux

1. A. Thierry : Recueil de Monuments inédits de l'Hist. du Tiers État, t. I, p. 70. — Monographies Picardes Flixecourt, par l'abbé Jumel, p. 25.
   Voir pour les droits du châtelain, aux Pièces justificatives, entre autres documents la Charte de Philippe d'Alsace. Dans cet acte, définissant la part de chacun des co-seigneurs, on voit clairement celle qui revient à Aleaume d'Amiens, prince et châtelain d'Amiens, l'un des contractants.

« qui en portent le nom, et y eurent autrefois de grands droits
« et beaucoup de puissance, avec ce qu'ils touchent de parenté
« à la maison d'Ailly, qui en tient encore aujourd'hui les terres
« de Vinacourt, Flexicourt, et la Broye, le plus ancien seigneur
« que l'on trouve portant ce nom d'Amiens est cet *Aleaume* ou
« *Adam d'Amiens*, père de *Guy d'Amiens*, du temps de nostre
« évesque S. Geoffroy, lorsque le roy Louys, dit le Gros, fit
« abattre le chasteau d'Amiens, où dominait cette maison, les
« seigneurs de laquelle prirent de là le nom de chastelains ou
« princes de la cité d'Amiens de quoy j'ai traicté au premier
« livre [1]. » Le P. Daire répète l'opinion de La Morlière.
« Nos châtelains étaient à peu près ce que sont nos gou-
« verneurs particuliers des villes. Ils prirent le surnom d'Amiens
« dès qu'ils s'en furent rendus propriétaires. Ils étaient les qua-
« trièmes seigneurs de la ville [2]. » Les d'Amiens par conséquent
adoptèrent pour nom patronymique celui de leur châtellenie ;
c'était la conséquence de l'usage du temps, « non seulement,
« remarque A. Levesque, la terre anoblit ses possesseurs, mais
« elle les nomme [3]. » Cette maxime, basée sur le principe féodal
que la glèbe était tout, avait été émise, longtemps avant par les
anciens feudistes notamment par de La Roque [4] qui s'exprime
ainsi à ce sujet : « ils ont pris leurs noms des principaux fiefs

1. *Recueil de plusieurs nobles et illustres maisons du diocèse d'Amiens*, par
A. de La Morlière. Amiens, 1630. In-4, p. 28.
2. *Hist. de la ville d'Amiens*, par le P. Daire. T. I, p. 34.
3 *Du droit nobiliaire français*, par A. Levesque, 1886. In-8, p. 16.
4. ANDRÉ DE LA ROQUE : *Traité de la Noblesse*, chap. XVIII.

« dont ils se firent propriétaires, *vocaverunt nomina sua in*
« *terris suis.* » Le même auteur que nous nous plaisons à
citer, parce qu'il est juge en dernier ressort dans l'espèce, complète ailleurs sa pensée. « Les Français ont tiré leurs noms
« propres en forme de nominatif des villages ou des terres qu'ils
« possédaient et mettant devant ou après le nom propre, ce qui
« était fort honorable, puisque cela témoignait qu'une terre
« était de toute antiquité dans une famille, et même qu'elle
« avait été édifiée par ceux qui en portaient le nom. De ce
« nombre est la maison de Montmorency, en France, etc. [1] »
Le président de Brosses est du même avis quand il dit: « Une
« marque infaillible de noblesse, est d'avoir pour nom de
« famille celui de la terre qu'on possède, pourvu qu'on ait de
« tout temps connu, porté le nom et possédé la terre, ou du
« moins qu'on soit évidemment connu pour descendant de ceux
« qui réunissaient les deux circonstances [2]. » La famille, dont
nous allons retracer le passé, se trouve dans cette condition.

CONSISTANCE DE LA TERRE DE FLIXECOURT

Faisons encore un emprunt aux *Monographies Picardes* de
M. l'abbé Jumel, qui a consacré le chapitre xi de sa notice sur
Flixecourt à l'étude de ce grand fief et aux d'Amiens, ses premiers seigneurs : « La seigneurie de Flixecourt fut dans
« l'origine avec celle de Vignacourt un des plus beaux apanages

---

1. A. DE LA ROQUE. *Traité de l'origine des noms*, chap. xvi.
2 *Mécanisme du langage.* T. II, p. 281-282.

« de la châtellenie d'Amiens dont les seigneurs formaient avec
« les comtes, les vidames et les évêques, un faisceau de pouvoirs
« féodaux. A l'exemple des rois de France, voulant avoir leur
« entourage et se former une cour, les châtelains d'Amiens frac-
« tionnèrent leur seigneurie de Flixecourt et accordèrent à un
« certain nombre d'hommes libres une partie de leurs terres ;
« c'est ce qui donna naissance à une multitude de fiefs. »

La châtellenie de Flixecourt comprenait dans son périmètre
(d'après des aveux et dénombrements de 1499 et 1688, l'Inventaire de la baronnie de Picquigny, le *Dictionnaire topographique*
de D. Grenier), les fiefs d'Agneux, du Chastelet ou Castelet, du
Moinet, de Caron, de Becquet, de la Cour de Fieffe, du Camp de
Poivre, des Vasseurs, du Bouchon, de Pierre Cloée ou Clavée,
de la Somme-Chierche, Labroye. Nous pourrions jeter un coup
d'œil analogue sur les autres possessions primitives de la maison
d'Amiens, telles que Vignacourt, l'Étoile, Canaples, Estrées,
etc., mais cet aperçu sur l'importante terre de Flixecourt suffit
pour donner une idée approximative de l'importance de ses
nombreux apanages.

ILLUSTRATIONS DE LA MAISON D'AMIENS

L'illustration de la maison d'Amiens est à la hauteur de son
antiquité, comme on va le voir par les faits et gestes de quelques-
uns de ses personnages primitifs qui se distinguèrent particulièrement aux Croisades où les d'Amiens à chaque génération se

succédèrent régulièrement. Certains d'entre eux même firent souche en Chypre. Si les d'Amiens ne jouèrent pas un grand rôle à la cour de France, c'est que l'Artois dépendait et relevait du duché de Bourgogne depuis 1384, époque où fut conclu le mariage de Philippe-le-Hardi avec Marguerite, fille du comte Louis de Mâle. En 1471, le comté passa à la maison d'Autriche et ne fut réuni de fait à la France qu'en 1659 par le traité des Pyrénées et en droit qu'en 1678 par celui de Nimègue.

ADAM D'AMIENS, le premier sujet bien connu de sa race, est qualifié prince d'Amiens, *princeps civitatis*, et châtelain de la même ville, par Nicolas, moine de Saint-Crépin de Soissons, dans la *Vie de saint Geoffroy* [1]; par Surius [2], dans son étude hagiographique sur le même prélat; par d'autres Chroniqueurs du temps, comme Guibert, abbé de Nogent [3], qui vivait de 1053 à 1124. Adam en sa qualité de châtelain d'Amiens possédait et commandait la citadelle appellée le Castillon [4], et exerçait un quart de la puissance locale, concurremment avec le comte, l'évêque et le vidame. Les bourgeois, opprimés par cette

1. « Inde vero omnium favore ad urbem suam revertens (episcopus) secum duxit ADAMUM ejus civitatis principem. » (*Recueil des historiens des Gaules et de la France*, t. XIV, p. 178-179 ; Vita S. Gofredi, Ambianensis episcopi, auctore Nicolao, monacho, S. Crispini Suessionensis).

2. SURIUS: *Vitæ sanctorum* (Vita S. Godofredi). Cologne, 1570. 6 vol. in-fol.

3. Ex Guiberti, abbatis de Novigento Monodiarum sive de Vita sua libris tribus. (*Recueil des historiens des Gaules et de la France*. T. XII, p. 260.)

4. Forte ADAMUM, *cujus erat turris Ambianensis* quam Castellionem vocabant, ejus cum Guarmundo Pinquiniaci vice domino inimicitias enarrat Nicolaus Monachus in Vita B. Godefri, tomo nostro. (*Recueil des historiens des Gaules*. T. XIV, p. 178.)

quadruple autorité féodale, entraînés par le mouvement et
l'exemple des cités voisines, avaient travaillé à leur affranchissement.

S'étant assurés de l'appui de l'évêque, du vidame et du concours du roi de France, ils rédigèrent les statuts de leurs franchises et les soumirent à l'approbation du comte Enguerrand de
Boves et du châtelain Adam d'Amiens qui la refusèrent[1]. La
population se souleva contre les deux feudataires. Les troupes
du comte ayant été refoulées hors des murs, Enguerrand de
Boves fut réduit à se réfugier auprès d'Adam dans la citadelle
que les troupes populaires et royales essayèrent vainement
d'enlever d'assaut. Thomas de Marle, fils et ennemi du comte,
naguère protecteur des habitants, se rapprocha de son père et
guerroya contre les gens de la commune auxquels il tua trente
hommes de sa main dans la première journée[2]. Sybille de
Namur, seconde femme d'Enguerrand et marâtre de Thomas de
Marle, avait voué à celui-ci une haine implacable; pour l'assou-
vir, elle fit clandestinement informer le vidame d'une marche
de son beau-fils qui tomba dans une embuscade nocturne. Grièvement atteint au jarret d'un coup de lance, Thomas de Marle
dut regagner son château pour y panser ses blessures et laisser
dans la tour d'Adam ses meilleurs guerriers et sa fille Mélisende,

---

1. *Recueil des historiens des Gaules et de la France.* T. XII, p. 260-261.
Ex Guiberti, abbatis de Novigento, Monodiarum sive de Vita sua, libris tribus. — *Lettres sur l'Histoire de France*, par A. Thierry. 1836. Vol. in-8,
p. 354-355. — *Boves et ses seigneurs*, par A. Janvier. Amiens, 1877. In-8,
p. 41 et suiv.

2. *Boves et ses seigneurs*, par A. Janvier, page 42.

« fiancée (dit M. Janvier), à *Adelelme*, beau jeune homme, fils
« du châtelain Adam [1]. La présence de cette jeune fille dans les
« murs du Castillon en était assez pour que Sybille s'apprêtât à
« tourner ses armes contre Adam. » Thomas, ne pouvant, à
cause de son état, secourir la place cernée par le vidame, se ven-
gea en faisant égorger par ses sicaires Gauthier, archidiacre de
Laon, frère de Sybille de Namur. Geoffroy, évêque d'Amiens,
voyant son église désolée, désespérant de la cause populaire qu'il
avait soutenue, résigna lui-même sa fonction pontificale et se
retira à la Grande-Chartreuse, près de Grenoble. Un grand concile, assemblé à Beauvais, lança par la bouche de Conon,
évêque de Preneste et légat du Saint-Siége, l'excommunication
contre Thomas de Marle et le dégrada de l'ordre de la chevalerie et de toutes les dignités féodales. La garnison du Castillon,
commandée par Adam d'Amiens, pendant ce temps, faisait jour
et nuit des sorties meurtrières. L'évêque Geoffroy, rappelé par
un synode, avait repris possession de son siége. Le dimanche
des Rameaux de l'année 1115, en présence du roi et du peuple
assemblé, il prononça un sermon sur les calamités du temps et
promit de la part de Dieu le royaume du ciel à quiconque suc-
comberait dans l'attaque du Castillon [2]. D'après Guibert de
Nogent, et contrairement à l'assertion de Suger, les troupes
royales et les bourgeois, sous les ordres de Louis le Gros lui-
même, s'élancèrent à l'assaut du Castillon. L'évêque se rendit

---

1. *Boves et ses seigneurs*, par A. Janvier, p. 43.
2. Idem. — *Recueil des Monuments inédits de l'Histoire du Tiers-État*, par
A. Thierry. T. I, p. 30.

pieds nus en pèlerinage à Saint-Acheul et pria le Seigneur de
favoriser les assaillants. La lutte fut acharnée, les femmes elles-
mêmes y prirent part en lançant sur les défenseurs une grêle de
pierres du haut des tours roulantes que l'ingénieur Aleran avait
dressées en face des remparts. Les assiégeants, malgré leur bravoure, furent repoussés et leurs machines écrasées par les cata-
pultes établies sur les murs. Le nombre des morts fut considérable, et le monarque lui-même fut frappé à la poitrine d'une
flèche qui avait traversé son haubert[1]. Louis le Gros ne crut pas
devoir recommencer l'entreprise et se contenta de faire investir,
avant son retour à Paris, la citadelle du Castillon par une partie
de ses soldats. Adam, après avoir résisté pendant deux ans, dut
finalement capituler, faute de renforts, et remettre la place aux
troupes royales qui s'empressèrent de la démolir et raser[2]. Sa
destruction rétablit une douce paix dans le pays, dit Suger, et la
puissance comtale sur la ville d'Amiens fut en grande partie
retirée à Thomas de Marle. Adam d'Amiens perdit son château,
mais garda ses grands honneurs et priviléges, puisqu'on retrouve
postérieurement le titre de comte porté par Guy, fils d'Adam
d'Amiens et celui de prince et châtelain par Alleaume, son petit-
fils. Aussi Augustin Thierry fait-il à ce sujet cette remarque :
« A cette époque (vers 1168), aucun changement notable n'avait

---

1. *Boves et ses seigneurs*, par A. Janvier, p. 46. — *Lettres sur l'Histoire
de France*, par A. Thierry. 1 vol. in-8, 1836, pp. 359-360. — Ex Guiberti,
abbatis de Novigento, Monodiarum sive de Vita sua. (*Recueil des historiens
des Gaules et de la France*, t. XII pp. 262 et 263.) — Voir aux *Pièces justificatives*, PREUVE I.

2. Idem., idem.

« encore modifié l'état de choses qui durait depuis l'établisse-
« ment de la commune. Le comte, l'évêque, le vidame et le
« châtelain, d'une part, formaient toujours un faisceau de pou-
« voirs féodaux assez peu d'accord entre eux ; de l'autre, la
« commune, forte de son unité et du morcellement de l'autorité
« seigneuriale, tendait chaque jour à conquérir de nouveaux
« droits[1]. » Adam d'Amiens bataillant, en 1110, contre le vidame, fut fait prisonnier par son mortel ennemi, comme on le
verra dans la filiation où nous reproduirons certains détails
dramatiques d'après le récit qu'en a fait le moine Nicolas en
sa *Vie de S. Geoffroy*[2]. Le P. Daire, dans son *Histoire de la
ville d'Amiens*, prétend que S. Geoffroy, l'un des prélats qui
honorèrent le plus l'église d'Amiens, avait pour Adam grande
estime et profonde amitié en raison de son humeur pacifique. Il
aurait dû ajouter, pour être exactement véridique, qu'Adam ne
montra de telles dispositions que vers la fin de sa carrière et à la
suite de ses malheurs. L'abbé de Saint-Denis, qui fut le conseil
et le compagnon de Louis le Gros dans la répression des hauts feudataires, nous représente Adam d'Amiens comme un homme
terriblement turbulent et belliqueux et le traite même de *tyran
cruel*[3]. On doit reconnaître que ce grand seigneur et son
parent Thomas de Marle butinaient en effet volontiers

---

1. *Recueil des Monuments inédits de l'Histoire du Tiers-Etat.* Région du
Nord, par A. Thierry. T. I, p. 70.

2. *Ex vita S. Gofredi, Ambianensis episcopi,* auctore Nicolao, monacho
S. Crispini Suessionensis. (*Recueil des historiens des Gaules et de la France.*
T. XIV, p. 178-179.)

3. SUGER : *Vie de Louis le Gros.* Collect. Guizot, p. 102-103.

sur les abbayes et le pauvre monde. La maxime de la force
primant le droit était à cette époque partout pratiquée en haut
lieu. L'impartialité de Suger toutefois peut être suspectée car,
étant juge et partie, il cherchait à faire valoir son œuvre en
noircissant de son mieux les ennemis de la couronne qui avaient
été aussi les siens. Malbrancq [1], et après lui M. Janvier, donnent
pour femme à Adam d'Amiens BÉATRIX DE BOVES, fille
d'Enguerrand, comte d'Amiens, et de Sybille de Namur [2]. De ce
mariage naquirent le comte Guy d'Amiens et Hugues d'Amiens
l'illustre archevêque de Rouen dont nous allons nous occuper.

GUY D'AMIENS, comte et châtelain d'Amiens, comte de
Flixecourt, sire de Vignacourt, Canaples, Bachimont, la Broye,
Buire, l'Estoile, Flesselles, Talmas, Estrées, Outrebois, Regnauville et autres lieux, est ainsi qualifié dans le *Gallia Christiana* :
« WIDO AMBIANENSIS, COMES ET DOMINUS FLESSICURTIS. » Ces déno-
minations honorifiques lui sont appliquées à propos de l'installation
des moines de l'église Saint-Jean-Baptiste d'Amiens en 1136 et
de la restauration des autels Saint-Marcel, Saint-Germain et de
Varincourt, exécutée à ses frais [3]. Il est en outre appelé fréquemment *Monseigneur et comte d'Amiens* dans un vieux manuscrit
du XVIᵉ siècle que nous citerons dans la ligne filiative où nous
étudierons moins rapidement la figure de Guy d'Amiens. D'après
certains papiers domestiques, il serait allé un des premiers en

1. MALBRANCQ : *De Morinis*, II, p. 489.
2. *Boves et ses seigneurs*, par A. Janvier, p. 48.
3. *Gallia Christiana*. T. X, col. 1354.

Palestine au temps de la deuxième croisade, c'est-à-dire un peu avant 1146. L'abbé Jumel assure que « Guy d'Amiens, se dispo-« sant au voyage de la Terre-Sainte, changea ses armes à « l'exemple de plusieurs seigneurs et prit : *De gueules, à trois* « *chevrons de vair* [1]. » Nous avons toutefois lieu de croire qu'il ne put réaliser son projet de pélerinage outre mer et qu'il était mort vers la fin de 1146. Dans tous les cas il existait encore en cette dernière année et la précédente, où nous le voyons, dans une charte de 1146, assister son fils Aleaume d'Amiens concédant aux chanoines de Flixecourt le droit de pêche nocturne, une fois l'an, sur les canaux de la rivière de Somme, et *dimidium banni,* (la moitié du ban de vin), pendant quinze jjours [2]. Guy d'Amiens porta le titre de comte d'Amiens pendant le séjour de son beau-frère Robert de Boves à la cour de Guillaume le Mauvais, roi de Sicile. Il avait épousé MATHILDE DE BOVES, fille de Thomas de Marle, sire de Coucy, et de Melisende de Crécy. C'est pour ce motif que, dans les chartes de 1145 et 1146, le fils de Guy, Aleaume d'Amiens prince et châtelain, est déclaré neveu du comte Robert de Boves [3].

HUGUES D'AMIENS, abbé de Saint-Martial de Limoges en France, de Saint-Pancrace de Leuves et de Reading en Angle-

---

1. *Monographies picardes : Flixecourt,* par l'abbé Jumel, br. in-8, p. 86.
2. *Trésor généalogique* de D. Villevieille, publié par H. et A. Passier. T. I, p. 253. — *Recueil des Monuments inédits de l'Histoire du Tiers-État,* par A. Thierry. T. I, page 71. Note.
3. *Cartulaire de l'abbaye de Saint-Jean d'Amiens.* — Du CANGE, *suppl.* *Français* n° 1203 ; Bibl. nationale, Mss. — DE LA MORLIÈRE : *Les Antiquitez de la ville d'Amiens,* p. 96.

terre, archevêque de Rouen, était fils d'Adam d'Amiens, prince et châtelain de cette ville, et de Béatrix de Boves issue d'Enguer-rand de Boves, comte d'Amiens et de Sybille, sa seconde femme [1]. De la Morlière et surtout M. Janvier sont les seuls qui aient présumé ou indiqué d'une façon précise l'origine et la famille de cet illustre prélat. M. Janvier, après avoir établi, sur des titres irrécusables, les alliances de la Maison d'Amiens avec celle de Boves, et notamment celle d'Adam, prince et châtelain d'Amiens, avec Béatrix, fille d'Enguerrand de Boves, comte d'Amiens, pense avec raison que Hugues d'Amiens, archevêque de Rouen, était né de cette union [2]. Le savant et scrupuleux historien de la dynastie des Boves en élimine Hugues pour le restituer à celle d'Amiens. Nous essayerons de compléter tout à l'heure l'identité de Hugues, archevêque de Rouen, et de prou-ver que son nom patronymique était *d'Amiens* et non point *de Boves,* lequel était celui de sa mère. Nicolas Le Long [3], les au-teurs de la *France littéraire* [4], et la plupart des hagiographes et biographes ont erré sur ce point en faisant sortir Hugues de l'antique race des de Boves dont il descendait seulement en ligne féminine. M. Fisquet dans sa *France Pontificale*, page 85, l'au-teur de la notice sur Hugues d'Amiens dans la *Nouvelle biogra-*

---

1. Voir plus loin la place de Hugues dans la filiation. — *Antiquités his-toriques et choses les plus remarquables de la ville d'Amiens,* par A de La Morlière, p. 28, II° partie.

2 *Boves et ses seigneurs,* par A. Janvier ; page 48, note.

3. *Histoire civile et ecclésiastique du diocèse de Laon,* par D. Nicolas Le Long, p. 269-270.

4. T. XXV, p. 349.

phie générale de M. Firmin Didot, interprétant de La Morlière à contre-sens, ont prétendu aussi que Hugues d'Amiens était un rejeton de la souche des de Boves. Or, de La Morlière estime au contraire qu'il était frère de Guy d'Amiens lequel avait pour père Adam d'Amiens, sujet initial de notre filiation, et pour mère Béatrix de Boves, qui, après la fin tragique de son mari, se retira dans un couvent. Voici le texte même de La Morlière qui renverse absolument l'interprétation de M. Fisquet à propos de la naissance de Hugues : « Il (Adam) eut pour fils Guy d'Amyens

« (nos chartes disent *de Ambianis*) chastelain d'Amyens, seigneur

« de Flexicourt, de Vinacourt, etc…, lequel avec sa femme

« Mathilde et son frère Hugues (*clericus* ce dit le tiltre) fut le

« premier fondateur du prieuré de Saint-Firmin-au-Val, peu

« après 1131…, où quelquefois je me persuade, à part moy,

« que cet *Hugues*, clerc, soit celui qu'Ordericus Vitalis en son

« *Histoire ecclésiastique* appelle *Hugo Ambianensis*, première-

« ment prieur de Cluny, puis abbé de Radinges, en Angleterre,

« l'an 1130, élu archevesque de Rouen, homme de grande

« réputation, m'induisant à le croire certain manuscrit que j'ai

« autrefois veu et cité, portant que nostre dit Guy d'Amyens

« attouchoit de parenté au roy d'Angleterre [1]. » L'erreur de Fisquet et des autres écrivains qui ont répété celle du *Gallia Christiana* [2] (t. XI, col. 43-44) est basée sur un document sphra-

---

1. *Les Antiquitez de la ville d'Amiens*, par A. de La Morlière, p. 29. 2ᵉ partie.

2. « Ut est de cogno nis illius origine quam qui la n inde esse d d ic- tam existimant, quod Hugo fuerit de gene re comitum Ambianensium » Les auteurs du *Gallia Christiana* ont cependant mentionné, t. X, col. 1364,

gistique mal compris et interprété. On voit en effet dans le contre-sceau de Hugues d'Amiens en pierre gravée, un *bœuf* figuré dans l'écu [1]. Présumant, ce qui n'est pas établi [2], que le *bœuf* était, à l'origine, le symbole héraldique des de Boves, les écrivains en question ont conclu que le prélat dérivait directement de cette puissante dynastie féodale. Or, même en admettant cette hypothèse, la figure animale du contre-scel ne pouvait remémorer que sa mère Béatrix de Boves, ce qu'il est facile de démontrer. La face du sceau étant ordinairement réservée aux armes paternelles, il advenait que le contre-sceau représentait souvent le blason de la femme ou de la mère, selon que le possesseur était marié ou ecclésiastique. Dans ce dernier cas les hauts dignitaires de l'église remplaçaient les armoiries de leurs ascendants masculins par une figure sacerdotale.

Le sceau, de familial, devenait ainsi privé et professionnel, mais le contre-sceau, resté disponible et ne pouvant remplir les fonctions du sceau, était quelquefois appliqué au souvenir d'une

sans le reconnaître, Hugues comme *patruus* de Guy, comte d'Amiens et de Flixecourt, à propos d'une chartre de 1136 où celui-ci déclare avoir restauré les autels de Saint-Marcel et de Saint-Germain. Or Hugues, présent à cet acte, était frère et non oncle de Guy d'Amiens. Le texte du document original, portait *frater*, ce que de La Morlière avait constaté avant nous. Il importe peu d'ailleurs que le Hugues en question, identique selon nous à l'archevêque de Rouen, fut le frère ou l'oncle paternel de Guy car, dans un cas comme dans l'autre, il faut toujours conclure qu'il appartenait à la race des d'Amiens et non à celle des de Boves.

1. *Collection de Sceaux*, par M. Douet d'Arcq, Ire partie, t. II, p. 1167-1168, nos 6361-6362. (Voir aux *Pièces justificatives*, PREUVE III.)

2. Les DE BOVES portaient : *Fascé de vair et de gueules*, qui est Coucy, et le plus souvent : *De gueules, à la bande d'or à deux cotices de même*, qui était Boves.

alliance de soi ou des siens. Louis VII, par exemple, se montre dans un contre-sceau en duc d'Aquitaine, c'est-à-dire comme époux d'Eléonore. Le *Contra sigillum* de Mathieu, comte de Beaumont, reproduit le blason de sa femme ; il en est de même de celui de Raoul de Fougères en 1162. En résumé le *bœuf* que l'on remarque sur l'intaille de Hugues d'Amiens, archevêque de Rouen, doit indiquer sa parenté avec les de Boves qui se sont toujours appelés Boves, Marle ou Coucy, et n'ont pris le qualificatif d'*Ambianensis* qu'à la suite du titre de comte ; tandis que l'archevêque de Rouen a pour nom patronymique *Ambianensis*. Le prénom de Hugues, d'ailleurs, n'existe chez aucun membre de cette famille, du moins aux xi⁰ xii⁰ siècles. Il résulte de tout ce qui précède que Hugues d'Amiens, dont nous allons raconter la vie édifiante, appartient légitimement à la race des d'Amiens. Il était donc né à Amiens et non pas à Laon où son père Adam l'envoya seulement quand il fut d'âge à suivre les leçons du célèbre théologien Anselme, surnommé le scholastique ou le docteur des docteurs. Hugues vint s'asseoir sur les bancs, naguère occupés par Abélard et Guillaume de Champeaux, et à côté de son cousin Mathieu, qui devint successivement, de moine de Cluny, prieur de Saint-Martin-des-Champs, cardinal-évêque d'Albano et légat du Saint-Siège[1]. Hugues d'Amiens prit l'habit

---

1. *Histoire littéraire de la France*. T. VII. p. 90. — *Histoire civile et ecclésiastique du diocèse de Laon*, par D. Nicolas Le Long, p. 26⁰-270. — *Gallia Christiana*. T. XI, col. 43, 44 et suiv. — *La France pontificale*, par H. Fisquet, métropole de Rouen, p. 85-94. — Hugues d'Amiens avait encore pour condisciples à l'école de Laon, Enguerrand de Coucy qui devint évêque de cette ville, Albéric de Reims qui fut plus tard archevêque de Bourges.

religieux à Cluny et fut pourvu du prieuré de Saint-Martial de
Limoges en 1115. On le retrouve plus tard en Angleterre gou-
vernant d'abord l'abbaye de Saint-Pancrace de Leuves et ensuite
celle de Reading, la première dans le diocèse de Chichester, la
seconde dans celui de Salisbury. A cette époque les clercs de
Normandie entretenaient avec ceux d'outre-Manche des rapports
intimes et se prêtaient un mutuel appui pour les réformes intérieures. En novembre 1128, le siège métropolitain de Rouen se
trouva vacant par la mort de son titulaire Geoffroy; les suffrages
du chapitre désignèrent pour son successeur Hugues d'Amiens,
qui parcourait alors la Normandie. Le nouvel archevêque,
quoique confirmé dans son élection par son cousin Henri, roi
d'Angleterre, et l'évêque de Salisbury, déclina l'honneur dont
il était l'objet. Les chanoines se tournèrent alors vers le pape
Honorius pour le prier d'employer son autorité à faire revenir
Hugues d'Amiens sur sa résolution. La lettre adressée au souverain Pontife en cette occasion a été conservée dans le *Spici-
lège* de dom Luc d'Achéry, t. III, p. 151 et dans le *Gallia Christiana*; en voici la traduction [1]. « Au seigneur Honorius, pape
« universel, l'église de Rouen, toute obéissance en Jésus-Christ.
« Nous avons élu d'une voix unanime pour notre archevêque
« votre fils Hugues, abbé de Reading. A ce propos nous avons
« demandé et obtenu le consentement de Henri, roi d'Angle-
« terre notre sire. Nous avons également prié l'évêque de Salis-
« bury, sous l'autorité duquel il remplissait les fonctions d'abbé,
« de nous le rendre libre et dégagé de toute juridiction. Cette

---

1, Voir le texte latin aux *Pièces justificatives*, PREUVE III.

« liberté lui a été rendue. Mais comme il nous a révélé lui-même
« que nous ne pouvions l'avoir pour archevêque sans le con-
« sentement de votre autorité, ce qui nous a été confirmé en
« outre par ces mots que renferment vos lettres adressées au roi
« d'Angleterre : Nous le retenons donc sur le premier droit et
« notre puissance comme clerc spécial de Saint-Pierre, c'est
« pourquoi nous supplions le pouvoir de Votre Sainteté de
« nous le donner, assurant Votre Grandeur qu'il nous sera
« d'autant plus cher que nous le tiendrons d'elle et que nous le
« considérerons comme un don du Siège Apostolique. Mais nous
« la conjurons de nous accorder très humblement cette grâce
« et cette satisfaction de telle sorte que nous le recevions d'elle
« si libre et si exempt de toute puissance supérieure que son
« unique dépendance soit d'être à jamais sous la protection de
« Votre Sainteté Très Cher Père et Seigneur. » Hugues d'Amiens
céda à l'injonction de la cour de Rome et fut sacré, le 14 septembre 1130, par Richard, évêque de Bayeux, dans l'église Saint-
Ouen, en présence du monarque anglais. Saint Bernard qui
était son ami lui écrivit de Clairvaux pour le féliciter sur son
avènement et lui conseiller d'apporter dans son administration
autant de patience que de mesure, vertus plus nécessaires à un
archevêque de Rouen qu'à tout autre, sous prétexte que ce
dernier doit vivre désormais au milieu des méchants. L'année
même de sa consécration l'église de Saint-Martin d'Aumale fut
convertie en abbaye par Hugues d'Amiens. Grégoire Papi, élevé
au trône de Saint-Pierre sous le nom d'Innocent II en 1130, fut
par suite de la compétition d'Anaclet II réduit à se réfugier en

France. Hugues d'Amiens lui fit, en mai 1131, une réception magnifique à Rouen. Le Saint Père, durant son séjour dans la capitale
de la Normandie, ratifia une rente de 100 marcs d'argent constituée par Henri Ier roi d'Angleterre, sur les tailles de Londres
et de Lincoln en faveur des moines de Cluny. Le 18 octobre
suivant, Hugues d'Amiens, durant le concile de Reims, où il
avait accompagné Innocent II, présenta à celui-ci des lettres du
roi d'Angleterre contenant des promesses de fidélité à l'adresse
du Pontife en exil. Le pape et l'archevêque s'étant ensemble
rendus à Bruxelles pour bénir l'hôpital de Saint-Jean, le dernier obtint du premier une bulle qui garantissait les privilèges
de la ville de Rouen. Le 26 juillet 1132 Innocent II dépêchait
des lettres au pasteur du diocèse de Rouen pour l'inviter à raffer-
mir la discipline de certains ordres monastiques.

La *Biographie* Didot résume les débats de Hugues d'Amiens
avec les abbés de Normandie de la manière suivante : « On a fait
« grand bruit de ses différends avec les abbés de Normandie. Ces
« abbés jouissaient d'une assez grande liberté. Un de leurs pri-
« vilèges, fondé plutôt sur la coutume que sur quelque déci-
« sion canonique, était qu'ils ne devaient aucun serment au
« pasteur métropolitain. Hugues prétendit introduire dans son
« diocèse cet usage du serment, qui était en vigueur dans la
« plupart des diocèses voisins, mais les abbés lui résistèrent.
« Le roi d'Angleterre, les prenant sous sa protection, plaida
« devant le pape la cause de leur indépendance traditionnelle,
« et le pape écrivit à l'archevêque de Rouen d'abandonner ses
« prétentions, ce que celui-ci fut obligé de faire, quoique à

« regret. » Les moines du Pin ayant consenti en 1133 à se dessaisir du prieuré de Notre-Dame de Bacqueville, Hugues d'Amiens l'offrit à Guillaume, abbé de Tiron. Dans son activité incessante il concourut l'année suivante au concile de Jouarre et, en 1135, à ceux de Montpellier et de Pise, ces deux dernières fois comme légat. Il déploya dans ces synodes autant de zèle que de savoir pour sauvegarder l'unité de l'Église. Postérieurement à ces grandes assises catholiques le pape lui donna mission de régler en Italie diverses questions de casuistique et de politique européenne. Son éloignement prolongé souleva des murmures dans son diocèse ; on l'accusait de sacrifier les intérêts de sa province à ceux du Saint-Siège. Touché par ces protestations Hugues regagna Rouen en 1135 et plaça sous le patronage de tous les Saints la chapelle de Bellencombre. Il s'attira le mécontentement et la haine du roi Henri Ier qui venait de donner l'évêché de Bayeux à Richard, fils naturel du comte de Glocester. L'investiture ayant été refusée par l'archevêque, le conflit menaçait de passer à l'état aigu lorsqu'il fut apaisé par l'intervention du pape qui accorda une dispense à Richard. Henri Ier, avec lequel Hugues s'était réconcilié, l'appela à son chevet dans ses derniers moments, car ce prince, malgré l'opposition du chef spirituel de la Normandie, lui avait conservé une estime profonde. La lettre de l'archevêque, annonçant au pape la mort du troisième fils de Guillaume le Conquérant[1], se trouve tout entière dans l'*Historïa novella* de Guillaume de Malmesbury[2],

1. Mort à Saint-Denis-le-Thibout, le 1er décembre 1135.
2. Qui vivait de 1066 à 1142.

lib. I., f° 100 ; dans l'*Histoire des Archevêques de Rouen,* par
Dom Pommeraye, page 327. (V. aux *preuves supplémentaires,*
PREUVE III). En 1136, l'abbaye de Saint-Ouen fut ruinée
par un incendie qui dévora plusieurs quartiers de Rouen. Les
misères sans nombre, occasionnées par ce sinistre, furent en
partie soulagées par la charité du prélat qui se multiplia pour
recueillir des offrandes et se dépouilla pour venir en aide aux
malheureux. Henri Ier avait succombé, comme on l'a déjà vu,
en 1135 ; le royaume d'Angleterre fut revendiqué par sa fille
Mathilde, veuve de l'empereur Henri V et remariée à Geoffroy
Plantagenet, comte d'Anjou, en même temps que par Etienne,
comte de Blois et de Boulogne, fils d'une sœur d'Henri Ier et
petit-fils de Guillaume le Conquérant. Étienne s'était tout
d'abord proclamé à Londres et avait ceint la couronne ducale
de Normandie avec le concours de son partisan Hugues
d'Amiens. Après neuf ans de lutte intestine le prétendant et sa
rivale signèrent un traité de paix qui maintenait l'Angleterre
à Étienne. Hugues, devenu conseiller intime du roi, non seulement pour les affaires religieuses mais civiles, contresigna la
charte par laquelle son souverain instituait une maison de chanoines réguliers à Douvres et reçut des instructions pour faire
respecter la Trève de Dieu qui avait force de loi en Normandie.
En 1137 les chanoines de Saint-Evroul et les moines de Mortain se disputaient un droit de sépulture ; ce différend se dénoua
à l'amiable grâce à l'entremise de l'archevêque de Rouen qui
pacifia aussi, selon Guillaume de Malmesbury, la querelle pen-
dante entre le comte de Boulogne et Robert, comte de Glo-

cester. Le monastère de Mortain fut également en 1137 rattaché à l'ordre de Citeaux par Hugues d'Amiens qui, l'année suivante, posa la première pierre de l'abbaye d'Ardenne au diocèse de Bayeux et distribua certains domaines disponibles entre Serlon, abbé de Saint-Lucien, et Josselin, abbé de Notre-Dame d'Eu. Nous avons dit que l'assistance, prêtée à l'avènement d'Étienne, avait valu l'amitié et la confiance de ce prince à l'archevêque de Rouen. Aussi profita-t-il de son crédit pour prendre la revanche de son échec contre les abbés, demeurés indépendants, contrairement à la volonté de Hugues, qui avait tenté de leur imposer sa domination. L'entreprise recommença cette fois avec succès et plusieurs abbés firent acte de soumission; dans le nombre nous pouvons citer Thibault, abbé du Bec, qui jura obéissance, le jour de son sacre (1136), à son chef métropolitain. Ce Thibault fut plus tard archevêque de Cantorbury. Dans maintes circonstances, comme dans celle que nous allons rapporter, le roi Étienne recourut aux lumières et au dévouement de Hugues d'Amiens. Les évêques d'Angleterre avaient construit dans leurs diocèses des châteaux forts qui étaient une menace pour le pouvoir royal. Le monarque ayant mis la main sur ces citadelles épiscopales, le clergé britannique soutenu par Henri, évêque de Winchester, frère du roi et plus jaloux des droits de l'Église que de ceux de la couronne, protesta avec énergie et assigna le souverain devant un concile. La cause de la monarchie, quoique défendue par Albéric de Were, éminent docteur, était presque perdue lorsque la situation fut sauvée par l'éloquence de Hugues d'Amiens qui interpella ses pairs et leur demanda avec véhémence comment ils pourraient établir que des forteresses étaient nécessaires à des ministres de paix. « Mais quand même, ajouta-t-il, vous feriez « voir que vous pouvez en posséder sans contrevenir aux « canons, de quel droit pouvez-vous refuser de les remettre aux « mains du roi, dans un temps où le royaume est menacé d'une « invasion? N'est-ce pas au roi à veiller à la sûreté de l'État, et « des sujets peuvent-ils lui refuser l'entrée de leurs places sans « se rendre coupables de révolte ? » Ce discours produisit un effet si décisif que les prélats renoncèrent à fulminer l'excommunication préparée d'avance. Toutes les influences dans l'entourage du roi durent s'incliner devant celle de Hugues d'Amiens toujours plus puissant. Il repassa la Manche en 1149 et rentra en normandie où il mitra l'évêque d'Evreux, Rotrou de Warwick, qui fut son successeur sur le siège métropolitain de Rouen. Suger, le sage ministre de Louis VII qui tenait Hugues d'Amiens en profonde estime, l'appela en 1140 à l'abbaye de Saint-Denis pour célébrer la dédicace de la crypte. On distingue à ses côtés dans cette cérémonie Eudes, évêque de Beauvais, Manassès, évêque de Meaux, et Pierre, leur collègue de Senlis. Chaque pas de sa carrière est marqué par un acte important. C'est avec son consentement que les Templiers s'établirent au Tréport en 1141. L'exemption, accordée à l'abbaye du Bec par son prédécesseur Guillaume Bonne-Ame au temps où saint Anselme la régissait, fut renouvelée par l'archevêque de Rouen qui confirma, en 1143, aux chanoines réguliers la possession de l'église de Notre-Dame de Corneville et la fondation du

Bourg-Achard sous le patronage du chapitre de Falaise. En 1144, Hugues d'Amiens étendit à Hugues Létard, abbé du Bec, la franchise du transit au port d'Oissel dont jouissaient déjà les moines de Saint-Vandrille de Fécamp, de Jumièges et de Saint-Ouen. Peu de temps après, l'archevêque de Rouen répondit à une autre invitation de Suger. La construction de Saint-Denis venait d'être achevée, son chef pria Hugues d'Amiens de coopérer par sa présence à la consécration finale du monument et de dédier en personne la chapelle à la Vierge. Le ministre de Louis VII, avec lequel il était en relations assidues, lui demanda un bon office analogue pour l'église abbatiale de Chaumont-en-Vexin, dont le roi de France avait fait don à Suger. Vers le même temps Hugues d'Amiens procéda à l'installation de la communauté bénédictine de Clairruissel, au doyenné de Neufchâtel, et à celle des sœurs de Prémontré, à proximité de Beaumont, qui n'eut qu'une courte durée. La possession de diverses églises dans la juridiction métropolitaine de Rouen fut garantie, en 1147, aux religieux de Marmoutiers par Hugues qui inaugura la chapelle du monastère de Corneville près Pont-Audemer, rapprocha les chanoines ennemis de Bayeux et ceux de Saint-Étienne de Caen. Au concile de Winchester, en 1139, l'archevêque de Rouen avait tenu le langage d'un homme d'État et s'était maintenu surtout sur le terrain politique ; à celui de Paris, le 20 avril 1147, il se montra surtout, controversiste habile et redoutable. Ce fut lui qui, en présence du pape Eugène III, se mesura avec le subtil théologien Gilbert de la Porrée, évêque de Poitiers, ancien chancelier de l'église de Chartres et professeur de scolastique à l'Univer-

3

sité de Paris, qui avait opté pour les réalistes contre les nomi-
naux. Hugues d'Amiens attaqua avec une vigoureuse dialectique les théories de son adversaire et soutint qu'il était impie
de prétendre qu'il y a trois choses singulières dans la Trinité,
tria singularia. Il apparaît, en 1148, au concile de Reims, et
s'interposa en 1150 pour mettre d'accord Philippe, évêque de
Bayeux, et les moines de Clairvaux. C'est aussi par ses soins
que seize paroisses, relevant de l'abbaye de Fécamp, furent
affranchies de tout tribut envers l'évêché et que fut assurée la
perception de certaines dîmes à l'abbaye de Vézelay. En 1152
Hugues d'Amiens est au nombre des prélats français qui annu-
lèrent le mariage de Louis VII et d'Éléonore d'Aquitaine sous
prétexte de liens de parenté contraires au droit canon. Le rôle
de Hugues d'Amiens est visible dans tous les événements contemporains. C'est en sa présence et celle de Maurice de Sully,
évêque de Paris, d'Amaury, évêque de Senlis, que furent exhu-
més les restes de saint Gauthier autrefois déposés dans l'église
Saint-Martin de Pontoise. Celle de Saint-Saëns tombait en
ruines, Hugues d'Amiens l'arracha des mains du châtelain qui
la retenait indûment et la transféra à Roger, prieur de Saint-
Vandrille qui était alors en querelle avec celui de Saint-Étienne
de Caen. « Jean, évêque de Frascati et légat du Saint-Siège en
« France, dit M. H. Fisquet, écrivit à Hugues de vouloir bien les
« réconcilier, et il lui adjoignit à cet effet Rotrou de Warwick,
« évêque d'Evreux, et Gérard, évêque de Séez. Hugues obéit
« aux ordres du légat, c'est ce qui résulte des lettres qu'il
« donna pour confirmer la transaction intervenue entre les

« deux monastères[1]. » Étienne, roi d'Angleterre, qui avait
perdu Eustache son fils unique, expira à Cantorbéry le
25 octobre 1154 et eut pour successeur son cousin Henri II,
issu de Geoffroy Plantagenet, comte d'Anjou, et de Mathilde,
fille d'Henri Iᵉʳ. Au couronnement du fondateur de la dynastie
Angevine, qui eut lieu à Westminster le 16 décembre suivant,
figure au premier rang Hugues d'Amiens. Celui-ci reçut vers le
même temps une bulle d'Adrien IV qui renouvelait toutes les
immunités préexistantes de l'église de Rouen. L'archevêque de
cette ville opéra en juin 1156 la translation des cendres de saint
Guillaume Firmat, solitaire, et poussa jusqu'au mont Saint-
Michel pour y consacrer plusieurs autels. Il se rendit ensuite à
Argenteuil où l'on venait de découvrir la tunique sans couture
de Notre-Seigneur Jésus-Christ. La relique vestimentale était
enfermée dans une chasse avec les documents démonstratifs de
son authenticité. On y rapportait d'après une tradition que la
robe avait été envoyée par l'impératrice Irène à Charlemagne et
que l'empereur l'avait déposée au prieuré d'Argenteuil. En 845,
au début des incursions normandes sur les bords de la Seine,
les religieuses d'Argenteuil, forcées d'abandonner leur couvent,
cachèrent la précieuse étoffe dans une muraille où elle fut
retrouvée en 1156. L'archevêque de Rouen, après avoir examiné
les titres qui justifiaient la provenance de la robe sacrée, libella
une charte attestant la glorieuse trouvaille et contresignée par
les évêques de Paris, de Chartres, d'Orléans, d'Évreux, de

1. *La France pontificale, Gallia Christiana*, par M. H. Fisquet, métropole de Rouen, p. 85-94.

Troyes, de Meaux, de Senlis, les abbés de Saint-Denis, de
Saint-Germain-des-Prés, de Lagny, de Ferrières, etc. (Voir le
texte latin aux *Pièces justificatives*, PREUVE IV.)

La constatation de cette trouvaille a été regardée comme apo-
cryphe par J.-B. Thiers, dans son *Traité des superstitions selon
l'Écriture sainte* mais ses arguments critiques ont été victo-
rieusement renversés par les auteurs de l'*Histoire littéraire de
la France*, t. XII, p. 663-664. Hugues d'Amiens confirma, en
1154, aux moines de Saint-Denis, la tenue d'un marché à Gou-
zangrez, près Saint-Clair. Le prieuré de Rouvray, élevé d'abord
dans la forêt de Grammont, par Henri II, ayant été, en 1156,
transféré au Vivier, sur la rive gauche de la Seine, ce monastère prit le nom de Notre-Dame du Vivier. Hugues d'Amiens
reconnut en 1157 à l'abbaye de Saint-Denis la pleine possession
de l'église de Sergy qu'il convertit plus tard en couvent. Il dis-
pensa, en 1158, de toute taxe envers l'évêché, les chapelles de
Rots, au doyenné de Maltôt, diocèse de Bayeux. Robert, abbé du
Mont-Saint-Michel, fut autorisé à dire la messe dans l'église de
Pontorson par l'archevêque de Rouen qui dirigea, en juillet 1161,
les délibérations d'un synode, où il se prononça en faveur du pape
Alexandre III contre l'anti-pape Victor III. C'est vers le même
temps que les Templiers s'établirent à Rouen sur l'emplacement
occupé depuis par l'hôtel des juges consuls. Nous savons par la
soixante-septième lettre de Pierre de Blois que Hugues d'Amiens
écrivit, vers 1162, au monarque anglais au sujet de l'éducation
qui devait être donnée au prince Henri et lui conseillait de choi-
sir les professeurs les plus distingués. Les années 1163 et 1164

furent remplies par diverses concessions faites à Gérard, abbé
de Flavigny, et à Hugues, abbé de Saint-Vincent de Senlis et par
diverses mesures sacerdotales. Sa mort, advenue le 11 novembre
1164, fut un véritable deuil public ; voici son épitaphe composée
par Arnoul, évêque de Lisieux et reproduite dans le *Gallia
Christiania*, t. X, vol. I 48.

Inter pontifices speciali dignus honore
Hic nostræ carnis Hugo resignat onus.
Consignata brevi clauduntur membra sepulcro,
Non tamen acta viri claudit uterque polus.
Quidquid dispensat et compartitur in omnes,
Gratia contulerat, præstiteratque viro.
Fæcundos igitur virtutum copia fructus
Fecit et ultra hominem est magnificatus homo.
Tandem post celebris felicia tempora vitæ,
Sustulit emeritum flebilis hora senem.
Par, Martine, tibi consorsque futurus eamdem
Sortitus tecum est commoriendo diem.

Cette inscription, dit Fisquet, « toute magnifique qu'elle
« paraît n'est que l'expression fidèle de la haute idée qu'il avait
« laissée de lui en mourant. »

Hugues d'Amiens a laissé des écrits nombreux et importants,
entr'autres les *Dialogi de Summo Bono Libri VII*. Ces dialogues,
composés pendant qu'il était abbé de Reading et publiés par
D. Martène dans ses *Anecdota*, t. V, p. 895, intéressent beaucoup plus le théologien que le philosophe. Le premier roule sur
Dieu et ses attributs ; le second sur les créatures ; le troisième
sur le libre arbitre. Dans le quatrième Hugues d'Amiens traite
de la chute des anges et de l'homme ; dans le cinquième des

sacrements considérés comme un remède du péché; dans le sixième de la profession monastique ; dans le septième de la félicité céleste. La doctrine est en tout conforme à celle de saint Augustin. L'une des œuvres les plus curieuses de l'archevêque de Rouen a pour titre : *De Hæresibus sui temporis*, imprimée par dom Luc d'Achéry, sous forme d'appendice à la suite des ouvrages de Guibert de Nogent. Dans sa dédicace au cardinal Albéric, évêque d'Ostie, Hugues d'Amiens rappelle à ce dernier que, durant leur séjour à Naples, une comète se précipita dans le golfe à l'heure même où l'on accomplissait la translation des cendres de saint Donatien et saint Rogatien. Son livre *De Hæresibus* ne révèle malheureusement rien sur les grandes controverses soulevées dans le monde scholastique par Roscelin, saint Anselme et Abélard. Il n'attaque que les erreurs de second ordre se rapportant à l'administration des sacrements ; mais son étude, quoique spéciale aux hérésies subalternes, est infiniment précieuse pour l'histoire ecclésiastique au xiie siècle, car les particularités qu'elle renferme ne se retrouvent point ailleurs. On a encore de Hugues d'Amiens un commentaire de la foi catholique et l'oraison dominicale *De Fide Catholica* et *Oratione Dominica*, insérés par D. Martène dans le tome IX de son *Amplissima Collectio*. Dans son opuscule à la Louange de la Mémoire, *In Laudem Memoriæ*, il est question de Dieu, de la trinité, de l'incarnation, du péché, de son origine, de ses suites et du moyen d'y remédier. Son traité complet *De Creatione Rerum* ou *Hexameron*, manuscrit autrefois conservé au monastère de Clairvaux, se trouve aujourd'hui à la Bibliothèque de Troyes, sous le nº 423. D. Martène en a donné un fragment dans le tome V de ses *Anecdota*, qui renferme également *la Vie de saint Adjuteur*, moine de Tiron, mort le 30 avril 1132, à Vernon, et écrite par Hugues d'Amiens. Parmi les travaux littéraires de ce prélat nous pouvons encore citer des lettres publiées par Duchesne, D. Martène, Guillaume de Malmesbury, Dom Pommeraie, et enfin la Charte rédigée par l'archevêque de Rouen à propos de la découverte de la sainte Tunique de Notre-Seigneur Jésus-Christ, reproduite dans *l'Histoire de la robe sans coutures*, par dom Gerberon, dans la *Panoplia sacerdotalis* de Dussaussay, et dans le livre de M. Guérin[1]. (Voir aux *Preuves supplémentaires*, PREUVE III, le texte de cette Charte et de plusieurs extraits des *Anecdota*.

Voici l'opinion des Bénédictins de Saint-Maur, auteurs de *la France littéraire*, sur le dignitaire de l'Église, objet et sujet de cette longue notice : « Hugues d'Amiens est regardé comme un « des doctes prélats de ce temps[2] », et ailleurs : « Hugues « d'Amiens, qui est un de ces théologiens non gâtés par le mau- « vais usage de la dialectique, en expliquant l'Hexameron ou « premier chapitre de la Genèse, entreprend à dessein de dé- « couvrir plutôt le sens historique qu'allégorique et moral[3]. » Il se distingua surtout à propos de l'antagonisme qui éclata entre les chanoines réguliers de création récente et les anciens considérés comme ne l'étant pas. Hugues d'Amiens concurremment

---

1. *La Sainte Tunique de Notre-Seigneur Jésus-Christ*, in-18, 2ᵉ édition, 1845, p. 375 et suiv.

2. *Histoire de la France littéraire*, etc., par des Religieux Bénédictins de la Congrégation de Saint-Maur, T. IX, p. 54 et 208.

3. Idem, p. 14 et 15.

avec Abélard plaida la cause de ces derniers d'une façon plus serrée et plus profonde que l'amant d'Héloïse, c'est du moins l'avis des Bénédictions auteurs de l'*Histoire littéraire de la France*, que je crois devoir citer : « Presqu'aussitôt que les « Chanoines Réguliers eurent paru dans l'Église, ils ne purent « voir qu'avec des yeux jaloux la figure qui faisoient les anciens « moines. Mécontents de ce qu'ils exercoient des fonctions, « qu'ils ne croïoient pas leur convenir, ils s'avisèrent de s'en « plaindre hautement et de publier que les Moines, étant des « gens morts au monde, ils devoient être exclus du ministère « ecclésiastique, et se tenir enfermés dans leurs cellules. Des « simples discours ils en vinrent aux écrits. On ignore qui « furent les premiers Chanoines Réguliers, qui prirent la plume « à cette occasion. Mais ils furent réfutés par trois célèbres Bé- « nédictins, fort connus dans la République des Lettres. On ne « sçauroit cependant déterminer, qui des trois écrivit le pre- « mier. Pierre Abélard, alors moine de Saint-Denys, comme il « semble, y opposa une lettre, un peu vive qui porte pour titre : « *Contre un certain Chanoine Régulier*, qui rabaissoit l'ordre « monastique, et lui préféroit son institut. Hugues d'Amyens, « qui fut dans la suite archevêque de Rouen, emploïa à défendre « la même cause le sixième livre de ses *Dialogues*. Il n'étoit alors « qu'abbé de Radingue. Il écrivoit par conséquent avant 1130. « Son écrit n'est pas si vif, mais plus solide que celui d'Abé- « lard [1]. »

---

(1) Les faits et gestes de Hugues d'Amiens, archevêque de Rouen, ont été puisés aux sources ci-après : *Gallia Christiana*, t. XI, p. 43 et suiv. et Ins-

Nous pourrions peut-être revendiquer aussi, comme appartenant à la race objet de cette étude, THIBAUT D'AMIENS, archevêque de Rouen (de 1222 à 1220) que les frères Sainte-Marthe
dans le *Gallia Christiana* déclarent originaire d'Amiens. Cette
assertion est repoussée par M. Fisquet, sous prétexte que Thibaut
d'Amiens serait né à Falaise, d'après le *Nécrologe de l'église de
Lisieux*, et que son nom proviendrait de son séjour dans la cité
d'Amiens, sans fournir la moindre preuve de cette résidence.
Or le prénom de *Thibaut* est à la fois fréquent et glorieux surtout dans les premières générations des d'Amiens. Ce n'est pas
tout : il est rare de ne pas rencontrer, dans l'ordre sériel des
évêques ou des archevêques de France durant la féodalité, un
neveu ou un petit-neveu d'un pontife illustre occupant le siège
de son oncle ou de son grand-oncle. Presque toujours la seconde
prélature dans une famille était la conséquence du grand ou du
bon souvenir laissé par la première. Je pourrais citer à l'appui
des exemples nombreux. En admettant même que Falaise fut le

trumenta, p. 23, etc. — *Historia novella*, de Guillaume de Malmesbury, lib. I,
fol. 100. — *Histoire des archevêques de Rouen*, par D. Pommeraye, p. 327.
— ORDÉRIC VITAL : *Histoire ecclésiastique*, liv. VII, p. 889. — *Anecdota*, par
D. Martène, t. V. — *Amplissima Collectio*, par le même, t. IX. — Collection
Duchesne, Cabinet des titres. — *Histoire littéraire de la France*, par les
Bénédictins de Saint-Maur, t. IX et XI. — *Histoire civile et ecclésiastique du
diocèse de Laon*, par D. Nicolas Le Long, pp. 269-270. — *Bores et ses sei-
gneurs*, par A. Janvier, p. 57. — *Antiquitez historiques et choses les plus remar-
quables de la ville d'Amiens*, par A. de La Morlière, p. 29-32, 2e partie. —
La France pontificale, par M. H. Fisquet, p. 85-94. — *La Sainte Tunique de
Notre-Seigneur Jésus-Christ*, par M. L. F. Guérin, p. 375. — *Catalogue des
Manuscrits des bibliothèques publiques des départements*. — *Collection de
sceaux*, par M. Douet d'Arcq, Ire partie, t. II, pp. 1167-1168, nos 6361-6362.
— D. LUC D'ACHERY : *Spicilegium*, t. III, p. 151.

lieu de naissance de Thibaut d'Amiens, ce ne serait pas une raison pour l'exclure d'un lignage picard, apparenté aux rois
d'Angleterre et ducs de Normandie dont Hugues d'Amiens avait
été le conseiller intime. Les d'Amiens, en outre, possessionés dans
le comté de Ponthieu, devaient forcément avoir contracté des
alliances en Normandie. Il est donc permis de croire jusqu'à
plus ample informé que si Thibaut vint au monde à Falaise, c'est
parce que la résidence maternelle se trouvait dans cette localité,
et que si Thibaut fut appelé sur le siège épiscopal de Rouen par
le chapitre, ce fut surtout en mémoire de Hugues d'Amiens. Les
hypothèses toutefois n'ayant pas leur raison d'être ici et la question ne pouvant être élucidée qu'après de pénibles recherches et
une longue controverse, je laisse en dehors et à l'écart de la
Maison d'Amiens, Thibault d'Amiens, évêque de Rouen au commencement du xiiie siècle.

ALEAUME ou ALERME D'AMIENS *(Croisé)*, châtelain et quatrième prince d'Amiens, ainsi qu'il s'intitule lui-même l'an 1145,
dans l'acte de fondation du prieuré de Flixecourt, grand fief dont
il était seigneur comme ses ancêtres : « Ego Alelmus Flessicur-
« tis, dominus de Ambianis, civitatis princeps quartus, reco-
« gnosco et ad posterorum memoriam conscribi facio, et, ut in
« perpetuum maneat, sigilli mei impressione confirmo, quia, in
« anno, *Jerosolymam cum exercitu Francorum profecturus*
« *eram.* » Durant sa jeunesse il avait ruiné par le fer et le feu
le domaine ecclésiastique, sans doute à la suite de son oncle, le
comte Robert de Boves, fils de Thomas de Marle. Désireux de

réparer ses fautes et ses déprédations devant Dieu et devant les hommes et de faire lever l'excommunication prononcée contre lui, Alleaume d'Amiens institua le couvent de Flixecourt au moment de son départ pour la seconde croisade, comme il vient d'être dit dans la citation latine de la charte de 1145. Le pouvoir féodal, fragmenté entre le comte, l'évêque et le châtelain et affaibli par ce fractionnement, devait fatalement être vaincu à la longue par la commune que fortifiait son unité. Encouragée par ses succès précédents et la diminution de l'autorité féodale, la bourgeoisie entreprit de conquérir les privilèges considérables restés aux mains des seigneurs, c'est-à-dire de l'évêque et du châtelain. Par des revendications, des instances, des procès et des négociations, elle arracha à Alleaume d'Amiens, entr'autres monopoles, celui de faire débiter le vin, provenant de ses fiefs, pendant quinze jours, à l'exclusion et au préjudice de tous les autres marchands. La querelle se dénoua par une transaction en faveur de la liberté communale qui, d'après Augustin Thierry, dut être signée vers 1154, époque où Alleaume d'Amiens était prince de cette ville. Ayant appris à leurs dépens combien leur désaccord et leurs compétitions tournaient au profit des bourgeois, les trois seigneurs, c'est-à-dire Philippe d'Alsace, comte de Flandre et d'Amiens, Alleaume d'Amiens, châtelain, l'évêque Robert et le vidame Gérard de Picquigny signèrent un compromis qui déterminait l'étendue de leurs privilèges respectifs et de leur juridiction. Une enquête fut ordonnée par ordre du comte et après compulsation des chartes et des titres antérieurs, le résultat des recherches fut consigné dans un acte authentique où les droits utiles revenant à chacun des trois seigneurs furent exactement précisés [1]. (Voir aux *Pièces justificatives,* PREUVE V.) Alleaume, prince et châtelain d'Amiens, dont nous aurons occasion de reparler en dressant la filiation, fut enseveli, en 1175 ou 1174, dans le couvent des dames de Moreaucourt qu'il avait fondé vers 1146 [2].

SIMON D'AMIENS *(Croisé)* dit *de Vignacourt,* à cause du fief patrimonial de ce nom, joua un rôle dans la troisième croisade [3], comme on peut le voir, dans l'obligation ci-après souscrite à Acre, l'an du Seigneur 1191, par Raoul, comte de Soissons, qui se porta garant de plusieurs seigneurs picards et notamment de Haimfroy de Riencourt, de Jean de Raineval, de Hugues d'Auxy, de Simon de Vignacourt, etc., envers Ostian Gaionni, Paulin Amandei, François Pausilo, banquiers et armateurs génois. Après la prise d'Acre, les flottes de Gênes, Pise et Marseille remirent à la voile pour rapatrier une grande partie des chrétiens. La plupart, pour subvenir aux frais du retour, durent recourir aux emprunts ; Simon de Vignacourt, qui avait, comme ses compagnons, remis des joyaux en gage dans les mains du

---

1. *Recueil des Monuments inédits de l'Histoire du tiers État,* par A. Thierry, t. I, p. 69 et 70. — DE COURT : *Mémoires pour servir à l'Histoire d'Amiens,* t. I, p. 229 et t. II, pp. 376-490 et 529. Bibl., Nat. Coll. — D. GRENIER, 1er paquet, nos 1 et 2.

2. *Monographies Picardes, Flixecourt,* par l'abbé Jumel, br. in-8, pp. 50 et 52.

3. *Liste des Chevaliers Croisés,* par M. de Thézan, *Revue d'Aquitaine,* t. IX, p. 596. — *Noblesse et chevalerie du comté de Flandre, d'Artois et de Picardie,* par Roger, pp. 80 et 81.

comte de Soissons, obtint sa caution et la somme nécessaire à son voyage. Voici la traduction de l'engagement pris par le comte de Soissons :

« Moi, Raoul, comte de Soissons, je fais savoir à tous ceux
« qui verront ces présentes lettres que tous les emprunts con-
« tractés par très chers seigneurs Jean de Chambly, Robert de
« Longueval, Renaud de Tramecourt, Hugues d'Auxy, Jean de
« Raineval, Nicolas Cossard, Asselin de Louvencourt, Pons
« d'Anvin, SIMON DE VIGNACOURT, Humbert de La Grange,
« Hugues de Sarcus, Guillaume de Gaudechart, Haimfroy de
« Riencourt, envers les nommés Ostian Gaionni, Paulin Aman-
« dei, Jacques de Lacour et François Pausilo, marchands de
« Gênes et leur société, montant à la somme totale de 530 marcs,
« je les prends à mon compte et les reconnais comme miens, et
« en cette occasion je me substitue au lieu et place desdits sei-
« gneurs pour l'indemnité que je leur dois pour des joyaux d'or
« et d'argent, des armes, des livres et plusieurs autres choses
« que lesdits seigneurs ont acquis à Acre et qu'ils m'ont cédés
« et livrés. Et pour le paiement de ladite somme à rendre aux
« dits marchands, j'oblige moi et mes biens. En témoignage de
« quoi j'ai fait sceller les présentes lettres de mon scel. Fait à
« Acre, l'an du Seigneur 1191, au mois d'août[1]. » Le nom et les armes de Simon de Vignacourt figurent au musée de Versailles, Salle des Croisades.

---

1. Collection Courtois, Chartes des Croisades, Cabinet des titres. — *Noblesse et Chevalerie des comtés de Flandre, d'Artois et de Picardie,* pa P. Roger. Amiens, 1843, in-8, p. 80-81.

MILON D'AMIENS, qualifié *Bourgeois d'Abbeville*, quoique
d'estoc chevaleresque, souscrivit une charte de Jean, comte de
Ponthieu, en faveur de l'hôpital de cette cité, en 1155, et une
autre du même comte au profit de l'abbaye de Salincourt, en
1164 [1]. Il ne faut point s'étonner de la qualité de *bourgeois* donnée à Milon d'Amiens, car elle était non seulement compatible
avec la plus haute extraction, mais encore complétive de ses
privilèges. Le grand feudiste André de La Roque dit, dans son
Traité de la noblesse, chapitre LXXIV : « C'est une erreur de
« croire que le titre de bourgeois déroge à la noblesse. » Un peu
plus loin, page 224, il justifie son opinion en ces termes :
« Cependant la qualité de bourgeois est si considérable, que
« ceux des plus grandes maisons, et les ecclésiastiques mesme,
« ne l'ont pas dédaignée. L'on voit, dans une ancienne charte de
« l'an 1211 qui est à la Chambre des comptes, parmy les titres
« des comtés d'Anjou et du Maine, qu'un abbé est qualifié
« bourgeois d'Angers : *Radulphus abbas, civis Andegavensis.*
« On remarque aussi dans deux autres chartres de l'an 1284 que
« les gentilhommes prenoient le titre de noble et de citoyen
« ensemble, et quelquefois celuy de citoyen seul. *Nobilis vir,*
« *civis Scadovane : Nobilis vir Martinus, civis Jondessous.* »
Selon La Thaumassière, les chevaliers et les gentilhommes,
résidant dans les villes, avaient l'habitude de se dire bourgeois : « Le titre de bourgeois ne dérogeait point à la noblesse

---

1. Chart. de Ponthieu, *Cart. du Gard.* — *Recherches généalogiques sur les
comtés de Ponthieu, Boulogne, de Guines,* etc.,par de La Gorgue-Rosny, t. 1,
pp. 31-32.

« de nom et d'armes : lorsque les chevaliers et les gentils-
« hommes habitaient les grandes villes, ils prenoient la qualité
« de bourgeois, d'écuyers et de chevaliers [1]. » La bourgeoisie
de Paris offrait presque tous les avantages de la noblesse et
quelques-uns de plus, entre autres celui d'être exemptée du ban
et de l'arrière-ban, de ne pouvoir être citée en justice hors des
murs de la ville. De même que les gentilhommes, les notables
de Paris pouvaient faire usage de freins dorés, de tous les habil-
lements et ornements réservés à la chevalerie, porter armes
timbrées, refuser le logement aux gens de guerre. Si l'on veut
avoir une idée des immunités, dont la bourgeoisie était en possession et qui ne différaient guère des prérogatives de la noblesse,
il faut lire les lettres de Charles V relatives à ce sujet et datées
de 1371 [2], les déclarations de Charles VI du 10 septembre 1409
et du 20 janvier 1411, de Louis XI des mois d'octobre et
novembre 1465 et du 17 mars 1480, de François Ier du mois de
septembre 1543 . C'est pour ces motifs historiques et juridiques
que M. de La Gorgue-Rosny, sans se préoccuper de la désignation de *bourgeois*, a rangé Milon d'Amiens parmi les représentants de l'ancienne race des châtelains d'Amiens.

DREUX D'AMIENS *(Croisé)*, seigneur de Vignacourt et de
Flixecourt, dont nous suivrons plus bas la bienfaisante carrière,
fit, comme la plupart des siens, le pélerinage de Palestine en
1172. Avant son départ, son père lui assura la totalité de sa suc-

---

1. LA THAUMASSIÈRE : *Coutumes du Berry*, t. IV, Art. 4.
2. *Ordonnances des rois de France de la troisième race*. t. V, p. 418.

cession[1]. Peu de temps après son retour, en 1180, jaloux de remercier Dieu, qui l'avait protégé, durant son voyage d'outre-mer, et de travailler au salut de son âme et à celui de son père Aleaume, il gratifia l'abbaye de Berthaucourt d'une rente de cinquante sols destinés à entretenir une lampe devant l'autel de la Sainte-Vierge[2]. Dreux d'Amiens fut un des trouvères qui contribuèrent le plus à l'éclosion et au succès de la langue romane dans le Nord où l'idiome tudesque résista plus longtemps que dans le Midi. C'est lui qui est désigné dans le roman de l'*Histoire de Foulques de Crète* de la manière flatteuse que voici :

> Droes Damiens de parler en savance
> Bacheler fut et de bonne science [3].

Ce fut lui qui épousa MARGUERITE DE SAINT-POL, sœur de Hugues, comte de Saint-Pol, l'un des conquérants de l'empire grec en 1204.

PIERRE D'AMIENS (*Croisé*), sire de Vignacourt et de Flixecourt, dont nous rapporterons plus loin les faits et gestes locaux, fut un des premiers seigneurs qui répondirent à l'appel de Foulques, curé de Neuilly, chargé par Innocent III de prêcher la quatrième croisade en 1198. Il ratifia au moment de son départ, *cum pergeret*, dit le titre, *Jerosolyman cum rege Fran-*

1. *Monographies Picardes, Flixecourt*, par l'abbé Ed. Jumel, broch. in-8, p. 87.
2. *Idem*.
3. *Introduction à l'Histoire générale de la province de Picardie*, par D. Grenier, pp. 50 et 156.

corum, les libéralités faites par lui et les siens à l'abbaye de Saint-Jean. On le retrouve peu de temps après s'embarquant à Venise pour l'Orient avec son oncle Hugues, comte de Saint-Pol dans la suite de Baudouin, comte de Flandre. Les Vénitiens, au lieu de conduire les croisés en Palestine, les transportèrent dans le Bosphore où ils conquirent l'Empire Grec, renversèrent Murzuphle l'usurpateur et mirent sur le trône de Constantinople le comte de Flandre. Pierre d'Amiens joua un grand rôle dans cette expédition, au témoignage de Geoffroy de Villehardouin, qui le signale dans sa *Chronique* comme un des chefs les plus vaillants de l'armée chrétienne et neveu du comte de Saint-Pol. « Après se croisa le cuens Hue de Saint-Pol et avec lui Pierre « d'Amiens, *ses niers*, Eusthaices de Cantelcu, Nicole de Mailly, « Anseaus de Cieu (Cayeux), Guis de Hosdeng, Gautier de Néelle, « Pierre, ses frères, et maint autres gens que nous ne connos-« sions pas [1]. » Dès leur arrivée à Corfou, les croisés ayant constaté que l'entreprise était détournée de son but, la Terre-Sainte, au profit des Vénitiens, un certain nombre de chevaliers furent d'avis de revenir en Occident en regagnant Brindisi. Parmi ceux qui s'opposèrent au retour, Villehardouin cite Odet le Champenois de Champlitte, Jacques d'Avesne, Pierre d'Amiens, Guy, châtelain de Coucy, Oger de Saint-Chéron [2]. Dans les assauts qui amenèrent la prise de Constantinople ainsi que dans les

1. G. de Villehardouin : *La Conquête de Constantinople*, publiée par Natalis de Wailly, Paris, Firmin-Didot, in-8, p. 9.

2. *Idem.*, p. 64. — Le départ de Pierre d'Amiens pour la croisade est également signalé par M. Roger dans sa *Noblesse et Chevalerie du comté de Flandre, d'Artois et de Picardie*, p. 82.

combats préliminaires, Pierre d'Amiens commandait en sous ordre la troisième bataille. « La tierce bataille fist le cuent Hues « de Saint-Pol, PIERRE D'AMIENS, *ses nies*, Eustache de Canteleu, « Ansiaus de Kaeu (Anseau de Cayeux) et maint bon chevalier « de lor terre et de lor païs [1]. » Pendant que les troupes d'Occident s'éloignaient de Salonique pour marcher contre les forces de Murzuphle, Pierre d'Amiens succomba glorieusement dans une action d'avant-garde. L'empereur Baudouin, demeuré à Salonique, fut affecté par la nouvelle de cette mort qui affligea en outre profondément le comte de Saint-Pol, oncle de Pierre d'Amiens, dont Villehardouin a glorifié la mémoire [2] en termes que nous reproduirons plus loin dans l'étude filiative.

PIERRE D'AMIENS semble primer tous les autres barons de l'Artois dans le dénombrement des comtes, des barons et des chevaliers qui combattirent dans l'armée de Philippe-Auguste et contribuèrent par leur vaillance à la victoire de Bouvines, le 27 juillet 1214 [3].

WIBER D'AMIENS, chanoine et official de Reims, pacifia, en janvier 1215, par lettres contenant sentence arbitrale, le désac-

1. G. DE VILLLEHARDOUIN : *La Conquête de Constantinople*, publiée par Natalis de Wailly, Paris, Firmin-Didot, 1872, in–8, p. 84. — Cet Anseau ou Ansel de Cayeux, voisin et cousin de Pierre et issu d'un viel estoc du Ponthieu, devint régent de l'Empire Latin de Constantinople et épousa la fille de Théodore Lascaris, gendre d'Alexis l'Ange et fondateur de l'Empire de Nicée, en 1204.
2. *Idem.*
3. *Noblesse et Chevalerie du comté de Flandre, d'Artois et de Picardie*, par M. Roger, p. 110.

cord qui existait entre Gérard de Monnoyer et la collégiale de Saint-Quentin qui obtint gain de cause [1].

ROGER D'AMIENS, en mars 1227, gratifia l'hôtel-Dieu d'Amiens, pour en jouir après son décès, de vingt-neuf sols deux deniers de cens à percevoir sur une maison de Dommartin-en-Ponthieu qui lui avait été léguée par Messire Guy de Doignon, chevalier [2].

REGNAULD D'AMIENS, seigneur de Vignacourt et de Flixecourt, deuxième fils de Dreux d'Amiens prénommé et petit-fils d'Aleaume d'Amiens, prince et châtelain d'Amiens, sera l'objet, dans la filiation, d'une notice détaillée. Sa carrière active qui s'échelonne de 1190 à 1230 est remplie par une infinité d'œuvres bienfaisantes en faveur des abbayes de Saint-Acheul, de Valoires, du Gard, de Saint-Lucien, de Moreaucourt, du prieuré de Flixecourt, etc. Ce fut lui qui fonda la maladrerie et la collégiale de Vignacourt et octroya des coutumes aux habitants de Flixecourt. Ceux-ci, enhardis et appuyés par Guermond de Picquigny, vidame d'Amiens, et l'évêque saint Geoffroy, avaient suivi le mouvement et l'exemple d'Amiens, d'Abbeville, de Corbie, de Picquigny, de Molliens, et arraché à Regnauld d'Amiens une charte d'affranchissement. La commune de Flixecourt se trouva dès lors constituée et administrée par un mayeur et un conseil composé de douze échevins, qu'on élisait

1. *Trésor Généalogique*, par dom Caffiaux, t. I, pp. 126-127.
2. *Cartulaire de l'Hôtel-Dieu d'Amiens*, fol. 69. — *Trésor généalogique de dom Villevieille*, t. I, p. 360.

tous les ans, le lundi de Pâques et qui étaient tenus de prêter serment entre les mains du prévot féodal. L'original en parchemin de ces coutumes existe aux Archives municipales de Flixecourt; le texte a été publié dans le *Recueil de Bouthors*, t. II, p. 214. Dom Grenier en a donné dans ses manuscrits[1] un résumé qui a été reproduit par Augustin Thierry dans ses *Monuments inédits sur le Tiers État*[2]. Les Albigeois venaient de battre dans maintes rencontres Amaury de Montfort et de chasser ses garnisons de plusieurs villes fortes. Louis VIII, qui était resté simple spectateur de la lutte depuis son avènement en 1223, se fit céder les droits d'Amaury en lui donnant l'épée de connétable et convoqua, l'an 1225, les hauts barons du Nord pour leur demander les ressources nécessaires à la nouvelle croisade contre les hérétiques du Midi[3], préchée par Fouquet de Toulouse, l'évêque troubadour. Parmi les grands vassaux consultés comparaissent les comtes de Boulogne, de Bretagne, de Dreux, de Chartres, de Roucy, de Vendôme, Mathieu de Montmorency, Robert de Courtenay et Regnauld d'Amiens que D. Grenier appelle improprement *René d'Amiens*. « Louis VIII, « dit le savant bénédictin, mande les grands du royaume au « mois de janvier 1225 pour aviser aux moyens de réparer l'honneur de la nation. Les comtes de Boulogne, de Clermont, de « Saint-Pol, de Roucy, *René d'Amiens*, Enguerrand de Coucy, « Jean de Nesle, Florent de Hangest, etc., s'empressent d'offrir

---

1. D. Grenier : *Picardie* XCX, 14ᵉ paquet, n° 7, p. 207.
2. Et dans les *Monographies Picardes* de l'abbé Jumel.
3. *Inventaire du Trésor des Chartes*, vol. V des Mélanges.

« au prince leurs biens et leur vie [1].» Au bas de l'engagement
collectif pris par ces grands feudataires est appendu le sceau de
Regnauld d'Amiens, décrit par Douët d'Arcq et de La Gorgue
Rosny [2] dont nous donnerons ailleurs le fac-simile.

JEAN D'AMIENS (croisé), chevalier, seigneur de Vignacourt,
Flixecourt, La Broye, Orville, Flesselles, l'Estoile, etc., constitua, en 1227, aux dames de Moreaucourt, un revenu de cent sols
parisis, assis sur le four de Flixecourt. Une somme de quarante
sols était destinée à l'entretien d'une lampe qui devait être perpétuellement allumée en l'honneur et en mémoire d'Agnès
d'Aubigny, sa femme, récemment décédée [3]. Les marchands de
l'eau de la Somme et Alleaume d'Amiens avaient, en 1218, passé
un contrat au sujet du pont de l'Estoile; les conditions n'ayant
pas été régulièrement remplies, les nautes picards réclamèrent
des réparations aux arches du pont. Jean d'Amiens, seigneur de
Vignacourt, accéda à leur demande en 1240 [4]. D. Caffiaux,
D. Grenier, l'abbé Jumel, M. de Thezan dans sa *Liste des Chevaliers Croisés* assurent que Jean d'Amiens partit, en 1248, pour

1. *Introduction à l'Histoire générale de la province de Picardie*, par
D. Grenier, p. 26.

2. *Collection de Sceaux*, par M. Douët d'Arcq, 1ʳᵉ partie, p. 451, nᵒˢ 1171-
1172. — *Recherches généalogiques sur les comtés de Ponthieu*, etc., t. I,
p. 31-32.

3. Archives des Dames de Moreaucourt, à Amiens. — D. VILLEVIEILLE :
Trésor généalogique, publié par H. et A. Passier, t. I, p. 362.

4. Archives de l'hôtel de ville d'Amiens. Registre aux Chartes, côté E,
fol. 17 rᵒ — Bibl. Nat. Collection D. Grenier, XV, paquet nᵒ 2, p. 190. —
Monographies Picardes, 2ᵉ série. Vignacourt, par l'abbé Ed. Jumel, p 3 et
suivantes.

l'Égypte[1]. Il était de retour en France l'an 1256, car cette même année son nom fut enregistré sur le compte des baillis royaux comme payant vingt livres dix-sept deniers pour une de ses possessions féodales[2].

DREUX D'AMIENS, chevalier, baron de Vignacourt et de Flixecourt, exempta, en 1248, de toute taxe judiciaire les maisons où les chanoines de Flixecourt avaient été installés par ses ancêtres[3]. Il souscrivit, la même année, le transport de divers hommages opéré par le comte de Ponthieu au profit de l'abbaye de Saint-Riquier. On le rencontre ensuite comme bienfaiteur de tous les établissements religieux avoisinant ses grands fiefs[4]. Au mois de janvier 1268, il renonça à ses droits fiscaux de tonlieu, d'étalage ainsi qu'à la sixième partie du marché de Saint-Riquier en faveur de son cousin et vassal Pierre d'Amiens, sire de Canaples[5]. L'érection de la chapelle de Vignacourt fut aussi l'une de ses œuvres pies ; elle lui fut inspirée par le désir d'exaucer les souhaits de sa femme Blanche de Faloël, alors décédée, et d'appeler sur elle la bonté céleste. Ce

---

1. *Trésor généalogique*, par Dom Caffiaux. — Dom GRENIER : *Histoire de Picardie*. — *Monographies Picardes*, Flixecourt, par l'abbé Jumel, p. 90. — *Revue d'Aquitaine*, t. IX, p. 596.

2. *Rerum Gallicarum et Francorum Scriptores*, t. XXII, p. 742.

3. *Monographies Picardes*, 2e série. Vignacourt, par l'abbé Ed. Jumel, p. 25 et suiv.

4. Bureau des finances d'Amiens; *Cartulaire de Ponthieu*, n° 186, fol. 188. — *Trésor généalogique*, par D. Villevieille, publié par H. et A. Passier, t. I, p. 303.

5. *Cartulaire de l'Abbaye de Saint-Riquier*, fol. 56. — *Trésor généalogique*, par D. Villevieille, comme ci-dessus, p. 366.

fut Dreux d'Amiens, qui vendit, en décembre 1274[1], à Philippe le
Hardi, au prix de deux mille huit cents livres parisis, les honneurs et les revenus seigneuriaux qui lui avaient été transmis
par ses ancêtres, princes et châtelains d'Amiens, et qui consistaient en droits de justice, de domaine, de quayage, d'amende,
d'étalage, de pêche nocturne, de toreillage, de travers, de tonlieu, de péage sur les ponts, etc. Le roi acquit du même sire de
Flixecourt les hommages dus à celui-ci par Jacob de Hangart,
Simon de Croy, Jean de la Croix, Firmin et Étienne de Molinier,
Aelip Bote, Jean Gaudris, Jean Maut de Cuer. Dreux d'Amiens
aliéna également à la couronne le manoir de Dureaume, situé
à l'intérieur de la ville, et le fief de la Carnée, qui était hors de
l'enceinte et qui devait chaque année, au souverain de France,
en signe de vasselage, une paire d'éperons dorés[2]. Ce contrat
sur parchemin, passé directement entre le fils de saint Louis et
le seigneur de Flixecourt et de Vignacourt, en décembre 1274,
est conservé aux Archives Nationales, dans le *Trésor des Chartes*,
Carton 229, *Pièce* 19. Au bout des lacs de soie rouge est attaché
le sceau de Dreux d'Amiens qui représente un *Chevalier tenant
un écu à trois chevrons vairés*. C'est ainsi que la monarchie
accapara insensiblement le pouvoir du comte et du châtelain
d'Amiens, celui du premier en grande partie par confiscation

1. *Trésor généalogique*, par D. Caffiaux, t. I, pp. 121-127. — *Cartulaire
de l'évéché d'Amiens*, côté C, fol. 118 v°. — *Trésor généalogique*, par D. Villevieille, p. 301.

2. *Recueil des Monuments inédits de l'Histoire du Tiers État*, par
A. Thierry, t. I, note de la page 281. — Voir, aux *Pièces justificatives*,
PREUVE XXX.

en 1117, et celui du second par un achat collectif obtenu de
Dreux d'Amiens qui, se voyant privé de postérité mâle, n'avait
pas le même intérêt que ses aïeux à le conserver, surtout en
présence des envahissements de la communauté, ostensiblement
soutenue par les rois de France. Philippe le Hardi, à son tour,
céda à titre de ferme perpétuelle, la prévôté d'Amiens, avec tous
les avantages féodaux, à l'échevinage de cette ville moyennant
une rente annuelle de six cent quatre-vingt-dix livres parisis[1].
Dreux d'Amiens, de son mariage avec JEANNE DE FALOEL,
n'eut que deux filles : AGNÈS D'AMIENS l'aînée apporta en dot
les châtellenies de Flixecourt, de Vignacourt, de Labroye et
autres à JEAN DE VARENNES, son mari. (Voir plus loin dans la
filiation notre étude approfondie sur Dreux d'Amiens.)

NICOLAS D'AMIENS, agissant en qualité d'official, mit fin en
1265 à une querelle d'intérêt survenue entre l'archidiacre de
Senlis et les desservants de plusieurs églises[2].

REGNAULT ou RENAUD D'AMIENS, chevalier, seigneur de
Regnauville, servait dans l'ost de Flandre, en 1302, lorsque les
trésoriers des guerres, Guillaume de Milly et Jouffroy Coquatrix,
lui firent compter dans la ville d'Arras, le 17 septembre de
ladite année, ses gages et ceux de sa compagnie. Sa quittance est
scellée en cire brune, d'un sceau orné de *Trois chevrons de vair*[3].

---

1. *Recueil des Monuments inédits de l'Histoire du Tiers-État,* par A. Thierry,
t. I, p. 289 et suiv.

2. *Gallia christiana,* t. X, col. 1419.

3. *Trésor généalogique de la Picardie ou recueil de documents inédits sur
la noblesse de cette province,* par un gentilhomme picard, t. II, p. 5, n° 16.

NICOLAS D'AMIENS, frère du Temple, fut une des victimes de la rapacité de Philippe-le-Bel. Dans le monstrueux procès fait à l'ordre, en 1310, par le souverain, les moyens les plus barbares furent employés pour faire parler les prévenus. Nicolas d'Amiens figure dans l'interrogatoire et l'instruction préliminaire des Templiers. Conduit devant les commissaires, en compagnie de Jean de Biers, de Tournai, de Bertrand de Montignay, Laonnais, de Jean de Paris, il répondit qu'il entendait se défendre conformément à l'ordre qui lui avait été transmis. On le retrouve encore deux fois dans d'autres phases de la procédure, notamment parmi les détenus dans la maison de Penne-Vayrie, avec Égide de Valence, Jean de Nesle, Nicolas Boynel, qui refusèrent de constituer un procureur [1].

PIERRE D'AMIENS, *(Croisé)*, seigneur du Plaissier, et issu de la branche des sires du Plaissier, implantée dans le royaume de Chypre à la suite des croisades, est cité par Sanuto [2] sous le nom de *Damineïs*. Il est dit fils de Thibault par Du Cange [3]. En 1271, il fut député en France par Hugues III, roi de Chypre et de Jérusalem auquel les Sarrazins avaient repris toute la Palestine sauf la ville d'Acre et le chemin de Nazareth. Philippe le Hardi lui confia le commandement de trois cents archers avec lesquels il s'embarqua pour aller secou-

1. *Procès des Templiers*, par Michelet, t. I, pp. 63, 64, 96. 97, 152, 153.
2. *Liber secretorum fidelium super terræ sanctæ recuperatione*, liv. III, part. 12, col. XII. — Le *Liber* de Sanuto a été publié dans le *Gesta Dei per Francos*, de Bongars, t. II, in-fol. Hanau, 1611.
3. *Lignages d'Outre-Mer*, C. XVII, XXI, XXXVIII, XL, publiés dans les *Assises de Jérusalem*, par le comte Beugnot, p. 459.

rir Saint-Jean-d'Acre[1]. Pierre d'Amiens avait épousé ANCELLE LA BELLE[2] qui engendra le suivant :

JEAN D'AMIENS, seigneur du Plaissier, dit du Plaissier, croisé permanent comme son père aux avant-postes de la chrétienté, guerroya sans cesse contre les infidèles. Il s'était allié à MARIE, fille de Hugues, vicomte de Tripoli[3].

GUILLAUME ou GUYOT D'AMIENS, seigneur de Bachimont, était, le 11 septembre 1302, capitaine d'une compagnie dans l'ost de Flandre, qui, après la désastreuse bataille de Courtrai, avait été réunie à Arras sous le commandement de Charles de Valois. La quittance militaire, délivrée par Guyot d'Amiens après la réception de ses gages, est accompagnée d'un sceau rond représentant un *Écu avec trois chevrons*[4].

JEAN D'AMIENS, qui semble appartenir à la branche des sires de Bachimont, fut un des fidèles serviteurs et négociateurs de Philippe VI de Valois, roi de France. Après la bataille de Cassel qui fut la revanche de la défaite de Courtrai, Philippe VI, vainqueur des communes flamandes, les remit en 1328 sous l'obéissance de Louis, comte de Flandre, qu'elles avaient chassé

---

1. *Lignages d'Outre-Mer.* — *Archives de l'Orient latin*, t. II, pp. 404-405. Études sur les derniers temps du royaume de Jérusalem.

2. *Lignages d'Outre-Mer*, ut suprà. — Du Cange : *Les familles d'Outre-Mer*, publiés par E.-G. Rey, p. 417.

3. *Les Lignages d'Outre-Mer*. Recueil des Historiens des Croisades, Assises de Jérusalem, par le comte Beugnot, t, II, p. 464.

4. Collection Clairambault ; Cab. des Titres, R. 20, p. 1394. — *Inventaire des sceaux de la Collection Clairambault*, par G. Demay, t. I, fol 15, n° 132.

et profita de l'occasion pour leur imposer une administration favorable à sa politique. Il députa dans ce but deux commissaires, Jean de Chasteler, son chambellan, et Pierre de la Marlière. Dès leur arrivée, en juillet 1328, ceux-ci convoquèrent le peuple aux halles pour le dimanche suivant. Les bourgeois de Tournai élurent, pour la gestion de leurs affaires urbaines sous la pression des agents royaux, Guillaume de Waudripont, Jean d'Amiens, Jacques de Maubray, Jean du Berducque, Pierre du Mortier, etc. [1]. Jean d'Amiens était premier échevin de Tournai au mois de décembre 1338 et se trouve désigné en cette qualité dans un acte relatif à des poursuites exercées contre un tenancier nommé Roger de Sainte Croix, qui n'avait point payé au bailleur les rentes emphytéotiques depuis plusieurs années. Il lui est intimé dans cet exploit de verser et déposer les arrérages « *en le main et warde des eschievins de Tournay* dont li noms « sont tels JEHANS D'AMIENS, Jehan Cent-Mars, Jehan de Camphaing, Jehans Wettens, etc., che fut fait l'an de grâce mil « trois-cens trente et nuef el moïs de décembre [2]. » De même qu'à Tournay plusieurs membres de la maison d'Amiens ont été échevins d'Arras et autres villes de la Picardie. Or on ignore généralement que les gentilshommes à toutes les époques, non seulement à Paris, mais dans toutes les villes de France, ont recherché les honneurs électifs de l'échevinage, dans le nord, et du consulat, qui était la même chose, dans la France méridionale.

1. *Miroir des Notabilités nobiliaires de Belgique, des Pays-Bas, du Nord de la France*, par M. F.-V. Goethals, t. II, p. 852.

2. Archives du Château de Ranchicourt : Vieil acte du temps, parchemin.

A Toulouse les fonctions municipales, appelées *Capitoulat*, excitèrent en tout temps l'ambition des nobles de la ville et des environs. Telle est l'opinion du chevalier du Mège. « être élu « magistrat municipal était le comble de l'honneur : rien ne « semblait plus noble, plus grand, plus digne d'estime. Toutes « les anciennes familles briguaient l'avantage d'entrer dans le « consulat ou le *capitoulat*. Les d'Aigremont, les Isalguier, les « Pagé, les d'Hautpoul, les Roaix, les Toulouse considéraient « l'exercice de cette magistrature comme une occasion d'ajouter « une illustration nouvelle à leurs antiques illustrations [1]. » Nous pourrions citer aussi pour le Languedoc les de Waragne (1220). les de Montlaur (1386-1314), les de Barbazan (1438), les de Puibusque (1454–1471-1477), les de Thezan (1477), etc. De la Roque, dont j'aime à associer la pensée à la mienne nous enseigne que, dans les Gueldres, les supérieurs des villes étaient toujours pris dans la classe privilégiée. « A Gueldre il y a des « nobles dans le magistrat, car les supérieurs des villes sont « toujours nobles, ainsi que quelquefois à Overissel, en Frise et « à Groeningue [2]. » Selon Lambert Hortense de Montfort (livre III), le titre de citoyen était fort prisé par les nobles d'Utrecht, lesquels étaient de préférence appelés dans le consulat. Les échevins de Bruxelles se recrutaient régulièrement parmi les familles patriciennes. « Les principaux du païs et les « plus nobles prenaient la qualité de *civis*. Les nobles des

1. Du Mège : *Hist. du Languedoc*, t. VI, p. 6, add. et notes.
2. *Traité de la Noblesse*, par Gilles André de la Roque, édition de Paris MDCLXXVIII, pp. 481-482.

« autres villes des Pays-Bas ont aussi pris les charges des villes.
« Et un règlement de l'an 1306 porte que les eschevins de
« Bruxelles seroient tirés de familles patriciennes. De mesme à
« Louvain, en 1372. Les nobles sont à la tête des docteurs et
« des jurisconsultes à Ostfrise dans les assemblées de la ville [1]. »
Jusqu'au commencement du xve siècle la qualité de patrice ou
de noble était nécessaire pour devenir premier consul de Liége.
L'office de bourgmestre de cette ville justifiait l'ancienneté
d'origine aussi bien que le canonicat de Saint-Lambert. Éverard
de la Marck, comte d'Aremberg, administrait la mairie de
Liége en 1511. « Les deux bourguemestres et les Treize de
« Liége sont juges instituez par l'évesque et prince, qui font
« preuve de noblesse, comme les soixante chanoines de Saint-
« Lambert. Il se voit par un titre tiré des registres de la chambre
« des comptes au chapitre des pensions, qu'Éverard de la Marck,
« comte d'Aremberg, estoit grand maire de Liége en 1511 [2]. » La
noblesse d'Artois convoitait l'échevinage avec la même ardeur
que celle de Brabant. Si nous insistons sur ce point, c'est pour
bien établir que les d'Amiens et notamment ceux des branches
cadettes, les seigneurs de Waringhen et de Montchaux, en
acceptant postérieurement des fonctions communales, ne firent
que continuer les traditions de leurs ancêtres et de la vieille
aristocratie locale.

DRIEU D'AMIENS, seigneur de Bachimont et gentilhomme

1. DE LA ROQUE : *Traité de la Noblesse*, édition de Paris, MDCLXXVIII,
pp. 481-482.
2. *Idem.*

de la maison du roi Jean le Bon, se conduisit héroïquement à la journée de Poitiers et fut amené criblé de blessures et captif avec son maître en Angleterre en 1356. Il ne put recouvrer la liberté qu'à la condition de payer une forte rançon, ce qui l'obligea à vendre le fief de Bachimont [1].

MATHIEU D'AMIENS, sorti également de la branche orientale des seigneurs du Plaissier, portait, en 1369, le titre de bouteiller de Jérusalem. On le rencontre dans une assemblée de seigneurs, tenue le 16 novembre 1369, pour opérer la révision des Assises de Jérusalem [2].

PIERRE D'AMIENS, seigneur de Bachimont, comparait, en 1369, dans la montre faite par Wallerand de Raineval, capitaine banneret d'une compagnie de seize chevaliers bacheliers, de vingt-six écuyers, et de trente hommes d'armes; dans la même compagnie combattaient PIERRE D'AMIENS et JEAN DE BACHIMONT [3].

PIERRE D'AMIENS, seigneur de Regnauville, capitaine banneret, figure sur les registres de Jean de Récy, trésorier royal des guerres, comme ayant signé deux quittances militaires, la première, le 5 mai 1412, de trois cent trente livres tournois, la seconde le 12 suivant de six cent quinze livres pour la solde

1. Généalogie de ceux qui portent le nom et les armes d'Amyens. Mst. du XVIe siècle. Arch. du Château de Ranchicourt.

2. Idem, t. I, p. 6. — Du CANGE : Les familles d'Outre-Mer, publiés par E.-G. Rey, p. 417.

3. Trésor généalogique de Picardie ou recueil de documents inédits sur la noblesse de cette province, par un gentilhomme picard, t. II, p. 190, nº 617.

d'un chevalier bachelier et de huit archers qui formaient le contingent de sa troupe, comprise dans un corps de 2,000 gens d'armes et de 1000 hommes de trait qui était commandé en chef par le duc de Bourgogne [1]. Le sceau rond en cire rouge qui accompagne l'une de ces reconnaissances représente *Trois chevrons de vair*, *l'Ecu* est surmonté d'un *heaume*, *cimé d'un chien et soutenu par deux autres*.

PIERRE D'AMIENS, dit BACHIMONT, seigneur de Bralincourt, Fontaines, Aboval, suivit la bannière des ducs de Bourgogne, alors suzerains de l'Artois. C'est dans l'armée de Philippe le Bon et de la Ligue du Bien-Public qu'il se signala à la bataille de Montlhéry le 16 juillet 1465 [2]. Il trépassa dans un âge très avancé dans sa résidence de Hesdin, appelée la maison de M. de Bachimont [3].

JACQUES D'AMIENS DE BACHIMONT, docteur en théologie fut pourvu de l'abbaye de Dammartin en 1518 et devint plus tard général de l'ordre de Prémontré. Le pape, qui appréciait son grand savoir, permit, sur sa demande, aux docteurs de sa compagnie de porter le bonnet violet [4].

---

1. Collection Clairambault, r. 4, p. 127. — *Inventaire des Sceaux de la Collection Clairambault à la Bibliothèque Nationale*, par G. Demay, in-4, t. I, p. 15, n° 134. — *Trésor généalogique de Picardie*, par un gentilhomme picard, t. II, p. 5, n°˚ 17 et 18.

2. Généalogie de ceux qui portent le nom et les armes d'Amyens. Mst. du XVIᵉ siècle. Archives du Château de Ranchicourt.

3. *Idem.*

4. *Recueil de plusieurs nobles et illustres maisons du diocèse d'Amiens*, par A. de La Morlière, in-4, pp. 31-38.

MARGUERITE D'AMIENS, dite **DE BACHIMONT**, se cloîtra avant 1555 et fut abbesse de Marquette, près de Lille en Flandre ; le 10 avril 1595 elle fit un arrangement au sujet d'un chemin sur le territoire de Wambrechies. A cet acte est attaché un sceau ogival dans lequel elle est représentée à l'intérieur d'une niche tenant une crosse d'une main et un livre ouvert de l'autre. Dans le bas on remarque un *Écu à trois chevrons de vair* et autour de la figure cette légende : *S. dame Marguerite de Bachimont, abbesse de Marquette*[1].

ANTOINETTE D'AMIENS DE BACHIMONT, dame de Bitry, de Saint-Pierre, d'Yseux, de la Boissière ; fille d'honneur de la duchesse de Nemours, épousa un gentilhomme savoyard nommé Jaschet de Lucine, seigneur d'Arenton, capitaine des gardes du duc de Nemours. La fête nuptiale fut célébrée, avec dispense, le jour de Pâques 1571 dans l'hôtel ducal. Jaschet de Lucine dut se séparer de sa femme quatre jours après son mariage et aller à Lyon prendre le commandement de l'armée royale dont il venait d'être investi. Les protestants, ayant été mis en déroute, le vainqueur regagnait son camp lorsqu'une troupe de vaincus, embusquée dans un bois, déchargea sur lui ses arquebuses ; il tomba foudroyé, le lundi de la Saint-Jean 1571[2]. Antoinette d'Amiens contracta une seconde union avec Gérard de Bommer-

---

1. Généalogie de ceux qui portent le nom et les armes d'Amyens, Mst. du xvi⁰ siècle. Archives du Château de Ranchicourt. — Archives du Nord. Abbaye de Marquette. — *Inventaire des Sceaux de la Flandre* recueillis par G. Demay, t. II, p. 290, n⁰ 7269.

2. Généalogie de ceux qui portent le nom et les armes d'Amyens, Mst. du xvi⁰ siècle. Arch. du Château de Ranchicourt.

cat, maître d'hôtel du duc de Nemours dont elle eut *Anne de Bommercat*, dame d'honneur d'Anne d'Este, duchesse de Nemours, qui s'allia, le 17 mai 1601, à *Philippe de La Fontaine*, seigneur de Bitry, près de Soissons, capitaine de cent chevau-légers, gouverneur du prince de Genevois, fils aîné du duc de Nemours [1].

JACQUES-FRANÇOIS D'AMIENS, écuyer, seigneur de la Ferté, d'Outrebois, de Waringhen, lieutenant général de la gouvernance et avouerie de Béthune, succéda dans cette charge en 1685 à Charles de Coupigny, écuyer, seigneur de Salan [2].

Quelques généalogistes ont, par suite de l'analogie du nom, cru que les Damian de Provence pouvaient bien se rattacher par quelque lien mystérieux à la race des d'Amiens de l'Artois, ce qui est une grosse illusion. Les Damian du Vernégues, originaires du Piémont, s'implantèrent en Provence au commencement du xve siècle où ils obtinrent en 1460 des lettres recognitives de noblesse de Charles d'Orléans. Cette famille compte dans le passé plusieurs personnages remarquables, notamment le cardinal Pierre de Damian, Robert de Damian, archevêque

1. *Histoire des grands officiers de la couronne*, par le P. Anselme, t. VIII, p. 854.

2. Archives du château de Ranchicourt et de la ville de Béthune.

5

d'Aix, en 1443, Henri de Damian, maréchal de camp (17 mai 1621), François de Damian, commandeur de Malte en 1627 [1].

L'hypothèse d'un point de départ commun aux d'Amiens et aux de Damian est contredite et renversée par les documents et la dissemblance complète des armes. Les de Damian en effet portaient, *De gueules, à une étoile à huit rais d'argent ; au chef d'or, chargé d'une aigle de sable.* Les derniers représentants mâles des Damian ont été, d'après M. Gourdon de Genouillac et le marquis de Piollenc, MM. Hilarion et Théodore de Damian morts avant 1863. Ils résidaient au château de Crottes et à Salon en Provence.

1. *Nobiliaire du département des Bouches-du-Rhône*, par H. Gourdon de Genouillac et le marquis de Piolenc, pp. 71-72.

FILIATION

COMTES, PRINCES ET CHATELAINS D'AMIENS,
COMTES DE FLIXECOURT, BARONS DE VIGNACOURT,
SEIGNEURS DE L'ESTOILE, DE LA BROYE, DE BUIRES, DE FLESSELLES, DE TALMAS,
DE CANAPLES, D'OUTREBOIS, D'ESTRÉES, DE BACHIMONT, D'ORVILLE, DE REGNAUVILLE,
DE MONCHAUX, D'ABOVAL, DE WARINGHEN, DE RÉVILLON, DE REBREUVES,
DE BERLES, DE LIBESSART, DE LA FERTÉ, DE BANCHICOURT, DU PLAISSIER, ETC.

PICARDIE, ARTOIS, COMTÉ DE PONTHIEU, FLANDRE, CHYPRE.

ARMES : *De gueules, à trois chevrons de cuir.*
Couronne de comte.

I

ADAM D'AMIENS, prince et châtelain d'Amiens, qualifié *princeps civitatis*, par Nicolas, moine de Saint-Crespin de Sois-

sons, dans sa *Vie de Saint Geoffroy*[1], et par Surius dans ses
Vitæ Sanctorum[2], de La Morlière et le P. Daire[3], avait, en 1112,
la possession et la garde de la grosse tour qui commandait la
ville et que l'on appelait le *Chastillon*. Cet énorme donjon était
antérieurement occupé et possédé par un Dreux, châtelain
(*Drogo Turrensis*) qui figure avec son fils Adelesme (diminutif
d'Adam) dans une charte octroyée en 1069 par Raoul, comte
d'Amiens. (Voir aux *Pièces justificatives*, PREUVE I). Les diminu-
tifs étant généralement appliqués aux jeunes seigneurs ou
damoiseaux jusqu'à leur majorité, il est rationel de conclure
que l'Adelesme de 1069, issu de Dreux, chatelain d'Amiens, était
le même que notre Adam qui l'était un peu plus tard, de 1100
à 1125 ; d'où il suit qu'Adam avait pour père ledit *Drogo Turrensis*. D. Caffiaux a fait le même rapprochement dans son *Trésor généalogique* en résumant en deux mots l'acte de 1069 pour
signaler la présence de Dreux (*Turrensis*), qu'il place intention-
nellement dans la filiation avant Adam pour bien indiquer que,
dans sa pensée, celui-ci ne faisait qu'un avec Adelesme. Quoi
qu'il en soit, Adam partageait, en 1110, la domination féodale
d'Amiens avec Enguerrand de Boves, comte de cette cité, ainsi
qu'avec l'évêque et le vidame. Il était surtout alors en rivalité
avec ce dernier, qui se nommait Guermond de Picquigny et lui

1. *Vita S. Gofredi Ambianensis episcopi*, auctore Nicolao, monacho
S Crispini Suessionensis. *Recueil des historiens des Gaules et de la France*,
t. XIV, pp. 178-179.

2. SURIUS : *Vitæ sanctorum* (Vie de saint Geoffroy).

3. *Recueil de plusieurs nobles et illustres Maisons du diocèse d'Amiens*, par
A. de La Morlière, in-4, p. 31-32. — *Histoire de la ville d'Amiens*, par le
P. Daire, t. I, p. 34.

avait voué une haine implacable. Adam, pendant une trève de l'année susdite, cheminait, sans escorte, en compagnie de son intime ami saint Geoffroy, qui occupait le siège épiscopal d'Amiens, quand survint tout à coup, bride abattue, son mortel ennemi Guermond de Picquigny. Le vidame d'Amiens au mépris de la suspension d'armes, malgré les protestations et les supplications du prélat, fit charger de chaines Adam d'Amiens qui fut jeté dans un cachot du château de Picquigny[1]. Le vidame commit ensuite toutes sortes de brigandage dans le diocèse. Saint Geoffroy, après avoir déposé les reliques de saint Firmin, frappa d'anathème Guermond de Picquigny et ses complices. Peu de temps après ce dernier, toujours au rapport du même Nicolas, tombait lui-même dans un piège qui lui avait été tendu par le comte de Ponthieu et était emprisonné à son tour. Ne sachant à qui recourir pour sauver sa vie et obtenir sa délivrance, le captif s'adressa à saint Geoffroy en le priant d'oublier ses violences et ses sacrilèges et de vouloir bien intercéder pour son élargissement. Le prélat s'entremit et lui ayant fait recouvrer la liberté le reconduisit à Picquigny d'où il ramena Adam d'Amiens[2].

En 1113, les habitants d'Amiens entreprirent avec l'appui de

1. Capto Adamo et in vincula conjecto episcopus, inquit Nicolaus ibidem, sacras reliquias B. Firmini et aliorum sanctorum humi deponit, ecclesias regionis infidi vice domini claudit, illum et fautores ejus plectit anathemate, etc. (*Recueil des historiens des Gaules et de la France*, t. XV, p. 204; n. Epistolæ Lamberti Atrebatensis episcopi.

2. *Recueil des historiens des Gaules et de la France*, t. XIV, p. 178-179. *Ex vita S. Godofredi Ambianensis episcopi,*, auctore Nicolao, monacho, S. Crispini Suessionensis.

l'évêque Geoffroy et la connivence du vidame, auquel on avait
garanti ses privilèges, de créer dans la ville un ordre de choses
nouveau. Leur premier soin fut de s'assurer, moyennant
finances, le patronage de Louis le Gros. Ils ne pouvaient toutefois proclamer la constitution sans qu'elle eût été préalablement
approuvée par Adam, châtelain d'Amiens, et surtout par
Enguerrand de Boves, comte de la ville, contre lequel était dirigée la révolution urbaine. Celui-ci, voyant son pouvoir non seulement amoindri, mais presque ruiné par les prétentions populaires, s'allia pour la résistance et pour l'attaque avec Adam
d'Amiens, possesseur et gardien de la citadelle, appelée *Chastillon*, qui était son gendre. Cette parenté atténue évidemment
le reproche de forfaiture que fait Augustin Thierry au châtelain
d'Amiens sous prétexte que celui-ci était homme lige du roi de
France ; nominalement c'est possible, mais en fait Adam était
dans sa tour tout à fait indépendant [1]. La guerre civile com-
mença. Thomas de Marle, fils du comte Enguerrand et en hosti-
lité ouverte avec son père, se mit aux champs contre lui,
après s'être fait l'associé et le champion de la commune. Les
troupes comtales ne purent longtemps soutenir le choc des
forces royales et bourgeoises renforcées par les compagnies de
Thomas de Marle, et se replièrent hors du mur d'enceinte.
Enguerrand de Boves, qui s'était retiré et cantonné dans la cita-

1. Suger dans sa *Vie de Louis le Gros* traite, avec une sévérité extrême,
tous les grands feudataires du temps qui résistèrent au commencement du
XIIe siècle à la couronne dont l'abbé de Saint-Denis était le ministre et le
conseiller. Il n'est donc pas étonnant qu'Adam soit présenté par lui comme
un tyranneau ; il ne l'était ni plus ni moins que les autres grands seigneurs
de son temps.

delle avec Adam, se réconcilia avec son fils rebelle, ce qui changea tout à fait la situation des belligérants. Dans sa première incursion contre les Amiénois, Thomas de Marle égorgea trente hommes de sa main et incendia plusieurs églises. Emporté par sa fougue, il tombait quelques jours après dans une embuscade d'où il ne put sortir que grièvement blessé. Thomas de Marle se réfugia dans son château de Nogent après avoir envoyé dans la forteresse du Chastillon ses meilleurs guerriers et sa fille Mélisende, fiancée, dit M. Janvier [1], à un beau jeune homme, Adelesme, fils d'Adam [2]. La tour étant facilement ravitaillée par l'extérieur, la garnison faisait, jour et nuit, des sorties meurtrières et renouvelait sans cesse ses tueries et ses pilleries dans les différents quartiers de la cité. Laissons la parole à Augustin Thierry qui a fait un récit émouvant et magistral de cette lutte acharnée entre la féodalité et le tiers état naissant, dans le Nord. « Dépourvus des moyens de « conduire un siège, les bourgeois ne pouvaient opposer à ces « agressions qu'une résistance purement passive. Le découra- « gement les gagna, et à la vue de tout ce qu'ils souffraient, « l'évêque Geoffroy, qui les aimait, fut saisi d'une vive afflic- « tion ; il désespéra de la cause à laquelle il s'était lié et sentit

---

1. *Boves et ses seigneurs*, p. 43.

2. M. Janvier n'a fait du reste que répéter en français le texte latin de Guibert de Nogent qui a écrit dans *De vita sua* à propos de la fin tragique de Gualdric, évêque de Laon, tué par les habitants de cette ville à la suite du mouvement communal : « Thoma itaque ad sua translato et ex vulnere prelibato jam impotenter agenti quoniam filius Adœ nomine ADELELMUS, puer pulcher, in futuram desponderat conjugem ipsius filiam qui Thomam jam lœterat. » Du Chesne a reproduit le récit de Guibert de Nogent dans les preuves de son *Histoire de la Maison de Guines*, p. 228.

« s'ébranler la confiance qu'il avait dans la bonté de ses inten-
« tions. Cédant aux clameurs des gens de son ordre, qui l'ac-
« cusaient d'avoir excité des troubles qu'il était incapable
« d'apaiser, il se suspendit lui-même des fonctions épiscopales.
« Il renvoya à l'évêque de Reims son bâton et son anneau, et se
« retira d'abord au monastère de Cluny, ensuite à la Grande
« Chartreuse, près de Grenoble. Il n'en revint qu'à la somma-
« tion de l'archevêque de Reims, et alors que Louis le Gros,
« déterminé par les plaintes du clergé, à faire la guerre
« à Thomas de Marle, marcha en personne sur Crécy et sur
« Nogent, et rendit ainsi quelque espérance aux ennemis de ce
« terrible baron.

« Cette guerre présentait de singuliers contrastes : D'un côté,
« le sire de Marle, ennemi de la commune d'Amiens, était ami
« de celle de Laon, dont les membres les plus compromis
« s'étaient réfugiés sur ses terres ; de l'autre, le roi en s'avan-
« çant contre ce seigneur, venait par le fait, sauver la pre-
« mière de ces communes et accabler la seconde. Après la sou-
« mission de Thomas de Marle, Louis le Gros dirigea ses forces
« contre Enguerrand de Boves, comme allié et complice de son
« fils. Son entrée dans Amiens ranima le courage et les espé-
« rances populaires. L'évêque associé de cœur aux intérêts et
« aux passions de la multitude, le dimanche des Rameaux de
« l'année 1115, prêcha, devant le roi et tout le peuple assemblé
« un sermon sur les événements du jour. Il prononça de
« grandes invectives et tous les anathèmes de l'Écriture Sainte
« contre la garnison de la grosse tour, promettant de la part

« de Dieu le royaume du ciel à quiconque périrait à l'attaque
« de cette forteresse. Il fut décidé que les soldats royaux, réunis
« à tous les bourgeois en état de porter les armes, et conduits
« par le roi en personne, livreraient un assaut général. L'évêque
« se rendit nu-pieds au tombeau de saint Acheul, et y pria avec
« ferveur pour le succès de l'entreprise. Au jour fixé, les ingé-
« nieurs du roi, dont le chef se nommait Aleran, firent avan-
« cer contre le Châtillon plusieurs des machines au moyen des-
« quelles on s'approchait alors des places fortes : c'était des
« tours de bois posées sur des roues et garnies de ponts-levis
« qui s'abaissaient contre les parapets de la muraille. Parmi ces
« tours, il s'en trouvait deux qui dominaient la forteresse et qui
« étaient chargées d'une grande quantité de pierres qu'on
« devait jeter sur les assiégés. Quatre-vingts femmes de la
« ville, transportées de cet enthousiasme qui éclate dans les
« crises politiques, demandèrent à y monter et à lancer les
« pierres, afin de réserver les hommes pour le combat à la
« lance et à l'arbalète. Malgré la discipline des troupes royales
« et le dévouement de la bourgeoisie, la grosse tour du Châtil-
« lon garda sa réputation d'imprenable. Les assaillants furent
« repoussés ; toutes leurs machines furent démontées par les
« pierriers qui tiraient dessus. Beaucoup de bourgeois périrent,
« soit au pied des murailles, soit sur les ponts-levis des tours.
« Les 80 femmes, qui étonnèrent par leur courage, furent toutes
« blessées, et le roi lui-même reçut une flèche dans son haubert.
« Louis VI qui, en obligeant Thomas de Marle à rester en
« repos et à se faire absoudre par l'Église, avait accompli l'objet

« de son expédition, ne jugea pas à propos de s'exposer aux
« dangers et aux fatigues d'un nouvel assaut. Il partit en lais-
« sant quelques troupes qui, avec la coopération des bour-
« geois, tournèrent en blocus le siège de la grosse tour. Ce fut
« seulement au bout de deux ans que les assiégés rendirent le
« Châtillon, qui fût aussitôt démoli et rasé par ordre du roi[1]. »
La citadelle d'Amiens fut en effet détruite, immédiatement
après sa reddition en 1117, par les officiers royaux et épisco-
paux. Le comte d'Amiens, Enguerrand de Boves, fut dépouillé
de son grand fief, tout en conservant ses titres et certains privilèges qu'il transmit à son petit-fils Robert de Boves, issu de
Thomas de Marle. Adam ne put reconstruire sa tour, mais il
garda intégralement ses honneurs et prérogatives féodales
comme le remarque Augustin Thierry, tout en condamnant sa
rébellion contre son suzerain : « malgré la forfaiture du châte-
« lain Adam qui, sans griefs personnels, avait guerroyé contre
« son seigneur immédiat, Louis le Gros ne lui enleva point son
« fief ni ses droits seigneuriaux ; seulement ses droits ne furent
« plus attachés qu'à un amas de décombres et à une vaste éten-
« due de terrain, qui, dans la suite, réunie à la ville et comprise
« dans son enceinte, retint à travers les siècles et conserve
« encore aujourd'hui le vieux nom de Castillon[2]. » Les

---

1. *Lettres sur l'Histoire de France*, par A. Thierry, pp. 356 à 360. —
Voir aussi la relation plus développée d'Augustin Thierry sur cette lutte
entre le comte et le châtelain d'Amiens d'une part, les bourgeois, le vidame
et l'évêque, d'autre part, dans *le Recueil des Monuments inédits de l'Histoire du Tiers-État*, t. I, de la p. 28 à la p. 34. (Voir aux *Pièces justificatives*, PREUVE I, le récit du siège de Guibert de Nogent.)

2. *Recueil des Monuments inédits de l'Histoire du Tiers-État*. Région du
Nord, par A. Thierry, t. I, pp. 33 à 34.

d'Amiens continuèrent donc à s'intituler châtelains et princes de la ville et à jouir de grandes prééminences et redevances, telles que les droits de tonlieu, de travers, d'affouage, de sesterage, de pesage, d'étalage, de forage, de toreillage, de cambage, de gréage, d'amende, etc. Philippe le Hardi trouvant incompatible avec la dignité de la couronne ce partage de seigneurie avec les descendants d'Adam d'Amiens, les racheta en grande partie (1275) de Dreux II d'Amiens, sire de Flixecourt et de Vignacourt[1], par un traité solennel dont le texte sera inséré aux *Pièces justificatives*, PREUVE V, à la fin de ce volume. Adam, prince et châtelain d'Amiens, s'était marié à BÉATRIX . DE BOVES, fille d'Enguerrand de Boves [2], sire de Coucy, de La Fère, comte d'Amiens, et de Ade de Marle, fille et héritière de Léthard de Roucy, sire de Marle, frère d'Ebbles, comte de Roucy. Béatrix survécut longtemps à son mari Adam, entra en religion après la mort de ce dernier et trépassa en 1144. Elle lui avait donné trois enfants.

— 1° ALEAUME OU ADELESME D'AMIENS passa une convention avec les chanoines de Notre-Dame d'Amiens qui lui avaient rendu le droit de pêcher des anguilles pendant la nuit dans ses

1. *Monographies Picardes.* 2ᵉ série, Vignacourt, par l'abbé Ed. Jumel. — *Recueil des Monuments inédits de l'Histoire du Tiers-Etat*, par A. Thierry, t. I, p. 281.

2. MALBRANCQ : *De Morinis*, t. II, p. 489. — A. JANVIER, *Boves et ses seigneurs*, p. 48.

Par cette alliance, Adam d'Amiens devint le gendre d'Enguerrand de Boves, beau-frère de Thomas de Marle, et d'un autre Enguerrand de Boves, qui succéda à saint Geoffroy, en 1116, sur le siège épiscopal d'Amiens. (Voir aux *Pièces justificatives*, PREUVE II, qui comprend plusieurs extraits relatifs aux alliances d'Adam d'Amiens et de ses enfants.)

terres. En retour, le chapitre reçut d'Aleaume, assisté de sa femme et de ses fils, douze sols et quinze chapons [1]. Le même Aleaume d'Amiens est mentionné comme n'existant plus en 1151 dans une charte analogue, consentie par son neveu, autre Aleaume, quatrième prince d'Amiens, fils de Guy susnommé que nous étudierons plus bas [2]. Aleaume ou Adelesme d'Amiens avait épousé MÉLISENDE DE BOVES, fille de Thomas de Marle et de sa troisième femme, Mélisende de Crécy [3]. M. Janvier dans son livre sur *Boves et ses seigneurs* rapporte, d'après Guibert de Nogent, que Thomas de Marle, fils d'Enguerrand de Boves, comte d'Amiens, tomba dans une embuscade que lui avait tendu Sybille, sa marâtre, de connivence avec le vidame d'Amiens, et qu'il fut très grièvement atteint d'un coup de lance au jarret. Forcé de se réfugier dans un de ses châteaux pour y panser ses plaies, Thomas de Marle laissa dans la citadelle d'Amiens, dont Adam était le maître et le capitaine, ses plus intrépides partisans et sa fille « Mélisende, fiancée à Aleaume ou à Adelesme, beau jeune « homme, fils du châtelain Adam [4]. » La même constatation est faite un peu plus loin par le même écrivain. Aleaume succomba en 1113, en opérant une sortie contre les forces réunies du vidame et de l'évêque. La *Gallia Christiana* se venge de cet

---

1. *Cartulaire de l'Église d'Amiens*, t. I, fol. 5, r°. — *Histoire de l'État de la ville d'Amiens et de ses comtes*, par Ch. du Fresne, sieur du Cange. Amiens, 1840, in-8, p. 289.

2. Cartulaire de l'abbaye Saint-Jean d'Amiens. — *Trésor généalogique*, de D. Villevieille, publié par H. et A. Passier, t. I, p. 353.

3. *Boves et ses seigneurs*, par A. Janvier, pp. 43 et 56.

4. Voir plus haut la note 2 de la page 75.

adversaire de l'épiscopat en déclarant qu'il eut une fin misérable [1]. Il ne faut accepter que, sous bénéfice de contrôle, certaines assertions de Suger, abbé de Saint-Denis, qui se laisse quelquefois entraîner par sa haine des grands vassaux. M. A. Janvier et d'autres annalistes pensent avec plausibilité que Mélisende, épouse d'Aleaume d'Amiens, ne fait qu'une seule et même personne avec Mélisende, femme de Hugues, seigneur de Gournay, au pays de Caux [2]. Un désaccord s'étant produit entre Mélisende de Boves, au sujet du douaire de celle-ci, et son neveu Raoul de Coucy, le pape Alexandre III s'interposa et écrivit une lettre qui mit fin au litige [3]. Aleaume ne laissa pas de postérité et tous ses biens et honneurs incombèrent à son deuxième frère Guy d'Amiens. Dom Grenier a commis une erreur en faisant Aleaume ou Alerme, grand-père d'Aleaume qui, en 1151, ratifia, avec l'assentiment de Flandrine, Mélisende et Mabaut, ses sœurs, et de Robert, comte d'Amiens, les donations que Guy, son père, et Mahaut ou Mathilde, sa mère, avaient faites à l'abbaye de Saint-Jean pour l'âme d'Alerme, son oncle. Ce dernier était le frère et non l'auteur de Guy, père de l'Aleaume d'Amiens de 1151 [4]. Il faut donc suivre pour graduer

---

1. *Gallia Christiana*, t. X, col. 1354.
2. *Recueil des Historiens des Gaules*, t. XV, p. 818. — *Boves et ses seigneurs*, par A. Janvier, pp. 56 et 59.
3. *Boves et ses seigneurs*, comme ci-dessus.
4. La *Gallia Christiana*, t. X, col. 334, s'est également mépris au sujet de l'identité d'Aleaume, fils aîné d'Adam, qu'il présente comme frère de Mathilde de Boves quand il en était le beau-frère.
Histoire de l'Etat de la ville d'Amiens et de ses comtes, par Charles du Fresne, sieur Du Cange, ouvrage inédit. Amiens, 1840, in-8, p. 289.

les générations primitives, non point Dom Grenier qui s'es trompé en faisant du premier Aleaume ou Alerme connu l'aïeul de l'autre, mais les Cartulaires du temps très fidèlement observés par de La Morlière, A. Janvier, l'abbé Jumel, Dom Villevieille, etc.

— 2° GUY D'AMIENS, qualifié châtelain et comte d'Amiens, sire de Vignacourt, Flixecourt, Canaples, Bachimont, La Broye, Buire, l'Estoile, Flesselles, Talmas, Estrées, Outrebois, Regnauville, qui va personnifier le degré suivant.

— 3° HUGUES D'AMIENS, énoncé clerc, dans Orderic Vital et les vieux Cartulaires, a été plus haut l'objet d'une notice approfondie où nous croyons avoir démontré qu'il était le même personnage que Hugues d'Amiens, prieur de Saint-Martial de Limoges en France et de Reading en Angleterre, l'un des plus illustres archevêques de Rouen, controversiste et écrivain éminent, ami de Suger, conseiller intime de trois rois d'Angleterre. Sa carrière militante (de 1130 à 1164) sous le rapport religieux, politique et littéraire ayant été retracée dans les préliminaires de ce livre, page 25, nous y renvoyons le lecteur [1]. De La Morlière, le P. d'Aire et M. Janvier avaient présumé, avant nous qu'il y avait identité entre le Hugues d'Amiens, fils d'Adam, et l'éminent prélat de Rouen [2].

---

1. Voir aux *Pièces Justificatives*, PREUVE III, les sceaux et les documents qui concernent Hugues d'Amiens, archevêque de Rouen.
2. *Monographies Picardes*, 2ᵉ série, Vignacourt, par l'abbé Ed. Jumel, p. 35. — *Histoire de la ville d'Amiens*, par le P. Daire, t. I, pp. 34-37. — *Antiquités historiques et choses les plus remarquables de la ville d'Amiens*, par Ad. de La Morlière, pp. 28-32, 2ᵉ partie. — A. JANVIER : *Boves et ses seigneurs*, note 2 de la p. 48.

— 4° THIERRY D'AMIENS figure dans l'acte de 1151, comme oncle d'Aleaume d'Amiens, fils de Guy et quatrième prince de la dite cité [1].

II

GUY D'AMIENS, qualifié comte et châtelain d'Amiens, dès 1136, dans la *Gallia Christiana* [2], par D. Rumet dans sa *Chronique manuscrite du comté de Ponthieu* et par l'abbé Jumel [3], était, d'après A. de La Morlière, seigneur de Flixecourt, Vignacourt, La Broye, Canaples, Bachimont, Buires, l'Estoile, Flesselles, Talmas, Estrées, Regnauville, Outrebois [4]. Thomas de Marle, que son père avait voulu plusieurs fois déshériter du comté d'Amiens, le fut probablement d'une partie au profit de son gendre et neveu Guy d'Amiens, favorisé par Sybille, troisième femme d'Enguerrand de Boves, comte d'Amiens. Il est possible encore que Guy d'Amiens ait exercé l'autorité comtale, devenue un peu fictive par suite de la saisie de Louis le Gros, pendant le voyage et le séjour en Sicile de Robert de Boves,

1. *Trésor généalogique*, de D. Villevieille, publié par Henri et Alphonse Passier, t. I, p. 354. — *Trésor généalogique*, par D. Caffiaux, t. I, p. 111.— *Cartulaire de l'abbaye Saint-Jean d'Amiens* ; Arch. de la Somme.
2. *Gallia Christiana*, t. X, col. 1354. (Voir aux *Pièces justificatives*, PREUVE II.)
3. *Monographies Picardes*, 2e série, Vignacourt, par l'abbé Ed. Jumel, p. 35 et suiv.
4. *Les Antiquités historiques et les choses les plus remarquables de la ville d'Amiens*, par A. de La Morlière, pp. 28-32, 2e partie.

comte d'Amiens, fils aîné et héritier de Thomas de Marle. Cette question n'étant que secondaire pour nous, il nous suffit de savoir que le titre de comte porté par Guy d'Amiens est affirmé par des textes authentiques et des auteurs vénérables. Guy d'Amiens, *Wido Ambianentis, comes et dominus Flessicurtis*, pour nous conformer aux désignations de la *Gallia Christiana*, fit relever, en 1136, avec le concours de sa femme Mathilde et de son frère Hugues [1] les autels de Saint-Marcel et de Warencourt. Guy d'Amiens, est, en outre, appelé *Monseigneur et comte* dans la notice de l'abbé Jumel sur Vignacourt [2] et dans

1. La *Gallia Christiana* a lu *patruus* là où de La Morlière avait vu *frater*, ce qui est plus exact.

Dans ses *Fiefs et seigneuries du Ponthieu et du Vimeux* (Dumoulin, 1870, in-4, p. 64) M. René de Belleval signale toute la succession des sires de La Broye, de 1130 à 1410. Il commence par GUY D'AMIENS et continue par ALEAUME D'AMIENS, 1160, PIERRE D'AMIENS, 1190, REGNAULT D'AMIENS, 1209-1240, JEAN D'AMIENS, 1240-1250, DREUX D'AMIENS 1250-1280.

2. *Monographies Picardes*, 2ᵉ série, Vignacourt. — L'abbé Jumel prétend que Guy d'Amiens, dans la querelle entre Enguerrand de Boves et son fils Thomas de Marle, aurait embrassé la cause du premier et occis le second et qu'à la suite de ce meurtre Guy aurait été réduit à passer en Angleterre pour échapper à la colère du roi de France. Celui-ci n'ayant pu saisir le fugitif, lui aurait enlevé le comté d'Amiens. Un vieux Mémoire relate le même fait. Nous transcrivons le texte sans le garantir. « Lequel Monseigneur Guy d'Amyens, dernier comte d'Amiens, tua le seigneur de Boves et s'en alla en Angleterre à cause qu'il ne pût obtenir son pardon dont le roi Louis de France, sixième de ce nom, confisqua et retira sa dicte Comté à son domaine, en l'an 1143 et ne demeura à ses enfants que les terres de Vinacourt de par Madame leur mère. » Le vieux mémoire rapporte aussi que « Guy estoit comte en 1138 » et nous apprend quelques lignes plus bas qu'il s'éteignit dans un âge avancé « Guy d'Amyens, dernier comte d'Amyens, mourut longtemps après son retour de la Terre-Sainte et est enseveli sous le petit portail de l'église Notre-Dame d'Amiens. » La date obituaire de 1174 ne concorde pas avec la charte d'Aléaume, prince et châtelain d'Amiens, qui, au moment de se croiser, en 1151, confirme des donations faites par Guy et Mathilde, ses père et mère alors trépassés, à l'abbaye Saint-Jean.

un vieux mémoire généalogique du XVI° siècle intitulé : *S'en-suyt la généalogie de ceulx qui portent le nom et les armes d'Amyens, princes*. On y constate que Guy d'Amiens « estoit comte d'Amyens en 1138 » et qu'il fut le dernier de sa race revêtu des honneurs de l'autorité comtale dont le roi de France le déposséda. Quoiqu'il en soit, Guy d'Amiens apparaît sur le fond lointain des âges dès 1125 [1]. Lui et sa femme Mathilde de Boves, avec le concours de Hugues d'Amiens, clerc et frère de Guy, comblèrent de largesses le prieuré de Saint-Firmin-au-Val, dans l'espoir d'opérer la rédemption de leurs âmes et de celle Adelesme d'Amiens. Guy avait épousé MATHILDE DE BOVES, présumée dame de Vignacourt. Celle-ci d'après du Cange, le P. d'Aire et A. Janvier qui l'ont reproduit, était issue du troisième mariage de Thomas de Marle, comte d'Amiens, avec Mélisende de Crécy [2]. Elle était par conséquent sœur d'Enguerrand de Boves, sujet initial des sires de Coucy [3], de Robert de Boves [4], comte d'Amiens, énoncé oncle d'Aleaume ou d'Alerme d'Amiens, fils de Guy, dans une charte de 1151 que nous rapporterons plus loin. Cet Aleaume, quatrième châtelain et prince d'Amiens, avait débuté dans la vie en faisant irruption sur le domaine ecclésiastique et avait encouru l'anathème. En 1146, mû par le repentir, il avait reconnu ses sacrilèges et in-

1. *Histoire de la ville d'Amiens*, par le P. Daire, t. I, p. 35-36.

2. *Monographies Picardes*, 2° série, Vignacourt, par l'abbé Edouard Jumel.

3. Du CANGE : *Cartulaire d'Amiens*, fol. 298-299. — *Histoire de la ville d'Amiens*, par le P. Daire, t. I, pp. 35 et 63. — *Boves et ses seigneurs*, par A. Janvier, pp. 48, 56, 57, 59.

4. *Boves et ses seigneurs*, comme ci-dessus.

demnisé les monastères saccagés. Ses parents l'avaient aidé dans son œuvre expiatoire et réparatrice. Dans la dite année 1146, Guy d'Amiens et Mathilde de Boves, de concert avec Aleaume leur fils aîné, avaient accordé à l'église d'Amiens les prés de Franqueville et de La Forest, la terre du Quesnoy et le privilège de pêcherie nocturne que l'on pratiquait à la Saint-Jean, à l'entour des moulins qui devaient tous chômer en cette occurrence [1]. Cette concession fut faite avec le consentement de Robert, comte d'Amiens, frère de Mathilde de Boves, femme de Guy d'Amiens, en présence de Raoul, châtelain de Néelle, de Roger, châtelain de Péronne, d'Adam de Cagny, de Lambert de Illly, de Gilles de Clary, de Jean de La Croix, de Bernard de Picquigny [2]. C'est également en 1146 que Guy d'Amiens, Mathilde, sa femme, et Aleaume, leur hoir, transférèrent à l'église d'Amiens la moitié du ban de vin qui constituait un monopole de débit en faveur du châtelain; celui-ci, en effet, avait seul le privilège de faire vendre du vin pendant un mois de l'année. C'est la moitié de ce droit qu'Aleaume céda à l'évêque [3]. Les mêmes donateurs offrirent peu de temps après

---

1. *Ut supra*, — *Cart. de l'abbaye Saint Jean d'Amiens*. — *Trésor généalogique*, de D. Villevieille, publiée par Henri et Alphonse Passier, t. I, p. 354.

2. *Cartulaire du chapitre d'Amiens*, fol. 32. Arch. dép. de la Somme. — *Trésor généalogique*, de Dom Villevieille, publié par H. et A. Passier, t. I, p. 354. — *Nécrologe de l'église d'Amiens*, par l'abbé Roze, pp. 138, 178. — *Recueil de plusieurs nobles et illustres Maisons du Diocèse d'Amiens*, par A. de La Morlière, pp. 31-38.— *Histoire de la ville d'Amiens et de ses comtes*, par Ch. Du Fresne, sieur Du Cange, Amiens, 1840, in-8, pp. 289-292. — *Boves et ses seigneurs*, par A. Janvier, fol. 17-18-48 56.

3. *Recueil des Monuments inédits de l'Histoire du Tiers-Etat*, par A. Thierry, t. I, p. 71, dont voici l'extrait textuel : « Dans la première

l'autel de Marcel-Cave à l'abbaye de Corbie. Cette libéralité fut renouvelée et corroborée par Aleaume d'Amiens seul en 1151 [1]. Son père Guy trépassa à la fin de 1146 ou au commencement de 1147, au moment où il se disposait à partir pour la seconde croisade [2] M. l'abbé Jumel prétend qu'en vue de ce voyage, il avait à l'exemple de plusieurs seigneurs « changé à « cette occasion les armes de sa famille et adopté celles-ci : « *De gueules, à trois chevrons de vair* [3]. » Sur la foi d'un ancien manuscrit, de La Morlière rapporte que Guy d'Amiens « attouchait de parenté au roy d'Angleterre [4] » Guy d'Amiens eut de Mathilde de Boves :

— 1° ALEAUME ou ALESME D'AMIENS, châtelain et prince d'Amiens, qui lui succédera dans ses grands fiefs ;

— 2° FLANDRINE D'AMIENS qui concourut à la charte de 1151 dans laquelle Aleaume d'Amiens maintint aux religieux de Saint-Jean toutes les donations mobilières et immobilières faites en leur faveur par Guy d'Amiens et Mathilde, ses père et mère, pour le salut de l'autre Aleaume, oncle du susnommé, et de Flan-

« moitié du XIIe siècle, le ban de vin durait un mois, et appartenait tout « entier au châtelain. Par une charte de 1146, Aleaume d'Amiens, châte-« lain, Gui, son père, et Mathilde, sa mère, cédèrent à l'église d'Amiens la « moitié de ce droit, *dimidium banni, per* xv *dies*. Le châtelain et l'évêque « avaient donc par moitié le droit du ban de vin, lorsqu'ils transigèrent « avec la commune. »

1. *Monographies Picardes*. Flixecourt, par l'abbé Jumel. Amiens, 1870, br. in-8, p. 85.

2. *Idem*, p. 86.

3. *Monographies Picardes*, 2e série. Vignacourt, par l'abbé Ed. Jumel, p 35 et suiv.

4. *Les Antiquitez historiques et choses les plus remarquables de la ville d'Amiens*, par A. de La Morlière, pp. 29-30, 2e partie.

drine qui nous occupe [1]. Celle-ci épousa GUERMOND DE PIC-
QUIGNY, petit-fils de Guermond I de Picquigny, le premier vidame d'Amiens qui soit connu [2]. Flandrine, de son côté, était
petite-fille d'Adam, le premier des châtelains et des princes
d'Amiens qui apparaissent dans l'Histoire.

— 3° MÉLISENDE D'AMIENS qui figure également dans la confirmation d'Aleaume son frère en 1151.

— 4° MAHAUT ou MATHILDE D'AMIENS, également présente
au dit acte de 1151.

III

ALEAUME OU ALERME D'AMIENS (*Croisé*), châtelain et quatrième prince d'Amiens, seigneur de Vignacourt, de Flixecourt, de l'Estoile, etc., porte les titres ci-dessus dans l'acte de
fondation du prieuré de Flixecourt en 1145. « Ego Allelmus
« Flessicurtis dominus de Ambianis, *civitatis princeps quar-*
« *tus,* recognosco et ad posterorum memoriam conscribi
« facio, etc[8]. » Cette institution pieuse lui fut inspirée par le

1. Même source qu'à la note de la page 92.
2. D. CAFFIAUX : *Trésor généalogique*, t. I, pp. 122-123. — *Antiquitez historiques*, etc., par A. de La Morlière, comme ci-dessus. — *Histoire de la
ville d'Amiens*, par le P. Daire, p. 35. — *Cartulaire de l'abbaye Saint-Jean
d'Amiens.*
3. Cabinet des titres, suppl. n° 1203, fonds Du Cange, pièce cotée 71.
Vérifié sur l'original. — *Monographies Picardes*, par l'abbé Ed. Jumel, p. 35
et suiv. — *Histoire de la ville d'Amiens*, par le P. Daire, t. I, p. 36. —
Cette institution pieuse fut approuvée par une bulle du pape Eugène III,
confirmée par Thierry, évêque d'Amiens. (*Monographies Picardes, Flixecourt*, par l'abbé Jumel, p. 49.)

désir de racheter ses torts envers l'église qu'il avait précédemment violentée et dépouillée comme on l'a déjà vu. Aussi s'était-
il attiré les foudres canoniques. C'est à propos de ces incursions
sur les biens monastiques que La Morlière fait cette réflexion en
parlant d'Aleaume : « cet Aleaume se qualifie, ès tiltres, seigneur
« de Flexicourt et *prince de la cité d'Amiens*, etc... et fit en sa
« jeunesse un peu bruire ses fuseaux comme on le voit de nos
« cartulaires ; mais il se trouva du depuis ès expéditions faites
« de son temps (1146) contre les infidelles [1]. » Il fut en effet un
des premiers barons qui répondirent à l'appel de saint Bernard
prêchant la seconde croisade [2]. Jaloux d'assurer à leur fils, jadis
excommunié, la plénitude du pardon céleste au cas où il suc-
comberait en allant combattre pour le Christ, Guy d'Amiens et
Mathilde, ses père et mère, dédommagèrent l'église spoliée en
lui concédant le droit de pêcher la nuit pendant la quinzaine qui
précédait la Saint-Jean ; ils lui abandonnèrent aussi le pré de
Franqueville, la moitié de celui de La Forest, la terre du Quesnoy,
et le *Bannum vini*. Cet accord fut conclu en 1146 avec l'assentiment de Robert, comte d'Amiens, en présence de Raoul, châtelain de Néelle, de Roger de Péronne, d'Adam de Cagny, de

---

1. *Recueil de plusieurs nobles et illustres Maisons vivantes et éteintes en l'é-
tendue du diocèse d'Amiens*, par M. Adrian de La Morlière. Amiens, 1630,
in-4, pp. 31-38.
  Alleaume d'Amiens était venu à résipiscence avant 1146, car à cette date,
l'évêque d'Amiens lui avait accordé grâce plénière, ce qui est établi par ces
lignes du *Gallia Christiana*, t. X, col, 1175, article *Theodoricus*, évêque
d'Amiens, où il est dit que ce prélat... « eodem anno excepit *satisfactionem
Alelmi de Ambianis*. »
  2. *Idem.* — *Histoire de la ville d'Amiens*, par le P. Daire, t. I, pp. 26.

Gilles de Clary, de Jean de La Croix, de Bernard de Picquigny [1].
Aleaume qui avait pris la croix en 1146 ne se mit en route
qu'en 1147, car il était dans la suite du comte de Flandre
lorsque celui-ci vint rejoindre à Worms l'armée française, commandée par Louis VII dit le Jeune. On sait que les forces de
Conrad III avaient été en partie détruites près de Nicée par les
Turcs, lorsque le roi de France arriva dans l'Asie-Mineure où
il faillit périr dans une embuscade. Parvenu avec ses chevaliers
à Satalia, en Syrie, il prit la mer et débarqua à Antioche qu'il
essaya vainement de débloquer. Sa tentative contre Damas
n'ayant pas été plus heureuse, Louis VII après une visite à Jérusalem revint dans son royaume avec les seigneurs qui avaient
survécu aux désastres du voyage et des batailles. Parmi ces
derniers se trouvait Aleaume d'Amiens. Celui-ci était de retour
avant 1150 ; à cette date en effet il faisait sa paix avec l'abbé
Saint-Lucien de Beauvais, auquel il contestait certaines libéralités dont le couvent avait été l'objet de la part de ses ancêtres.
Le différend se termina, en 1150, par une transaction. Aleaume
d'Amiens assisté de sa femme Ade, de Gilbert Molinier, d'Au-
cher de Vignacourt, chargea Thierry, évêque d'Amiens, de
mettre les religieux de Saint-Lucien en possession des antelages
de Flixecourt, de Béthancourt, de Varennes, de Vignacourt, de

1. *Cartulaire I du chapitre d'Amiens*, fol. 32. — *Trésor généalogique* de
Dom Villevieille, par Henri et Alphonse Passier, t. I, p. 353.
L'excommunication d'Aleaume fut alors levée par Thierry, évêque
d'Amiens. La même année, 1146, Alleaume alloua à son familier Raoul de
Raineval un revenu viager de cinq sols et de cinq chapons par an, à
la condition que cette rente reviendrait au chapitre à la mort du bénéfi-
ciaire. — (*Nécrologe de l'Église d'Amiens*, par l'abbé Roze, pp. 138-178.)

Flesselles, ainsi que de diverses dîmes. Cet acte eut pour témoin Enguerrand, frère de Gérard de Picquigny[1]. En 1151, Aleaume d'Amiens, prêt à repartir pour la Terre Sainte, voulut également ratifier les donations dont son père Guy et sa mère Mahaut avaient comblé l'abbaye Saint–Jean d'Amiens pour le rachat de l'âme d'Aleaume, son oncle et frère dudit Guy. A cet acte (1151) concoururent ses sœurs, Flandrine, Mélisende, Mahaut, ses oncles Thierry et Robert dit comte d'Amiens[2]. La seconde croisade, calamiteuse du commencement à la fin, l'avait été aussi dans ses conséquences. Peu de temps après le réembarquement de Louis VII, Nour-Eddyn-Mahmoud, fils de Zenghi, avait écrasé Raymond d'Antioche sous les murs d'Anab et envoyé sa tête et ses bras au sultan de Bagdad; il avait ensuite réduit et rasé toutes les places de la Syrie septentrionale. Suger, voyant le roi affligé des progrès de l'Islamisme et de n'avoir pu, durant son séjour en Palestine, réaliser ses vœux de délivrance résolut d'organiser une nouvelle croisade. Dix mille hommes étaient déjà rassemblés à Chartres lorsque la mort de l'abbé de Saint-Denis, advenue en janvier 1152, empêcha l'accomplissement de l'expédition. Aleaume d'Amiens tourmenté comme le roi par le souci d'avoir laissé aux mains des Turcs le tombeau du Christ, résolut de retourner en la Palestine ainsi que l'atteste la Charte de 1151 résumée par Dom Villevieille en ces termes : « Thierry d'Amiens et Robert, comte d'Amiens,

---

1. *Cartulaire de l'abbaye de Saint-Lucien de Beauvais*, fol. 149. — *Trésor généalogique* de D. Villevieille, publié par H. et A. Passier, t. I, p. 354.

2. *Cartulaire de l'abbaye Saint-Jean d'Amiens.* — *Trésor généalogique* de D. Villevieille, comme ci-dessus.

« oncle d'Alerme, seigneur de Flexicourt, quatrième prince de
« la ville d'Amiens, souscrivirent une charte de l'an 1151,
« Louis régnant en France, par laquelle ledit Alerme, *avant son*
« *départ avec l'armée de France pour la Terre Sainte*, ratifia et
« approuva du consentement de Flandrine, Mélisende et
« Mahaut, ses sœurs, les donations que Guy son père et
« Mahaut sa mère, avaient faites à l'abbaye de Saint-Jean
« d'Amiens pour l'âme d'Alerme son oncle [1]. » Le trépas de
Suger fit donc renoncer les seigneurs français à leur entreprise. En présence du développement de la commune d'Amiens,
de plus en plus envahissante, et de l'union de ses partisans,
les trois détenteurs du pouvoir féodal, c'est-à-dire le comte,
l'évêque et le châtelain, comprirent tardivement que leur
antagonisme les rendait incapables de résister aux empiète-
ments municipaux. Les bourgeois, en effet, profitant de la
faiblesse de leurs adversaires désunis, venaient d'arracher
à ceux-ci le droit de vendre le vin en détail, dont les trois seigneurs jusque-là avaient eu le monopole. C'est alors que Philippe d'Alsace, comte d'Alsace et d'Amiens, de concert avec
Aleaume d'Amiens, prince et châtelain de la même cité,
l'évêque Robert, le vidame Gérard de Picquigny, fit procéder
à une enquête, pour bien spécifier, fixer et limiter la nature et
l'étendue de leurs prérogatives respectives de manière à prévenir entre eux tout conflit ultérieur. Cet acte important a été
analysé et commenté par Augustin Thierry dans son *Recueil des*

---

1. *Cartulaire de l'abbaye Saint-Jean d'Amiens.* — *Trésor généalogique* de
D. Villevieille comme ci-dessus, t. I, p. 354.

Monuments inédits de l'Histoire du Tiers-Etat[1]. Aleaume d'Amiens avait fondé sur la terre de l'Estoile, en 1146, le prieuré des dames de Moreaucourt et lui avait assuré des revenus qui furent confirmés en 1177[2] par une bulle du pape Alexandre III. A sa mort (le 21 juin 1176), « les religieuses de Moreaucourt, « pour témoigner leur reconnaissance au pieux fondateur de « maison, reclamèrent avec instances et prières la dépouille « mortelle d'Aleaume de Flixecourt, et la déposèrent dans l'en- « ceinte du couvent. Au xvie siècle on voyait encore le tom- « beau d'Aleaune jusqu'à fleur de terre; il était tout d'une « pierre et placé sous une petite arche pratiquée dans la « muraille du couvent, à main droite[3]. Suivant l'usage antique, « Aleaume était représenté sur son tombeau revêtu d'une « cotte d'armes et d'un surcot, tenant son épée et son bouclier, « portant des jambières et des éperons. Ce tombeau fut profané « en 1635 par les Espagnols et le couvent dévasté[4]. Aleaume « d'Amiens laissa d'ADE, sa femme, les hoirs ci-après :

— 1° DREUX D'AMIENS que nous allons reprendre tout à l'heure ;

— 2° PIERRE D'AMIENS est classé parmi les barons tenus de suivre et de combattre sous la bannière de Philippe-Auguste dans le dénombrement officiel des fiefs, mouvants de la cou-

1. T. I, p. 281. Voir aux *Pièces justificatives*, PREUVE V, le texte ancien et la définition des privilèges des châtelains de la cité d'Amiens.
2. *Recueil de plusieurs nobles et illustres Maisons du diocèse d'Amiens*, par de La Morlière, pp. 31-38. — *Monographies Picardes*, Flixecourt, par l'abbé Jumel.
3. *Histoire ecclésiastique d'Abbeville*, par le P. Ignace, liv. I, cap. xci.
4. *Monographies Picardes*, Flixecourt, par l'abbé Jumel, br. in-8. p. 52.

ronne, dressé en 1191. L'état-major féodal du roi de France
est représenté en première ligne par les ducs et les comtes de
Bretagne, de Bourgogne, de Saint-Gilles, de Flandre, de Forez,
d'Auvergne, de Blois, de Saint-Pol, de Soissons, de la Marche,
d'Alençon. Après eux viennent les hauts barons et entr'autres
le dauphin d'Auvergne, Guichard de Beaujeu, le vicomte de
Suzanne, Almaric de Créon, Gui de Laval. le vicomte de
Thouars, Pierre d'Amiens, Geoffroy de Lusignan, Baudoin d'Aubigny, Aymar de Poitiers, le vicomte de Turenne, le connétable
de Normandie, le vicomte de Limoges [1]. (Voir aux *Pièces justificatives*, PREUVE XI.) On trouve trace de Pierre d'Amiens à
partir de 1172, époque où il se montre avec son frère Dreux
dans une charte intitulée *Confirmatio Drogonis Ambianensis* [2]. Il
donna, dit l'abbé Jumel, le fief de Renauval, entre Vaulx et Flesselles, à l'Hôtel-Dieu d'Amiens dont il était regardé comme le
principal fondateur [3]. Pierre d'Amiens laissa un fils appelé aussi
PIERRE. Celui-ci se trouve parmi les barons de Flandre, d'Artois et de Picardie qui combattirent, le 27 juillet 1214, dans
l'armée de Philippe Auguste à la bataille de Bouvines où il succomba [4]. Le titre de baron, à cette époque, était assorti, ainsi
que nous l'avons dit, des plus hautes prérogatives (*Voir* ci-des-

---

1. *Recueil des Historiens des Gaules et de la France*, t. XXIII. Scripta de
feodis ad regem spectantibus et de militibus ad exercitum vocandis, e Phi-
lippi Augusti Regestis excerpta, pp. 682 683.

2. *Monographies Picardes*, 2ᵉ série, Vignacourt, par l'abbé Ed. Jumel.

3. *Les Antiquitez historiques de la ville d'Amiens* par A. de La Morlière,
pp. 31-32.

4. *Noblesse et Chevalerie du comté de Flandre, d'Artois et de Picardie*, par
Roger, p. 110.

sus, page 11).C'est donc dans le milieu des comtes et des barons, c'est-à-dire au premier plan social que les d'Amiens apparaissent sur la scène historique.

Aleaume avait en outre pour contemporains et probablement pour proches FIRMIN et NICOLAS D'AMIENS qui servirent de cautions en 1166 à Gérard, vidame d'Amiens, dans l'amortissement de la dime de La Verrière, constituée autrefois à l'abbaye de Saint-Lucien par Garnier de La Verrière [1].

IV

DREUX D'AMIENS (*Croisé*), appelé *comte d'Amiens par l'abbé Roze* [2], baron de Flixecourt et de Vignacourt, de la Broye, de l'Etoile, etc., est dit fils d'Alcaume d'Amiens dans une concession de franchises, étendue à toutes les terres dont ce dernier avait enrichi le prieuré de Flixecourt (1189). En retour des privilèges obtenus, les moines remirent à leur bienfaiteur une somme de dix livres en monnaie d'Amiens. Hugues d'Auxy, ayant confirmé, aux calendes de janvier 1178, les redevances territoriales, imposées à ses tenanciers par Henri de Tum au profit du monastère de Biencourt, octroya une charte dans laquelle figurent Pierre et Dreux d'Amiens. Ce dernier dota

1. *Cartulaire de l'abbaye de Saint-Lucien de Beauvais*, fol. 138, v°. — *Trésor généalogique*, de dom Villevieille, publié par H. et A. Passier, t. I, p. 354.
2. *Nécrologe de l'église d'Amiens*, pp. 181-182.

l'abbaye de Berthaucourt d'une rente annuelle de cinquante sols
à prélever sur le travers de Vignacourt à la fête de Noël. Cette
largesse destinée à l'entretien d'une lampe devant l'autel de la
Sainte-Vierge avait été faite en vue d'obtenir les grâces célestes
pour l'âme de son auteur trépassé et celle du donateur, quand
elle aurait quitté son corps [1]. Il offrit à l'Église d'Amiens, en
compensation de certains dommages, portés aux hommes de
Vaulx, le tiers de la dîme de Savières et une somme de
650 livres. En cas de contestation entre les vavasseurs des
lieux, englobés dans la susdite libéralité, et les chanoines, les
parties devaient recourir et s'en rapporter à l'arbitrage de
l'évêque [2]. Les ôtages fournis à propos de cet accord par Dreux
d'Amiens furent Simon d'Ailly, Bernard de Mareuil, Pierre de
Canaples, Aleaume et Hugues de Fontaine, Foulques de Ka-
yeux, Bernard de Bertangles et Valeran de Mez, l'an 1183 [3].
Dreux d'Amiens corrobora toutes ses générosités envers l'Hôtel-
Dieu d'Amiens l'an 1184 et transféra au même établissement
le terroir de Buschnan, situé entre Graveinlieu et Renauval,
en présence de Pierre de Naples et de Gauthier Bégez, chevalier [4]. En 1186, le seigneur de Flexicourt autorisa le don de

---

1. *Cartulaire de l'abbaye de Saint-Lucien de Beauvais,* fol. 148. — *Trésor
généalogique* de Dom Villevieille, publié par Henri et Alphonse Passier,
p. 354.

2. *Cartulaire Ier du Chapitre d'Amiens,* fol. 24 v°. — *Trésor généalogique* de Dom Villevieille, publié par Henri et Alphonse Passier, t. I,
pp. 354-355.

3. *Monographies Picardes,* Flixecourt, par l'abbé Jumel, br. in-8, p. 87.

4. Arch. de l'Hôtel-Dieu d'Amiens, sac Renauval. — *Trésor généalogique* de Dom Villevieille, publié par Henri et Alphonse Passier, t. I,
p. 355.

certaines redevances et oblations à Varignies, consenties par Enguerrand de Varignies et Simon son fils, au profit des dames de Moreaucourt[1]. On retrouve, l'an 1190, le seigneur de Flexicourt et Marguerite, sa femme, comme garants dans un accord entre Eustache, leur vassal, et Gérard de Bécloy, chanoine d'Amiens, au sujet de la dime de Vignacourt[2]. Dreux d'Amiens fut un des trouvères qui concoururent à faire triompher la langue romane dans le Nord où l'idiome tudesque avait laissé des traces profondes, bien que Luitprand eût écrit, au x⁰ siècle, qu'il était presque banni ; aussi l'évêque de Crémone appellet-il pour ce motif le royaume de France *Francia Romana*. C'est bien, en 1183, comme le prétend Du Cange[3] et non point en 1275, ainsi que l'assure Dom Grenier, qui s'est trompé en voulant rectifier l'auteur du *Glossaire*. Dom Grenier invoque à l'appui de son opinion le Cartulaire de Picquigny qui, en effet, mentionne un Dreux ou Drogon d'Amiens en 1275, mais celui-ci était l'arrière petit-fils du Dreux de 1183 que le roman de l'histoire de Foulques de Crète signale avec éloges, parmi les chanteurs picards qui rivalisaient au xii⁰ siècle avec les troubadours par le mérite de leurs compositions et leur renom dans les *plaids et les gieux d'amour*[4]. C'est donc bien à Dreux d'Amiens, fils

---

1. Archives des dames de Moreaucourt à Amiens. Warignies. — *Trésor généalogique* de Dom Villevieille, publié par H. et A. Passier, in-4, t. I, p. 355.

2. Archives de l'abbaye du Gard, cotées, L. ij. Vignacourt. — Dom Villevieille : *Trésor généalogique*, t. I, p. 353.

3. Du Cange : *Glossaire*.

4. *Mém. de Littérature*, t. XIV, p. 223.

aîné d'Aleaume et de Marguerite de Saint-Pol, vivant en 1183, qu'il faut appliquer ces vers du vieux roman précité :

> Droes Damiens de parler en savance
> Bacheler fus et de bonne science [1].

Dreux d'Amiens accompagna Philippe-Auguste à la troisième croisade et débarqua avec lui en Palestine en 1191. Le 20 juillet 1131, fête de Sainte-Marguerite, Richard Cœur de Lyon, récemment arrivé en Palestine, se plaignit de n'avoir pu rien entreprendre contre Saladin à cause de l'inertie de Philippe-Auguste et fit demander à celui-ci de prendre l'engagement de rester avec son armée, pendant trois années, pour combattre les infidèles si le sultan persistait dans son refus de rendre aux chrétiens la ville de Jérusalem et ses dépendances. Le roi de France ne voulut point faire une telle promesse. Le lendemain Richard Cœur de Lion fit son entrée dans la ville d'Acre et vint s'installer avec sa femme et sa sœur, la reine de Sicile, fille du roi de Chypre, dans le palais des Templiers où résidait déjà le souverain français. Le jour de Sainte-Madeleine, le roi d'Angleterre convoqua les chefs de l'armée occidentale, composée principalement des corps français et anglais. Philippe-Auguste se fit représenter à cette assemblée par l'évêque de Beauvais, le duc de Bourgogne et Dreux d'Amiens. Ses députés, en saluant le prince britannique, s'étant mis à pleurer, ne purent proférer une parole. Richard Cœur de Lion, se tournant vers eux, leur dit :

---

1. Aug. Vicom, p. 361.— *Introduction à l'Histoire générale de la Province de Picardie*, par Dom Grenier, pp. 50-156. (Voir aux *Pièces justificatives*, PREUVE IX.)

« Il est inutile de verser des larmes, je devine la mission dont
« vous êtes chargé ; votre maître désire regagner son royaume
« et vous êtes venus pour obtenir mon assentiment à son
« départ. » Les délégués de Philippe-Auguste avouèrent que
leur démarche n'avait pas d'autre but et ajoutèrent que la vie du
roi serait compromise par un plus long séjour. C'est à lui de
savoir répliqua Cœur de Lion, ce qu'il « y a de préférable de
la mort ou du retour [1]. » Conrad, marquis de Montferrat, soutenu
par Philippe-Auguste, réclamait de Guy de Lusignan, que protégeait Richard Cœur de Lion, le vain titre de roi de Jérusalem.
Le conflit menaçait de mettre aux prises le camp français et le
camp anglais. Pour éviter une pareille calamité, un jury des
principaux chefs chrétiens fut constitué pour trancher le différend. Dreux d'Amiens, l'un des membres de ce conseil arbitral,
noua à cette occasion des rapports avec les princes de Chypre,
qui se continueront avec leurs descendants. L'on verra bientôt
un d'Amiens s'établir dans l'île, devenue royaume, et y fonder la
branche des d'Amiens, sires du Plessié ou Plaissier que l'on
trouvera plus loin. Dreux d'Amiens revint en France à la suite
de Philippe-Auguste. Il n'était plus en 1195 [2]. Thomas de Marle
avait épousé en troisièmes noces Mélisende de Crécy dont il
avait eu entre autres filles Mathilde de Boves, mariée à Guy,
comte d'Amiens et de Flexicourt [3], dont il a été parlé longuement

1. *Recueil des Historiens des Gaules et de la France*, t. XVII. Ex bene-
dicti Petroburgensis abbatis; *Vita et gesta Henri II. Angliæ regis*, t. I,
pp. 525 et 526. — Voir aux *Pièces justificatives*, PREUVE IX.
2. *Gallia Christiana*, t. X, col. 1187.
3. *Boves et ses seigneurs*, par A. Janvier; pp. 56-57. — DU CANGE : *Cartulaire d'Amiens*, t. I, fol. 298-299.

page 83 et suivantes. Par suite de cette alliance nous voyons, en
1194, Odon de Crécy instituer dans le monastère de Saint-Frix
une messe quotidienne en l'honneur de Dreux d'Amiens, son
cousin, et de Marguerite, sa femme, qui avait autrefois pourvu
ledit couvent du terroir de Gressieu[1]. Dreux d'Amiens s'était allié
à MARGUERITE DE SAINT-POL, sœur du comte de Saint-Pol, ce
qui est attesté par tous les annalistes du Nord[2], et l'histoire de
la conquête de Constantinople par Villehardouin où il est dit, en
plusieurs endroits, que Hugues, comte de Saint-Pol, l'un des
principaux chefs de la quatrième croisade était l'oncle de Pierre
d'Amiens, lequel était fils de Dreux d'Amiens et de ladite Marguerite de Saint-Pol[3]. Celle-ci donna à son mari cinq
enfants.

— 1° PIERRE D'AMIENS, seigneur de Vignacourt et de Flixecourt, dont nous avons raconté (page 52) les hauts faits à la
quatrième croisade, où il succomba glorieusement en 1204 après
avoir coopéré à la conquête de l'Empire Grec et à l'établissement de l'Empire Latin de Constantinople. Il s'était précédemment
distingué par ses œuvres pies. En 1184, il avait fondé l'hospice
de Saint-Jean d'Amiens à l'endroit qu'occupe aujourd'hui
l'église Saint-Firmin-le-Confesseur au bord de la rivière du Hocquet[4], ce qui concorde avec un acte de l'Hôtel-Dieu d'Amiens por-

1. Gallia Christiana, t. X, col. 135.
2. Recherches généalogiques sur le comté de Ponthieu, etc., par de La Gorgue-
Rosny, t. I, pp. 31-32.
3. La Conquête de Constantinople, par G. de Villehardouin, publié par Natalis de Wailly. Paris, Firmin-Didot, 1872, in-8, p. 9.
4. Recueil de documents inédits concernant la Picardie, publié par Victor
de Beauvillé, t. I, p. 205.

tant la date de 1195. Ce titre nous apprend que Pierre s'était, cette année-là, dépossédé en faveur de Hugues de Picquigny, d'une masure située en Castillon [1], c'est-à-dire sur l'emplacement où s'élevait jadis le château d'Amiens. Cette cession fut approuvée par Regnault, Thibault et Aleaume, frères de Pierre d'Amiens, et eut pour témoins Robert de Picquigny, Barthélémy de Roye, Jean de Tesny, Pierre d'Yseu, etc. [2]. Les officiers de Pierre d'Amiens, ayant surpris un homme de Vals sur le territoire de Vignacourt dans la juridiction épiscopale d'Amiens et l'ayant fait pendre, au mépris des droits de l'Église, Pierre d'Amiens fut forcé en 1196 de reconnaître publiquement ses torts, ce qu'il fit en présence d'Enguerrand, vidame de Picquigny, d'Eustache d'Ancre et d'un groupe de vassaux de l'Église et du vidame [3]. Avant de partir pour le Levant (1199), Pierre d'Amiens valida toutes les donations faites à l'Hôtel-Dieu par son père Dreux et Pierre de Vignacourt, son oncle [4]. Il reparaît, en compagnie de sa mère Marguerite de Saint-Pol, de ses frères Regnault et Thibaut dans une concession du mois de juin 1200 en faveur de l'abbaye du Gard, dont les troupeaux eurent désormais la liberté de pâturage dans tout le fief de Vignacourt. A ce contrat concoururent

1. *Monographies Picardes ou études historiques sur les communes, Flixecourt,* par l'abbé Ed. Jumel, p. 87.

2. *Cartulaire de l'Hôtel de Ville d'Amiens,* fol. 138. — *Trésor généalogique* de Dom Villevieille, publié par Henri et Alphonse Passier, t. 1, p. 355.

3. *Cartulaire 1er du Chapitre d'Amiens,* fol. 78 v°. — *Trésor généalogique* de Dom Villevieille, publié par H. et A. Passier, t. 1, p. 355.

4. Archives de l'Hôtel-Dieu d'Amiens, sac Renauval. — *Trésor généalogique* de Dom Villevieille, publié par H. et A. Passier, t. 1, p. 355.

Enguerrand, vidame de Picquigny, Hugues de Fontaine, Hugues
de Villers, Enguerrand d'Hedincourt, Garin de Bécloy, Pierre de
Falloël, etc. Le sceau de Pierre d'Amiens attaché à cet acte
représentait *Trois chevrons vairés*[1]. Pierre d'Amiens succomba
à Constantinople en 1204. Villehardouin estime que sa mort fut
un grand deuil pour l'empereur Baudouin et l'armée des Croisés. « Ne tarda gaires après que le lor avint une mult granz
« mésaventure, que morz fut Pierre d'Amiens, qui mult ere
« riches et halz hom et bons chevaliers et proz, et s'en fist mult
« grand duel le cuen Hugues de Saint-Pol cui cosins germins il
« ere et mult en pesa a toz cels de l'ost,[2] etc. » La succession
de Pierre d'Amiens incomba à son deuxième frère Regnault
d'Amiens.

— 2° REGNAULT D'AMIENS, sire de Vignacourt, baron de Flixecourt qui va, par suite de la mort, dans le Levant, de son frère
aîné Pierre d'Amiens, l'un des vaillants conquérants de l'empire
grec, continuer son lignage illustre.

— 3° THIBAUT D'AMIENS, sire de Canaples, d'Outrebois, et auteur de la branche des seigneurs de Canaples qui sera traitée
après celle-ci.

— 4° BERNARD D'AMIENS, seigneur d'Estrées et de Regnauville,
chevalier, est le premier de sa race qui apparaisse pourvu du fief
de Regnauville ; il est désigné comme seigneur de ce lieu dans

1. Archives de l'abbaye du Gard, Yzeu, 74. — *Trésor généalogique*, etc.,
t. l, p. 356.
2. *La Conquête de Constantinople*, par G. de Villehardouin, publié par
Natalis de Wailly. Paris, Firmin-Didot, 1872, p. 172.

la confirmation d'un acte de vente, relatif à une forêt sise à Hornast et passé en mai 1226. Le sceau attaché au contrat original
est de forme circulaire et mesure cinquante-huit millimètres ;
la figure est celle d'un chevalier tenant un bouclier
que rehaussent *Trois chevrons de vair, brisé d'un vivré en
chef* et cette inscription : SIGILLUM BERNARDI AMBIANENSIS. Le
contre-sceau présente un écu, pareil à celui de la face, et ces mots :
SECRETUM BERNARDI AMBIANENSIS [1]. Le comte de Ponthieu et la
comtesse de Dreux, étant en désaccord, sollicitèrent, en 1238,
l'intervention du roi de France qui chargea des arbitres de ter-
miner ce différend. Parmi eux comparaissent, du côté de la comtesse, Messire Simon de Horn et pour le comte Messire Bernard
d'Amiens, seigneur d'Estrées [2]. Celui-ci dans un acte de juillet
1236 est traité de *cousin* par Simon comte de Ponthieu
qui le gratifia, à cette date, d'une rente héréditaire de 60 livres à
percevoir sur la vicomté du Crotoy [3]. (Voir PREUVE XII, *Chartes
de* 1238 *et* 1239.) Bernard d'Amiens était trépassé en juillet
1251. Il avait, avant son décès, institué une chapellenie dans le
château d'Estrées. Cette fondation fut approuvée par Marie
d'Estrées, dite veuve de feu Bernard d'Amiens, et par le frère de
celui-ci *Monseigneur* Thibaut, sire de Canaples, qui la dotèrent
d'une rente annuelle de cent sols, assignée sur la censive d'Es-

---

1. Archives de la Somme, Saint-Jean d'Amiens. — *Inventaire des
Sceaux de l'Artois et de la Picardie*, par G. Demay. 2ᵉ partie, p. 13, nᵒ 87.
(Voir *Pièces justificatives*, PREUVE XII, actes de 1224, 1226, 1244.)

2. Bureau des Finances d'Amiens : *Cartulaire du Ponthieu*, nᵒ 186,
fol. 216, vᵒ. — *Trésor généalogique* de Dom Villevieille, t. I, p. 360.

3. *Idem.*

trées, d'un muid de blé sur le moulin de la Broye, d'un presbytère pour le desservant. Il fut stipulé dans cette confirmation que le seigneur d'Estrées aurait le droit de présenter, mais qu'après trente jours de retard, l'évêque aurait la faculté de pourvoir à la vacance [1].

Le sceau de MARIE D'ESTRÉES, femme de Bernard d'Amiens, nous montre la noble dame tenant une fleur de lys dans la main gauche et, de l'autre, un oiseau avec cette légende : S. MARIÆ DE STRATIS. Le contre-sceau se compose d'un écu portant *Trois chevrons, au chef chargé d'une face vivrée*. Bernard ne paraît pas avoir eu de progéniture de Marie d'Estrées, car Thibault d'Amiens, son frère, dans une autre charte du mois de juillet 1251 se dit son héritier et successeur [2].

— 5° ALEAUME OU ALERME D'AMIENS, seigneur de Vignacourt, de Flixecourt, de l'Estoile, souscrivit, en 1217, un compromis avec les marchands de l'eau de la Somme. Ces derniers s'obligèrent à surélever et élargir le pont de l'Etoile à la condition que les réparations ultérieures et l'entretien incomberaient dans l'avenir aux seigneurs de Vignacourt. Ces engagements réciproques furent renouvelés postérieurement par Thibault d'Amiens et les échevins de Vignacourt [3]. Aleaume d'Amiens fit une déclaration et un rapport, en 1224, à Louis VIII dit le Lion,

1. Archives de l'évêché d'Amiens. — *Trésor généalogique* de D. Villevieille, t. I, p. 364. Bernard d'Amiens est dit encore seigneur de Regnauville dans une vente faite, en 1244, par Mathieu, comte de Ponthieu. (Voir PREUVES XIII et XVI).

2. *Cartulaire de l'évêché d'Amiens*, coté C, fol. 83. — *Trésor généalogique* comme ci-dessus. (Voir aux *Pièces justificatives*, PREUVE XIII, acte de 1251.)

3. Archives de l'Hôtel de Ville d'Amiens, registre aux Chartes, coté E, fol. 17, r°. — *Monographies Picardes*, 2° série, Vignacourt, par l'abbé Ed. Jumel, pp. 35 et suiv. (Voir PREUVE XIV.)

père de saint Louis, au sujet des chevaliers et hommes liges du bailliage d'Amiens[1]. On trouve le sceau équestre, en cire blanche sur simple queue, d'Aleaume d'Amiens, seigneur de l'Estoile, apposé au bas de lettres adressées par lui, au mois de février 1224, au même monarque et relatives aux procédures employées à Amiens par les créanciers contre les débiteurs[2]. Parmi les arbitres choisis, au mois de décembre 1224, pour trancher le différend survenu entre Pierre de Milly et l'évêque de Beauvais, à raison du chemin de Savignies, figure, à côté du feudataire, Aleaume d'Amiens[3], qui dut trépasser avant 1248, car, en août de ladite année, Jean, son neveu, rendit hommage au sire de Picquigny pour les marais de l'Estoile et tout ce qu'il tenait de la succession de *feu Monseigneur Aleaume, son oncle*[4].

— 6° THOMAS D'AMIENS, co–seigneur de Vignacourt, de Canaples, de Talmas, de Lorsignol et de Buires-le-Sec, est énoncé frère de Pierre dans une œuvre d'expiation et de restitution, opérée par ce dernier, alors atteint d'infirmités et soucieux de se réconcilier avec le Ciel. Pierre d'Amiens, assisté de son frère Thomas, assigna aux dames de Moreaucourt un muid de blé de rente sur le moulin de l'Étoile et les réintégra, le 7 des calendes

---

1. *Recherches généalogiques sur les comtés de Ponthieu*, etc., par de La Gorgue-Rosny, t. I, pp. 31-32.

2. Archives Nationales, J, 231. Amiens, n° 3. Original scellé. — *Layettes du Trésor des Chartes*, par M. Alexandre Teulet, t. II, p. 49, n° 1698. — *Collection de Sceaux*, par M. Douët d'Arcq, 1ʳᵉ partie, p. 451, n° 1169. (Voir aux *Pièces justificatives*, PREUVE XIV.)

3. Anciennes Archives de l'évêché de Beauvais, boîte 38, Savignies. — *Trésor généalogique* de Dom Villevieille, t. I, p. 359.

4. Anciennes Archives de l'abbaye de Corbie, *Cartulaire de Picquigny*, fol. 58, v°. — *Trésor généalogique* de Dom Villevieille, t. I, p. 363.

de juin 1200, dans la terre de Belleval, induement retenue par lui [1]. Il est dit frère de Regnault, Aleaume et Bernard d'Amiens, cadets de Pierre le croisé, dans l'institution d'un office commémoratif de leurs auteurs (Dreux d'Amiens et Marguerite de Saint-Pol), au couvent de Moreaucourt, en juillet 1210 [2]. Thomas d'Amiens vivait encore, en 1244, car à cette date le comte de Ponthieu céda à celui d'Artois la seigneurie de Buires-le-Sec, comprenant deux fiefs, appelés Lianne et l'Eschevinage [3]. *Jeanne d'Amiens*, fille de Thomas d'Amiens, se maria à *Gilles, seigneur de Mailly*, de Beauchesne, d'Acheux, de Ploich, d'Adinfer, etc., et lui apporta tous les biens paternels. Ce Gilles de Mailly concentra dans ses mains tous les biens et les honneurs de sa branche par suite du prédécès de Nicolas et de Hugues de Mailly, ses frères aînés. Il prêta serment de fidélité à saint Louis, en 1252. Lui et sa femme sont mentionnés dans les registres d'Amiens de l'année 1260. Gilles acquitta, en 1268, à Gauthier Bardin, bailly d'Amiens, les taxes, dont il était redevable envers le trésor à cause de la châtellenie de Beauchesne. *L'Histoire de Joinville*, par du Cange, p. 398, nous apprend que Gilles de Mailly suivit Louis IX dans son expédition contre Tunis; sa conduite à la tête de quatorze chevaliers et de trois bannières et d'autres services lui valurent, de la part de son souverain, une

1. Archives des Dames de Moreaucourt à Amiens. — D. Villevieille : *Trésor généalogique*, publié par H. et A. Passier, t. I, p. 356. (Voir aux *Pièces justificatives*, preuve XV.)

2. *Ut suprà*, fol. 357.

3. *Recherches généalogiques sur les comtés de Ponthieu*, etc., par de La Gorgue-Rosny, t. I, p. 284.

pension de deux mille écus. Jeanne d'Amiens lui donna la progéniture que voici : — I. *Jean de Mailly*, seigneur de Mailly. —
II. *Antoine de Mailly*, seigneur de Lorsignol. — III. *Gilles de
Mailly*, seigneur d'Autheuille. — IV. Autre *Jean de Mailly*, seigneur de Nedon [1].

V

REGNAULT D'AMIENS, baron de Vignacourt, et de Flixecourt [2], seigneur de Labroye, Talmas, Buires, Hallotz, était chanoine de la cathédrale d'Amiens en 1204, c'est-à-dire l'année
où il reçut la nouvelle de la mort de son frère aîné Pierre, advenue
dans le Bosphore au moment où Baudoin, comte de Flandre,
venait de fonder avec les croisés d'Occident l'Empire Latin
d'Orient. Cet événement, d'après l'abbé Jumel et autres, aurait
déterminé Regnault d'Amiens à renoncer au canonicat pour
recueillir l'héritage de Pierre et continuer son lignage [3].

---

1. *Histoire des grands officiers de la Couronne*, par le P. Anselme, t. VIII,
p. 268. (Voir PREUVE XV.)

2. Regnault d'Amiens (*Renatus de Ambianis*) est rangé parmi les barons
qui déterminèrent en 1225 le roi de France à recommencer la guerre contre
les Albigeois :

« Literas quibus Franciæ Barones Regi assensum præbuerunt et auxilium
spoponderunt. » — (*Recueil des Historiens des Gaules et de la France*,
t. XVIII. Ex chronico Turonensi, auctore anonymo. S. Martini Turon,
canonico. Note 1 de la page 312. — D. VAISSÈTE : *Histoire du Languedoc*,
t. III, p. 300). (Voir aux *Pièces justificatives*, PREUVE XXI.)

3. *Monographies Picardes*, 2ᵉ série, Vignacourt, par l'abbé Ed. Jumel,
p. 45 et suiv. — *Nécrologie de l'Église d'Amiens*, par M. l'abbé Roze,
pp. 181-182. — *Les Antiquités historiques et choses plus remarquables de la
ville d'Amiens*, par Adrian de La Morlière, p. 32, 2ᵉ partie.

Or, cette hypothèse est renversée par les documents contemporains : Regnault d'Amiens, en effet, était chanoine et marié
avant et après 1204, ce qui n'était nullement contraire aux
lois canoniques. Beaucoup de séculiers se faisaient admettre
dans les chapitres, sans entrer aucunement dans les ordres ;
il était même d'usage que les fondateurs de collégiales,
comme c'est le cas pour Regnault d'Amiens, qui avait institué et doté celle de Vignacourt, fussent proclamés membres d'office. La seule obligation pour eux était l'assiduité
aux cérémonies essentielles du culte. C'est ainsi que les rois de
France étaient chanoines de Saint-Martin de Tours ; que les ducs
de Berry étaient chanoines héréditaires de Saint-Jean de Lyon.
Juvénal des Ursins raconte que le duc d'Orléans fit son entrée en
1403 dans l'église Saint-Aignan portant les insignes de sa
dignité, c'est-à-dire l'aumusse. Le duc de Bedfort se fit recevoir
en qualité de chanoine de Notre-Dame de Rouen. Les comtes de
Chastelus, en Bourgogne, chanoines héréditaires d'Auxerre,
étaient en même temps de rudes guerriers. L'un d'eux, le sire de
Beauvoir, se présenta dans le chœur pour se faire investir du
canonicat, armé de pied en cap, un faucon sur le poing ; sa
cotte de mailles transparaissait clairement à travers le surplis.
C'est dans cet accoutrement de fer qu'il vint s'asseoir et psalmo-
dier dans sa stalle. C'est dans les mêmes conditions que Regnault d'Amiens avait été pourvu du canonicat dès sa jeunesse
et en un temps où il avait contracté alliance. Il ne put, en effet,
se marier après 1204, puisqu'on trouve, en 1204, un de ses
fils Jean, qui l'assistait à un jugement arbitral, et en 1213,

Dreux d'Amiens, aussi l'un de ses hoirs, approuvant une donation de ses parents aux dames de Moreaucourt. Son acquiescement à cet acte implique que Dreux était ou allait être majeur
Il était donc impossible qu'il fut né un an ou deux après 1204,
date assignée au désistement de Regnault d'Amiens par l'abbé
Jumel. Le scrupuleux écrivain Picard aura été induit en erreur
par la croyance que Regnault d'Amiens était chanoine régulier.

En février 1200 on le voit favoriser la communauté d'A-
miens à laquelle il abandonne un patus moyennant certains
cens avec le concours et l'adhésion de Mahaut, sa femme, de
Thibault, d'Aleaume et de Bernard, ses frères[1]. Guillaume,
comte de Ponthieu, octroya, en janvier 1202, aux habitants de
Montreuil la faculté de faire dans le franc-marais de la tourbe
selon leurs besoins. Parmi les signataires de cette charte on remarque Regnault d'Amiens, chevalier[2]. Sur les instances des
habitants de Flixecourt, celui-ci leur octroya sous forme de
charte des immunités importantes[3]. La maladrerie de Vignacourt,
qui remonte au commencement du xiie siècle, fut en grande
partie l'œuvre du seigneur local qui seconda les efforts de l'é-

---

1. *Cartulaire de l'hôtel de ville d'Amiens*, fol. 155. — *Trésor généalogique*,
de D. Villevieille, t. I, p. 356. (Voir PREUVE XVI.)

2. *Cartulaire de la ville de Montreuil-sur-Mer*, fol. 41. — *Trésor généalogique*, de Dom Villevieille, publié par H. et A. Passier, t. I, p. 356.

3. *Monographies Picardes*, 2e série. Vignacourt, par l'abbé Ed. Jumel, p. 35
et suiv. — Un vidimus de 1399 rappelle des franchises, octroyées autrefois
aux manants et habitants de Dommarcq, en Ponthieu, par Regnault d'Amiens,
sire de Flixecourt. Un autre vidimus de mai 1492 nous apprend que le
prieur de l'église de Marie-Madeleine de Vergolay tenait un bois et un
muid de blé, assis sur le moulin de La Broye, et que cette donation remontait à Regnault d'Amiens, seigneur de Vignacourt. *Recueil de documents inédits sur la Picardie*, par V. de Beauvillé, t. III, p. 315. (Voir PREUVE XIX.)

chevinage en dotant cette fondation hospitalière de divers immeubles dans l'intérêt des pauvres et pour le salut de son âme [1].
Dans des lettres expédiées de Melun, le 9 avril 1209, Regnault
d'Amiens certifie que Hugo de Mellannoi, chevalier, a fait le
serment de combattre fidèlement pour le roi de France contre
tous ses ennemis, excepté contre la dame de Lylers et les héritiers directs du comte de Flandre [2]; il se porte, en outre caution
de sa fidélité envers le souverain français jusqu'à concurrence
de trois cents livres parisis [3]. Cette charte de garantie est accompagnée du sceau de Regnault d'Amiens, en partie brisé, où l'on
distingue encore des parties d'une figure équestre dont le bouclier est armorié comme le contre-sceau d'un champ à *Trois
cherrons de vair*. On y lit cette légende : *Secretum meum
mihi* [4]. Garin de Becloy, chevalier, avec l'agrément de sa femme
et de son fils Hugues, racheta, en 1210, le tiers de la dîme, aliénée par Malevien d'Yseu au couvent du Gard, moyennant le
sixième d'un fief mouvant du vidame d'Amiens et du tiers de
celui qu'il tenait de Regnault d'Amiens [5]. Celui-ci, assisté de ses
frères Thomas, Aleaume et Bernard, institua un service commémoratif de ses parents et affecta à cet anniversaire, qui devait

---

1. *Monographies Picardes*, par l'abbé Jumel, *ut suprà*, pp. 82-91. (Voir
PREUVES XVI et XIX.)

2. *Trésor des Chartes* « securitates » n° 180, J. 3 4. — *Catalogue des
actes de Philippe-Auguste*, par Léopold Delisle. Paris, Durand, 1857, in-8,
p. 263. (Voir PREUVE XVI.)

3. *Layettes du Trésor des Chartes*, par M. Alexandre Teulet, t. I, p. 330,
n° 871. (Voir PREUVE XVI.)

4. *Inventaire de la Coll. des Sceaux*, par J. Demay, t. I.

5. Arch. de l'abbaye du Gard, Bécloy, G. — *Trésor généalogique* de D. Villevieille, publié par H. et A. Passier, t. I, p. 358.

être célébré au monastère des dames de Moreaucourt[1], la dîme des moulins de Flixecourt (juillet 1210). Baudouin de Moreaucourt avait donné à l'église de ce lieu dix journaux de terre relevant du seigneur de Flixecourt, qui se les fit rétrocéder à la date ci-dessus[2]. Regnault d'Amiens confessa, au mois d'août 1210, être l'homme lige d'Enguerrand, sire de Picquigny, vidame d'Amiens et être tenu, en cette qualité, à le servir, durant six semaines, à titre gratuit en temps de guerre, mais seulement dans la circonscription de Picquigny. Au cas où il serait réduit à batailler et coucher en dehors, le vidame serait tenu de subvenir aux frais de ses chevauchées extérieures[3]. (Voir *Pièces justificatives*, PREUVE XVII.) Regnault céda au Chapitre de Foulloy, au mois d'avril 1211, la troisième partie de la dîme de Valhuon[4]. Le 11 septembre suivant Enguerrand, vicomte de Picquigny, prit l'engagement solennel de rester fidèle au roi Philippe-Auguste et de refuser assistance à ses ennemis le comte de Boulogne, l'empereur Othon et le roi d'Angleterre. Les garants de la parole vicomtale furent Thomas de Saint-Valery et Regnault d'Amiens[5] qui fit quelques jours après (octobre 1211) un ser-

---

1. Archives des Dames de Moreaucourt, à Amiens. — *Trésor généalogique*, de Dom Villevieille, t. I, p. 357. Cette charte de 1210 fut vidimée avec d'autres en 1456. (Voir aux *Pièces justificatives*, PREUVE XVI.)

2. *Idem.*

3. *Les Etablissements de Saint-Louis*, publiés par Paul Viollet, t. III, p. 339. — Notes du livre Ier, chap. LVII. — Archives de l'abbaye de Corbie.

4. *Cartulaire du Chapitre de Foulloy*, fol. 38. — *Trésor généalogique*, par Dom Villevieille, t. I, pp. 357-358. (Voir PREUVE XVII.)

5. *Trésor des Chartes, Hommages*, n° 45, I. 622. — *Catalogue des actes de Philippe-Auguste*, par Léopold Delisle, Paris, Durand, 1856. In-8, p. 299. —

ment analogue. Le châtelain de Vignacourt jura en effet de servir
loyalement le souverain français et de ne jamais prêter concours
armé à ses adversaires d'Outre-Manche ou d'Outre-Rhin et de
combattre avec lui le comte de Boulogne. Il donna pour caution
le vidame d'Amiens, vicomte de Picquigny [1], dont il avait été le
répondant en pareille circonstance. Soucieux de multiplier les
témoignages de sa foi et de sa charité, Regnault d'Amiens con-
çut le projet de créer un Chapitre à Vignacourt. Il demanda conseil et coopération à Évrard de Foulloy, alors évêque d'Amiens,
qui approuva son dessein et lui en facilita l'accomplissement par
une bulle d'octobre 1216. Dans ses lettres pastorales le prélat
rattachait à la nouvelle collégiale l'église locale de Saint-Firmin
et constituait treize prébendes, dont deux pour le doyen [2]. Agissant de concert avec Mahaut, sa femme, Marguerite et Adelaïde
ou Adeline ses filles, ainsi qu'avec Thibault, Aleaume et Bernard, ses frères, Regnault d'Amiens dota les chanoines de Vignacourt du tiers des dîmes provenant de ses possessions, à titre
d'élémosine perpétuelle, de soixante livres parisis de rente, de
trente-six muids de blé et d'avoine [3], de deux cents chapons et de
certaines redevances ultérieures sur les terres boisées lors-

---

Regnault d'Amiens prend, en 1215, le titre de seigneur terrien (*dominus
terrenus*) dans un traité relatif au fief de Huy. (*Recueil de documents inédits concernant la Picardie*, publiés par V. de Beauvillé, t. I, p. 445. (Voir
aux *Pièces justificatives*, preuve XVII.)

1. *Idem*, p. 290. (Voir aux *Pièces justificatives*, preuve XVII.)

2. *Monographies Picardes*, 2e série. Vignacourt, par l'abbé Ed. Jumel,
p. 35 et suiv. (Voir preuves XVIII et XX.)

3. La rente était assignée sur le *passage* de Vignacourt, les *censives* et
les *moulins* de ce lieu, de Flesselles et de Flixecourt. (Voir preuve XX.)

qu'elles seraient plus tard défrichées[1]. Regnault d'Amiens[2] se montre en tête des chevaliers bannerets de l'Artois convoqués par Philippe-Auguste et présents à la bataille de Bouvines, le 27 juillet 1214[3]. Regnault d'Amiens exempta, au mois de janvier 1216, de tout péage, les moines du Gard. D'après le sceau appendu à cette charte il portait *Trois chevrons vairés*[4]. On revoit Regnault d'Amiens, en juin 1218, corroborant la vente d'un revenu, assis sur Vignacourt, faite à un chanoine d'Amiens par Robert de Raineval, sa femme Emmeline et ses enfants Bernard, Henri, Jean et Élisabeth[5]. D'accord avec ses frères et sa mère le sire de Vignacourt délaissa, l'an 1219, à l'église de Moreaucourt le marais qui s'étendait entre le vieux et le nouveau fossé où l'on amarrait les bateaux[6]. Le même seigneur et sa femme Mahaut garantirent, en 1219, un emprunt de quatre cents livres parisis au Chapitre d'Amiens et donnèrent pour gage des portions de la dîme d'Hardicourt, d'Haudinval et en plus un tiers de celle qui revenait au sire de Vignacourt sur le domaine de Royencourt, appartenant à ses vassaux, Jean d'Ambreville et

---

1. *Monographies Picardes*, 2ᵉ série, Vignacourt, par l'abbé Jumel, p. 35 et suiv. — *Cartulaire de l'abbaye d'Amiens*, côté G. fol. 82. — *Trésor généalogique* de Dom Villevieille, publié par H. et A. Passier, t. I, pp. 357-358. (Voir aux *Pièces justificatives*, PREUVE XVIII.)

2. Archives de l'abbaye du Gard, Bécloy, G. — *Trésor généalogique*, de D. Villevieille, *ut suprà*, p. 358.

3. *Noblesse et chevalerie du comté de Flandre, d'Artois et de Picardie*, par Roger, p. 110.

4. Archives de l'abbaye du Gard, Yseu M. — *Trésor généalogique*, de Dom Villevieille, t. I, p. 358.

5. *Cartul. de l'évêché d'Amiens*, coté G, fol. 91, v°. — *Trésor généalogique* comme ci-dessus.

6. Arch. des dames de Moreaucourt, à Amiens. — *Trésor généalogique* de D. Villevieille, *ut suprà*. (Voir PREUVE XX.)

Regnault de Savières[1]. On retrouve Regnault d'Amiens, en 1220, rachetant douze journaux de terre qu'Adam de Moreaucourt, Agnès, sa femme, et Pierre, leur fils, avaient cédés à l'église de Moreaucourt[2]. Regnault d'Amiens déclara, au mois de mars 1224, que William, fils de Durand, et ses sœurs, avaient aliéné, au profit de l'évêque d'Amiens, dix acres de terre dans la juridiction de Permoys, moyennant cinquante sols parisis, en présence de trois chapelains, de messire Hugues de Fontaines, d'Alleaume d'Amiens et de Pierre de Berteaucourt. Le même prélat offrit, la même année, à la maladrerie de Vignacourt la moitié du domaine de Mirevaux. Cet acte fut validé par Mahaut, femme de Regnault, Jean, son héritier, Marguerite, Adeline et Béatrix ses filles, Thibault, Alleaume et Bernard d'Amiens, le premier sire de Canaples, le second de l'Étoile, le troisième de Regnauville, tous trois frères dudit Regnault[3]. Ce dernier, sa femme et ses enfants abandonnèrent à l'abbaye de Saint-Lucien soixante journaux de forêt, et recouvrèrent, en mai 1226, la jouissance du bois de Flixecourt appelé Waschiez[4]. Regnault d'Amiens ayant voulu répartir cet usufruit entre ses sujets, le prieur de Flixecourt s'y opposa prétendant qu'une telle concession le priverait de son droit de faire des coupes pour se chauffer et bâtir. C'est

1. *Cartulaire Ier du chapitre d'Amiens*, fol. 191. — *Trésor généalogique* de D. Villevieille, *ut suprà*. (Voir PREUVE XX.)

2. Archives des dames de Moreaucourt, à Amiens, Moreaucourt. — *Trésor généalogique* de Dom Villevieille, publié par Henri et Alphonse Passier, t. I, p. 359.

3. *Cartulaire de l'évêché d'Amiens*, coté G, fol. 89, v°. — *Trésor généalogique* de Dom Villevieille, t. I, p. 359.

4. Archives de l'abbaye Saint-Lucien de Beauvais, Flixecourt. — *Trésor généalogique*, comme ci-dessus. (Voir PREUVE XII.)

à la suite de cette opposition que Regnault d'Amiens dédommagea le monastère en lui donnant en toute propriété soixante journaux sur lesquels il ne retint que la chasse[1]. Regnault d'Amiens fut un des barons qui conseillèrent à Louis VIII de reprendre les hostilités contre les Albigeois et souscrivit en 1225 dans ce but la déclaration reproduite en latin dans le *Recueil des Historiens des Gaules et de la France*, Note *b* de la page 312, dans l'*Histoire du Languedoc*, par D. Vaissète, t. III, p. 300, et traduite par du Tillet[2]. Au bas de cette charte collective[3], sont appendus le sceau et contre-sceau de Regnault d'Amiens[4] conservés aux *Archives Nationales* sous la cote J, 428, n° 1 et dont **nous donnons** le *fac-simile* à la page suivante[5].

1. *Cartulaire de l'abbaye de Saint Lucien de Beauvais*, fol. 150. — *Trésor généalogique*, comme ci-dessus. — Premier titre du bois de Flixecourt de l'an 1226. *Cartulaire de Flixecourt*, reg. in-4°, fol. 1; Archives départementales de la Somme. (Voir PREUVE XXII.)

2. *Introduction à l'Histoire générale de Picardie*, par D. Grenier, p. 29. — *Monographies Picardes*, par l'abbé Ed. Jumel, pp. 28-91. — DU TILLET : *Sommaire de la guerre faite contre les Albigeois*, Paris, 1590, in-8. — *Histoire de Chastillon*, p. 74 — *Collection de Sceaux* par M. Douet-d'Arcq, 1re partie, tome Ier, p. 451, nos 1171-1172.

Les autres hauts barons signataires de la déclaration de janvier 1225 et partisans d'une nouvelle guerre contre les Albigeois, furent Philippe, comte de Boulogne et de Clermont, Pierre, comte de Bretagne, Robert, comte de Dreux, Jean, comte de Chartres, Guy de Chastillon, comte de Saint-Pol, *Regnault d'Amiens*, Jean de Nesle, Laurent de Hangest, Regnault de Montfaucon, Thomas de Coucy, Geoffroy, vicomte de Chateaudun, Mathieu de Montmorency, Philippe de Nanteuil, Robert de Courtenoy, grand bouteiller de France, etc. (DE LA MORLIÈRE : *Recueil de plusieurs nobles et illustres Maisons du diocèse d'Amiens*, pp. 31-33.)

3. On en trouvera plus loin le texte aux *Pièces justificatives*, PREUVE XXI.)

4. Le sceau rond est de 65 millimètres.

5. Ils ont été dessinés et gravés d'après les moulages fournis par les Archives nationales.

ANNÉE **1225**

Sceau de REGNAULT D'AMIENS

65 millimètres.

Type équestre dont le bouclier représente *Trois chevrons de vair* [1].

Légende : SIGILLUM RENALDI AMBIANENSIS.

[1]. Ce sceau est le même que celui décrit par nous page 110 et relatif à une charte de l'an 1209.

Contre-sceau du même,

Millesimo ducentesimo vigesimo.

Écu aux trois chevrons de vair [1].

Regnault d'Amiens, baron de Flixecourt, avait épousé MA-
THILDE qui fut associée par lui à la plupart de ses pieuses largesses. Elle le précéda dans la tombe. « Au moment où Mathilde,
« sa femme, dit l'abbé Roze, allait être confiée à la terre, il
« donna cinquante sols de cens à lui appartenant sur Mirovaut
« (Mirvaux) pour être distribués aux chanoines à l'anniversaire
« de la défunte : il ajoute cinquante sols sur les mêmes proprié-
« tés pour son propre anniversaire. L'évêque Evrard rappela ces
« donations en décembre 1222. » Une transaction intervenue
entre Regnault d'Amiens et Richard de Gerberoy, évêque d'A-

---

1. Le sceau et le contre-sceau ci-dessus, gravés ici pour la première
fois, ont été décrits dans la *Collection de Sceaux*, par M. Douët d'Arcq,
1re partie, t. I, p. 451, nos 1171-1172. — *Recherches généalogiques sur les
comtés de Ponthieu*, etc., par de la Gorgue-Rosny, pp. 31-38.

miens, termina le différend qui existait entre eux au sujet d'un cierge de cinquante livres que le sire de Vignacourt s'était engagé à fournir tous les ans à la fête de Saint-Firmin-le-Martyr. Le donateur voulait que le cierge demeurât allumé du commencement de la messe à l'offertoire, tandis que le prélat prétendait avoir le droit de l'éteindre plus tôt[1]. Le corps de Regnault d'Amiens fut inhumé, en 1227, à côté de celui de Mathilde, sa femme, dans l'église de Saint-Firmin de Vignacourt. Ses vertus sont appréciées en quelques mots dans une charte que cite l'abbé Jumel où il est dit : *Vir nobili genere sed nobilior moribus*. Sa mémoire est également conservée dans le *Nécrologe de l'Église d'Amiens* qui fixe non la date mais l'anniversaire de sa mort[2]. Mathilde donna à Regnault d'Amiens deux fils et trois filles.

— 1° DREUX D'AMIENS est énoncé fils de Regnault dans un titre des Archives des dames de Moreaucourt et dans un autre recueilli et résumé comme suit par D. Villevieille : « Regnault « d'Amiens donna aux dames de Moreaucourt du consentement « de Mahault, sa femme, et de *Dreux son fils*, trois muids d'a- « voine de rente sur la censive de Flixecourt, pour faire de la « cervoise, l'an 1213[3]. » Sa destinée étant peu connue, on présume qu'il dût mourir prématurément.

---

1. *Recueil de documents inédits concernant la Picardie*, par V. de Beauvillé, t. IV, p. 35. (Voir aux *Pièces justificatives*, PREUVE XXII.)

2. † XXX, VIII, Kal. Obitus viri REGINALDI DE AMBIANIS, prius canonicus hujus ecclesiæ, et postmodum *Dni de Vinacort*, in cujus anniv. L. sol. divid. quos Dominus Episcopus debet, videl. in vig. XX sol. in mat. X sol. et in missa, XX sol. (*Nécrologe de l'Église d'Amiens*, par M. l'abbé Roze, pp. 181-182.) (Voir PREUVE XXII.)

3. D. VILLEVIELLE : *Trésor généalog.*, publié par H. et A. Passier, t. I, p. 357

— 2° JEAN D'AMIENS, seigneur de Vignacourt et de Flixecourt,
qui va revenir au degré ci-dessous.

— 3° MARGUERITE D'AMIENS.

— 4° ADELINE OU ADELAIS D'AMIENS.

— 5° BÉATRIX D'AMIENS [1].

VI

JEAN D'AMIENS, chevalier, seigneur de Vignacourt, Flixecourt, La Broye, Orville, Flesselles, l'Estoile, recueillit la
succession paternelle en 1227. On le voit figurer dès l'an 1206
dans un jugement arbitral de Richard, évêque d'Amiens, au
sujet d'un procès pendant entre les chanoines d'Amiens et les
moines de Saint-Acheul. En 1227, Jean d'Amiens, soucieux
d'obtenir le paradis pour sa femme, récemment décédée, constitua
aux dames de Moreaucourt une rente de 100 sols parisis, reposant sur le produit du four de Flixecourt ; 30 sols devaient être
affectés spécialement à l'entretien d'une lampe qui devait être
perpétuellement allumée en l'honneur de la noble défunte [2]. Le
sire et les habitants de Vignacourt étaient en procès avec l'abbesse de Berteaucourt qui refusait de payer des taxes roturières.

1. *Cartulaire de l'évêché d'Amiens*, coté C, fol. 89, v°. — D. VILLE-
VIELLE : *Trésor généalogique*, t. I, pp. 357-358. — DE LA MORLIÈRE : *Recueil de plusieurs nobles et illustres Maisons du diocèse d'Amiens*, 1630, in-4
pp. 31-38. — *Monographies Picardes*, par l'abbé Ed. Jumel, pp. 35 et suiv.
— *Histoire de la ville d'Amiens*, par le P. Daire, pp. 34-37. — *Nécrologe
de l'église d'Amiens*, par l'abbé Roze, pp. 181-182.

2. Archives des dames de Moreaucourt, à Amiens. — D. VILLEVIELLE :
Trésor généalogique, par H. et A. Passier, t. I, p. 362. (Voir PREUVE XXIII.)

Les parties conclurent, en novembre 1235, un arrangement retenu par maître Ricard de Sainte-Foy, official d'Amiens. Par cet acte Jean d'Amiens, seigneur de Vignacourt, et les échevins de ce lieu renoncèrent à toute levée de tailles sur les domaines du couvent de Berteaucourt [1]. Les conventions, stipulées dans le contrat de 1218 au sujet du pont de l'Étoile, entre les marchands de l'eau de la Somme, d'une part, Alleaume d'Amiens, sire de Vignacourt, et Thibault d'Amiens, frère de celui-ci, d'autre, n'ayant pas été rigoureusement exécutées, les nautes de la Somme réclamèrent leur application ainsi que des remaniements dans la structure du dit pont à Jean d'Amiens, chevalier, seigneur de Vignacourt, qui leur donna satisfaction en 1240, par l'octroi d'une charte. Il promettait pour lui et ses descendants, d'assurer le libre passage du fleuve aux bateaux avec ou sans cargaison et d'indemniser les marchands de l'eau des dommages résultant de l'état du pont [2]. Jean d'Amiens jura en décembre 1240, d'observer l'accord passé entre son cher oncle Thibault d'Amiens, sire de Canaples, et le mayeur d'Amiens [3]. Lui et sa femme Agnès d'Aubigny, étant à Doullens en décembre 1242, attestèrent qu'Isabelle, sœur d'Agnès, s'était acquittée de

1. Bibliothèque nationale, D. Grenier, XIVᵉ paq., art. 5, p. 105. — *Monographies Picardes*, 2ᵉ série, Vignacourt, par l'abbé Jumel, pp. 34 et suivantes. (Voir PREUVE XXIII).

2. Arch. de l'hôtel de ville d'Amiens. Registre aux chartes, coté E, fol. 17, recto. — Bibl. Nat. collect. D. Grenier, XVᵉ paq., n° 2, p. 190. — *Monographies Picardes*, 2ᵉ série, Vignacourt, par l'abbé Ed. Jumel, pp. 35 et suiv. (Voir PREUVE XXIII.)

3. *Cartulaire A de l'hôtel de ville d'Amiens*, fol. 167. — *Trésor généalogique* de dom Villevielle, publié par H et A. Passier, t. I, pp. 360-361.

l'hommage qu'elle devait au comte d'Artois pour la ville de La
Lake[1]. On retrouve les deux époux signant, en septembre 1244,
avec la communauté d'Hesdin un compromis qui réglait le
péage imposé aux habitants d'Hesdin, lorsqu'ils traverseraient
le territoire de Beaucaisne appartenant au sire de Vignacourt [2].
Robert, comte d'Artois, acquit par contrat, souscrit à Argenteuil, en novembre 1244, de Mathieu, comte de Ponthieu et de
Mathilde, sa femme, moyennant 2,000 livres parisis, divers
territoires, mouvants de la comté de Saint-Pol et de la vicomté
de Saint-Remy. Cette cession comprenait les hommages de Jean
et de Thibault d'Amiens, chevaliers, pour le fief de Buires, de
Bernard d'Amiens pour la seigneurie de Regnauville[3]. Jean
d'Amiens avait confessé, en mars de l'année ci-dessus, qu'il
était vassal de Gérard, sire de Picquigny, et qu'à ce titre il
était dans l'obligation de le servir durant six semaines dans la
circonscription de Picquigny, à ses dépens et sans avoir la
faculté d'amener sa femme [4]. On le voit reparaître, en décembre

1. Premier carton d'Artois, pièce 77. — *Inventaire analytique et chrono-*
logique de la Chambre des comptes de Lille, t. I, p. 310. — *Cartulaire de*
l'hôtel de ville d'Amiens, fol. 167. — *Trésor généalogique* de D. Villevieille,
publié par H. et A. Passier, t. I, p. 361. (Voir PREUVE XXIV.)

2. Archives de l'hôtel de ville de Hesdin, livre rouge, fol. 92, v°. —
Trésor généalogique de Dom Villevieille, *ut suprà.* (Voir PREUVE XXIV).

3. Bibl. Nat. Cab. des titres, premier carton d'Artois, pièce 20, registre
des chartes XVIII, 97, chap. de Terres de Lorres, p. 483. — *Histoire de la*
Maison de Montmorency, par Duchesne, preuves 103. — *Inventaire analy-*
tique et chronologique de la Chambre des comptes de Lille, tome I, pp. 329-
330.

4. Archives de l'abbaye de Corbie, *Cartulaire de Picquigny,* fol. 60, v°.—
Trésor généalogique, comme ci-dessus. (Voir PREUVE XXIV.)

1244, époque où il recouvra douze journaux de terre à proximité d'Ambreville, que Guillaume d'Ambreville, son vassal,
avait vendus à l'abbaye du Lieu-Dieu. Son sceau, appendu au
vieux parchemin, représente *Trois chevrons de vair*. Jean
d'Amiens fit un échange avec le prieur de Biencourt, ordre de
Marmoutier (1246). Ce dernier renonça à l'usage dont il jouissait
dans la forêt de Graast, appartenant au seigneur de Vignacourt,
et reçut, en compensation, un bois avec les amendes et le droit
de chasse pour toutes les bêtes indistinctement[1]. On trouve
dans le *Recueil de documents inédits concernant la Picardie*, de
M. V. de Beauvillé, t. III p. 288-289, une lettre de Jean
d'Amiens, datée de 1245 et portant vendition des marais de
Saint-Ouen et de Flixecourt aux bourgeois d'Amiens[2]. Guillaume
de Beauval s'acquitta de ses devoirs féodaux, en mai 1248, à
raison de ses possessions de Flesselles, envers Robert de
Blangy et Jean d'Amiens, seigneurs dominants[3]. Un accord fut
passé, en 1225 ou 1245, entre les religieuses de Berteaucourt
d'une part et Jean d'Amiens et les échevins de Vignacourt
d'autre. Ces derniers renoncèrent pour l'avenir à toute perception de taxe sur lesdites dames. (Voir aux *Pièces justificatives*,
PREUVE XXIII.) Il ressort d'une déclaration, faite en 1248 par

---

1. Arch. de l'abbaye de Lieu-Dieu, tiv. 35ᵉ, Mélang. — *Trésor généalogique* de Dom Villevieille, publié par H. et A. Passier, t. I, p. 361. (Voir
PREUVE XXV).

2. Arch. de l'abbaye de Marmoutier, prieuré de Biencourt, chap. I, E
— *Trésor généalogique*, comme ci-dessus, t. I, p. 362.
Voir à la fin de volume, PREUVE XXV.

3. *Cartulaire de la baronnie de Picquigny*. — *Trésor généalogique* de
D. Villevieille, t. I, p. 363. (Voir PREUVE XXVI.)

Jean d'Amiens, que celui-ci avait reçu l'anneau d'or qui lui était
dû par chaque nouvel abbé de Saint-Riquier et que les moines
et gens à leur service dans l'hôtel de Noyelles avaient la faculté
d'introduire leurs chiens et leurs troupeaux dans les garennes
qui vont jusqu'à la Broye [1]. Jean d'Amiens, homme du couvent
de Saint-Riquier, lui rendit ses devoirs. M. Prarond considère
ce document comme le modèle des hommages sous le rapport
de la forme [2]. (Voir aux *Pièces justificatives*, PREUVE XXVII.)
Jean d'Amiens et le vidame Jean de Picquigny se disputaient
la mouvance de plusieurs terres à Flesselles et dans d'autres
juridictions : une sentence arbitrale du mois de mai 1248 mit
fin à ce litige. Chacune des parties eut une moitié des vasselages
contestés. Jean d'Amiens et Agnès d'Aubigny, sa femme, cédèrent,
en août 1248, aux dames de Moreaucourt un muid de blé sur
les moulins et un autre d'avoine sur les dépendances de Flixecourt [3]. Au mois de septembre suivant, Robert de Ville, chevalier
transféra au même couvent cent sols parisis à prendre sur une
rente de dix livres, garanties par la recette du travers de Vignacourt [4]. Le sire de ce lieu, Jean d'Amiens, rendit, en 1248, ses
devoirs de vasselage au sire de Picquigny pour les marais de
l'Estoile, qui lui avaient été laissés par *Monseigneur* Aleaume

1. Archives de l'Abbaye de Saint-Riquier, livre rouge, fol. 170.
2. *Histoire de cinq villes*, par Ernest Prarond, t. I, 1ʳᵉ partie, p. 181-182.
3. Archives des Dames de Moreaucourt, à Amiens, Moreaucourt. —
Trésor généalogique de D. Villevielle, publié par H. et A. Passier, t. I,
p. 362.
4. (Voir PREUVE XXVII.) Archives des Dames de Moreaucourt à Amiens.
— *Trésor généalogique* de Dom Villeveille, publié par H. et A. Passier, t. I,
p. 623.

d'Amiens, son oncle[1]. Mathieu, comte de Ponthieu et la comtesse Marie, sa femme, vendirent, en mai 1248, à Robert, comte d'Artois, divers hommages qui leur étaient dus par Jean et Thibault d'Amiens pour Buires et Bernard d'Amiens, pour Orville[2].

D'après Dom Grenier[3], l'abbé Jumel[4], la *Liste des Chevaliers croisés*, par M. Thézan[5] et divers écrivains des croisades, Jean d'Amiens partit, en 1248, avec saint Louis pour l'Egypte d'où il était revenu en 1256, car, à cette date, on le trouve inscrit sur le compte des baillis royaux comme payant 20 livres 17 deniers pour un fief[6] ; il avait eu de son union avec AGNÈS D'AUBIGNY, dame d'Orville[7].

— 1° DREUX D'AMIENS, seigneur de Vignacourt ;

— 2° HUGUES D'AMIENS, qui mourut sans enfants ;

— 3° BERNARD D'AMIENS, chevalier, co-seigneur de Vigna-

---

1. Archives de l'abbaye de Corbie, *Cartulaire de Picquigny*,, fol. 58, v°. — *Trésor généalogique* de D. Villevieille, t. I, p, 363.

2. Bureau des Finances d'Amiens, *Cartulaire du Ponthieu*, n° 186, fol. 120, v°. — *Trésor généalogique* de D. Villevieille, t. I, p. 363. (Voir PREUVES XXVI et XXI.)

3. D. GRENIER : *Introduction générale à l'Histoire de Picardie*.

RACET DE VIGNACOURT, dont la conduite héroïque à la bataille de Mansourah, en 1256, est signalée par l'abbé Jumel (*Monographies Picardes*, 2° série, Vignacourt, p. 18), ne peut appartenir qu'à la famille d'Amiens. Celle-ci, en effet, possédait de temps immémorial le grand fief de Vignacourt qu'elle transmit aux de Varennes à la fin du XIII° siècle.

4. *Monographies Picardes*, Flixecourt, par l'abbé Ed. Jumel, br. in-8, p. 90.

5. *Revue d'Aquitaine*, t. IX, p. 5 6.

6. « Compotus prepositorum et baillivorum anno Domini 1256 expensa : dominus JOHANNES DE AMBIANIS pro feodo, XX s. XVIII d. » *Rerum Gallicarum et Francorum* scriptores, t. XXII, p. 742.

7. Les d'Aubigny, seigneurs d'Orville, étaient alliés, comme les d'Amiens, aux de Boves. (Voir PREUVE XXIV).

court, de l'Etoile, de Regnauville et d'Estrées (qu'il ne faut pas confondre avec son grand-oncle Bernard d'Amiens, seigneur des deux derniers lieux), fut l'auteur du rameau des seigneurs de Regnauville, de Sironville et de Moncheaux [1] que nous étudierons plus loin.

VII

DREUX *alias* DRIEU ou DRIENON D'AMIENS, chevalier, seigneur de Vignacourt, de Flixecourt, etc., apparaît dans diverses chartes au milieu et à la fin du XIIIe siècle. On voit dans l'une d'elles, datée de 1246 et relative à l'abbaye de Saint-Martin-aux-Jumeaux, que Dreux d'Amiens maintint la rente d'un muid d'orge et une autre en argent, allouées par son père à la maladrerie de Flixecourt [2]. Deux ans après, jaloux de témoigner sa reconnaissance au chapitre d'Amiens, Dreux exempta de tous droits judiciaires et autres les maisons que les chanoines tenaient de ses ancêtres [3]. La même année, un accord étant intervenu entre l'abbé de Saint-Riquier et le comte de Ponthieu, celui-ci céda au premier, en compensation des dommages qu'il avait pu faire au monastère et en vue de fonder un service commémoratif pour ses parents, sa femme et lui-même, divers

1. *Cartulaire d'Aubigny.* — *Recherches généalogiques sur les comtés de Ponthieu et de Boulogne, etc.*, par de La Gorgue-Rosny, p. 31.

DE LA MORLIÈRE : *Recueil de plusieurs nobles et illustres Maisons du diocèse d'Amiens*, Amiens, 1630, in-4, pp. 31-38.

2. *Monographies Picardes*, 2e série, Vignacourt, par l'abbé Ed. Jumel, p. 35 et suiv.

3. *Idem.*

hommages qui lui étaient dus par messire Dreux d'Amiens, Thomas de Bours, Huon de Lejosne, etc.[1]. Guy du Candas, chevalier, et Alix, sa femme, dame du Belloy, vendirent, le 1er avril 1252, à Jean, fils de Mathieu de Croy, citoyen d'Amiens, une redevance en grain établie sur la grange de l'abbaye de Corbie, sise à Guisy et relevant de Dreux d'Amiens, sire de Vignacourt. Celui-ci acheta, en 1254 et 1258, divers biens que Jean et Bernard de Renauval, ses hommes liges, avaient cédés sous condition de retrait lignager, au chapitre d'Amiens[2]. Le Parlement de Paris condamna, en 1259, Michel de Croc qui avait été arrêté et emprisonné par Dreux d'Amiens au moment où il amenait des gens d'Orville dans une autre localité. Michel de Croc avait en outre refusé de reconnaître ses abus et de fournir des garants[3]. Le sire de Vignacourt ratifia, comme seignenr dominant, l'échange que fit messire Pierre d'Amiens, sire de Canaples, avec les dames de Moreaucourt. Celles-ci reçurent, à la suite de cette transaction, diverses pièces de bois, comprenant trente-sept journaux dans les environs de Canaples, et donnèrent, en retour, une même étendue de forêt sur les territoires de Maours et Havernast, mouvants de la chatellenie de Waregnies.

1. Bureau des finances d'Amiens. — *Cartul. de Ponthieu*, n° 186, fol. 188. — *Trésor généalogique*, de Dom Villevieille, publié par H. et A. Passier, t. I, p. 363. (Voir PREUVE XVIII.)

2. Archives de l'Abbaye de Corbie. — *Cartulaire de l'évêché d'Amiens*, coté C, fol. 84. — *Cartul. Ier du chapitre d'Amiens*, fol. 178, v°. — Arch. de l'Hôtel-Dieu d'Amiens, sac Renauval. — *Trésor généalogique*, de Dom Villevieille, pp. 364.

3. *Olim*, I, fol. 10, r°. — *Actes du Parlement de Paris*, par M. Boutaric, t. I, p. 25, n° 299. (Voir PREUVE XXVIII.)

Cette confirmation du mois d'avril 1259 fut approuvée par Ymo nie, femme de Pierre d'Amiens, cousin de de Dreux [1]. Ce dernier est qualifié *Monseigneur* dans plusieurs chartes des Archives de l'Hôtel-Dieu d'Amiens, notamment dans l'extinction d'une rente dont étaient grevés le manoir de Renauval et cent vingt journaux de terre en dépendant, au profit de l'Hôtel-Dieu d'Amiens qui avait jadis prêté six cents livres parisis à Renaud de Renauval, vassal du sire de Vignacourt. (Avril 1265 [2].) Une œuvre analogue fut accomplie par *Monseigneur* Dreux d'Amiens et Enguerrand de Moyencourt au mois de décembre 1266[3]. Jeanne, reine de Castille et de Léon, comtesse de Ponthieu, et Jean de Néelle, son mari, donnèrent, en septembre 1267, à *Monseigneur* Dreux d'Amiens la haute justice sur tous les fiefs qui relevaient des augustes époux et dont les détenteurs étaient Jean de Vaudricourt, Jean Coulon, Perron de Bais, Renaud de Marquais, Jean de Gaissart, Guillaume de Monfflers, Gillon de Sempy, Réquet de Ray, Robert de Regnauville, Pierre Cochet de Brasly, Aleaume de Lone, Henry de Fontaines, Thomas d'Ambreville, Hue de Villers, Jean de Bailleul[4]. Au mois de juin 1269, Dreux d'Amiens reconnut avoir, en 1261, donné à son ami, Monseigneur Pierre de Sans, chevalier du roi de France, une rente annuelle et perpétuelle de dix livres, affectée sur le tra-

---

1. Arch. des Dames de Moreaucourt à Amiens, Belleval. — *Trésor généalogique*, de Dom Villevieille, publié par H. et A. Passier, t. I, p. 365.

2. Archives de l'Hôtel-Dieu d'Amiens, sac Renauval. — *Trésor généalogique*, de Dom Villevieille, publié par H. et A. Passier, t. I, p. 365.

3. *Idem*. — *Trésor généalogique*, pp. 365-366.

4. *Cartulaire du Ponthieu*, n° 186, fol 134, v°. — *Trésor généalogique* de Dom Villevieille, t. I, p. 366. (Voir PREUVE XXVII.I)

vers d'Aubigny[1]. Le donateur n'ayant pu, faute de scel particulier à ce moment-là, lui octroyer des lettres, les lui délivra en
1269 et pria en même temps le comte d'Artois, son suzerain, de
vouloir valider cette régularisation tardive. Dreux d'Amiens
s'était désisté, en janvier 1268, de toutes ses prérogatives
féodales sur le tonlieu, les étalages et le sixième du marché de
Saint-Riquier, que son cousin et vassal Pierre d'Amiens tenait
de lui, sous la condition d'hommage à l'abbaye de Saint-Riquier, dont le dit Pierre d'Amiens serait désormais dispensé[2].
Dreux d'Amiens recouvra, au mois de janvier 1270, à titre de
seigneur féodal, un domaine englobé dans le territoire de Renauval et de Vaulx qu'Enguerrand de Moyencourt avait aliéné à
l'Hôtel-Dieu d'Amiens[3]. Le même haut seigneur de Vignacourt
et de La Broye confesse (avril 1270) que les cessions terriennes
faite spar Henri de Meslay et Pierre de Moriancourt en Campvineman, celles de Henri de Monflers à Rosianflos, de Jean et
Alleaume le Messagier, sont des dépendances du grand fief de
l'Étoile, mouvantes de l'abbaye de Saint-Ricquier[4]. Toujours en
1270, Dreux d'Amiens, sire de Vignacourt, légua par testament
à sa fille aînée Agnès, dame de La Broye en Ponthieu et à Jean de
Varennes, mari de cette dernière, tous ses droits de juridiction

---

1. Premier carton d'Artois, pièce 1997. *Inventaire analytique des Archives
de la Chambre des Comptes à Lille*, t. II, p. 621. (Voir PREUVE XXVIII.)

2. *Cartulaire de l'abbaye de Saint-Riquier*, fol. 56. — *Trésor généalogique
de Dom Villevieille*, publié par H. et A. Passier, t. I, p. 621.

3. Arch. de l'hôtel de ville d'Amiens, sac Renauval. — *Trésor généalo-
ique* de Dom Villevieille, publié par H. et A. Passier, t. I, p. 367.

4. *Cartulaire de l'abbaye de Saint-Riquier*, fol. 301. — *Trésor généalogique*
ut suprà.

sur les mayeurs et les bourgeois de Vignacourt[1]. Il appert d'une charte de 1271, émanant de Jean, vidame d'Amiens, sire de Picquigny, que messire Dreux d'Amiens, chevalier, avait pris sur les instances de sa femme, Blanche de la Falloël, durant une maladie, l'engagement d'instituer une chapelle dans l'église de Vignacourt, pour attirer la miséricorde divine sur l'âme de ses aïeux et celle de la dite Blanche. Une rente fut spécialement appliquée à l'oratoire et mise à la disposition de Monseigneur Millon le Merchier[2]. Dreux retint pour lui et ses descendants le droit de collation. Baudoin Buridan, en sa qualité de premier seigneur de Doures, et Dreux d'Amiens de second, se libérèrent en novembre d'une redevance, assise sur le domaine commun de Moliens, cédé autrefois au chapitre du Foulloy par Hugues de Pierregort, chevalier[3]. A l'exemple de son aïeul Regnault, qui avait solennellement déclaré, en 1210, devoir le service en armes au sire de Picquigny, sans pouvoir exiger aucun gage, Dreux d'Amiens fit, en 1274, une reconnaissance analogue, stipulant comme l'autre que, s'il était entraîné par les nécessités de la guerre ou autres au delà de la circonscription féodale de Picquigny, le vidame serait tenu de l'entretenir aux champs à ses frais[4]. Le

1. *Monographies Picardes*, par l'abbé Ed. Jumel, pp. 82-91. (Voir PREUVE XXVIII.)

2. *Trésor généalogique*, par Dom Caffiaux, t. I. pp. 121-327. — *Cartul. de l'évêché d'Amiens*, coté C, fol. 118, v°. — *Trésor généalogique*, de dom Villevieille, *ut suprà*. (Voir PREUVE XXIX.)

3. *Cartul. I*er *du Chapitre de Foulloy*, fol. 75 et 77. — *Trésor généalogique* de dom Villevieille, publié par H. et A. Passier, t. I, p. 367.

4. Archives de l'abbaye de Corbie, *Cartulaire de l'abbaye de Picquigny*, fol. 63, v°. — *Trésor généalogique Picquigny*, ut suprà. (Voir PREUVE XXIX.)

même Jean de Picquigny reçut aveu, au commencement de 1274, de son cousin Dreux d'Amiens pour la chatellenie de Vignacourt, le chatel et la ville de Saint-Ouen et leurs dépendances [1]. Dreux d'Amiens offrit, au mois d'avril suivant, à l'abbaye de Saint-Riquier, les garennes, les fiefs et arrière-fiefs qui relevaient de ce monastère et s'étendaient de la maladrerie de Wivrench jusqu'à l'Authie. (Voir PREUVE XXIX.) Cette donation était destinée à réparer des actes préjudiciables aux moines et à couvrir les dépenses d'un obit en l'honneur de ses père et mère [2]. On trouve aux Archives Nationales J, 229, n° 19, un acte de vente consenti par Dreux d'Amiens à Philippe le Hardi auquel est attaché un sceau rond de 65 millimètres, avec figure équestre et cette légende : S. DROCONIS DE AMBIANIS DOMINI DE VINACURTIS. Ce sceau, appendu à une charte datée de Fontainebleau [3], mars 1274, et émanant de Dreux d'Amiens, seigneur de Vignacourt, dont les armes sont représentées dans le contre-sceau par un *Écu à trois chevrons de vair* [4].

1. *Cartulaire de Picquigny.* — *Trésor généalogique,* par dom Caffiaux, t. I, pp. 121-127. — *Recueil de documents inédits concernant la Picardie,* par V. de Beauvillé, t. III, pp. 282-283. — Les gens de la chaussée de Picquigny, en retour de son stage militaire et gratuit, pendant un mois et demi, étaient tenus de fournir à Dreux d'Amiens trois corvées annuelles.

2. *Cartulaire de l'abbaye de Saint-Riquier,* fol. 295, v°. — *Trésor généalogique,* pp. 367-368. — Bureau des Finances d'Amiens, *Cartulaire du Ponthieu,* n° 186, fol. 188.

3. Relatif à la vente d'une maison de Dureaume et de divers privilèges que Dreux d'Amiens possédait à Amiens ou sa banlieue. (Voir PREUVE XXX.)

4. Anciennes archives de l'Abbaye de Corbie. — *Trésor généalogique* de D. Villevieille, t. I, p.

Sceau de DREUX D'AMIENS *décrit ci-dessus:*

Type équestre.

S. DROCONIS DE AMBIANIS DOMINI VINACURTIS [1].

Contre-sceau du même (sans légende).

1. Le graveur s'est trompé en lisant dans le moulage du sceau VINAQUR-
TIS, il y a bien dans l'original *Vinacurtis* écrit avec un C et non pas
avec un Q.

En vertu d'un arrangement, passé le lendemain du jour de l'an
1274 entre Dreux sire de Vignacourt, et son frère Bernard,
celui-ci abandonna à son aîné trois cents livrées de terre que son
père Jean lui avait assignées sur ses possessions d'Orville. Bernard fut indemnisé par une rente de deux cent quatre-vingt-dix
livres sur le fief de l'Étoile et d'autres, tenus du vidame d'A-
miens, sire de Picquigny. Dreux d'Amiens, privé de postérité
masculine et par conséquent moins jaloux de ses prérogatives
de châtelain, les céda à Philippe III, roi de France, qui désirait
se les approprier depuis longtemps. Ces prérogatives comprenaient un quart de la plupart des rentes de la prévôté d'Amiens,
c'est-à-dire la quatrième partie des taxes de quayage, de justice,
de gréage, de domaine, de travers (par voie terrestre et fluviale),
de sesterage, de tonlieu. Ce dernier tribut s'étendait au transit
ou commerce des fers, des toiles, des draperies, des cuirs,
des bestiaux, du pain, du sel, de la laine, du poisson, des
fruits. Philippe le Hardi acquit, en outre, de son vassal, les
droits de pêche nocturne, d'étalage, de toreillage, de cambage,
de forage, de péage du grand pont, une partie des amendes, le
manoir de Duraume, certaines tenures intérieures et extérieures, et enfin le fief de la Carnée, auquel étaient attachés divers
privilèges [1]. Augustin Thierry fait précéder la reproduction du
contrat de vente, passé entre Guy d'Amiens et le fils de saint

1. *Recueil des Monuments inédits de l'Histoire du Tiers-Etat*, par A. Thierry, t. I, p. 281, note 2. — Archives Nationales. *Trésor des chartes*, carton
299, pièce 19, original en parchemin, scellé sur lacs de soie rouge du sceau
de Dreux d'Amiens qui représente un chevalier tenant un « écu à trois chevrons vairés. » (V. le texte du contrat aux *Pièces justificatives*, PREUVE XXX.)

Louis, de ces quelques réflexions : « Voici l'acte par lequel, au
« mois de décembre 1274, Dreux d'Amiens, seigneur de Vi-
« gnacourt, avait vendu au roi Philippe le Hardi, moyennant la
« somme de deux mille huit cents livres parisis, toutes les pro-
« priétés, cens, rentes et droits seigneuriaux qu'il avait hérités
« de ses ancêtres, les anciens châtelains d'Amiens, c'est-à-dire
« son manoir de Duraume, situé dans la ville, les fiefs qui en
« dépendaient, les droits de justice, de domaine, de quayage,
« qui y étaient attachés, et le fief de la Carnée, situé hors des
« murs [1]. » Tous ces revenus de l'ancienne chatellenie d'Amiens
furent rétrocédés par le monarque à la commune de cette ville
sous forme de ferme perpétuelle, au prix de 2,800 livres paya-
bles chaque année en trois échéances [2]. A la même époque,
Dreux d'Amiens renouvela les devoirs féodaux que son père,
Jean d'Amiens, avait rendus, en 1248, au feudataire de Picquigny pour le marais de l'Étoile [3]. Jean de Néelle, comte de Ponthieu, de Montreuil, d'Aumale, et sa femme, Jeanne, reine de
Castille et de Léon, sanctionnèrent, en août 1275, la restitution
du fief de Guéchard à l'abbaye de Saint-Riquier, opérée par
Dreux d'Amiens [4]. Celui-ci donna, après enquête, en décembre

1. *Recueil des Monuments inédits de l'Histoire du Tiers-Etat,* par A. Thierry,
t. I, p. 291. — Une charte de Philippe le Bel, en l'année 1292, rappelle en
détail les clauses de la cession faite en 1174 à la couronne par Dreux
d'Amiens. (Voir aux *Pièces justificatives,* PREUVE XXX.)

2. A la Toussaint, à la Chandeleur et à l'Ascension.

3. Archives de l'abbaye de Corbie, *Cartulaire de l'abbaye de Picquigny,*
fol. 64, vº 2 d. — *Trésor généalogique* de dom Villevieille, publié par H. et
A. Passier, t. I, p. 368.

4. *Cartulaire de l'abbaye de Saint-Riquier,* fol. 296, vº. — *Trésor généalogique* de Dom Villevieille, *ut suprá.* (Voir PREUVE XXXI.)

1278, satisfaction à Jean de Savières, qui réclamait en son fief
la justice et la seigneurie *viscomtière* [1], et affranchit de toute taxe
les habitants de Montreuil qui traverseraient ses possessions
(mars 1279) [2]. A l'octave de la Saint-Martin 1279, le roi d'Angleterre, comte de Ponthieu, acquit du sire de Vignacourt deux
hommages qui lui étaient dus par Jeanne, dame de Fontaine-
sur-Somme, et par Thomas d'Ambreville [3]. Jean, vidame d'A-
miens, sire de Picquigny, approuva une vente, faite aux frères
prêcheurs d'Amiens par son cher ami Dreux, de douze journaux
de bois, derrière la ville de Vignacourt [4]. L'usage d'offrir annuellement pendant le saint office, le jour de la fête de saint
Firmin, martyr, un cierge de 50 livres au grand autel de la cathédrale d'Amiens, fut ratifié en octobre 1279 par Dreux d'A-
miens, qui recommanda en outre à ses successeurs de continuer
cette pieuse coutume [5]. Les premiers seigneurs de Vignacourt et
de Flixecourt s'étaient réservé la faculté de présentation pour
les prébendes existant dans leurs chatellenies. Dreux d'Amiens,

1. *Trésor généalogique* de D. Villevieille, t. I, p. 369. — Archives de
l'hôtel de ville d'Amiens. — Dreux d'Amiens, en 1228, accorda aux échevins de Vignacourt certains privilèges moyennant le paiement annuel de la
taille. (*Recueil de documents inédits concernant la Picardie*, publiés par V. de
Beauvillé, t. III, pp. 282-288.)

2. *Cartulaire de la ville de Montreuil-sur-Mer*, fol. 45. — *Trésor généalogique* de D. Villevieille, *ut suprà*. (Voir PREUVE XXXI.)

3. Bureau des finances d'Amiens, *Cartulaire de Ponthieu*, n° 186, p. 133.
— *Trésor généalogique* de D.Villevieille, *ut suprà*.

4. *Cartulaire de l'évêché d'Amiens*, fol. 104. — *Trésor généalogique* de
Dom Villevieille, publié par H. et A. Passier, t. I, p. 360. (Voir PREUVE
XXXI.)

5. *Monographies Picardes*, 2ᵉ série, Vignacourt, par l'abbé Ed. Jumel,
pp. 76-79.

de concert avec Jeanne, sa femme, Agnès, sa fille aînée, dame de
La Broye, Jean de Varennes, son gendre, transporta son privilège à l'évêque d'Amiens en 1279 et réitéra son désistement en
1280 [1]. Cet acte de générosité et de foi fut consacré par une bulle
du pape Martin V qui assurait à Guillaume de Mâcon, occupant
alors le siège épiscopal d'Amiens, ainsi qu'à ses successeurs, le
droit de désigner et de nommer les desservants de la cure de Vignacourt et de disposer à son gré des prébendes [2]. Dreux d'A-
miens céda au même prélat, le jeudi d'après la Saint-Michel
1280, moyennant deux cents livres tournois, plusieurs hommages, ceux de Ligny et de Heupy, de Rolepot et de Rebrennes;
le premier était dû par Baudoin de Béteaucourt, du chef de sa
femme, et le second par Madame Ælips, veuve de messire Jean
de Lehecourt [3]. Bernard d'Amiens vendit, en septembre 1284,
au chapitre du Foulloy vingt journaux dépendant de Vignacourt et relevant de son frère *Monseigneur Drienon d'Amiens* [4].
Il est constaté dans cet acte que les droits seigneuriaux, à la
mort de ce dernier, incombaient au vidame d'Amiens. M. Jumel,
dans ses *Monographies Picardes*, rapporte que Dreux d'Amiens
aliéna, en novembre 1285, à Guillaume, évêque d'Amiens,

---

1. *Monographies Picardes* p. 35. (Voir PREUVE XXXIII.)

2. *Ibidem*. — La bulle de Martin V porte : « Jus patronatus ecclesie
Vinacurtensis ac etiam non nonnulla jura aliaque obtinere dicebatur in
eadem ecclesia. »

3. *Cartulaire de l'évéché d'Amiens*, coté G, fol. 79, vᵒ. — *Trésor généalogique*
de D. Villevieille, par H. et A. Passier, t. I, p. 370. (Voir PREUVE XXXI.)

4. *Cartulaire du chapitre de Foulloy*, fol. 77 et suiv. — *Trésor généalogique* de D. Villevieille, publié par H. et A. Passier, t. I, p. 370.

moyennant le prix de trois cent cinquante livres, ses prééminences dans la juridiction de Pierregot [1]. Le baron de Flixecourt et de Vignacourt est rappelé, la même année, sur les livres de compte de Pierre Laymel comme ayant précédemment vendu une terre dont la redevance au trésor, pour un tiers, était de cinquante-trois livres, cinq sols, huit deniers [2]. Dreux d'Amiens avait contracté deux unions : la première avec BLANCHE DE FOLOEL ou FALOUEL, la seconde avec JEANNE DE PICQUIGNY [3] qui décéda sans postérité. Du premier lit vinrent trois filles : Agnès, Marguerite et Maroye.

— 1° AGNÈS D'AMIENS, apanagée de la seigneurie de La Broye. Il appert d'une lettre sur parchemin, portant la date de 1270, que Dreux avait, dans ses dernières volontés, attribué les chatellenies de Vignacourt et de Flixecourt à sa fille Agnès, qui les apporta dans la maison de Varennes par suite de son mariage avec JEAN DE VARENNES [4]. Les seigneuries de Vignacourt et de Flixecourt passèrent à la mort de Dreux d'Amiens, le dernier possesseur mâle, à Jean de Varennes comme mari d'Agnès d'Amiens, héritière de ces deux fiefs par droit d'aînesse.

1. *Monographies Picardes*, *Flixecourt*, par l'abbé Jumel, pp. 84-85.

2. *Compostus Petri Laymel baillivi in termino omnium Sanctorum* 1285 :

« DULENDIUM. De terra empta a domino DROCONO DE AMBIANIS, milite pro tertio LIII l. VIII d. » (*Rerum gallicorum et francorum scriptores*, t. XXII, p. 652.)

3. Voir pour ces deux alliances aux *Pièces justificatives*, PREUVES XXIX et XXXIII.

4. *Recueil de documents inédits concernant la Picardie*, par V. de Beauvillé, t. III, pp. 282-288. — Archives de l'abbaye de Corbie, fol. 84 r° et v°. — *Trésor généalogique*, par D. Villevieille, t. I, p. 370. (Voir PREUVES XXVII, XXXIII, XXXIV, XXXV.)

Les deux époux jurèrent fidélité, à raison de ces seigneuries au baron de Picquigny, vidame d'Amiens, ainsi qu'il ressort de la déclaration que voici, tirée du *Cartulaire rouge de la baronnie de Picquigny*. « Nous, JEAN DE VARENNES et AGNÈS, dame de « La Broye, ma femme, lesdites lettres de notre cher père Messire Dreux d'Amiens, chevalier, sire de Vignacourt, qui s'est « dessaisi de ladite seigneurie entre les mains du vidame pour « nous en saisir, et dont ledit vidame nous a reçu à hommage, « et lui avons fait quatre hommages : le premier, de 140 livrées « de terre à Flichecourt ; le second, de 150 livrées de terre, « assises à Vignacourt, et que nous tenons de lui, en prairie, le « troisième des marais de l'Etoile et le quatrième du castel de « Vignacourt de la ville et de ses appartenances [1]. » Agnès d'Amiens [2] eut, de son union avec Jean de Varennes, le suivant : Jean de Varennes est appelé (16 novembre 1316), simplement Jean de Vignacourt dans une procuration de la comtesse Mahaut à Jean de la Roche et à Vincent de Chatillon, chargés de défendre devant toutes les juridictions ses droits contestés par ses vassaux, les sires de Fieffes, Ferry de Picquigny, le comte d'Aumale, Guy de Caumont, *Jean de Vignacourt*, Garnier de Bailleul, Guillaume de Vaurans.

---

1. *Monographies Picardes*, par l'abbé Jumel, pp. 82-92. — *Cartulaire rouge de Picquigny*, fol. 68. — *Monographies Picardes*, p. 35 et suiv.

2. M. l'abbé Jumel, malgré sa grande conscience et science, s'est mépris en mariant Jean de Varennes avec Jeanne d'Amiens, fille puinée de Dreux, Jean de Varennes avait au contraire épousé Agnès d'Amiens, dame de La Broye, et héritière des terres patrimoniales, ce qui est établi par les chartes les plus irrécusables en général et celle-ci en particulier.

— 2° MARGUERITE D'AMIENS, dame de Ville, près Flixecourt, épousa, en 1276, ENGUERRAND DE FIEFFES, dont elle n'eut point d'enfant[1]. La descendance en ligne masculine de la branche aînée des d'Amiens, sires de Vignacourt et de Flixecourt, étant éteinte ou plutôt tombée de lance en quenouille, la seigneurie de Flixecourt passa aux Varennes qui la gardèrent longtemps[2]. Il appert de certaines lettres du mois de mars 1290, après la fête de la Saint-Georges, que Marguerite d'Amiens, dame de Fieffes et de Flixecourt, racheta du chapitre un terrage moyennant un tribut annuel de 6 livres[3]. On sait, par une lettre, libellée par le maire et les échevins de Flixecourt, au mois de mars 1296, que le seigneur de Flixecourt donna « à noble dame MARGUERITE D'AMIENS, « dame de Fieffes, sa fille, cinquante livres parisis de rente, « chascun an, à prendre sur le taille de Flixecourt et commu- « naulté au jour de Toussains[4] ».

— 3° MAROYE D'AMIENS, mariée à THIBAUT DU PONT DE RÉMY, que son père avait dotée des terres de Talmas et de Buyres-les-Halloz[5], ainsi que de dix muids de blé et d'avoine

---

1. *Recueil de monuments inédits concernant la Picardie*, publiés par V. de Beauvillé, t. III, pp. 282-288.

2. *Inventaire sommaire des Archives départementales antérieures à 178*); rédigé par I. M. Richard, Pas-de-Calais. Archives civiles, série A, t. I, p. 93, col. I. (*Trésor des Chartes d'Artois*.)

3. Généalogie de ceulx qui portent le nom et les armes d'Amyens. Mst. du XVIe siècle. Arch. du château de Ranchicourt.

4. *Recueil de documents inédits concernant la Picardie*, publiés par V. de Beauvillé, t. III, pp. 282-288. (Voir PREUVE XXXVII.)

5. Généalogie de ceulx qui portent le nom et les armes d'Amyens, princes. Manuscrit du XVIe siècle. Archives du château de Ranchicourt, Pas-de-Calais. (Voir PREUVE XXXV.)

à percevoir sur le terrage de Vignacourt et dix de livres à prélever sur la taille du même lieu [1].

C'est ainsi que s'éteignit la branche aînée des d'Amiens, sires
de Vignacourt et de Flixecourt, en ligne masculine. Tous les
biens passèrent aux Varennes, qui, comme on va le voir, se les
transmirent durant trois générations. JEAN DE VARENNES, premier du nom, seigneur de Flixecourt et de Vignacourt, ne laissa,
d'AGNÈS D'AMIENS, sa femme, qu'un fils : JEAN II DE VARENNES,
seigneur de Vignacourt, de Flixecourt et de La Broye, du chef
de sa mère. Celui-ci épousa, en 1281, JEANNE DE PICQUIGNY,
fille de Jean de Picquigny, vidame d'Amiens. Cette alliance, proclamée par les historiographes Picards l'est aussi dans divers titres
anciens, notamment dans le ci-après recueilli par M. V. de Beauvillé [2] : — Année 1281. « Item, une lettre en parchemin, donnée
« de Jehan, vidame d'Amiens, dactée de l'an mill II IIII^{xx} et ung,
« ès moys de.... faisant mencion de mariage de l'aisnée fille du-
« dict vidame au fils aisné de monseigneur Jehan de Warennes
« et madame Agnès de La Broye, sa femme, par lequel traicté
« ledict seigneur donne la terre de Saint-Huyn [3], qu'il avoit
« achepté de *Drieux d'Amiens*, pour sortir la dette et legue de
« sadicte fille. » Une autre charte de 1292 remémoire ledit
mariage et un don fait en cette occasion à Jean de Varennes par
son grand-père, Dreux d'Amiens, qui lui constitua tous les fiefs
tenus en vasselage dudit vidame d'Amiens, à l'exception de dix

---

1. *Recueil de documents inédits concernant la Picardie*, ut suprà.
2. *Recueil de documents inédits concernant la Picardie*, publiés par Victor
de Beauvillé, t. III, p. 270.
3. Saint-Ouen, canton de Dommart-en-Ponthieu.

muids de blé et d'avoine assignés à Maroye d'Amiens, troisième fille dudit Dreux lors du mariage de celle-ci avec le sire Thibaut de Pont-Remy [1]. On rencontre Jean de Varennes, en 1324, dans un acte du Cartulaire de Vignacourt, où il agit en qualité de sire de Flixecourt, du vivant même de son père [2]. Jean de Varennes maintint, en 1327, au chapitre de Saint-Firmin, de Vignacourt, tous les dons provenant des d'Amiens, sires de ce lieu, ses ancêtres maternels [3]. L'année suivante (1328), Jean de Varennes autorisa les mêmes chanoines à vendre dix livres de rente, sur terrage de Flixecourt et pria Jean de Roussy et la vidamesse d'Amiens, sa femme, de valider cet amortissement. De son mariage avec JEANNE DE ROUVROY, vint : JEAN III DE VARENNES qui est nommé dans une sentence de Walleran de Vaux, bailli d'Amiens, rendue en l'an 1344 et condamnant ceux qui avaient arrêté au pont de l'Etoile des marchandises appartenant aux bourgeois d'Amiens [4]. En 1343, Jean III de Varennes institua une chapelle à La Broye sous l'invocation de Saint-Jean-Baptiste [5]. La charte d'affranchissement de la commune de Flixecourt fut confiée à la garde de Jean de Varennes qui la restitua aux mayeurs et aux échevins le 12 avril 1344 [6]. JEANNE

---

1. *Recueil de documents inédits concernant la Picardie,* publiés par V. de Beauvillé, t. III, pp. 282-288.

2. *Recueil de documents inédits concernant la Picardie,* publiés par V. de Beauvillé, t. III, pp. 282-288.

3. *Cartulaire de Vignacourt.* Archives du département du Pas-de-Calais.

4. *Monographies Picardes, Flixecourt,* par l'abbé Jumel, br. in-8, p. 93.

5. *Idem.*

6. Archives de la commune de Flixecourt. — *Monographies Picardes, Flixecourt,* par l'abbé Jumel, br. in-8, p. 93.

DE BRUYÈRE, sa femme, ne lui donna qu'une fille, JEANNE DE VARENNES, qui épousa WALLERAN DE RAYNEVAL, comte de Fauquemberque, fils de Raoul de Rayneval, seigneur de Rayneval et de Pierrepont, grand pannetier de France, et de Philippotte de Luxembourg. Walleran de Rayneval mourut en 1392 [1]. Ses deux enfants mâles JEAN et AUBERT DE RAYNEVAL, ayant succombé à la bataille d'Azincourt en 1415, JEANNE DE RAYNEVAL, leur sœur unique, mariée, en 1387, à BAUDOIN D'AILLY, vidame d'Amiens, baron de Picquigny, recueillit tous les fiefs des d'Amiens, ligne aînée, ainsi que ceux des maisons de Varennes et de Rayneval. Au bout de sept générations, les d'Ailly se fondirent dans les d'Albert de Cadenet, à la suite d'une alliance. PHILIBERT-EMMANUEL D'AILLY, vidame d'Amiens, baron de Picquigny, sire de Flixecourt et de Vignacourt, chevalier de l'ordre du roi, qui vivait à la fin du seizième et au commencement du dix-septième siècle épousa LOUISE D'OGNIES, fille de Charles, comte de Chaulnes, lieutenant-général pour le roi en Picardie. Il eut de cette union trois garçons décédés jeunes, et une fille CHARLOTTE-EUGÉNIE D'AILLY qui se trouva héritière des immenses domaines de sa maison. Celle-ci les apporta à son mari HONORÉ D'ALBERT DE CADENET, créé maréchal de France en

---

1. Les détails généalogiques qui vont suivre sont empruntés aux susdites *Monographies Picardes*, au Père Anselme, à l'*Histoire des généraux Français*, par Courcelles, aux Mémoires du temps, au *Recueil de documents inédits concernant la Picardie*, publiés par V. de Beauvillé, t. III, pp. 282-288, etc. — Walleran de Rayneval et sa femme ratifièrent en 1377, la fondation du chapitre de Vignacourt œuvre de Regnault d'Amiens, seigneur de ce lieu dès 1204.

1619, duc de Chaulnes et pair de France en 1621. Il était fils
cadet d'Honoré d'Albert de Luynes, frère du connétable. Honoré
d'Albert, l'époux de Charlotte d'Ailly, repoussa en 1635 l'armée
espagnole qui avait envahi la Picardie. Une clause de son contrat matrimonial imposait à sa descendance de prendre le nom
et les armes des d'Ailly, ce qui fut scrupuleusement observé
par sa postérité. Son fils, HENRI-LOUIS D'AILLY, vidame d'Amiens,
baron de Picquigny, seigneur de Flixecourt, duc de Chaulnes,
pair de France, abandonna son nom patronymique pour celui de
sa mère. Il s'allia, le 3 mai 1646, à FRANÇOISE DE NEUFVILLE DE
VILLEROY, issue du maréchal, duc de Villeroy, et de Madeleine
de Créquy, fille de Lesdiguières. Son arrière-petit-fils LOUIS-
MARIE-JOSEPH D'AILLY, vidame d'Amiens, baron de Picquigny,
seigneur de Flixecourt, vendit cette dernière terre le 27 avril
1774 à Pierre Bryet, écuyer, sieur de Bernapré, moyennant
un million cinq cent mille livres. L'acquéreur la retrocéda, le
25 avril 1775, à Liefman Calmer, l'un des plus riches bourgeois
de La Haye. Celui-ci démembra le fief de Flixecourt, presque
intégralement sauvegardé jusqu'alors, et inféoda la chatellenie
en janvier 1779 à M. de Crocquoison de la Cour de Fieffes qui en
tenait déjà une partie. C'est sur l'emplacement de l'ancien château ruiné que M. de Crocquoison fit édifier un manoir qui
appartenait naguère encore à M. Hesse, président de la Société
des Antiquaires de Picardie. Le grand fief de Flixecourt, primitivement principauté des d'Amiens, changea souvent de détenteurs, comme on vient de le voir, faute d'hérédité masculine.
Les de Varennes, en effet, le reçurent des d'Amiens et le trans-

mirent aux de Rayneval, ceux-ci le passèrent aux d'Ailly [1], et les d'Ailly aux d'Albert de Cadenet. Bien que le lignage aîné des d'Amiens ait disparu en 1300, leur race ne se perdit point, nous allons la voir reverdir dans ses rameaux cadets de Canaples, de Bachimont, de Regnauville, etc.

1. Charles d'Ailly, vidame d'Amiens (au commencement du xvi° siècle), baron de Picquigny, Rayneval, La Broye, Vignacourt, Flixecourt, etc , fit dresser, le 2 août 1515, un inventaire du dénombrement des titres, conservés dans ses chartiers et se rapportant aux susdites seigneuries. On y trouve, en résumé, la teneur de plusieurs actes importants relatifs à Dreux d'Amiens, seigneur de Vignacourt, et à ses filles, l'une mariée à Jean de Varennes, l'autre au sire de de Fieffes. (*Recueil de documents inédits concernant la Picardie,* publiés par V. de Beauvillé, t. III, pp. 282-288.)

BRANCHE

DES

SIRES DE CANAPLES ET D'OUTREBOIS[1]

SORTIE DE CELLE DES COMTES, PRINCES ET CHATELAINS D'AMIENS,

BARONS DE FLIXECOURT ET DE VIGNACOURT.

V

THIBAULT D'AMIENS, chevalier, sire de Canaples, d'Outrebois, de Filièvre, était le troisième des enfants de Dreux I
d'Amiens, sire de Vignacourt, et de Flixecourt, et de Mathilde
de Saint—Pol, sœur de Hugues de Saint—Pol, l'un des héros de
la quatrième croisade et l'un des conquérants de l'Empire Grec
en 1204. Thibault d'Amiens est cité, avec son frère Regnault,
dans le dénombrement des nobles des comtés de Flandre, d'Ar-

---

1. Voir pour le raccordement de cette branche avec la souche primitive
ci-dessus page 102.

tois et de Picardie qui se conduisirent vaillamment à la journée
de Bouvines (27 juillet 1214)[1], où se trouvèrent aussi ses parents
Hugues de Boves, Robert de Picquigny, Ansel de Cayeux. La
ceinture de chevalier lui fut donnée sur le champ de bataille par
Philippe Auguste. Thibault d'Amiens assigna, en mars 1221, sur
le cens de Canaples, à l'abbaye de Saint-Martin aux Jumeaux,
pour la célébration d'un service annuel, en l'honneur de sa
femme Béatrix, antérieurement trépassée, vingt sols de rente,
pour suppléer au capital de vingt livres promis audit Monastère par ledit seigneur[2]. Thibault et Alleaume d'Amiens se portèrent garants, au mois de février 1225, d'une obligation souscrite par Pierre, sire de Milly, au bénéfice de l'évêque de Beauvais[3]. On retrouve Thibault d'Amiens, en juin 1229, amortissant,
en qualité de tuteur de Jean d'Amiens, son neveu, une carrière
qu'Adam de Moreaucourt, chevalier, avait donnée autrefois aux
dames de Moreaucourt[4]. Il prit l'engagement, en décembre 1230,
de faire ratifier ce rachat de redevance par son pupille aussitôt

---

1. *Noblesse et chevalerie du comté de Flandre, d'Artois et de Picardie*, par
Roger, p. 110.

Thibault d'Amiens figure sur l'état officiel des chevaliers qui devaient
l'hommage et le service militaire à Philippe Auguste d'après les registres de
ce prince, dressés de 1204 à 1211. Dans la même nomenclature on voit, au
rang des barons, PIERRE D'AMIENS. (Voir aux *Pièces justificatives*, PREUVE
XXXIX.)

2. *Cartulaire de l'évêché d'Amiens*, coté H, fol. 88, v°. — *Trésor généalogique* de Dom Villevieille, in-4, t. I, p. 359. (Voir PREUVE XXXIX.)

3. *Cartulaire de l'Évêché de Beauvais*, fol. 121. — *Trésor généalogique*, t. I,
p. 359.

4. Archives des dames de Moreaucourt à Amiens. — *Trésor généalogique*
de D. Villevieille, comme ci-dessus.

que celui-ci aurait atteint la majorité légale[1]. Le sire de Canaples proclama, dans des lettres de février 1234, qu'il s'était porté caution de sa très chère suzeraine, la comtesse Mathilde[2], jusqu'à concurrence d'une somme de 200 marcs d'argent. (Voir le texte latin aux *Pièces justificatives*, PREUVE XXXIX.) Quatre ans plus tard (en 1238), Thibault d'Amiens déclara avoir vendu avec l'assentiment d'Aëlis, sa seconde femme, et de Pierre d'Amiens son fils aîné, moyennant 1400 livres parisis, à Robert, comte d'Artois, frère du roi de France, la ville de Filièvre et s'en être dessaisi dans les mains de Simon de Villers, bailli du prince au château de Hesdin. Le paiement s'effectua en décembre suivant, et Thibault d'Amiens délivra quittance[3]. L'acte de vente porte le sceau de Thibault d'Amiens, sire de Canaples. Le chevalier monté représenté dans l'écu tient un bouclier armorié de *Trois chevrons de vair, au franc canton*, avec cette légende : *Sigillum Theobaldi de Ambianis*. Le contre-sceau reproduit le blason de la face[4]. Hébert, abbé de Saint-Jean d'Amiens accorda, en 1239, à Thibault la faculté de faire célébrer le service divin dans la chapelle du château d'Outrebois, qui

---

1. Archives des Dames de Moreaucourt. — *Idem.*

2. *Layettes du Trésor des Chartes*, par M. Alexandre Teulet, t. II, p. 283, n° 2548.

3. *Premier carton d'Artois*, pièces 46 et 37, Orig. aux armes d'Artois. (*Inventaire analytique et chronologique des Archives de la chambre des comptes, de Lille*, t. I, p. 267-268.) — *Inventaire des Archives du Pas-de-Calais*, rédigé par M. J. M. Richard. *Archives civiles*, série B, t. I, de A— à A— 503. Arras 1878.

4. *Inventaire des Sceaux de l'Artois et de la Picardie*, par G. Demay, p. 17, n° 113.

devint bientôt le centre d'une paroisse[1]. Le sire de Canaples et Pierre d'Amiens, son fils aîné, sanctionnèrent, au mois d'avril 1250, la vente, consentie par Cécile la Prévosté de Canaples à l'abbaye de Saint-Martin aux Jumeaux, de certaines redevances dont ledit couvent était tributaire[2]. Quelque temps avant sa mort, au mois d'avril 1252, Thibault d'Amiens, Aëlis, sa seconde femme, et Pierre, l'aîné de ses hoirs, se trouvent réunis à la consécration épiscopale d'une chapelle fondée par eux au château de Canaples. La charte dont il est ici question est accompagnée d'un sceau rond d'environ 70 millimètres dans lequel on voit un banneret dont le bouclier est illustré de *Trois chevrons de vair, au franc canton,* fretté de même que dans le contre-sceau[3]. La légende a disparu, mais on sait par la teneur du titre qu'il fut octroyé par Thibault d'Amiens, seigneur de Canaples. BÉATRIX sa première femme, dont on ne sait point le nom de famille, mourut avant 1221. Thibault d'Amiens se remaria à AELIS et laissa les hoirs ci-dessous. (Voir aux *Pièces justificatives,* PREUVES XXXIX et XLI.)

— 1° PIERRE D'AMIENS, seigneur de Canaples et d'Outrebois, qui concourut l'an 1250, en sa qualité de fils aîné de Thibault, à la dédicace de la chapelle de Canaples par l'évêque

---

1. *Gallia Christiana,* t. X, col. 135-136. (Voir PREUVE XL.)

2. *Cartulaire de l'Evêché d'Amiens,* coté H, fol. 107. — *Trésor généalogique,* de D. Villevieille, publié par H. et A. Passier, t. I, p. 364.

3. *Cartulaire de l'évêché d'Amiens,* coté C, fol. 84. — *Trésor généalogique* de D. Villevieille, *ut suprà,* t. I, p. 364-365. — *Inventaire des Sceaux de Picardie,* par G. Demay, p. 13, n° 90.

d'Amiens [1] et, en 1252, à un transfert de redevances effectué par Cécile la Prévosté de Canaples au profit des religieux de Saint-Martin aux Jumeaux [2] ou Gemeaux.

— 2° REGNAULT D'AMIENS, seigneur de Bachimont, fondateur de la branche des sires de Bachimont, qui sera étudiée un peu plus loin.

— 3° THIBAULT D'AMIENS partit dans un groupe de croisés flamands à la suite de Frédéric II, empereur d'Allemagne. A son passage en Chypre, il prit parti contre ce dernier pour Henri de Lusignan que les impériaux dépouillèrent de sa principauté. Henri de Lusignan ayant été rétabli sur le trône de Chypre par Jean d'Ibelin, seigneur de Beyrouth, reconnut les services de Thibault d'Amiens en l'attachant à sa personne et en lui faisant épouser ESTÉPHÉNIE DU PLAISSIER, dame du lieu de ce nom. C'est ainsi que Thibault d'Amiens s'implanta dans l'ile de Chypre à l'avant-garde de la chrétienté et fonda le lignage oriental des d'Amiens.

— 4° GUY D'AMIENS était chanoine de la collégiale de Cambrai ou d'une de ses dépendances en 1270. Les paroissiens de Boiry et de Hamblain, qui étaient en procès au sujet d'une dîme, recoururent à la médiation de Guy d'Amiens [3]. Celui-ci rendit son jugement, le 14 mars 1270 et apposa au bas de ses

1. *Cartulaire de l'Evéché d'Amiens*, coté H, fol. 107. — *Trésor généalogique* de D. Villevieille, *ut suprá*, t. I, p. 364.

2. *Cartulaire de l'Evéché d'Amiens*, coté H, fol. 88, v°. — *Trésor généalogique* de D. Villevieille, t. I, p. 359.

3. *Inventaire des sceaux de la Flandre*, par Demay, tome II, p. 213.

lettres d'arbitrage le sceau ogival qni se trouve dans les Archives du département du Nord (section relative à l'évêché et au chapitre de Cambrai) et qui est ainsi décrit par M. Demay[1] :

« AMIENS (GUI D'), *clerc*, 1270, sceau ogival de 33 millimètres.
« Saint-Nicolas crossé mitré, ressuscitant les trois petits clercs,
« accompagné à dextre d'un priant enfermé dans deux palmes
« et posé sur un personnage à mi-corps terrassé ; au haut du
« champ, un ange tenant une couronne et une main céleste
« bénissant au bas du sceau un priant. — SIGILLUM GUIDONI
« DICTI DE AMBIANIS, CANONICI TIREN[1]... — »

— 4° AELIS D'AMIENS, mentionnée dans plusieurs actes comme sœur de Pierre d'Amiens et mariée à N. DE SÉNARPONT. En janvier 1269, son frère, Pierre d'Amiens, seigneur de Canaples et d'Outrebois, lui constitua, à l'occasion de son mariage, comme partie de sa dot, une rente de quarante livres sur la vicomté de Crécy dont le comte de Ponthieu avait gratifié Thibault d'Amiens, père de la future et dudit Pierre[2].

VI

PIERRE D'AMIENS, chevalier, sire de Canaples, Hem, de Hardinval, d'Auricourt, est déclaré fils de Thibault d'Amiens,

1. *Inventaire des Sceaux de la Flandre*, recueillis dans les dépôts d'archives, par G. Demay, t. II, p. 213, n° 6666.
2. Original du bureau des finances d'Amiens. — *Trésor généalogique* de D. Villevieille, publié par H. et A. Passier, t. I, p. 366-367. — *Recherches sur les comtés de Ponthieu*, etc., par de La Gorgue-Rosny, t. I, p. 31-32. (Voir PREUVE XLIII.)

au mois d'avril 1252, dans une solennité où l'évêque d'Amiens sanctionna la fondation d'une chapelle par ledit Thibault, Aélis sa femme, et Pierre, l'aîné de ses enfants [1]. Celui-ci apparaît sur la scène historique longtemps avant. On le voit, en 1247, se libérer de la rente d'un muid de blé assise sur la dîme d'Outre-bois. Ce revenu avait été autrefois donné aux dames de Moreau-court par Bourgeoin le Sage, homme lige du seigneur de Canaples [2]. Ymanie, femme de Pierre d'Amiens, aliéna un fief sis à Ransart, le 2 août 1262, par un acte conservé aux Archives du Pas-de-Calais, abbaye de Cercamps. La noble dame est repré-sentée, dans le sceau ogival de 63 millimètres, debout, vêtue d'une robe et d'un manteau vairé, coiffée d'un chapeau à men-tonnière et tenant sur son poing ganté un faucon. L'inscription du pourtour est celle-ci : SIGILLUM YMANIE, DOMINE DE CANAPES [3]. Pierre d'Amiens, sire de Canaples, opéra l'amortissement de vingt quatre journaux de terre, situés à Talermas et cédés à l'hôtel de ville d'Amiens par son homme lige Guillaume de Taisny, chevalier, et Madame Agnès, mère de celui-ci, le jour

1. *Cartulaire de l'évêché d'Amiens*, coté C, fol. 84. — *Trésor généalo-gique* de D. Villevieille, t. I, p. 364-365. (Voir PREUVE XLI.)

2. Archives des dames de Moreaucourt, à Amiens. Outrebois. — *Trésor généalogique*, de D. Villevieille, t. I, p. 362. — Thibault d'Amiens, sire de Canaples, est également désigné comme père de Pierre d'Amiens dans un acte antérieur. Le sire de Canaples et Pierre d'Amiens, son fils aîné, sanc tionnèrent en avril 1250 une rétrocession de rentes, consentie par Cécile de la Prévôté de Canaples en faveur de l'abbaye de Saint-Martin-aux-Jumeaux. (*Cartulaire de l'évêché d'Amiens*, coté H, fol. 107. — *Trésor généalogique* de Dom Villevieille, t. I, p. 364.)

3. *Inventaire des Sceaux de l'Artois et de la Picardie*, par G. Demay, p. 17, n° 112. (Voir PREUVE XLII.)

de Saint-Thomas 1263. On trouve dans les Archives du Pas-de-Calais, abbaye de Cercamps, la ratification d'un transport de terre sise à Mellers accompli par Pierre d'Amiens en mars 1263. Le sceau du sire de Canaples, qui représente un type équestre dont le bouclier figure *Trois chevrons au franc canton* avec cette légende : S. Petri de Ambianis militis domini de Canapes. Le contre-sceau reproduit le blason de l'avers [1]. Pierre d'Amiens, feudataire turbulent, revendiquait l'autorité judiciaire sur trois fiefs de la banlieue de Doullens au détriment de la communauté. Un procès, pendant devant le Parlement de Paris, se dénoua amiablement. Le sire de Canaples proposa à la partie adverse, en 1272, de lui vendre les seigneuries en litige, et leurs appartenances ; le conseil urbain accepta ses ouvertures et le marché fut conclu. Pour éviter des contestations ultérieures Pierre d'Amiens dut renoncer, au profit du mayeur et des échevins de Doullens, au droit de rendre la justice sur lesdites terres. En vertu de cette clause, les bourgeois n'étaient tenus envers le seigneur de Canaples à aucun service et à aucune taxe. Les officiers municipaux, six ans après, rétrocédèrent les domaines, acquis de Pierre d'Amiens, à Jean Lostelier de Naours : « tout le marqué closement et entièrement que nous « acatames à noble et sage *Monseigneur* Pierre d'Amiens, « chevalier et seigneur de Canapes, sans les trois et demi liges « hommes que sont Monségneùr le Roy et sans le haute justice « et le basse que nous retenons, chest à sçavoir : deux chens et

---

1. *Idem*, n° 111. — Archives de l'Hôtel-Dieu d'Amiens, sac Talermas. — *Trésor généalogique* de D. Villevieille, t. I, p. 365.

« sèze journeux, peu plus, peu moins, que bos que terres que
« nous avions assises en diverses pièches ès terroir de Hardin-
« val, de Hem, de Douriercourt [1]. » Voulant reconnaître les services que lui avait rendus Pierre d'Amiens, sire de Canaples,
son cousin, Dreux d'Amiens, lui transféra, en novembre 1279,
la suprématie féodale qu'il possédait sur les biens de Robert de
la Porte de Flixecourt [2]. Il appert d'une charte des archives du
Pas-de-Calais, dont nous avons décrit le sceau [3], que Pierre
d'Amiens s'était marié, avant 1263, à YMANIE, qui se qualifie
dame de Canaples et qui procréa le suivant.

VII

GILLES D'AMIENS, chevalier, seigneur de Canaples et d'Outrebois, est désigné comme fils de Pierre d'Amiens et père de
Marthe, femme de Baudoin de Créquy, dans les *Recherches
généalogiques sur les comtes de Ponthieu*, etc., par de La
Gorgue-Rosny, t. I, p. 31-32, et dans plusieurs titres manuscrits des Archives départementales de la Somme et de l'Oise. Il
vendit à Guillaume, évêque d'Amiens, les terres et le haut
domaine qu'il possédait près de Halloy [4] et sanctionna, en

1. *Histoire de la ville de Doullens,* par M. E. Delgove, p. 315, 351-352, 357.
2. Bureau des finances d'Amiens, cartulaire du Ponthieu, n° 186, fol. 133.
— D. Villevieille, *Trésor généalogique*, publié par H. et A. Passier, t. I,
p. 369. (Voir PREUVE XLIV.)
3. *Inventaire des sceaux de l'Artois et de la Picardie*, par G. Demay, p. 17,
n° 112.
4. « Mense februarii anni ejusdem acquisivit ab EGIDO DE CANAPLES, milite

mars 1284, tous les actes de bienfaisance de son père dans une charte à laquelle est encore appendu un sceau rond de 28 millimètres ainsi décrit par M. G. Demay : GILLES D'AMIENS, seigneur d'Outrebois, 1284, écu portant *Trois chevrons de vair au franc canton, chargé d'un lion passant*; autour s'enroule cette légende dont le dernier mot a disparu : SCEL GILLES DE CANAPES, SIRE [1]. . . . Gilles d'Amiens fut, comme on l'a dit, père de MARTHE D'AMIENS, dame de Canaples, qui épousa BAUDOIN IV, SIRE DE CRÉQUY et de Fressin, appelé dans sa jeunesse seigneur de Baurin[3]. Baudoin comparaît sous ce surnom terrien dans un titre de l'abbaye de Marmoutier, en 1240, et dans un autre du monastère de Verger en 1254. Baudouin IV était déjà veuf d'Aélis, dame d'Heilly et de Rumilly, ainsi que de Ide de Fosseux. Marthe d'Amiens, après la mort du sire de Créquy, convola en secondes noces avec JEAN DE PICQUIGNY, seigneur de Saint-Ouen[2]. De ce deuxième lit provint *Jeanne de Picquigny*, dame de Canaples et d'Outrebois, qui contracta, elle aussi, trois unions, la première avec *Jean de Mailly*, seigneur de Talmas et de Buyre-au-Bois, la seconde avec *Jean de Créquy*, seigneur de Créquy et de Fressin, qui combattit, en 1340, à la tête de cinq chevaliers et trente-deux

« domino dicti loci, justitiam, dominium, terras et omnia que habebat apud « Halloy confirmente Johanne, vice domino. » *Gallia Christiana*, t. X, col. 1189.

1. *Inventaire des Sceaux de la Picardie; départements de la Somme, de l'Oise et de l'Aisne*, par G. Demay, p. 13, n° 88. (Voir PREUVE XLV.)

2. *Histoire des grands officiers de la Couronne*, par le P. Anselme, généalogie de la Maison de Créquy, t. II, p. 780-781. — *Recherches généalogiques sur les comtés de Ponthieu*, etc., par de La Gorgue Rosny, t. I, p. 31-32.

écuyers, contre Robert d'Artois à la bataille de Saint-Omer. Si
l'on en croit Froissard, il exerçait un commandement dans l'entreprise dirigée contre Calais en 1348 par le seigneur de
Charny, gouverneur de Picardie. Le troisième mariage de
Jeanne de Picquigny avec *Henri de Beures* ou *Bevère*, seigneur
de Disquemue, eut lieu en 1354. Elle aliéna, d'accord avec ce
dernier, la majeure partie de la terre d'Outrebois au roi
Charles V qui en dota l'Église de Paris [1]. Le reste du fief d'Outrebois, qui appartint longtemps à la branche de Bachimont
était encore, au dix-huitième siècle, dans les mains du rameau
des d'Amiens, seigneurs de la Ferté et de Waringhen [2]. Jeanne
de Picquigny vivait encore en 1373. Marthe d'Amiens était
belle-sœur de Jean de Créquy, mort à la bataille de Courtray
en 1302, et d'Enguerrand de Créquy, évêque de Cambray et de
Thérouanne.

1. *Histoire des grands officiers de la Couronne*, par le P. Anselme, généalogie de la Maison de Créquy, t. VI, p. 780-781. — *Recherches généalogiques
sur les comtés de Ponthieu*, etc., par de La Gorgue-Rosny, t. I, p. 31-32.

2. Archives du château de Ranchicourt, partage fait le 14 décembre 1713
entre Jacques-François d'Amiens, sieur de la Ferté, et ses frères.

BRANCHE

DES

SIRES DE BACHIMONT

ISSUE DE CELLE DES SIRES DE CANAPLES [1]

VI

REGNAULT D'AMIENS, chevalier, seigneur de Bachimont, était le deuxième fils de Thibault d'Amiens, sire de Canaples et d'Outrebois, et probablement de Béatrix, sa première femme. Il eut en partage la terre de Bachimont. Il est qualifié seigneur de ce lieu et chevalier, en 1277, dans un Inventaire des anciennes Archives de Vignacourt, dressé, le 2 août 1515, par ordre de Charles d'Ailly, vidame d'Amiens et baron de Picquigny. On y lit en effet : « Item une lettre en parchemin donnée de DRIEUX « D'AMIENS, chevalier, sire de Vinacourt, en date de l'an 1277, « par laquelle appert que le dit seigneur de Vinacourt donna à « Regnault d'Amiens, chevalier, seigneur de Bachymont,

1. Voir plus haut page 148 le raccordement de cette branche avec les sires de Vignacourt et de Flixecourt.

« VII journaux de bois pris en la forest de Vinacourt, nom-
« més les bois de Bachymont, alyas Huyacourt[1]. » L'article IV
de la charte communale d'Abbeville imposait aux habitants de
porter les procès relatifs aux choses mobilières devant le vicomte
de cette ville, chargé de rendre la justice au nom du comte de
Ponthieu. S'il y avait condamnation, le maire et les échevins
étaient tenus de faire exécuter la sentence. En 1275, cette
clause donna lieu à d'ardents débats entre le vicomte d'Abbeville, d'une part, et les magistrats urbains qui ne voulaient pas
reconnaître les pouvoirs de cet officier. Le bailli d'Amiens intervint et confirma les droits des échevins. Dans un arrêt,
rendu par les assises de celui-ci, le premier jour d'août 1275,
on voit figurer côte à côte des abbés, des moines, des chevaliers comme Pierre et Regnault d'Amiens, messire Dreux de
Milly, des maires et des bourgeois ; les trois ordres y sont représentés comme aux États-Généraux[2]. (Voir, aux *Pièces justificatives*, PREUVE XLVI.) Regnault d'Amiens comparaît, l'année 1276, dans un accord passé entre Dreux d'Amiens, seigneur
de Flixecourt, et les dames de Moreaucourt, au sujet d'un péage
se rapportant à des terres confinant à la porte du cloître[3]. Les
témoins de ce compromis furent *Monseigneur* Regnault d'Amiens,

1. *Recueil des documents inédits concernant la Picardie,* publiés par V. de
Beauvillé, t. III, p. 282.
2. *Histoire du Tiers-État* par A. Thierry, t. IV, p. 585. Cette mêlée de
grands seigneurs et de bourgeois prouve une fois de plus qu'en Artois et en
Flandre, les distinctions sociales n'étaient pas aussi profondes qu'en France
et que toutes les classes frayaient ensemble.
3. Archives des dames de Moreaucourt. — *Trésor généalogique* de D.
Villevieille, t. I, p. 368-369.

messire Philippe de Vergy, messire Wales de Bertangles, chevalier. Regnault d'Amiens, seigneur de Bachimont, qui a été pris souvent pour son oncle et homonyme, Regnault d'Amiens, sire de Flixecourt et de Vignacourt, dont on peut placer la carrière active entre 1180 et 1227, laissa, entre autres enfants :

— 1° THIBAULT D'AMIENS, seigneur de Bachimont, qui va revenir ;

— 2° MARGUERITE D'AMIENS, dont on trouve trace dans le Manuscrit du XVI⁰ siècle, conservé au château de Ranchicourt. Voici les lignes de ce Mémoire qui ont trait à celle-ci : « Il appert « d'un projet en litige du Chapitre de Vinacourt, d'une part, « et de Marguerite, fille de Regnault, d'autre part, qu'une « transaction eut lieu, moyennant la somme de six livres tour- « nois, en date de l'année 1297 [1]. »

VII

THIBAUT D'AMIENS, écuyer, co-seigneur de Canaples, sire de Bachimont, abandonna, le lundi après l'octave de la Trinité (31 mai 1288), à l'évêque d'Amiens, sous la réserve de l'assentiment du comte de Ponthieu, tous ses droits sur un terroir enclavé dans la paroisse de Halloy [2]. Cette charte est assortie d'un

---

1. Généalogie de ceulx qui portent le nom et les armes d'Amyens. Mst. du XVI⁰ siècle. Arch. du château de Ranchicourt.

2. Archives de la Somme, évêché d'Amiens; Amortissement de terre à Halloy, 31 mai 1288. — *Trésor généalogique* de D. Villevieille, publié par H. et A. Passier, in-4, t. I, p. 370-371.

sceau rond de 40 millimètres représentant en creux *Trois che-vrons de vair, au franc canton* [1]. En 1293, Thibaut d'Amiens ayant vendu certaines coupes dans la forêt de Bachimont à Enguerrand Piétre d'Iseu sans remettre le dixième du produit aux chanoines de Vignacourt, ceux-ci réclamèrent leur part; et Thibaut d'Amiens, seigneur de Bachimont, cité par eux devant l'official d'Amiens, fut condamné à leur payer une indemnité de cent sols parisis [2]. Le Manuscrit du xvie siècle, conservé aux Archives du château de Ranchicourt, rapporte que Thibaut d'Amiens fit le pélerinage de la terre sainte en 1298 et qu'il y fut créé chevalier. Il est probable que le Thibaut de Palestine, à cette date, était, non le sire de Bachimont, mais son cousin, messire Thibaut II d'Amiens, seigneur du Plaissier, en Chypre, qui sera étudié plus loin. Ce Thibaut d'Amiens de Bachimont a été identifié par de La Morlière et divers généalogistes avec son grand-père Thibaut, qui se trouverait ainsi avoir parcouru une carrière d'une longueur et d'une durée tout à fait fabuleuses. On rencontre en effet Thibaut l'aïeul dans des actes de 1195 ; sa qualité de témoin indique qu'il devait, à cette époque, avoir au moins une vingtaine d'années, ce qui ferait remonter sa naissance à 1175. Certaines notices lui font néanmoins jouer un rôle en Palestine l'an 1290 et d'autres en France après 1300, époque où il eût été au moins âgé de cent

1. *Inventaire des Sceaux de la Picardie*, département de la Somme, de l'Oise et de l'Aisne, par G. Demay, p. 13, n° 91. (Voir PREUVE XLVII.)
2. Généalogie de ceulx qui portent le nom et les armes d'Amyens. Mst. du xvie siècle. Arch. du château de Ranchicourt.— *Ancien Cartulaire des chanoines de Vignacourt.* (Voir PREUVE XLVIII.)

vingt-cinq ans. La similitude des prénoms et des fiefs, l'insuffisance de documents et d'examen ont dû produire ces confusions, répétées et grossies dans des publications contemporaines où les individus et les générations sont rangés en l'air, c'est-à-dire sans aucune preuve établissant l'authenticité et la légitimité de leur place dans la filiation. Le Thibaut d'Amiens, seigneur de Canaples, vivait de 1185 à 1253 et était chevalier; son fils, Thibaut, co-seigneur de Canaples et sire de Bachimont, dont on trouve trace en 1288, 1290 et 1293, n'était qu'écuyer ; ces deux personnages, malgré leur homonymie, sont donc parfaitement distincts. Thibaut d'Amiens eut d'une alliance inconnue :

— 1° GUILLAUME ou GUYOT D'AMIENS, seigneur de Bachimont ;

— 2° JEAN D'AMIENS, abbé du Gard en 1310 [1].

VIII

GUILLAUME ou GUYOT D'AMIENS, seigneur de Bachimont, servait dans l'ost de Flandre en 1302 sous Philippe le Bel. La noblesse française venait d'être écrasée à Courtray par les bourgeois Flamands ayant pour généralissime le tisserand Pierre Kœnig. Ce désastre avait été occasionné par la fougue du comte d'Artois qui, à la vue des Brabanchons, retranchés derrière un

1. *Recherches généalogiques sur les comtés de Ponthieu*, etc., par de La Gorgue-Rosny, t. I, p. 31-32.

large fossé en demi-lune, n'avait pas voulu laisser à la piétaille, c'est-à-dire à l'infanterie, l'honneur de la journée. Entraînés par leur chef dans une charge offensive, les chevaliers français, bardés de fer, vinrent s'abattre pêle-mêle dans la tranchée qui protégeait l'ennemi. La pesanteur de l'armure, rendant impossible la remise en selle immédiate, presque tous périrent sous les coups de pieux des Flamands frappant dans le tas humain.

Le lendemain de cette terrible défaite, Philippe le Bel ordonna des levées extraordinaires et c'est dans cette armée nouvelle, rassemblée à Arras et commandée par Charles de Valois que Guyot d'Amiens conduisait, le 11 septembre 1302, une compagnie. C'est pour subvenir à son entretien et à celui de ses gens qu'il toucha sa solde à ladite date des mains de Sépin de Bours. La quittance, délivrée par Guyot d'Amiens à cette occasion et conservée dans la Collection Clairambault au Cabinet des titres, porte un sceau rond de 22 millimètres, dont l'écu est blasonné de *Trois chevrons* [1]. Guillaume d'Amiens, qui était resté aux champs depuis sa jeunesse, épousa à l'âge de cinquante ans MARIE DE LA SELVE ou de LA SEULE [2] qui lui donna entr'autres rejetons :

— 1° DRIEU D'AMIENS, seigneur de Bachimont ;

— 2° GUILLAUME D'AMIENS, chevalier, commandeur de Malte ;

1. Collection Clairambault, Cab. des titres, 20, p. 1394. — *Inventaire des Sceaux de la Coll. Clairambauld*, par G. Demay, t. 1, p. 15, n° 132. (Voir, aux *Pièces justificatives*, PREUVE XLVIII.)

2. DE LA MORLIÈRE : *Recueil de plusieurs nobles et illustres Maisons du diocèse d'Amiens*. Amiens, 1630, in-4, p. 31-38. — Généalogie de ceulx qui portent le nom et les armes d'Amiens. Mst. du XVI⁰ siècle. Archives du château de Ranchicourt.

— 3° Nicolas d'Amiens, confesseur du Gard, au mois d'août 1360 [1];

— 4° N. d'Amiens, mariée à Guillaume de Poix, seigneur de La Verrière, que le P. Anselme présume ne faire qu'une seule et même personne avec Guillaume Tirel, l'un des douze hommes d'armes de la compagnie d'Olivier de Forcon, chevalier, qui fit montre à Caen, le 1er octobre 1370. De cette alliance dérivèrent ;

— I. *Daniel de Poix*, seigneur de La Verrière, conjoint à N. *fille d'Aleaume de Beauquerin*. — II. *Antoinette de Poix*, femme de *Louis de Luyrieux*, seigneur de Villers, qui testa le le 11 mai 1461 [2].

— 5° N. d'Amiens qui devint femme de N. seigneur de Bray [3]. Elle se remaria à Simon d'Arvedoingt, seigneur de Moncheaux, dont elle eut une fille.

— 6° Marie d'Amiens, qui portait : *De gueules, à trois chevrons de vair*, est présumée être la même que Marie d'Amiens, dame de Bachimont, mariée à Gaule de Fiennes, seigneur d'Attichy, celui-ci avait pour armes : *Sept lions de gueules en orle, en abîme de Fiennes*. Marie d'Amiens fut mère de *Jean de Fiennes*, chevalier, qui s'allia à *Jeanne de Brimeu* [4].

1. *Recherches généalogiques sur les comtés de Ponthieu*, etc., par de La Gorgue-Rosny, t. I, p. 31-32.

2. *Histoire généalogique des grands officiers de la Couronne*, par le P. Anselme, t. VII, p. 822.

3. Généalogie de ceulx qui portent le nom et les armes d'Amyens. Mst. du xvie siècle. Arch. du château de Ranchicourt.

4. *Nobiliaire des Pays-Bas*, par M. de Vegiano, t. I, p. 226. Voir aux *Pièces justificatives*, preuves XLVIII et XLIX.

IX

DRIEU D'AMIENS, seigneur de Bachimont et gentilhomme de la maison du roi Jean le Bon, combattit à côté de son maître et souverain, en 1356, à la désastreuse bataille de Poitiers et fut amené prisonnier avec lui en Angleterre. Il recouvra sa liberté deux ans avant le traité de Brétigny en payant une forte rançon, ce qui le contraignit à aliéner, sous réserve de retrait lignager, une grande partie de la terre de Bachimont [1]. En 1349, ses père et mère lui avaient constitué, en avancement d'hoirie, un fief sis à Fontaines-le-Hoton. Cette transmission anticipée eut lieu avec le consentement de Robert, co-seigneur de Filièvre et de Visurant, représenté par son bailli. En décembre 1359, Pierre de Caourts, écuyer, confirma en faveur de Drieu d'Amiens, seigneur de Bachimont, un contrat précédemment passé avec Guillaume d'Amiens, auteur de Drieu. Cette ratification fut accomplie devant Guy de Gouy, seigneur de Faresque et bailli de Hesdin [2]. Drieu avait épousé N. DE MAILLY, fille et héritière du seigneur de Mailly et dame du Mesnil-Domqueur et d'Anteluche, fiefs tenus du sire d'Ailly. Le dernier était sis dans le territoire de Prouville [3]. Les enfants de Drieu d'Amiens et de N. de Mailly furent :

1. Généalogie de ceulx qui portent le nom et les armes d'Amyens. Mst. du XVIe siècle. Archives du château de Ranchicourt. (Voir PREUVE XLVIII.)
2. Id.
3. DE LA MORLIÈRE : Recu[ ] de plusieurs nobles et illustres Maisons du diocèse d'Amiens, in-4, p. 31-3[ ]

— 1° Pierre d'amiens, seigneur de Bachimont qui servait, en armes, en mai 1359, dans la revue passée à Saint-Riquier, sous la conduite de M. Wallerau de Rayneval, chevalier-banneret et capitaine d'une compagnie de seize chevaliers bacheliers, de vingt-six écuyers et de trente hommes d'armes [1]. On rencontre, sous la même bannière, les deux frères de Pierre, ci-après :

— 2° Jean d'Amiens dit *Jehan de Bachimont,* dans la montre susdite de 1359 ;

— 3° Drieu d'amiens, appelé *Drieu de Bachimont ;*

— 4° N. D'amiens, mariée à Simon de Moncheaux dont elle eut une fille qui épousa *Jean d'Amiens,* de la branche des seigneurs de Regnauville et de Sironville.

X

DRIEU D'AMIENS, seigneur de Bachimont, est appelé simplement *Drieu de Bachimont* dans les titres qui le concernent, notamment dans des lettres de son cousin Guy de Belly, seigneur de Caumont, qui lui bailla, le 11 février 1368, plusieurs journaux de prairies aux environs de la ville de Fontaines-le-Hesdin [2]. Le même Drieu de Bachimont comparaît, le 1er mai 1369,

1. *Trésor généalogique de Picardie ou recueil de documents inédits sur la noblesse de cette province,* par un gentilhomme Picard, t. II, p. 190, n° 617. (Voir preuve LI.)

2. Généalogie de ceulx qui portent le nom et les armes d'Amyens. Mst. du xvi° siècle. Arch. du château de Ranchicourt.

parmi les écuyers, dans la montre faite à Saint-Riquier par Walleran de Rayneval chevalier – banneret et capitaine de la compagnie de Raoul de Rayneval, pannetier de France. Les compagnons d'armes de Drieu de Bachimont étaient Pierre d'Amiens, Jean de Bachimont, ses frères ; Wille et Pierre de Milly, Geoffroy de Charny, Charles et Hubert de Hangest, Saigremor et Hugues d'Araisnes, Jehan de Hideville, Périnet de Gramesnil [1]. Drieu d'Amiens eut d'une alliance ignorée :

— 1° Robert d'Amiens est mentionné dans un livre terrier, remontant à 1400 dans lequel sont relevés les revenus du couvent de Beaumont, à Valenciennes. On y lit « que la veuve de Jacquemart le Cambrelin doit une rente audit couvent pour deux maisons tenues audit Robert d'Amiens. Il est également question de ce dernier dans le Cartulaire du même couvent, toujours à propos des deux habitations qui étaient passées, le 13 janvier 1414, aux chanoines de Saint-Géry sous la condition d'une redevance au profit des dames de Beaumont [2]. Egmond de Bourbecq, seigneur de Frencq et de Blesquin, et sa femme Jeanne de Belley, dame de Caumont, baillèrent en cotterie, l'an 1400, à Robert d'Amiens, sire de Bachimont, des champs et des jardins, confinant à Fontaines et relevant de Caumont. Robert d'Amiens

---

1. *Trésor généalogique de Picardie ou recueil de documents inédits sur la noblesse de cette province*, par un gentilhomme Picard, tome II, page 190, n° 617.

2. Rouleau en parchemin aux Archives de Beaumont à Valenciennes, n° 56. — *Cartulaire de Beaumont.* — *Trésor généalogique*, par Dom Caffiaux, t. I, p. 121-127.

s'était allié à **Marie de Beauffort** [1], issue de Robert de Beau-
fort, seigneur du lieu de même nom, et veuve de Tassart du
Hayron ou de Harreux dont elle avait une fille. Marie de Beau-
fort [2] n'ayant pas donné de progéniture à son deuxième époux
Robert d'Amiens, celui-ci maria son frère Pierre d'Amiens avec
Jeanne de Harreux, née de la première union de sa femme avec
Tassard de Harreux [3]. La parenté des d'Amiens, au début du
XVIe siècle, est indiquée par un vieux rôle en parchemin con-
servé dans les Manuscrits de Duchesne au Cabinet des titres,

1. Généalogie de ceulx qui portent le nom et les armes d'Amyens. Mst. du
XVIe siècle. Arch. du château de Ranchicourt. — *Recueil de plusieurs nobles
et illustres Maisons du diocèse d'Amiens*, par A. de La Morlière. Amiens, 1630,
in-4, p. 31-38. (Voir PREUVE LII.)

2. La maison de Beauffort peut être classée parmi les plus anciennes de
l'Artois, d'où elle s'est ramifiée en Flandre et dans les Pays-Bas. Son fief
primitif de Beauffort, à proximité d'Avesnes, avait rang de baronnie. On
ne doit pas confondre cette race avec celles de ses homonymes de Bourgogne
et de Bretagne, ses rivales en illustration. Les sires de Beauffort apparaissent dans la plupart des croisades. On trouve leur nom et leurs armes dans
les inscriptions du musée de Versailles. Ce vieil estoc a en outre fourni des
chevaliers du Temple, de Saint-Jean de Jérusalem et de Saint-Jean de Ca-
latrava ; des commandants de la garde personnelle de l'empereur Charles de
Luxembourg, de Philippe VI d'Espagne, des chambellans de Charles-Quint et
des rois de France, des échansons des comtes de Flandre et des ducs de
Bourgogne, des abbesses des chapitres féminins de Maubeuge et d'Estrun,
des chanoinesses de Mons, de Nivelles et de Denain, des gouverneurs de
Bapaume, de Béthune, et d'Arras. Elle tient par ses mariages aux Chateau-
briand, Halluin, Croy, Lannoy, Mérode, Montmorency, Renty, Wignacourt,
Saveuse. La maison comtale de Beauffort est encore aujourd'hui continuée
et représentée en Belgique et en Artois. ARMES : *D'azur, à trois jumelles
d'or.* DEVISE : *In bello fortis.*

3. *Recueil de plusieurs illustres Maisons du diocèse d'Amiens*, par de La Morlière, p. 31-38.

sous la cote 9612, p. 66, et portant la date du dernier mars 1515.

On y constate qu'à cette époque la race des d'Amiens était représentée, en ligne directe et masculine, par les rameaux des sires de Regnauville et de Bachimont et que Jean de Fresne, écuyer, par suite de son cousinage avec les de Varennes, avait des liens de consanguinité avec MM. de Rayneval, de Regnauville, Ernoult de Fieffes, de Villers, de La Forest de Vignacourt, *Robert de Bachimont*, ainsi qu'avec le sieur de Mont-Cavrel, dont l'aïeule paternelle était une de Varennes[1].

— 2° PIERRE D'AMIENS, seigneur de Bachimont, qui suit.

— 3° CATHERINE ¿D'AMIENS, dame de Bachimont, épousa PHILIPPE DE BEAUVAL, seigneur d'Ococh. Ce fut elle qui racheta la terre de Bachimont, engagée par son aïeul Drieu d'Amiens pour le paiement de sa rançon[2]. Catherine d'Amiens procréa :

I. — *Isabeau de Beauval*, dame d'Ococh et de Villeroye en Ponthieu, mariée avant 1481 à *Guyon le Roy*, seigneur de Chillou et de Mondon. Celui-ci occupa diverses fonctions et exerça de hauts commandements sous quatre règnes. On le trouve écuyer de l'écurie de Louis XI en 1481, vice-amiral avec 400 livres de pension en 1485, c'est-à-dire sous Charles VIII. Il contribua puissamment à la conquête de Gênes, sous Louis XII ; ce monarque institua Guyon le Roy général des armées

---

1. *Trésor généalogique*, par Dom Caffiaux, t. I, p. 121-127.

2. *Histoire des grands officiers de la Couronne*, par le P. Anselme, t. VIII, p. 250. — *Histoire généalogique de la noblesse des Pays-Bas* ou Histoire de Cambray, par Jean Le Charpentier, t. II, p. 964. — *Recherches généalogiques sur les comtés de Ponthieu*, par de La Gorgue-Rosny, t. I, p. 31-32.

navales de France et le chargea de repousser les Anglais qui avaient fait plusieurs tentatives sur nos côtes. François Ier lui confia le poste de vice-amiral en Normandie, le commit pour conclure tous les marchés relatifs à la construction du port du Havre et lui assigna un traitement mensuel de cent francs, par lettres expédiées d'Avignon le 22 septembre 1524. Isabeau de Beauval avait obtenu, grâce au crédit de son mari, en avril 1481, l'établissement d'un marché par semaine et de deux foires par an, le jour de Saint-Eloy dans sa terre de Villeroye[1]. — II. *Anne de Beauval*, dame d'Ignaucourt et de Fontaines, qui contracta alliance avec *Jean du Biez*, seigneur de Bécourt. Celui-ci est qualifié, dans le contrat de mariage de son fils aîné, conseiller chambellan ordinaire du roi, capitaine des ville et château de Boulogne, gouverneur du comté de Boulonnais [2].

XI

PIERRE D'AMIENS, seigneur de Bachimont, recueillit la terre patrimoniale de sa famille même avant la mort de son frère aîné Robert. Celui-ci, n'ayant pas eu d'enfants de Marie de Beaufort, assura sa succession à Pierre son cadet, et le maria à sa belle-fille, JEANNE DE HARREUX, dame de Bralincourt, issue du pre-

---

1. *Histoire des grands officiers de la Couronne*, par le P. Anselme, t. VIII, p. 250.
2. *Ut suprá*, p. 188. — Voir PREUVE LII.

mier lit de Marie de Beauffort avec Tassard de Harreux. Le contrat fut passé, le 19 juillet 1424, devant Jean du Triste, bailli de
Maison-lès-Ponthieu. Les témoins furent Pierre de Saint–Lô et
Jean de Royon, écuyers. Robert d'Amiens constitua au futur la
terre de Bralincourt avec jouissance immédiate. De cette alliance[1] :

— 1° PIERRE D'AMIENS, seigneur de Bachimont, Fontaines,
Aboval[2] ;

— 2° JACQUES D'AMIENS. Il appert, d'un accord du 26 mai
1459, passé devant le notaire d'Abbeville, que Jacques
d'Amiens ratifia le contrat de son frère Pierre avec Jeanne de
Harreux et qu'il renonça à toute revendication ultérieure, à la
condition de conserver la pleine propriété du Mesnil-Donc-
queur. Il fut mis en possession par son aîné devant les officiers du seigneur d'Ailly[3]. Jacques d'Amiens fut père d'*Obert
ou Osbert d'Amiens*, qui, quoique gentilhomme, s'était fait recevoir dans la bourgeoisie d'Arras, le pénultième d'octobre 1515,
par devant Robillart et Jean Walloy, échevins[4]. Nous avons fait
ressortir ailleurs les prérogatives et les immunités matérielles
attachées à la qualité de Bourgeois, en nous fondant sur les anciens usages ou réglements locaux et généraux. François Cheva-

---

1. *Recueil de plusieurs nobles et illustres Maisons du diocèse d'Amiens,* par
A. de La Morlière. Amiens, 1630, in-4, p 31-38. — Généalogie de ceulx qui
portent le nom et les armes d'Amyens. Mst. du xvi° siècle. Arch. du château de Ranchicourt. — Voir PREUVE LIII.

2. Généalogie de ceulx, etc. (comme ci-dessus).

3. *Idem.* — Voir PREUVE LIV.

4. Registre aux Bourgeois de la ville d'Arras de 1464 à 1524; paroisse
de Saint-Aubert, fol. 257.

lier, maître des comptes de Bourgogne, observe que l'on se faisait souvent honneur de cette qualité : « J'ai vu quelques « actes du xvᵉ siècle et du commencement du xviᵉ, dans lesquels « des gentilshommes se sont qualifiés bourgois de Poligny et « n'ont point donné d'autre titre à certains de leurs ayeux. On « croit avoir remarqué qu'un simple gentilhomme qui ne sui- « voit pas la profession des armes, ou n'exerçoit point des char- « ges civiles, ne prenoit point la qualité de noble. Peut-être que « le bourgeois de Poligny mettoit alors cette qualité à haut prix, « parce qu'elle lui donnoit plusieurs des priviléges de la no- « blesse, tels que ceux de chasser, de pêcher, de pouvoir acqué- « rir des fiefs sans permission, de ne pouvoir être jugé que par « ses pairs, etc.[1]. » Les Montmorency eux-mêmes ne dédaignèrent pas d'être des bourgeois de Paris, c'est ce que nous apprend l'*Histoire de l'Hôtel-de-Ville de Paris*, par Le Roux de Lincy, dans les lignes ci-après, page 85 : « Puis, à propos du maré- « chal de Montmorency, gouverneur de Paris, le vieux bour- « geois fait observer qu'il est non-seulement de la plus ancienne « noblesse de France, mais qu'il tient à honneur de compter au « nombre des bourgeois de Paris. »

Osbert d'Amiens et ses descendants, préférant sans doute à la noblesse, qui, dans les familles nombreuses, menait à la ruine et à la misère, les avantages de la bourgeoisie, qui permettait de restaurer la fortune perdue, ne prend aucune qualité rappelant

---

1. François-Félix Chevalier : *Histoire de Poligny* (Bourgogne), p. 249 et suiv., 2 vol. in-4, 1769.

son extraction. Le cas d'Osbert d'Amiens n'était point particulier dans l'aristocratie artésienne. On le retrouve dans presque
toutes les familles de la Picardie et de Flandre, pays où la
règle, d'après de La Roque[1] et Dom Caffiaux, était de s'abstenir
de toute distinction nobiliaire au-dessous du rang de chevalier,
quand on faisait partie de la bourgeoisie. Osbert d'Amiens ne fit
donc que se conformer à un usage préexistant mais variable puis
que on trouve des exceptions même dans la famille d'Amiens.
La plupart des d'Amiens, seigneurs de Waringhen, issus de la
branche des Bachimont et représentés de nos jours, se montrè-
rent plus soucieux de sauvegarder leur marque originelle en se
qualifiant écuyers ou sieurs de tel ou tel fief, même au moment
de leur incorporation dans la bourgeoisie. Osbert d'Amiens ne
prend aucune désignation de caste[2]. Peut-être ne possédait-il
rien et appartenait-il à la catégorie des gentilshommes nécessi-
teux dont parle Rabelais : « Plusieurs sont gueux de l'hosture,

---

1. DE LA ROQUE : *Traité de la Noblesse*, p. 483.

2. DOM CAFFIAUX : *Trésor généalogique*, p. XXIX ; 1777.

Voici l'opinion de Dom Caffiaux à ce sujet : « On trouve des titres où les
« personnes, dont la noblesse est bien constatée, après avoir pris la qualité
« d'écuyer ou de chevalier, ne prennent plus que celle de bourgeois. »
C'est, ajoute le vicomte Oscar de Poli, « parce qu'ils agissaient en vertu de
« leur privilège de bourgeoisie qui non seulement n'était pas incompatible
« avec leur privilège de noblesse, mais leur conférait des droits particu-
« liers. »

Les d'Amiens de la branche de Moncheaux, admis dans la bourgeoisie
négligent aussi de rappeler par une qualification quelconque qu'ils sont de
vieil estoc.

« souffreteux et misérables lesquels sont descendus de sang et
« ligne de grands roys et empereurs. » Le vicomte Oscar de Poli,
dans son *Essai d'introduction à l'histoire généalogique*, a cité
des exemples navrants de la chute des grandes familles dans
tous les temps et tous les pays par suite du trop grand nombre
de rejetons, des vicissitudes politiques, des fléaux répétés de la
guerre et des charges militaires, que les plus pauvres étaient réduits à supporter. Si on dressait un état du paupérisme nobiliaire dans le passé avec le scrupule que l'on apporte de nos
jours dans l'étude du paupérisme des classes laborieuses, on
aurait un spectacle varié et dramatique de toutes les misères humaines. Il n'est donc pas étonnant de voir les d'Amerval, sortis
des comtes de Boulogne, et les de Bernard tomber et se perdre
dans la roture. Un Courtin de la Bourbonnière ayant dérogé,
pour ne pas mourir d'inanition, refusa de reprendre une noblesse qui traînait après elle une queue intolérable de souffran-
ces et de privations. Si l'on veut s'édifier à cet égard on n'a qu'à
ouvrir le livre de M. le vicomte de Poli, dont il a été question,
on y trouvera, au chap. xix, page 116 et suivantes, une collection
de particularités saisissantes. Plusieurs se rapportent à l'aristocratie Bourguignonne, Artésienne et Flamande. Or toutes trois
relevèrent longtemps de la même souveraineté et demeurèrent
liées par la communauté d'intérêts et de destinée. Dans ces contrées désolées par des guerres continuelles pendant 300 ans, les
puînés rebelles aux vœux monastiques, c'est-à-dire au célibat,
sollicitaient, pour eux, des prébendes séculières, des emplois de
judicature et de fiscalité, adoptaient les professions libérales

d'avocat, de notaire, de médecin et d'apothicaire[1], ou se livraient à des arts mécaniques plus honorés, que partout ail

1. On m'a souvent demandé si les carrières libérales d'avocat du roi, de
médecin, d'apothicaire, etc., étaient ou n'étaient point suspensives de noblesse. Un ancien magistrat du centre de la France m'a, l'an dernier, posé
une question analogue à propos d'un médecin ou d'un apothicaire qui figurait parmi ses ascendants directs. Puisque l'occasion d'élucider et de résoudre ce point litigieux, qui intéresse les grandes aussi bien que les petites familles, se présente, je la saisis au passage. Deux rameaux des
d'Amiens, comptant un ou deux avocats du roi, notre dissertation ne sera
point ici hors de propos.

Pour prévenir ou réparer l'effondrement de leur race ou l'indigence personnelle, il advenait que les rejetons même de maisons illustres, à défaut
d'offices élevés, briguaient les postes subalternes dans l'armée, les parlements, les cours des aides, la judicature, la fiscalité. C'est ainsi qu'ils
devenaient commissaires des guerres, varlets, gardes du scel, contrôleurs
et sergents royaux, vicomtes-receveurs, chevaucheurs. D'autres préféraient
les charges plus indépendantes et plus lucratives d'avocat du roi, de notaire,
de médecin, ou d'apothicaire. Ces professions loin de faire déchoir les titulaires avaient été de tout temps prisées par les nobles: Godefroy de Barville
était avocat du roi en la vicomté de Pontautou l'an 1414. On rencontre, en
1451, un Jean de Pisseleu, d'origine chevaleresque, avocat et servant sous
les ordres de Pierre de Brézé, grand sénéchal de Normandie. Nous reparle·
rons un peu plus loin de cette profession, c'est pour ce motif que nous
nous bornons ici à signaler un ou deux exemples.

Le tabellionnage était également très pratiqué par la noblesse déshéritée
et même par celle qui ne l'était point. « Cet art, dit Chorier. loin de déroger à la noblesse estoit mesme un exercice noble, » On voit par l'Édit
royal de 1532 que le notariat était particulièrement réservé aux gens de
bon estoc. En 1257 on trouve un Oudard de Joinville, clerc et notaire à la
Cour de Laon. Claude d'Urac, en Berry, est qualifié écuyer et notaire dans
ses pactes matrimoniaux du 23 juillet 1542 ; la fille de Bertrand de Rosset,
notaire syndic et archiviaire d'Aix en 1421 et 1432, épousa Isnard d'Agout
d'Ollières et reçut en dot la baronnie de Belleau. (Essai d'introduction à
l'histoire généalogique, par M. le vicomte Oscar de Poli, pages 130, 141 et
suiv.)

leurs, en Flandre, Artois et Picardie, centres d'industrie qui
approvisionnaient l'Europe. Parmi les successeurs de Pierre

De La Roque, dans son *Traité de la Noblesse*, chap. CLI, p. 457, range la
médecine parmi les arts qui laissaient aux nobles toutes les prérogatives ;
il en donne une raison tirée de la mythologie. « Si Esculape, qui a trouvé
« l'invention de la médecine, estoit fils d'Apollon et du sang des Dieux,
« c'est-à-dire des héros de l'antiquité, ne doit-on pas croire que les nobles
« qui exercent cet art ne dérogent point, et qu'ils jouissent des privilèges
« attribuez à leur naissance. Les médecins même qui n'ont pas l'avantage
« de la noblesse, ne sont point sujets au payement des subsides Delphi-
« naux, pourveu qu'ils soient docteurs. »

La médecine étant une profession anoblissante et les gentilshommes, ne
pouvant y perdre leurs qualités, s'y adonnèrent très volontiers jusqu'au
règne de Louis XIV. Ceux qui veulent bien s'éclairer sur ce point peuvent
consulter, outre de La Roque au chapitre précité, l'instructif *Essai d'introduction à l'histoire généalogique*, par le vicomte Oscar de Poli, p. 149 et suivantes jusqu'à la page 164 inclusivement. On y verra que les préjugés mo-
dernes contre certaines professions n'existaient ni au moyen âge, ni durant
la Renaissance, et que les médecins étaient en ce temps là les enfants gâtés
des rois, comme les appelle M. Oscar de Poli, qui corrobore son dire par
des exemples concluants. Nous allons lui en emprunter quelques-uns : Roger
de Fournival, médecin de Louis VIII et de Louis IX, fit donner à son fils
l'évêché d'Amiens. Pierre de la Brosse, chirurgien barbier de saint Louis,
devint le premier ministre de son fils. Ange Cato, médecin de Louis XI,
fut pourvu par son maître de l'archevêché de Vienne; Robert du Lion, qui
remplissait les mêmes fonctions auprès du même prince, obtint le contrôle
général de la recette de Bordeaux, tout en restant à la cour. Charles VIII
créa garde des sceaux son médecin Adam Fumée. Nous pourrions encore
invoquer beaucoup de noms de médecins illustres, Réné de Fallaque, célèbre
médecin du XVe siècle, et Jacques Turgis, qui trépassa le 17 mars 1483,
étaient, le premier écuyer, le second chevalier, ce qui ne les empêchait pas
d'exercer la médecine. Salomon de Bombelles, chevalier, conseiller et premier médecin de Louis XII, en 1509, et Jean du Buisson, écuyer, docteur en médecine, en 1525, descendaient tous les deux de Croisés.
Guillaume de Baillon, médecin du XVIe siècle, était également d'origine
chevaleresque. Honorat de Castellan, qui était de bon estoc, épousa, avant

d'Amiens et d'Adrien d'Amiens, son fils, qui eurent chacun dix-huit enfants, les aînés garderont leur ancien rang pendant que

1560, Antoinette de Lebel, dame d'honneur de la reine mère. M. Oscar de Poli a donc eu raison de dire qu'on ferait un gros livre avec la nomenclature des gentilshommes esculapes. Sa remarque finale mérite également d'être notée ici : « En pensant aux gentilshommes appauvris, déchus, qui « cherchèrent à se relever par la profession médicale, on soupçonne que « beaucoup de médecins avaient été d'abord les favoris de l'infortune. »

La profession d'apothicaire était aussi l'une des préférées de la noblesse : « Les apothicaires n'étaient pas, dit encore M. Oscar de Poli, ce qu'un vain « peuple pense ; inférieurs aux médecins par la hiérarchie, ils leur furent « quelquefois supérieurs par le savoir, et tel apothicaire fut un parfait éru-« dit entouré d'une grande et légitime considération... Je surprendrai « sans doute plus d'un de mes lecteurs en disant que la profession d'apo-« thicaire, considérée comme un art, ne dérogeait point à la noblssse, à « moins qu'il ne s'y joignit quelque trafic comme l'épicerie. » De La Roque s'était prononcé à peu près dans le même sens à la fin du XVIIe siècle, et il a cité à l'appui de son opinion l'apothicaire de Réné, roi de Sicile, duc d'Anjou et comte de Provence, qui prenait les qualités de noble et d'honorable dans un titre ancien, reconnu à Angers le 9 septembre 1471. Laissons encore la parole à M. Oscar de Poli : « Au XVIe siècle, comme « les grands bourgeois, les apothicaires étaient qualifiés *sires* et au XVIIe « *noble homme*... On voit au musée du Louvre le sceau de Guillaume de « la Blachère, apothicaire du XVIe siècle. La somme de considération dont « jouissaient les apothicaires, avant le temps de Molière, nous est indiquée « par un fait significatif, Jehan de Nant, apothicaire du roi en 1473, reçoit « une pension de quatre cents livres, considérable à l'époque. De lui des-« cendait peut-être Charles de Nant, maistre apothicaire de Six-Flours, qui « fit enregistrer, en 1599, ses armoiries : *D'or, au chevron de sable chargé de* « *trois aigles d'argent;* et il n'est pas hors de propos de noter qu'il y avait « une famille chevaleresque du même nom.

« Gervais Neveu, d'abord marchand droguiste apothicaire, fut ensuite gouverneur de Sablé, et résigna son gouvernement, en 1510, en faveur de son fils puîné ; l'aîné fut l'aïeul de Roland Neveu, dont la fille unique, Rénée, dame d'Auvers le Courtin, épousa Gabriel du Guesclin, conseiller au parlement de Bretagne.

quelques cadets, déshérités de la fortune, se trouveront dans une situation, qui convint toujours à la noblesse, mais qui était

« Antoine Courtin, apothicaire en 1628, fils d'apothicaire, fut prévôt des maréchaux de France en 1647. Tel apothicaire reçut des lettres de noblesse, sans discontinuer sa profession, preuve manifeste qu'elle n'était pas dérogeante. Le bisaïeul du maréchal de la Meilleraye, Nicolas Fauques, était apothicaire.

« On vient de voir un du Guesclin épouser l'arrière-petite-fille d'un apothicaire. Voici mieux encore : en 1728 « chastelaine de Chastillon » est veuve de Jehan l'apothicaire de Dijon. Il n'est pas douteux que maints nobles appauvris embrassèrent cette profession, tant que la satire moliéresque ne l'eut pas déconsidérée. Le 29 octobre 1390, Charles VI ordonne de payer à Estienne de Marle, nostre varlet de chambre et apothicaire, ung roolle qui a este veriffié et signé par nostre amé et féal physicien Regnaut Fréron. »

Essai d'introduction à l'histoire généalogique, par le vicomte Oscar de Poli, page 162.— L'auteur a puisé ces renseignements dans le *Trésor généalogique* de Dom Villevieille, t. XV, article Blondel, Cabinet des titres.—Dossier bleu 1201, Baillon, fol. 32 v°. — Pièces originales, t. 171, fol. 165, Baillon, etc.

On trouve au Cabinet des titres, dans le *Recueil des sépultures de Paris*, cote 515, *fol.* 143, l'épitaphe d'honorable homme Jacques Blondel, apothicaire du roi, décédé le 14 décembre 1621. Suivant M. le vicomte de Poli, il avait pour ascendant noble homme Jacques Blondel qui apparaît en 1516 dans un groupe de chevaliers Flamands et qui avait pour devise : *Crescit in adversis virtus;* or, cette inscription latine, gravée au bas de son écusson le rattachait au féal troubadour et écuyer de Richard Cœur de Lion. Le maréchal de Meilleraye avait pour bisaïeul Nicolas Fauques, apothicaire. M. Oscar de Poli a cité encore, d'après les Titres Originaux du Cabinet des titres, à la Bibliothèque Nationale, tome 171, fol. 165, article Baillon, Claude Baillon, apothicaire, bourgeois et consul de Paris qui était le troisième des enfants de Michel de Baillon, écuyer, lequel avait pour grand-père Guy de Baillon, guidon de la compagnie d'hommes d'armes de la Hire qui rivalisa de bravoure avec Jeanne d'Arc et Dunois pour la délivrance du royaume. Claude de Baillon comptait encore parmi ses ancêtres le mareschal de Baillon et Pierre de Baillon, chevalier qui succomba à la bataille de Poitiers en 1356 et fut inhumé aux Jacobins de la ville. M. Oscar de

inférieure à celle de leurs ancêtres. Il en était ainsi dans la plupart des grandes races, dit Toustaing de Richebourg que nous
aurons occasion de citer plus loin.

XII

PIERRE D'AMIENS dit Bachimont, seigneur de Bralincourt,
Fontaines et Aboval, fut un des plus fidèles champions des ducs
de Bourgogne qui, à cette époque, étaient suzerains de l'Artois.
C'est sous la bannière de Philippe-le-Bon et de la Ligue du Bien
public qu'il prit part à la bataille indécise de Montlhéry[1], le 16 juillet 1465. Pierre d'Amiens, dit un vieux Mémoire, « a servi jus-
« que dans sa plus grande vieillesse et avait sa maison à Hesdin
« près le château qu'on appelait la maison de Monsieur de Ba-
« chimont et il alla de vie à trépas en ladite maison dudit Hes-
« din[2]. » Il tenait, en 1474, de Messire Jean de Melun, chevalier,
seigneur de Caumont, deux fiefs sis, l'un à Fontaines, l'autre

Poli fait à ce propos cette judicieuse et spirituelle remarque : « Commencer
par le bâton de maréchal, et finir par le pilon d'apothicaire ! Quelle ins-
tructive addition à faire au triste et curieux chapitre de M. le marquis de
Belleval intitulé : *Comment on commence et comment on finit !* »

M. le comte A. de La Porte dans son *Histoire généalogique*, p. 354, tire
des faits qui précèdent la conclusion suivante :

« Cela ne prouve rien contre la naissance, nous voyons trop souvent,
hélas ! les descendants des plus grandes races réduits à de modestes professions et j'en pourrais citer un grand nombre, si je n'étais retenu par un
sentiment de discrétion que le lecteur comprendra. »

1. Généalogie de ceulx qui portent le nom et les armes d'Amyens. Mst.
du xvi° siècle. Arch. du château de Ranchicourt.

2. *Idem.* (Voir PREUVES LIII et LIV.)

à Aboval, bailliage de Hesdin[1]. Sa femme JEANNE DE HOT-
TEUX, fille de Jacques, seigneur des Essarts[2], à laquelle il s'était
allié le 18 décembre 1455, lui aurait, selon de La Morlière, donné
dix-huit enfants ; or son fils Adrien, ayant eu une progéniture
aussi nombreuse, il est probable que le vieux généalogiste
picard aura attribué à une génération une postérité qui appartenait à l'autre. Quoi qu'il en soit Pierre d'Amiens eut beaucoup
de rejetons parmi lesquels nous citerons ceux dont nous avons
trouvé trace authentique :

— 1° ADRIEN OU ANDRIEU d'Amiens, qui va revenir au prochain degré.

— 2° NICOLAS D'AMIENS, dit *Esglet*[3], seigneur d'Aboval en
partie, surnommé Bachimont, eut dans son lot la terre d'Aboval,
conjointement avec son frère Philippot d'Amiens. Nicolas fut marié à MARGUERITE D'HALLENCOURT[4], fille de Jean, sieur d'Hal-

1. *Recherches généalogiques sur les comtés de Ponthieu*, etc., par de La
Gorgue-Rosny, t. I, p. 31-32.

2. Le vieux Mémoire l'appelle Jeanne de Hestrus. Hestrus était un fief
de la comté de Saint-Pol.

Enguerrand de Hestrus fut un des fidèles serviteurs d'Eudes, duc de
Bourgogne, et se conduisit avec bravoure à ses côtés à la bataille de Saint-
Omer, fin juillet 1340. (*Noblesse et chevalerie du comté de Flandre, d'Artois
et de Picardie*, par Roger. p. 86.)

3. Voir PREUVE LIV.

4. Généalogie de ceulx qui portent le nom et les armes d'Amyens. Mst.
du XVIe siècle. Arch. du château de Ranchicourt.

Marguerite d'Hallencourt, sœur de Robert et de Christophe d'Hallencourt
seigneurs de Wariez et de Gagny, appartenait à la race des d'Hallencourt,
vicomtes du Hamel, comtes et plus tard marquis de Dromesnil qui comptent,
dans leur lignage, plusieurs illustrations.

HALLENCOURT, Louis-François d'Hallencourt, seigneur de Dromesnil,

lencourt[1], qui lui donna entr'autres hoirs : I. *François d'Amiens*, mort dans le célibat. — II. *Loïs* ou *Louis d'Amiens*, écuyer, sieur de Bachimont et d'Aboval, archer sous M. de Humbercourt en 1515 [2], qui s'allia à *Marie de Hornes*, fille de Monsieur

vicomte et châtelain du Hamel, et *François d'Hallencourt*, son frère, seigneur de Boulainvilliers, établirent officiellement leur noblesse d'extraction à partir du 23 avril 1483, époque où *Jean d'Hallencourt*, écuyer, seigneur de Dromesnil, contracta union avec *Marguerite de Humières ;* du Belloy dans ses *Mémoires*, le signale comme un des braves qui contribuèrent le plus à mettre en déroute la cavalerie de Prosper Colonna, capitaine romain, qui venait prêter renfort aux Suisses. Ce succès fut comme le prélude de la victoire de Marignan, remportée par François Ier le 13 septembre 1515. Il était fils d'autre *Jean d'Hallencourt,* seigneur de Dromesnil, et d'*Isabelle de Bouvillier*, à laquelle il s'était marié en 1451. Ce dernier Jean lui-même avait pour père un troisième *Jean d'Hallencourt*, qualifié chevalier et sire d'Hallencourt dans les titres de Saint-Germer en l'année 1293. *Robert, Christophe* et *François d'Hallencourt*, sont qualifiés seigneurs de Wariez, de Gagny, de Mireaucourt, dans les rôles de l'arrièreban d'Amiens, en 1557 et dans ceux de Péronne en 1568. *Charles-François-Gabriel* d'Hallencourt, marquis de Dromesnil était au xviiie siècle, maréchal de camp des armées du roi. ARMES DES D'HALLENCOURT : *D'argent, à la bande de sable, cotoyée de deux cottices de même.* (*Nobiliaire de Picardie*, de Haudicquier de Blancourt, p. 250. — *Noblesse et chevalerie du comté de Flandre, d'Artois et de Picardie*, par Roger, p. 254.) Charles-François-Gabriel d'Hallencourt, marquis de Dromesnil, maréchal de camp, le 1er janvier 1748, laissa de sa seconde femme Jeanne-Edmée de Boullongne deux filles : l'aînée épousa le marquis de Noailles et la cadette le marquis de Belzunce.

1. DE LA MORLIÈRE : *Recueil de plusieurs nobles et illustres Maisons du diocèse d'Amiens.* Amiens, 1630, in-4, p. 31-38. — Généalogie de ceulx qui portent le nom et les armes d'Amyens. Mst. du xvie siècle. Arch. du château de Ranchicourt.

2. *Recherches généalogiques sur les comtés de Ponthieu, de Boulogne, de Guines et pays circonvoisins*, par G. de La Gorgue-Rosny, t. Ier, p. 32.

Cuinghen, près de Courtrai en Flandre[1], et fut père de *Claude
d'Amiens,* tué dans les guerres du temps sans avoir contracté mariage et de *Marie d'Amiens,* femme de *Monsieur de
Morny,* issu de l'antique maison des Ursins. De La Morlière a
confondu ce Claude d'Amiens avec Collart d'Amiens, seigneur
de Regnauville, qui ne laissa point de lignée mâle de sa femme
Marguerite de Monchy[2]. Non content d'avoir identifié Claude
d'Amiens, fils de Loïs, de la branche de Bachimont, avec Collart d'Amiens, du rameau de Regnauville, de La Morlière conclut de sa méprise que la descendance aînée des sires de Bachimont s'éteignit dans la personne de Collart, qui n'avait avec eux
qu'une parenté distante de plusieurs siècles et qui vivait près de
cent ans avant le Claude d'Amiens de Bachimont[3], né de Loïs.

1. Généalogie de ceulx qui portent les nom et les armes d'Amyens.

2. Drogon de Monchy était à la première croisade en 1096 (*Noblesse et chevalerie du comté de Flandre, d'Artois et de Picardie,* par Roger, p. 86.)

3. Claude d'Amiens de Bachimont légua la terre de Bachimont aux de
Cuinghen, qui la possédaient encore en 1630. A cette date en effet Louis XIII
accorda des lettres de chevalerie, le 1er août 1630 à Guillaume Cuinghen,
seigneur de Gémicourt et de Bachimont, qui avait perdu ses titres dans les
guerres, les pillages et les incendies dont l'Artois avait été presque constamment le théâtre depuis Louis XI. (*Noblesse et chevalerie du comté d'Artois, de Flandre, etc.,* par Roger, p. 370.) — Voir PREUVE LIV.

FRANÇOIS-JOSEPH (DE) CUINGHIEN, écuyer, seigneur de Saint-Laurent,
ancien prévost de Valenciennes, et MARIE-JOSEPH DE MAULDE, sa femme :
*D'argent, à quatre chevrons de gueules ; écartelé, d'argent, à un chef de gueules
accolé : d'or, à une bande de sable frettée d'argent* (et un croissant de sable
pour brisure au canton senestre du chef.) — BOREL D'HAUTERIVE : *Armorial
de Flandre, de Hainaut et de Cambrésis,* p. 6, n° 48 bis.)

Philippe de Cuinghien, écuyer, seigneur de Siracourt qui résidait à Lille :
D'argent, à quatre chevrons de gueules. (Ut supra, p. 54, n° 270.)

Cette erreur de La Morlière a été répétée par des pseudo-généalogistes contemporains qui dans leur filiation tout à fait fabuleuse donnent à Bernard d'Amiens, seigneur de Regnauville, privé de progéniture et vivant en 1195, un fils nommé Jean d'Amiens, seigneur de Regnauville, qui existait en 1400. Les petits Mathusalem, les anachronismes les plus variés et les plus impossibles, les citations imaginaires surabondent dans cette notice singulière de quatorze pages in-4°, à laquelle on ne saurait faire l'honneur d'une plus longue critique. — III. *Jeanne d'Amiens, dite de Bachimont*, qui se cloîtra au monastère de Sainte-Claire d'Amiens. — IV. *N. d'Amiens*, qui s'allia à *N...*, *écuyer*, seigneur de *Saint-Germain*.

— 3° JACQUES D'AMIENS, docteur en théologie, fut d'abord abbé de Dommartin, l'an 1518, et plus tard général de l'ordre de Prémontré. Son grand savoir l'avait mis en crédit auprès de Sa Sainteté qui, par considération pour lui, permit aux docteurs de sa compagnie de porter le bonnet violet [1].

— 4° PIERRE D'AMIENS, surnommé le Bon, fut pourvu, l'an 1512, du siège abbatial de Cercamps, en la comté de Saint-Pol, et sacré à Paris [2]. Il avait approuvé, en 1506, comme prieur, la nomination d'Isabelle Nouguier, élue abbesse de Villencourt [3].

— 5° PHILIPPE OU PHILIPPOT D'AMIENS surnommé *de Bachi-*

1. *Recueil de plusieurs nobles et illustres Maisons en le diocèse d'Amiens*, par A. de La Morlière, in-4, p. 31-38.

2. *Idem.* — La généalogie de ceux qui portent le nom et les armes d'Amiens. Cahier manuscrit du XVIᵉ siècle. Archives du château de Ranchicourt. — *Gallia Christiana*, t. X, col. 1339.

3. *Idem.* — Voir PREUVE LV.

mont, seigneur d'Esquints, auquel son frère Adrien d'Amiens accorda, pour légitime, une portion de la terre d'Aboval. Il fut conjoint à MARGUERITE DE HEUCHIN, veuve du sieur de Hembond. Les d'Amiens, seigneurs de Sironville et de Moncheaux s'allièrent aussi aux de Heuchin.

— 6° JEAN D'AMIENS, homme d'armes sous M. de Saint-Rémy en 1516[1]. De La Morlière a confondu ce personnage avec son frère Nicolas d'Amiens, dit Esglet, et lui a donné la même femme.

— 7° JEANNE DE BACHIMONT, mariée en premières noces avec JACQUES DE FLAHAUT[2], écuyer, seigneur d'Obin en partie, et en secondes avec PIERRE DE HAUTECLOCQUE[3], seigneur d'Ellen-

1. *Recherches généalogiques sur les comtés de Ponthieu*, etc., par de La Gorgue-Rosny, t. I, p. 32. — Voir PREUVE LV.

2. *César de Flahault*, seigneur de la Fresnoy, son frère *Antoine* et *César* fils de ce dernier, tous deux sieurs de la Billardérie, résidaient à Cresmarets en Boulonnois. Un autre rameau de cette famille représenté par *Jacques* et *Jean de Flahault*, seigneurs de La Motte, coexistait à Saintricat dans la gouvernance de Calais. *Philippe de Flahault*, sieur de Cardonneaux, lieutenant de cavalerie demeurait à Guise. Tous ces personnages prouvèrent leur noblesse à partir de *Guillot de Flahault*, écuyer, qui vivait le 1er février 1524. *Richard de Flahault*, archer des ordonnances du roi sous messire Anne de Montmorency, maréchal de France, comparait à la montre faite à Précy en Brie, le 5 juin 1531. Les Flahault portaient: *D'argent, à trois merlettes de sable.* (*Nobiliaire de Picardie*, de Haudicquier de Blancourt, p. 198.)

3. *Guy de Hauteclocque* fut un des chevaliers d'Artois qui firent voile avec saint Louis pour l'Egypte en 1248. Nous empruntons à M. Roger, la notice suivante sur les Hauteclocque, pour qu'on puisse apprécier l'illustration de cette race chevaleresque.

« HAUTECLOCQUE. — Maison d'origine chevaleresque, en possession dès le
« XIIe siècle de la terre seigneuriale de Hauteclocque (*Alta-Cloca*) au comté

court; celui-ci est signalé en cette dernière qualité dans une évaluation des terres du comté de Saint-Pol, dressée en 1537 par ordre de François Ier. On y lit : « Un fief à Ellencourt qui fut à « Jean et Pierre de Hauteclocque. » Jeanne d'Amiens fut mère de *Hugnes de Hauteclocque,* écuyer, qui prit union avec *Marie de Miramont*[1]. On verra plus loin Charles-François de Haute-

« de Saint-Pol. Les chartes de l'abbaye de Saint-Jean d'Amiens et celles de
« Cercamps font mention, en 1174, de *Wilbert* ou *Guilbert de Hauteclocque.*
« Le nom et les armes de cette maison sont au musée de Versailles ; *Wau-*
« *thier, Pierron* et *Gui de Hauteclocque* étaient du nombre des chevaliers qui
« prirent part aux Croisades. *Tassart de Hauteclocque* servait sous le sire de
« Licques, lorsque le fort château d'Oisy fut assiégé en 1254 ; on trouve
« encore *Jacques de Hauteclocque,* combattant avec deux écuyers dans la
« journée de Saint-Omer ; *Walles de Hauteclocque,* capitaine de la forteresse
« de Fouquesolles sous Jean de Bournonville selon montre de l'an 1383
« (P. ANSELME, *Titres de la Biblioth. Nat.*) ; *Colart* et *Baudoin de Haute-*
« *clocque,* qui furent du nombre des gentilhommes aux états d'Artois ; *Jean de*
« *Hauteclocque* tué à la prise de Saint-Denis en 1430 ; *Wallerand de Hauteclocque*
« capitaine de Bapaume en 1550 ; *Robert de Hauteclocque,* seigneur de Qua-
« trevaux, député des états d'Artois, appelé à signer l'acte de réconciliation
« de l'Artois en 1579 ; *Wallerand de Hauteclocque,* légat *a latere* au
« XVIe siècle. En 1596 la terre de Hauteclocque sortit de cette famille elle
« est venue par alliance à celle de Bertoult qui la possède encore. La mai-
« son de Hauteclocque, dont le nom a toujours été admis dans les chapitres
« nobles des Pays-Bas, a fourni deux abbesses d'Estrun au XVIe siècle et
« compte encore de nombreux représentants. Alliances avec les familles
« d'Ailly, de Sains, Bergues-Saint-Winock, Bryas, Cayeu, Créquy, Hu-
« mières, Monet de la Marck, Renty, Ricametz, Morgan, Castries. ARMES :
« *D'argent, à la croix de gueules chargée de cinq coquilles d'or* » — (*Noblesse*
« *de Flandre, d'Artois et de Picardie,* par Roger, p. 297.)
   Le chef actuel du nom et armes est le comte Gustave de Hauteclocque.
   1. *Miroir des notabilités nobiliaires de Belgique, des Pays-Bas et du Nord de la France,* par M. F.-Victor Goethal, t. II, p. 434. — Voir PREUVE LV.

clocque, seigneur de Vial, arrière petit-fils de Pierre de Hauteclocque, époux de Jeanne de Bachimont, contracter alliance
avec Marie-Yolande Le Caron qui avait pour aïeule Marie-
Yolande d'Amiens de Waringhen. Les Hauteclocque se sont
par conséquent trois ou quatre fois apparenté aux d'Amiens.

On trouve à la même époque sur le Registre aux bourgeois
d'Arras un LOIZET MACHEFFER D'AMIENS, qui résigna, le 5 mai
1484, l'office du min dont il avait été investi par M. de Comiécourt, sénéchal et gouverneur d'Arras, et un GILLES D'AMIENS
père de *Marie d'Amiens* veuve d'*Enguerran du Viesier* qui
récréanta sa bourgeoisie le 12 mars 1490 [1].

— 8° MARIE D'AMIENS, dite de Bachimont, qui contracta
union avec N. DE CAYEU [2] qu'elle rendit père de *Jeanne de
Cayeu*, femme de *Jean le Josne*, seigneur d'Ambricourt et filleul de M. de Cercamps. Marie de Bachimont convola en secondes noces avec PIERRE DE CAVEREL, écuyer, seigneur de Quatrevaulx, qui était mayeur de la ville de Hesdin en 1521. De

---

1. Registre aux bourgeois de la ville d'Arras, de 1464 à 1524, fol. 89 v°
et 128 v°.

2. Les de Cayeu possédaient la terre de leur nom, en Ponthieu, dès les
premiers temps de la féodalité. Les historiens des Croisades les mentionnent fréquemment. L'un d'eux, Anselme, commandait une bataille avec
Pierre d'Amiens sous le comte de Saint-Pol à la conquête de l'empire de
Constantinople. Sur la liste des chevaliers qui périrent à la désastreuse
journée d'Azincourt, en 1415, figurent les deux frères Le Bègue et Payen de
Cayeu. Philippe le Bon, duc de Bourgogne, avait pour conseiller intime, en
1426, Hugues de Cayeu, évêque d'Arras. Les Cayeu se sont alliés aux de
Bailleul, Béthune, Estourmel, Gonnelieu, Hauteclocque, Monchy, etc.
ARMES : *Parti de gueules et d'argent à la croix ancrée de gueules, de l'un en
l'autre.* — Voir PREUVE LV.

cette union dérivèrent. — I. *Messire Jean de Caverel*, chevalier, homme d'armes dans la garde personnelle de Charles-Quint
et de Philippe II. C'est, en cette qualité, qu'il assista au couronnement de l'Empereur en Italie. Il servit également sous les
ordres de Mgr le comte de Reuly, gouverneur des Flandres et
d'Artois. — II. *Antoine de Caverel*, chanoine de Noyon. — III.
Adrien de Caverel, religieux au monastère de Braine, en Soisson-
nais, qui eut pour parrain haut et puissant seigneur Messire
Adrien de Croy, comte de Rœulx. — IV. *Lambert de Caverel*,
chanoine de Saint-Omer, doyen de Saint-Quentin (Vermandois)
en l'an 1557. — V. *Pierre de Caverel*, archer des ordonnances de l'empereur Charles–Quint sous le commandement du
comte du Rœulx. — VI. *Marie de Caverel*, mariée à *Jean le
Noir*, seigneur du Rossignol, à proximité de Créquy [1].

XIII

ADRIEN OU ANDRIEU D'AMIENS, seigneur de Bachimont,
de Fontaines, de Bralincourt, descendu des chatelains d'Amiens,
dit La Gorgue Rosny [2], s'allia en 1490 à JEANNE DU BOIS DE
FIENNES, fille de Gilbert, seigneur de Vert-Bois, près de Montreuil [3]. Adrien d'Amiens, gentilhomme de la chambre de Pierre

1. La généalogie de ceulx qui portent le nom et les armes d'Amyens. Cahier manuscrit du XVIᵉ siècle. Archives du château de Ranchicourt.
2. *Recherches généalogiques sur les comtés de Ponthieu*, etc., par de La
Gorgue-Rosny, t. I, p. 31-32. — Anciens comptes du bailliage d'Hesdin.
3. *Recueil de plusieurs nobles et illustres Maisons du diocèse d'Amiens*, par
A. de La Morlière. Amiens, 1630, in-4, p. 41-38. — Voir PREUVE LVI.

de Bourbon, sire de Beaujeu, régent de France pendant la minorité de Charles VIII, avait d'abord rempli les fonctions de commissaire ducal et de trésorier des guerres pour le duc de Bourgogne. Il paya en cette qualité la solde arriérée de la compagnie conduite par Georges de Montaffia, capitaine et chatelain de la ville d'Arras, qui délivra quittance à Adrien d'Amiens, le 26 mars 1480, de 792 livres à raison de 264 livres par mois [1]. On voit, dans un arrangement rédigé par les tabellions de Hesdin que Philippot d'Amiens obtint de son frère Adrien, pour son droit de quint, la terre d'Aboval [2]. Adrien d'Amiens eut de Jeanne du Bois de Fiennes douze fils et six filles [3] dont les ci-après :

— 1° GILBERT D'AMIENS, seigneur de Bachimont, de Bralincourt, contracta union avec MARGUERITE DE FRAMECOURT, fille ainée d'Antoine de Framecourt, seigneur du lieu de son nom et de Ver-les-Amiens, qui fut stérile ;

— 2° MICHEL D'AMIENS, dit *Bachimont*, seigneur de Bralincourt et de Fontaines, marié à MARIE DE LA MAIRIE, fille du seigneur de la Boissière et de Lomers et continuateur de la filiation ;

1. Ordre expédié par Philippe de Hédouville, seigneur de Sandricourt, lieutenant général dans la patrie d'Ast. à Andrieu d'Amiens, conseiller ducal ; ce titre, sur parchemin est suivi de la quittance de Georges de Montaffia, capitaine du château d'Ast. Arch. du château de Ranchicourt.

2. Généalogie de ceulx qui portent le nom et les armes d'Amyens, *ut supra*.

3. De La Morlière attribue, ainsi que nous l'avons déjà noté, autant d'enfants à Pierre d'Amiens, époux de Jeanne de Hestrus ou de Hotteux qu'à son fils Adrien.

— 3° CLAUDE D'AMIENS, chanoine de l'église collégiale de Saint-Fremin à Montreuil ;

— 4° PIERRE D'AMIENS, dit *Pierre de Bachimont*, embrassa l'état monastique et entra dans l'ordre de Prémonté[1] ;

— 5° ROBERT, carme ;

— 6° CHRISTOPHE D'AMIENS, destiné à l'état ecclésiastique, dans lequel il ne persista point, fut le fondateur de la branche des seigneurs de Waringhen, de la Ferté et de Ranchicourt qui sera rapportée plus bas ;

— 7° JEANNE D'AMIENS, mariée à CHARLES DE RICHARME, écuyer, seigneur de Brienson ; leur fille *Françoise de Richarme* se cloîtra à l'abbaye d'Antin, ordre de Cîteaux[2].

— 8° N. D'AMIENS, de Bachimont, mariée à un gentilhomme de Cambrai, N. DE BERGHES, sieur de Vinoc, auquel elle donna un fils, *Jean de Berghes*, ou *Bergues*, sieur de Vinoc, conjoint à Adrianne de Jauche, issue de Gabriel de Mastaing et de Catherine de Lannoy. C'est dans les termes ci-après que Jean le Carpentier parle de l'alliance d'Adrien d'Amiens avec Jeanne du Bois et de leur fille avec N. de Berghes, sieur de Vinoc. « Du « Bois dit de Fiennes, en Artois, porte : *D'argent, au lion de sa-* « *ble armé et lempassé de gueules* d'où estoit JEANNE DU BOIS, « alliée vers 1490 avec ADRIEN D'AMIENS, sieur de Bachimont, de

1. A. DE LA MORLIÈRE : *Recueil de plusieurs nobles et illustres Maisons*, etc., *ut suprà*. — La généalogie de ceulx qui portent le nom et armes d'Amyens, etc., ut suprà. — *Recherches généalogiques sur les comtés de Ponthieu*, etc., par de La Gorgue-Rosny, t. I, p. 31-32.

2. Généalogie de ceulx qui portent le nom et les armes d'Amyens. Mst. du XVIᵉ siècle. Arch. du château de Ranchicourt.

« Fontaines, de Bralincourt, fils aîné de Pierre et de Jeanne
« de Hoteux, descendu de ce brave Guy chastelain d'Amiens,
« fondateur du prieuré de Saint-Firmin-au-Val, en 1133. Une
« fille de cette maison s'allia au sieur de Berghes, sieur de Vi-
« noc, qu'elle fit père de *Jean de Berghes*, sieur de Vinoc, alliée
« à *Adrianne de Jauche*, fille de Gabriel de Mastaing et de Cathe-
« rine de Lannoy [1]. » On trouve vers le milieu du xvi⁰ siècle
une Adriane d'Amiens (qui pourrait bien être la même que
N. d'Amiens, femme de N. de Berghes), remariée à un Christophe d'Hallencourt.

— 9⁰ Bonne de Bachimont, qui se voua au service de Dieu
dans le couvent de Sainte-Claire de Hesdin.

— 10⁰ Marie de Bachimont, religieuse à Sainte-Claire
d'Amiens [2].

La fortune territoriale des d'Amiens, déjà très amoindrie par
les guerres, n'était plus suffisante pour doter les nombreux enfants d'Adrien d'Amiens qui, on vient de le voir, en eut autant
que son père, c'est-à-dire, dix-huit. Quelques-uns d'entr'eux
recueillirent les biens patrimoniaux ou contractèrent de belles
alliances, mais ceux des puînés qui répugnèrent au sacerdoce
ou au métier militaire, se trouvèrent absolument déshérités et
contraints de se réfugier dans les carrières libérales qui ne pré-
judiciaient en rien à la noblesse d'extraction et qui furent en

---

1. *Estat de la noblesse de Cambrai et de Cambrésis*, par Jean le Carpentier,
t. I, p. 270.

2. Généalogie de ceulx qui portent le nom et les armes d'Amyens. Mst.
du xvi⁰ siècle. Arch. du château de Ranchicourt.

tout temps plus profitables que celle des armes. La surabon-
dance de progéniture avait aggravé l'appauvrissement des maisons seigneuriales. M. le vicomte Oscar de Poli a étudié ce mode
de ruine d'une façon toute spéciale, dans son *Essai d'introduction à l'histoire généalogique,* pages 116 et 117 et suivantes :

« Cet appauvrissement procédait, en partie, du grand nombre d'enfants, qu'il fallait élever, équiper, apaner ou doter à
chaque génération ; le patrimoine féodal s'en allait en miettes.
Le précepte évangélique, *Crescite et multiplicamini,* n'étant pas
encore lettre morte, telle famille comptait dix, quinze, vingt
enfants. Urbain IV, en 1263, autorisa les religieuses de
N.-D. de Soissons à recevoir, bien que leur nombre fut au
complet, Alix de Bernot, jeune fille lettrée, fille d'un chevalier
« appauvri par la multitude de ses enfants [1] ». En 1392, Charles VI octroie des lettres de rémission à « Guchedin Chabot,
« chevalier, chargié de femme, de six filz et de trois filles,
« poure et misérable personne [2] ». Claude de Saint-Georges eut
vingt enfants de Marie, sa femme, fille de Claude de Crémeaux
d'Entragues et d'Isabeau d'Urfé. Gervais Auvé eut au moins
quatorze fils de Guillemette de Vendôme. Un gentilhomme dauphinois, M. de Vallier, avait sept fils et sept filles vivants, lors-

---

1. *Coll. de Picardie,* t. CXI, fol. 85. « Cum dilecta in Christo filia Aeli-
dis, puella litterata, nata Americi de Bernoc, militis, qui gravatus est multitudine filiorum... »

2. *Arch. Nat., Trésor des Chartes, JJ.* 142, n° 90. — Guehedin Chabot, de
l'illustre maison de ce nom, était un des plus preux chevaliers de son
temps ; il avait été plusieurs fois guerroyer contre les Sarrazins, ce que re-
latent avec d'autres vaillantises les lettres royales de rémission. — Voyez
la revue *la Terre Sainte,* n° 230, 1er février 1885.

que la pauvreté le força à recourir à un expédient dont je parlerai dans un instant. Mais la multiplicité des rejetons n'était pas l'agent le plus actif de la ruine des nobles ; parmi tant d'enfants, d'ailleurs, il se pouvait qu'un d'eux fit à la guerre ou à la cour une merveilleuse fortune, et qu'ensuite il aidât tous les siens à monter. Le salut par cette voie était problématique ; la ruine, par l'exercice même de la noblesse, était à peu près certaine ; car, pour une famille qui voyait grandir sa chevance, il y en avait mille qui sombraient fatalement sous les charges du service militaire. Ces charges étaient si lourdes que, le produit des terres, ne se trouvant plus en équilibre avec les obligations qu'en comportait la possession, beaucoup de nobles, notamment en Champagne, préférèrent remettre leurs fiefs aux mains de leurs suzerains, et se dégager ainsi des devoirs qu'il ne leur était plus possible de remplir. « Si les avantages de la « noblesse, écrivait vers 1695 le comte de Boulainvilliers, « étaient bornez, par l'idée corrompue que l'on s'en forme aujourd'huy, à la seule jouyssance des privilèges dont elle est « en possession, le titre de noblesse ne serait pas un objet bien « désirable ; on le pourrait au contraire regarder comme un « obstacle aux biens de fortune [1]. »

M. Oscar de Poli cite, en outre, une infinité de cas et entr'autres ceux de la maison de Braque qui passa par toutes les fluctuations de grandeur et d'abaissement. Arnault de Braque, dont

---

1. *Essai d'introduction à l'histoire généalogique,* par le vicomte Oscar de Poli. In-12. Paris, 1887, p. 118.

la famille datait authentiquement de 1009 et qui vivait en 1211, avait épousé Erimberge de Beaumont et avait été compagnon d'armes de Mathieu, sire de Montmorency, à la croisade en 1189. Un siècle après on rencontre ses arrières petits-fils d'abord bourgeois de Saint-Omer et ensuite de Paris. Un de ceux-là autre Arnault de Braque, né d'Amaury de Braque et de Jeanne de Montmorency, ayant dérogé, dut se faire réanoblir en 1359 par Philippe VI. Il avait des frères bourgeois faisant la banque et le change à une époque où le commerce de l'argent était abandonné aux Juifs. Ses autres frères étaient maîtres des comptes des ducs de Normandie, et maîtres d'hôtel des souverains de France, écuyers des princes. Le fils aîné d'Arnault, relevé de sa déchéance et fait prisonnier à la bataille de Poitiers en 1358, fut chargé par le Roi de négocier la paix avec les Anglais. Une de ses petites-filles, héritière d'un lignage allié aux Courtenay, aux Montmorency, aux Châtillon, aux Coligny, aux Stuart-Aubigny, Jehanne Braque, épouse un marchand de Sens[1].

1. *Essai d'introduction à l'histoire généalogique*, p. 124 et 125.

Nous allons encore détacher une page du livre de M. le vicomte Oscar de Poli :

« La noblesse, dit excellemment M. G. d'Orset, dans un livre plein de charme et tristement instructif, — la noblesse payait chèrement les maigres privilèges dont elle jouissait. Ce monopole si vanté de certains grades subalternes dans l'armée et dans la marine, de certains bénéfices dans les chapitres nobles ou de commanderie dans l'Ordre de Malte, elle devait l'acheter au prix d'une pauvreté éternelle et irrémédiable, bon pour le pays. — Plus loin l'auteur nous fait assister à une de ces navrantes scènes de misère, si communes autrefois, en Auvergne, et un peu partout, dans les sphères de la noblesse militaire, et qui furent l'envers de sa gloire. — Mon

Chorier fait à propos des Bouillane et de Richaud, qui remontaient par preuve à 1475, cette remarque : « Ce sont de pauvres gentilshommes à qui la noblesse est un obstacle à toute meilleure fortune. » La prophétie se réalisa et en 1788, aux États-Généraux de Romans, comparurent, en personne quatorze Bouillane et vingt-sept Richaud, portant des habits rustiques et d'antiques rapières rouillées que leurs ancêtres n'avaient pu renouveler. Vigneul de Marville, en ses *Mélanges d'Histoire et de Littérature*, tome II, page 279, s'écrie en parlant des catastrophes qui ont frappé les plus grandes maisons de France : « elles se maintiennent quelquefois par la robe et s'en vont par l'épée. » Il aurait pu ajouter elles se refont aussi quelquefois par la robe. L'histoire des provinces et des races illustres est semée de ces écroulements et de ces restaurations.

En résumé, les races féodales comme les empires, après des périodes de grandeur, sont tombées en décadence et en ruine. C'est surtout dans l'Artois, la Picardie et les Flandres que les chutes de l'aristocratie furent fréquentes et terribles. Cette

père, dit le chevalier de Montgrion, était si pauvre quand il rentra dans son nid d'aigle avec sa croix de chevalier de Saint-Louis ! Tous les toits s'étaient écroulés, les rentes avaient été aliénées, il ne restait plus au château de Montgrion que ce qu'on nommait jadis le vol du chapon. Il se fit construire une chaumière à quelques pas des ruines de son manoir. Nous vécûmes du colombier, du gibier de la montagne, et du peu que nous pouvions ensemencer avec une paire de vaches laitières. — Ce tableau de décadence est pris sur le fait ; plus d'un preux d'antan s'y fut reconnu, et combien d'humbles paysans n'eussent pas voulu troquer leur position contre celle de ce cousin du roi » *(Essai d'introduction à l'histoire généalogique,* pages 120 et 121.)

région en effet fut pendant trois cents ans le champ de bataille
et le cimetière des armées du continent. Tout avait été anéanti
par le fer et le feu, les récoltes, l'industrie, les titres publics et
domestiques. On vit, aux xvii° et xviii° siècles, des fils de croisés
et de preux réduits, faute de preuves, à demander des anoblis-
sements. Les uns n'ayant aucun profit à échanger une position
prospère contre les privilèges onéreux, finirent par se désinté-
resser de la noblesse et se fusionnèrent fatalement avec la
bourgeoisie; les autres n'avaient pas, comme le dit, La Bruyère,
le moyen d'être noble ou de le devenir: certains enfin se relevaient en remplissant des emplois de second ordre dans les
cours des aides, l'administration du fisc, et dans les parlements,
ou se vouaient aux professions libérales spécifiées en ces termes
par M. le vicomte Oscar de Poli : « Les plus instruits, parmi les
« nobles appauvris, entraient dans les parlements, et quelques-
« uns, comme les Montholon et les Lamoignon, d'extraction che-
« valeresque, en s'élevant aux plus hautes dignités de justice,
« eurent l'allégresse de restituer à leur nom tout son antique
« éclat. D'autres, de moins haute visée, mettaient à profit leur
« instruction pour embrasser les professions libérales, généra-
« lement lucratives; ils se faisaient médecins, apothicaires [1],

---

1. Les candidats ne pouvaient conquérir leur grade que dans les univer-
sités et tous étaient par conséquent docteurs, licenciés, bacheliers, ou
maîtres ès-arts. Une fois reçus, ils étaient exempts des subsides, ils avaient
la faculté de porter la robe rouge ou la robe longue et le moyen de renouveler les chausses en lambeaux que n'avait point la petite noblesse dont
Callot nous a représenté les pittoresques haillons. Les généalogistes en général passent ces détails sous silence comme s'ils craignaient d'entacher la

« avocats[1], et, pour eux, ce n'était qu'à moitié déchoir,
« puisque l'exercice de ces professions n'entrainait pas la
« dérogeance[2]. »

« La vie, dit de La Roque, la vie est une révolution
continuelle où les uns montent de la pauvreté aux richesses,
et les autres descendent des richesses à la pauvreté, n'y ayant
rien qui soit stable au monde ; d'où il faut inférer que la
noblesse abattue se peut relever, et celle qui est élevée par la
bonne fortune peut aussy tomber dans la décadence[3]. »

Adrien d'Amiens, comme on l'a déjà dit, eut pour successeur
son deuxième fils qui suit :

XIV

MICHEL D'AMIENS, écuyer, seigneur de Fontaines, Estallon, de Bralincourt, surnommé Bachimont, était receveur d'Estrun, lorsqu'il se fit incorporer dans la bourgeoisie d'Arras, le 20
janvier 1513, pour jouir des privilèges locaux attachés à cette
qualité[4]. Il résidait à Hesdin en 1544, ainsi qu'il appert d'un

famille en montrant ses membres mêlés à la bourgeoisie et à l'activité locale. Je procède en sens inverse par respect pour la vérité et pour des professions honorées et plus recherchées dans le Nord que partout ailleurs.

1. Voir ci-dessus la note de la page 172 et suiv. dans laquelle cette question des professions libérales a été par nous approfondie.

2. *Essai d'introduction à l'histoire généalogique*, par M. le vicomte Oscar
de Poli. Paris, 1887, pages 141 et 142.

3. DE LA ROQUE : *Traité de la noblesse*, p. 351.

4. Registre aux bourgeois de la ville d'Arras de 1464 à 1524, paroisse de
Notre-Dame.

acte de cette même année dans lequel il est désigné comme
frère de feu Robert d'Amiens[1]. Il n'était plus au mois d'octobre
1557 époque où ses héritiers firent hommage de deux fiefs de
la vicomté d'Obin, mouvants de l'abbaye de Saint-Riquier et
rapportant 41 livres un sol tournois[2]. En 1567, Marie de la
Mairie, sa femme, est énoncée veuve et mère de Jeanne d'Amiens,
qui avait épousé le 16 avril 1566 Antoine d'Esquincourt,
écuyer[3]. Michel d'Amiens eut, entre autres enfants, de MARIE
DE LA MAIRIE (Voir PREUVE LVII) :

— 1° PIERRE-JEAN D'AMIENS, seigneur de Bachimont, marié
à LOUISE DE HAMES[4], veuve de Monseigneur d'Estourmel, cheva-
valier de l'ordre de Saint-Michel, en 1573[5].

— 2° JEAN D'AMIENS, cité parmi les gentilshommes de Picardie et d'Artois qui signèrent, le 13 février 1577, au château
d'Happlaincourt, l'engagement de soutenir la Sainte-Ligue.
Voici la forme du serment prêté en cette circonstance à la
grande affiliation catholique, par Jean d'Amiens, François de
Conti, Jean d'Hallencourt, etc., « Je jure le créateur, touchant

---

1. Comptes du bailliage de Hesdin. — *Recherches généalogiques sur les
comtés de Ponthieu*, par de La Gorgue, t. I, p. 31-32.

2. *Recueil de documents inédits concernant la Picardie*, publiés par V. de
Beauvillé, t. III, p. 431.

3. *Recherches généalogiques sur les comtes de Ponthieu*, etc., par de La
Gorgue-Rosny, t. I, p. 31-32.

4. Les de Hames étaient des cadets des comtes de Guines.

5. *Recueil de plusieurs nobles et illustres Maisons du diocèse d'Amiens*, par
A. de La Morlière. Amiens, 1630, in-4, p. 33-38. — Généalogie de ceulx
qui portent le nom et les armes d'Amyens. Mst. du XVIᵉ siècle. Archives
du château de Ranchicourt (Pas-de-Calais).

« le Saint Évangile et sous peine d'anathème, d'entrer en ceste
« association catholique, de la tenir et observer sous la forme
« et teneur de traité ci-dessus mentionné, justement, loyale-
« ment, simplement, pour vous y commander, obéir et ser-
« vir[1]. »

— 3° Michel d'Amiens indiqué comme père de *François* et
Jean d'Amiens dans le Registre aux bourgeois de la ville d'Arras,
allant de 1568 à 1650, fol. 185 et 189. François d'Amiens fut
admis dans la bourgeoisie de ladite ville le 29 octobre 1611 et
Jean, son frère, à la même époque, en 1612. Le premier le fut
à la recommandation de M. de Rigonald et le second sous le patronage du gouverneur d'Arras. Nous ignorons la destinée de
ces trois personnages qui ne paraissent pas avoir eu de postérité.

— 4° Marguerite d'Amiens, dite *Bachimont,* qui embrassa
la profession monastique avant 1555 et devint abbesse de Marquette, près de Lille en Flandre. C'est, à ce dernier titre, qu'elle
conclut un accord au sujet d'un chemin dépendant de la Motte
d'Espaing à Wambrechies, le 10 avril 1595. Ce document est
assorti d'un sceau ogival de 72 millimètres qui est celui de
Marguerite d'Amiens sur lequel elle est représentée dans une
niche de la Renaissance. Elle se présente debout, crossée en
biais, un voile sur le front, une guimpe sur l'épaule et tenant
un livre ouvert. Au-dessous se détache un écu à *Trois chevrons*

---

1. Mst. de D. Grenier. — *Noblesse et chevalerie du comté de Flandre,
d'Artois et de Picardie,* par Roger, p. 333.

de vair; l'image en relief est entourée de cette inscription :
S. DAME MARGUERITE DE BACHIMONT, ABBESSE DE MARQUETTE [1].

— 5° JEANNE D'AMIENS, dite *de Bachimont*, qui contracta
union le 16 avril 1566 avec ANTOINE D'ESQUINCOURT, écuyer,
demeurant à Brocourt, près de Lyomer [2].

— 6° ANTOINETTE D'AMIENS DE BACHIMONT, seigneuresse de
Bitry, de Saint-Pierre, d'Yseux et la Boissière, fille d'honneur
de la duchesse de Nemours, contracta une première union avec
un gentilhomme savoyard nommé JASCHET DE LUCINE, seigneur
d'Arenton, capitaine des gardes du duc de Nemours. La fête
nuptiale fut célébrée avec dispense le jour de Pâques 1571 dans
l'hôtel ducal. Après vingt-quatre jours de vie conjugale Jaschet
dut se séparer de sa femme pour aller à Lyon prendre le commandement de l'armée royale dont il venait d'être investi par le
crédit du duc de Nemours. Après avoir combattu et battu les
protestants, il regagnait son camp lorsqu'une troupe de vaincus,
embusqués dans un bois, déchargea sur lui ses arquebuses.
Il tomba mortellement frappé à la gorge, le lundi après la
Saint-Jean 1571 [3]. Antoinette d'Amiens se remaria à GÉRARD DE
BONMERCAT, maître d'hôtel du duc de Nemours, dont elle eut
Anne de Bonmercat, dame d'honneur d'Anne d'Este, duchesse

1. Même généalogie que ci-dessus. — Archives du Nord, Abbaye de Marquette. — *Inventaire des sceaux de la Flandre*, recueillis par G. Demay, t. II,
fol. 290, n° 7169. (Voir PREUVE LVII.)

2. *Recherches généalogiques sur les comtés de Ponthieu*, etc., par de La
Gorgue-Rosny, t. I, p. 31-32. (Voir PREUVE LVII.)

3. Généalogie de ceulx qui portent le nom et les armes d'Amyens. Arch.
du château de Ranchicourt. (Voir PREUVE LVII.)

de Nemours, qui épousa, par contrat passé à Paris, le 14 mai 1601, *Philippe de La Fontaine*, seigneur de Bitry, près de Soissons, capitaine de cent chevau-légers, gouverneur du prince de Genevois, fils aîné du duc de Nemours[1]. Philippe de La Fontaine, qui était né le 4 janvier 1572, expira le 7 février 1637. Anne de Bonmercat, sa veuve, partagea sa succession entre ses enfants le 1er avril suivant et se retira dans le couvent des Ursulines de Crespy où elle mena une vie édifiante et mourut en odeur de sainteté, le 28 mai 1642, à l'âge de 66 ans[2].

1. *Histoire des grands officiers de la Couronne*, par le P. Anselme, t. VIII, p. 834.

2. *Idem*.

BRANCHE

DES

SEIGNEURS DE WARINGHEN,

LA FERTÉ, EERLES OU BRELES, REBREUVE, LIBESSART, RANCHI-COURT, MAISNIL, ETC.

XIV

CHRISTOPHE D'AMIENS, seigneur de Waringhen [1], était un des derniers des dix-huit enfants issus du mariage d'Adrien d'Amiens, seigneur de Bachimont, de Fontaines, de Branlicourt, avec Jeanne du Bois. On se souvient que Pierre d'Amiens, auteur d'Adrien et grand'père de Christophe, avait eu également une douzaine et demie de rejetons; aussi la famille se trouvait-elle, par suite de cet accroissement de personnes, très diminuée dans sa fortune. Il avait fallu élever, équiper, constituer des dots aux garçons et aux filles, même quand ils entraient en religion. L'application consciencieuse de la maxime évangélique, *croissez et multipliez*, entraînait d'une façon fatale le

---

1. Voir page 186, pour le raccordement du rameau des seigneurs de Waringhen avec la branche des sires de Bachimont. WARINGHEN est aussi dans les actes très fréquemment écrit WARENGHEM.

2. Fief situé dans la paroisse de Saint-Hilaire-Cottes, près Béthune.

morcellement et la dispersion du patrimoine, comme le démontre M. Oscar de Poli, dans un chapitre que nous avons déjà
rapporté[1]. Christophe d'Amiens fut destiné par les siens, ainsi
que la plupart de ses frères, à la profession monastique, mais
une fois parvenu à la cléricature, il refusa d'entrer dans les
ordres et renonça à une carrière qui lui avait été imposée avant
l'heure du libre consentement. Les clercs minorés, simples étu-
diants, n'avaient aucune attache ecclésiastique ; la seule chose
qui les distinguait du commun parmi la jeunesse des couvents,
était la tonsure, signe dépourvu de caractère sacerdotal, que
l'on appliquait même à des enfants. Mathurin Régnier la reçut
en bas âge, ce qui ne l'empêcha point par la suite de faire des
satires qui n'étaient pas toutes inspirées par l'orthodoxie. Brouillé
avec sa famille, dont il avait contrarié les vœux et les espé-
rances, Christophe d'Amiens se retira à Cambrai, près d'une
de ses sœurs, Adriane d'Amiens qui avait épousé N. de Berghes
ou Bergues, sieur de Vinoc[2]. On trouve dans la première partie
du xvi° siècle, ainsi qu'il a été remarqué plus haut, un Christophe d'Hallencourt[3], marié à une Adriane d'Amiens, qui paraît
être la même que la femme de N. de Berghes, seigneur de Vinoc[4]. Nous ne pouvons dire si ce Christophe d'Hallencourt était

---

1. *Estat de la noblesse de Cambrai et de Cambrésis*, par Jean le Carpentier,
tome I, p. 270. — Voir ci-dessus page 187 et suivantes.

2. Voir ci-dessus page 187.

3. Il est donc présumable qu'Adrienne d'Amiens convola en secondes
noces avec Christophe d'Hallencourt. Voir notes des pages 177 et 178.

4. Registre aux bourgeois d'Arras, de 1524 à 1568. Archives communales
d'Arras.

issu des de Lannoy, seigneurs d'Hallencourt, ou de l'antique
maison d'Hallencourt; nous pouvons toutefois constater sa
grande ressemblance avec Christophe d'Hallencourt, beau-frère
de Nicolas d'Amiens, dit Esglet, oncle et probablement parrain
du Christophe d'Amiens qui nous occupe. Dans les familles de
dix-huit enfants, comme celle de ce dernier, on devait néces-
sairement, à cause de la multiplicité des baptêmes, recourir à
des parents indirects, les autres ne suffisant pas. Christophe
d'Amiens put, grâce à son instruction et à ses grades, exercer à
Cambrai, où il s'était réfugié, l'une des professions libérales
accessibles aux gentilshommes peu fortunés, dont nous avons
longuement parlé plus haut, page 172. Il résidait encore dans la
susdite ville lorsqu'il se fit agréger dans la bourgeoisie d'Arras [1]
avec son fils Adrien, le 10 janvier 1564, d'où il suit que son fils,
pour être éligible à cette date, devait être majeur ou près de
l'être. Il est donc rationnel de fixer l'alliance de Christophe
d'Amiens avec Anne du Flos vers 1540.

Nous avons démontré, juridiquement et historiquement, que
la bourgeoisie à toutes les époques, était non seulement compatible avec la noblesse mais encore qu'elle complétait ses privilèges par d'autres tout aussi essentiels. Les exemples des gentilshommes de haut lignage qui se firent incorporer dans des
confréries urbaines surabondent. Je pourrais en fournir une
longue série en puisant dans mes notes et œuvres, mais comme
il est bienséant de recourir, en fait de citations, plutôt à autrui

---

1. Registre aux bourgeois d'Arras de 1524 à 1568.

qu'à soi-même, je donne la préférence à M. Oscar de Poli, que je regrette de reléguer au bas de cette page [1]. Christophe est présumé avoir pris pour armes bourgeoises, lors de son admis-

[1] M. Oscar de Poli invoque en faveur de sa thèse, qui est aussi la nôtre, les exemples ci-après de gentilshommes bourgeois qu'il ne faut pas confondre avec les bourgeois gentilshommes. « Robert des Loges, bourgeois de Chevreuse, en 1233, et seigneur suzerain de Jean de Fayel de Coucy; Dreux et Simon d'Auteuil, frères, bourgeois de Bray, en 1234, et plèges, avec deux chevaliers, de Simon d'Auteuil, chevalier ; Geoffroy de Roye, bourgeois de Péronne en 1235 ; Gilon de Billy, charpentier, bourgeois de Soissons, vendant de ses terres vers 1240 ; Nicolas de Blangy, bourgeois de Pont-l'Evêque faisant en 1242 une donation aux moines de Saint-Himer par charte munie de son sceau ; Pierre de Marle du lignage des sires de Coucy, bourgeois de la Fère, en 1247, et l'un des proviseurs de la confrérie de cette ville ; Richard de Chambly, bourgeois de Pontoise en 1268 ; Jehan de Vanves, « borgois de Paris » en 1300, dont le sceau porte un *Écu chargé d'une croix ancrée* ; Pierre de Hangest, chevalier, bailli de Rouen et bourgeois de Montdidier en 1308 ;... quatre bourgeois de Saint-Omer du nom de Sainte-Aldegonde, en 1386, dont le sceau porte l'écu de cette très noble maison chevaleresque ; Jacquemart de Sainte-Aldegonde, bourgeois de Saint-Omer en 1366, à qui Béatrix de Vix, femme de Jehan de Sainte-Aldegonde, fait une vendition ; Pierre et Tassart de Culant, bourgeois de Saint-Omer et marchands de bois en 1356, dont les sceaux portent un *Écu chargé de la croix de Saint-André*;... Pierre de Croy, élu d'Amiens en 1368, descendant très probablement de Jeanne de Croy, bourgeois d'Amiens, fils de Mathieu de Croy, à qui, en 1244, Dreux de Milly, chevalier, vendit tout ce qu'il avait dans le fief de messire Baudoin de Belleval, chevalier; Jean de Grailly, chevalier, s'agrégeant vers 1390 à la bourgeoisie de Bordeaux, dont il devint maire; des Boubers (de la Maison d'Abbeville, issue des comtes du Ponthieu), bourgeois d'Abbeville aux xive et xve siècles ; Jean de la Barre, bourgeois de Noyon, qui en 1407 donne une charte « soubz mon scel » où se voit un écu chevaleresque, penché, timbré d'un heaume à cimier, avec deux léopards en supports;.. Guillaume du Bosc, qualifié « escuier, marchant et bourgeois de Rouen » dans un arrêt de l'Échiquier de Normandie, en 1478... C'est de ces bourgeois nobles, que parle clairement Froissart, lorsque, narrant l'héroïque action d'Eustache de Saint-Pierre et de ses

sion dans la confrérie urbaine, *D'azur, au chevron d'or accompagné de trois cols de cygne d'argent, dont deux en chef et un en pointe.* Cette modification héraldique ou plutôt cette brisure

compagnons, il dit : « Et vous jure que ce sont et estoient aujourd'huy les « plus honorables de corps, de chevance, et d'ancesterie de la ville de « Calays. » Plus clairement encore lorsque racontant le siège de Rennes par « le comte de Montfort, il dit : « Si s'accordèrent finalement tous à la paix, « et les grants bourgoys, qui estoient bien parvenus, ne s'y vouloient « accorder : si mouteplia la dissention, si dure que les grants bourgoys, qui « estoient tous d'ung lignaige, se trairent tous... » Tel bourgeois de Paris était même de sang auguste et ne croyait pas avilir son blason royal en en faisant l'enseigne de son négoce. Gérard de Castille, marchand bourgeois à l'enseigne du *Château d'or,* rue aux Fers, descendant filiativement d'un fils de Henri II, roi de Castille ; il gagna trois cent mille escus. Sa petite fille espousa Charles de Chabot, comte de Charny ; il fut le trisaïeul de Marie de Castille, femme d'Anne de Lorraine, prince de Guise, et le bisaïeul de Charlotte de Castille, princesse de Chalais. » (*Essai d'introduction à l'Histoire généalogique,* par le vicomte Oscar de Poli. In-12, Paris, 1887, pp. 79-80-81-82-83-84-85.)

A tous ces noms de la noblesse, assortie de bourgeoisie, nous pouvons encore ajouter les suivants que nous avons recueillis en Artois et en Picardie.

Antoine de Villers, seigneur de Villers, de Belloy et du Candas qui fut incorporé parmi les bourgeois d'Arras en 1467 en considération de l'accueil (!du festoiement dont les échevins de ladite ville étaient l'objet de sa part durant leur séjour à Paris. Antoine de la Forge, sieur de Quévigny et fils de Miquelet, fut reçu d'abord en 1530 et ensuite en 1568. Jacques de la Forge, natif de Rebreuve, sieur de Quevigny, le fut en 1650. François d'Ognies de très vieil estoc et Lamoral de la Forge, fils de Jacques, sieur de Hermin, eurent le même honneur le premier en 1570 et le second en 1681. En 1708, Benoit Caudron, avocat, échevin et bourgeois d'Arras, fit ses preuves et remonta par filiation authentique à Baudoin Caudron, chevalier, qui vivait en 1096.

Dans la région du Nord, encore plus qu'ailleurs, de lourdes charges pesaient sur ceux qui n'étaient point citoyens d'une ville libre. Pour s'y soustraire la première condition était d'être bourgeois, or pour le devenir

de cadet dut être imposée à Christophe d'Amiens soit par le
changement de situation, soit par une injonction des aînés, ce
qui était ordinaire dans l'Artois et les Flandres. Les gentilshommes qui devenaient bourgeois avaient, en cette dernière
qualité, des armes particulières et utiles dont ils se servaient, en

il fallait, même alors qu'on était gentilhomme, exercer préalablement soit
des arts mécaniques soit des professions libérales comme celles d'avocat, de
notaire, de médecin et d'apothicaire, que les gens de bon estoc choisissaient
de préférence parce qu'elles furent toujours compatibles avec la noblesse
et même anoblissantes en certains pays. Nous avons démontré ci-dessus,
page 172, avec preuves à l'appui, que les descendants des plus grandes familles avaient embrassé ces carrières, utiles à eux et aux autres. Il est donc
superflu d'insister davantage sur ce point. De La Roque affirme qu'il fallait appartenir à une corporation pour entrer dans la bourgeoisie des villes
du Nord ou remplir un office quelconque : « Par une ordonnance faite à
« Liège, on voit que les chevaliers et les écuyers de ce païs se faisoient
« bourgeois : que les chevaliers payoient, chacun an, le jour de Saint-
« Lambert et au plus tard le jour de Saint-Rémy suivant, dix flo-
« rins dix sols pour un griffon ; les écuyers la moitié de cette somme
« pour un demy griffon et ceux qui désiroient estre receus bourgeois
« payoient deux florins chaque année, à peine d'estre privez de leur bour-
« geoisie. On ne doit donc pas s'étonner si les seigneurs des maisons de
« Merode, de Snarscembourg, d'Alsken, de Barlemont, d'Outremont-Rivière,
« ont eu des Bourguemestres de Liège et de Huy, où il faut estre d'un
« corps de mestier pour y parvenir, ou pour avoir quelqu'autre charge. Ce
« qui ne fait aucune flétrissure à la noblesse ny à la postérité qui en est
« descendue. D'où vient que ces seigneurs ont esté receus dans tous les
« chapitres des nobles et dans les estats. » (*Traité de la noblesse*, par
G. André de La Roque. In-4, 1478, p. 482-483).

Il ne serait donc pas étonnant que Christophe d'Amiens, pour avoir le
droit de s'agréger à la bourgeoisie et aussi pour améliorer sa situation pré-
caire, eût imité les de Mérode. les d'Alsken, les de Barlemont, etc., en
embrassant une des carrières honorables que nous avons étudiées plus haut
et qui, au point de vue nobiliaire, n'exposaient sa noblesse à aucun risque
de déchéance.

Flandre surtout, préférablement aux autres, simplement honorifiques. Cet usage était la conséquence de ceux en vigueur dans
l'Artois, le Hainaut et le Brabant. Les nobles dans les villes de
ce pays, dit le grand feudiste André de La Roque ; s'ils n'estoient
point chevaliers, ne prenoient point de qualité qui les distinguât
du commun[1]. C'étoit donc pour faire acte d'égalité corporative
que les gens de bon estoc laissaient de côté le blason héréditaire pour le blason personnel. En général les nobles du pays,
après leur affiliation à la bourgeoisie, délaissaient non seulement
leurs armes et leurs qualités, mais encore la préposition *de* qui
précédait leur nom, bien qu'elle n'eût pas toujours un sens nobiliaire. La bourgeoisie, qui, par sa discipline, avait à travers les
âges progressivement accru sa puissance, devint exclusive et
exigea de ses membres des sacrifices d'amour-propre au profit
de la dignité et de l'unité collectives. C'est surtout au xvᵉ et
xvrᵉ siècle qu'elle manifesta des tendances niveleuses dans son
organisation. Nous recommandons à ceux qui voudraient avoir
des détails piquants et spéciaux à ce sujet la lecture du livre de
Monsieur le vicomte Oscar de Poli dont il a été fréquemment
question en cette étude. On y verra beaucoup de gentilshommes
qui, conformément aux statuts civiques, dont ils retiraient de
grands avantages matériels, se défirent de leur particule. Monsieur Oscar de Poli tire de ces pratiques la conclusion suivante:
« Un autre fait, non moins frappant que l'abandon de la parti-
« cule par les nobles embourgeoisés, c'est l'abandon des

---

1. De La Roque: *Traité de la noblesse,* chap. CLXX. p. 483.

« armoiries de leur race, comme s'ils eussent appréhendé de les
« commettre en se déclassant, ou voulu peut-être affirmer ainsi,
« aux yeux de leurs nouveaux pairs, la sincérité de leur abdi-
« cation. J'ai recueilli de nombreux exemples de ce fait. Les
« néo-bourgeois prenaient généralement des armoiries en rap-
« port avec leur transformation sociale, le plus souvent allusives
« à la profession qu'ils embrassaient, ou partiellement em-
« pruntées de celles de la ville dont ils devenaient habitants [1]. »
Monsieur le vicomte Oscar de Poli constate, en outre, qu'une
infinité de nobles après avoir refait leur fortune par le négoce ou
la jouissance des prérogatives urbaines s'empressaient de retourner à la noblesse en se faisant réhabiliter et en reprenant les
titres, le blason et les honneurs de leur lignage. Les armes
adoptées par les gentilhommes comme bourgeois, différaient
forcément de celles qu'ils possédaient de temps immémorial
comme continuateurs de race féodale. Ces dernières étaient la
marque perpétuelle et inaliénable de leur race, les autres, l'éti-
quette d'un état passager. En résumé le blason familial était héréditaire et inaliénable tandis que le blason bourgeois, essen-
tiellement temporaire et personnel, cessait avec la situation qui
l'avait imposé. Les d'Amiens, en tant que bourgeois, portaient,
comme on l'a déjà vu p. 202 : *D'azur, au chevron d'or accompagné de trois têtes et cols de cygne d'argent* [2], dont deux en chef

---

1 *Essai d'introduction à l'histoire généalogique.* Paris, 1887, pages 183 et
184.

2. L'insertion des armoiries dans les contrées du Nord, récemment con-
quises, fut opérée avec une incroyable incurie. Jean-François d'Amiens,
par exemple, figure dans les Archives Départementales du Pas-de-Calais

et une en pointe, le tout timbré d'un casque, symbole de vieille extraction. Le remaniement opéré par Christophe dans le blason traditionnel n'était, nous le répétons, qu'une simple brisure. Il est en effet évident que, dans l'écu bourgeois, les d'Amiens avaient maintenu les parties fondamentales de leurs armoiries primitives, c'est-à-dire le chevron et le casque. Ils s'étaient contentés, par conséquent, de pratiquer la brisure indicative de l'état de cadet, soit pour les individus dans une branche, soit pour les rameaux dans une famille [1]. La brisure était d'ailleurs obligatoire dans l'Artois et dans les Flandres. Les façons de briser étaient diverses; elles consistaient à remplacer les pièces par d'autres, en maintenant les émaux, et réciproquement, à déplacer les figures, à introduire des pièces nouvelles, et à réduire le nombre des anciennes. C'est d'après l'une de ces manières que les transformations héraldiques eurent lieu dans les maisons de Bourgogne, de Clermont (Dauphiné et Savoie), de Maillé, de Foix, de Choiseul, d'Anjou, d'Artois, de Montmorency, de Bourbon, de Montfort; et à l'étranger, dans

avec des armes mi-traditionnelles, mi-bourgeoises, et dans le *Grand Armorial de France* avec d'autres toutes différentes mais identiques à celles de Joseph d'Amiens, avocat au présidial d'Abbeville, avec lequel il n'avait aucun lien connu de parenté.

1. Cette définition s'accorde avec celle du P. Ménestrier. « Brisé se dit « des armoiries des puinés et cadets d'une famille où il y a quelque changement par addition, diminution ou altération de quelque pièce pour « distinction des branches. » (*Nouvelle méthode raisonnée du blason*, par le P. Ménestrier, p. 571.)

On ne doit pas oublier que Christophe d'Amiens était l'un des derniers enfants des dix-huit d'Adrien d'Amiens et qu'il avait contrarié ses parents en refusant d'embrasser la carrière ecclésiastique.

celle de Bon à Venise, de Clarck en Angleterre, etc. Ce mode de particulariser les branches était usité en France, mais beaucoup moins, on le sait, que dans l'Artois et les Pays-Bas où la brisure était de règle générale. Elle était imposée même aux puinés par les ainés désireux d'éviter les confusions qui pouvaient advenir dans les descendances de deux lignes, portant le même nom et entre membres ayant même prénom. C'est ainsi que les ainés des d'Arschot, de Hornes, d'Enghien, les comtes de Nassau la prescrivirent à leurs cadets surtout à ceux qui étaient en disgrâce dans leur famille. Une déclaration de Louis XIV, spéciale à la recherche des usurpateurs dans les provinces de Flandres, Hainaut et Pays-Bas, vint, le 8 décembre 1699, confirmer cet usage antérieur. « L'article 50 ordonne aux « cadets de maisons nobles, de porter brisures dans leurs ar- « moiries, à la différence de leurs armes, sous peine de cin- « quante florins d'amende. » Au reste la différence de blason n'impliqua jamais différence d'origine, ainsi qu'il résulte d'une série d'exemples que nous relaterons aux *Pièces justificatives.* PREUVE LX. De La Roque, en son *Traité de l'origine des noms,* chap. XXIII et XXXIV, p. 54, 207, 208, établit « qu'il y a des « familles qui ont mesme nom et diversité d'armes, et d'autres « qui ont diversité de nom et des armes semblables, et quelques « autres qui tirent leurs armes de leur seigneurie. » Ce qui ne les empêchait pas d'avoir un point de départ commun. Après la réunion définitive de l'Artois à la France, qui suivit le traité de Nimègue, en 1678, les anciens us et règlements du comté qui favorisaient l'alliance de la noblesse et de la bourgeoisie, furent remplacés par les traditions féodales et les lois françaises, moins libérales que celles des pays du Nord. Aussi la plupart des familles nobles de la région annexée s'empressèrent-elles de déserter les corporations urbaines par la raison que la législation nouvelle ne protégeait plus, comme l'ancienne, les gentilshommes affiliés et les livrait à la rapacité des traitants et des réformateurs, intéressés à vexer et méconnaître la noblesse. D'après le *Manuscrit Palisot de Beauvais*, tome I, folio 240, les descendants de Jean-François d'Amiens[1], seigneur de Waringhen et de Berles, laissèrent leurs armes civiques pour reprendre celles de leurs ancêtres, c'est-à-dire : *De gueules, à trois chevrons de vair*[2]. Christophe d'Amiens dut se réconcilier avec les siens peu de temps avant ou après son mariage avec Anne du Flos[3], vers 1540, car ses deux enfants mâles, Adrien et Nicolas d'Amiens, furent tenus le premier sur les fonts baptismaux, par Adrien, seigneur de Bachimont, son grand-père, et le second par Nicolas, dit Esglet, seigneur d'Aboval, son grand-oncle. D'après les *Esquisses généalogiques*[4] *concernant un grand nom-*

---

1. C'est lui qui substitua comme supports les lévriers aux lions plus usuels, avant et après dans la famille. Les de Regnauville avaient eux aussi, dans leurs sceaux, employé les lévriers. Ce changement est sans importance puisque les supports ne sont point partie constitutive du blason et qu'ils ont toujours été considérés comme simple décoration ou encadrement.

2. Voici le texte du manuscrit Palisot de Beauvais, se rapportant aux armes de Jean-François d'Amiens : « *D'or, au chevron d'or, accompagné de* « *trois têtes et cols de cygnes d'argent.* Depuis, ajoute Palisot, ses descen- « dants ont repris pour armes : *De gueules, à trois chevrons de vair.* »

3. Et non pas en 1564, ainsi que l'ont présumé quelques généalogistes.

4. *Esquisses généalogiques concernant un grand nombre de familles alliées entr'elles*, p. 5 et 29.

bre de familles alliées entr'elles, Anne du Flos existait en 1575;
elle figure au Registre des Procurations d'Arras dans un acte du
29 novembre de ladite année. M. de La Gorgue-Rosny donne un
aperçu filiatif des d'Amiens seigneurs de Waringhen, à partir de
Christophe jusqu'à la fin du XVIIe siècle. (Voir aux *Pièces justificatives*, PREUVE LVIII.) Christophe d'Amiens, on l'a déjà dit, avait
épousé ANNE DU FLOS, fille de N. du Flos, argentier du comté
d'Artois[1]. La fortune de du Flos était en ce temps considérable,
si on la juge d'après le Livre Mémorial de Marguerite du Flos,
veuve de Nicolas Jourdequin et belle-sœur de Christophe
d'Amiens[2]. Cette Marguerite du Flos, ayant réglé ses dispositions
dernières, le 2 avril 1601, y rappela le mariage de sa sœur aînée
Anne du Flos avec Christophe d'Amiens et institua pour ses lé-
gataires universels ses neveu et nièce Nicolas et Marie d'Amiens,
femme de Louis de Comet. La testatrice fit aussi divers dons aux
enfants de ces derniers ; elle laissa également à *Marguerite
d'Amiens*, fille naturelle d'Adrien d'Amiens, l'aîné des enfants
de Christophe, un capital de mille florins, productible de
rentes et un autre de cent florins pour son accoutrement [3].

1. *Recherches généalogiques sur les comtés de Ponthieu*, etc., par de La
Gorgue-Rosny, t. I, p. 32. (Voir aussi PREUVE LVIII.)

2. Arch. du château de Ranchicourt. Livre Mémorial de Marguerite du
Flos. Testament de cette dernière, etc. — *Recherches généalogiques sur les
comtés de Ponthieu*, etc., par de La Gorgue-Rosny, t. 1, p. 32. — *Esquisses
généalogiques concernant un grand nombre de familles alliées entr'elles*, p. 5 et
29.

3. Arch. du château de Ranchicourt. Actes divers se rapportant à Marguerite du Flos. Anne du Flos avait encore une autre sœur Louise du Flos,
mariée, en premières noces, à Jean Fautereau, écuyer, et, en secondes, avec
Pierre Caboche, écuyer, sieur du Fossé.

Les enfants de Christophe d'Amiens et d'Anne du Flos [1] furent :

— ADRIEN D'AMIENS, fut reçu bourgeois d'Arras en 1564, récréanta le 1er juin 1578 [2] et laissa une fille naturelle *Marguerite d'Amiens* qui fut dotée par Marguerite du Flos, tante d'Adrien et par Nicolas d'Amiens, frère de ce dernier qui lui assigna une rente de quarante florins.

— 2° NICOLAS D'AMIENS qui va continuer la descendance.

— 3° MARIE D'AMIENS, dame de Puiseux, mariée à LOUIS DE COMET, est inscrite dans le testament de sa tante Marguerite du Flos, rédigé le 2 avril 1601. Son père lui fit également un legs dans le sien, dressé en octobre 1617.

— 4° CATHERINE D'AMIENS qui eut pour lot dans les biens paternels les fiefs des Pêcheries et de Libessart.

XV

NICOLAS D'AMIENS [3], seigneur de Waringhen, avocat au conseil d'Artois, s'allia, le 21 septembre 1593, à BARBE LE

1. La famille du Flos, d'après M. du Hays, qui mentionne le mariage d'Anne du Flos avec Christophe d'Amiens, portait : *D'or, au chevron d'azur, chargé de trois trèfles d'or.*

2. Registre aux bourgeois de la ville d'Arras, de 1568 à 1650. Archives du château de Ranchicourt.

3 Le prénom de Nicolas fut fréquent dans la famille d'Amiens, nous avons vu qu'il fut porté par plusieurs de ses membres et notamment par Nicolas, dit Esglet, grand-oncle de Nicolas d'Amiens, seigneur de Waringhen. Il le fut vers la fin du XIIIe siècle par un chanaine du même lignage 1291. — Le chapitre de Saint-Donatien de Bruges déclare qu'après la mort de Gilles Bonin, son doyen, il s'est assemblé et a choisi pour remplacer Bonin, le

PIPRE, fille de Jacques Le Pipre, écuyer, sieur du Hoyon, et de Catherine Cornaille[1]. Les pactes matrimoniaux furent retenus par Pierre Charpiot et Jean Boniface, notaires d'Arras. Dans le groupe de l'époux on remarque sa tante Marguerite du Flos, veuve de Nicolas Jourdequin, argentier de la ville

chanoine et sous-diacre maître NICOLAS D'AMIENS qui, huit jours après les octaves de l'Epiphanie, a accepté cette élection. Selon le *Gallia Christiana* ledit Bonin mourut en 1298. — *Table chronologique des cartes et diplômes imprimés concernant l'Histoire de la Belgique*, par Wauters, archiviste de la ville de Bruxelles, Bruxelles. Hayez, 1881. In-4. T. VI.

1. La profession d'avocat fut toujours la grande ressource et le refuge préféré des gentilshommes appauvris ; aussi Le Brun de la Rochette, liv. II, page 183, fait-il à ce sujet cette observation : « De mesme n'est pas des advocats, ausquels tant s'en fault que leur qualité et la robe fassent préjudice à leur noblesse, qu'au contraire elle y adjouste suyvant la disposition du droict. »

Guy Pape, conseiller au Parlement de Dauphiné, déclare, en invoquant un règlement de l'an 1467, que les avocats du Parlement de sa province sont nobles : « Doctores advocantes in curia Parlementi non tenentur « contribuere in subsidiis delphinalibus, sed censentur nobiles, nobiliter « viventes ; et ita fuit determinatum deffinitive per Dominos Parlementi et « cameræ computorum delphinalium die ultima Aprilis 1461. » Cette opinion est corroborée par celle de Faber, premier président du Parlement de Savoie : « Doctores advocati non solum acquirunt nobilitatem, sed etiam « dignitatem quandam habere existimantur : proinde habent beneficium « immunitatis, non ex privilegio et contra juris communis regulas, sed « jure communi quo immunes sunt à plebeiis muneribus ii omnes qui no- « bilium munero adscribuntur. » (*Def. X, lib. 9, tit. 29 de dignitatibus et nobilitate.*) « Les nobles, dit de La Roque, en son *Traité de noblesse*, p. 482, « sont à la teste des docteurs et des jurisconsultes à Osfrise dans les « assemblées de la ville. »

La désignation professionnelle d'avocat était une de celles qni cadraient le mieux avec les qualifications nobiliaires : Jean de Pisseleu, d'origine chevaleresque, cumulait, en 1452, la carrière d'avocat avec le service d'homme d'armes, dans une des compagnies placées sous les ordres de Pierre

d'Arras ; Garin, premier chatelain de ladite cité, etc. La future
était accompagnée de son oncle, messire François Le Pipre,
lieutenant général de la ville de Lille, de Pierre de Sénarpont,
écuyer, sieur de Feringhen, de Nicolas de Cornaille, écuyer,

de Brézé, grand sénéchal de Normandie. Monsieur le vicomte Oscar de Poli
nous fournit dans son *Essai d'introduction à l'histoire généalogique,* p. 142
et suivantes, plusieurs autres exemples : Maistre Loïs Blondel, en 1527, se
dit : escuier, licentié ès loix, advocat, et maistre Claude du Buisson, en 1591
« escuier, licentié en la faculté ès droicts, bourgeoys et advocat à Caen. »
On trouve également dans les *Recherches nobiliaires* de A. du Buisson de
Courson, page 193 « Tanneguy du Buisson, escuier, seigneur de Rom-
« manie, advocat en la cour du parlement, conseiller en l'admirauté du
« dict lieu. »

En 1708, Jean-Benoist Caudron, avocat et bourgeois d'Arras, obtint
de Louis XIV des lettres de relief qui le relevaient de dérogeance après
avoir établi une filiation sans lacunes jusqu'à Beaudoin Caudron, chevalier, qui existait en 1096.

Eustache des Champs, dit Monsieur Oscar de Poli (d'après Sainte-
Palaye), dans une de ses ballades, regrette le temps où l'étude des arts libé-
raux était l'apanage des Nobles, où les grands seigneurs, après avoir dé-
fendu par les armes les droits de la patrie, défendaient par leur éloquence
les droits des particuliers, imitant en cela « les Romains, qui se consa-
« craient également aux exercices de la guerre et à ceux de la plai-
« doyerie. »

La culture du droit et l'étude des lois furent de tout temps en faveur
parmi les nobles. Les assises de Jérusalem furent codifiées par Jean d'Ibelin
un des plus puissants barons du royaume de Chypre. Son petit-fils Jacques d'Ibelin, issu du prince de Tibériade et d'Alix de Lusignan, rédigea un
abrégé de jurisprudence. *(Recueil des Histoires des Croisades. Assises de Jérusalem,* publiées par le comte Beugnot. — *L'Ile de Chypre,* par L. de Mas-
Latrie, page 372.) Pasquier et Loiseau signalent, sous Philippe le Bel et ses
successeurs, des *Chevaliers de loix.* M. Mas-Latrie en son *Histoire de Chypre,*
tome I, p. 149, parle d'un champion, *seigneur en loy* qui existait en 1328.
Monsieur le vicomte Oscar de Poli a relevé dans les *Titres du Lyonnais,*
fol. 183, *sept milites jurisperiti* qui avaient mission de défendre au xv° siècle,
les droits de l'église de Lyon, et dans le *Cartulaire d'Abenon,* fol. 71, une

sieur d'Oppy[1]. (V. PREUVE LIX.) Outre ses deux filles, Barbe
Le Pipre[2], mariée à Nicolas d'Amiens, et Marie Le Pipre, femme
de Jean Crule, bailli du comté d'Egmont, Jacques Le Pipre[3]
avait eu, de Catherine Cornaille, Pierre Le Pipre qui épousa
Isabelle Bellot de laquelle vint Isabelle Le Pipre, femme de Philippe de Widebien, seigneur d'Ignaucourt. De cette union naqui-

audience tenue à Orbec par Jacques Baudoin *Escuier es droictz*, vicomte
dudit lieu. On voit que la carrière d'avocat et les fonctions judiciaires furent de tout temps associées aux qualifications seigneuriales et tenues par
des gentilshommes. Il n'est donc pas étonnant de voir les d'Amiens, comme
les de Montholon et les de Lamoignon, d'antique lignage, descendre par
l'épée et remonter par la robe.

1. CORNAILLE D'OPPY : *D'argent, à la fleur de lys au pied coupé de gueules,
entourée de huit merlettes de sinople, mises en orle.*

2. Archives du château de Ranchicourt, contrat de mariage de Nicolas
d'Amiens et de Barbe Le Pipre Parchemin. — *Esquisses généalogiques*, p. 29.
— *Recherches généalogiques sur les comtes de Ponthieu*, etc., par de La Gorgue-Rosny, t. I, p. 32. — *Mémoire pour Jean-Louis d'Amiens, écuyer, seigneur de Ranchicourt;* Louis-François, vicomte de Tenremonde, seigneur
d'Angheim, agissant pour sa femme Marie-Bonne-Josèphe, née baronne de
Haynin, contre Pierre Dothy; messire Joseph Delvielleuse, seigneur de
l'Hove, conseiller au grand conseil de marine, etc., à propos de la succession de Jean et Louis Crule, dont Jean-Louis d'Amiens était l'arrière-petit-
neveu par sa quinte aïeule Barbe Le Pipre. Ce mémoire fut imprimé à
Douai vers 1776, époque à laquelle le seigneur de Ranchicourt recueillit
cette succession.

3. Les LE PIPRE portaient : *De gueules, à une croix de vair.* — SIMON LE
PIPRE, seigneur de la Vallerie, juge des traités, les modifia et écartela avec
celles de sa femme Philippine Le Fébure de Lattre de la manière suivante :

*De gueules, à une croix de vair, brisée en chef d'un lambel d'or, brochant
sur le tout ; écartelé d'or, d'une croix engrelée de gueules, à un aigle d'or,
accompagné de cinq étoiles de même, deux en chef, deux en flancs et une en
pointe.* (BOREL D'HAUTERIVE, *Armorial de Flandre de Hainaut et de Cambrésis*, p. 114, n° 332 *bis*.)

rent Philippe de Widebien qui s'allia à Marie-Françoise de la
Barre et mourut en 1723. Anne-Dominique de Widebien, mariée à Charles de Brioîs, seigneur de Poix, était sœur de Philippe de Widebien. Celui-ci fut père de Marie-Ignace de Widebien qui prit union avec Louis-François baron de Haynin, dont
la fille Marie-Bonne-Josèphe de Haynin s'allia à Louis-François vicomte de Tenremonde. La bénédiction nuptiale fut donnée à Nicolas d'Amiens, sieur de Waringhen, et à Barbe Le
Pipre, le 8 novembre 1593, dans l'église Saint-Jean en Ronville.
Nicolas d'Amiens testa le 30 octobre 1617 et transmit à son
fils aîné Nicolas, outre les terres patrimoniales, celles de Berles
ou de l'Arrière, des arrentements dans la banlieue d'Arras, des
manoirs à Cornemuse, les fiefs de Vergineuil et du Puiseux, etc.;
le droit d'accorder plusieurs lits dans l'hôpital de Saint-Jean
fondé par les du Flos[1]. Nicolas d'Amiens avait précédemment
apanagé Jean d'Amiens, son fils puîné, du domaine de Richebourg[2]. Barbe Le Pipre était veuve avant 1622[3]. Elle vendit
le 1er août 1622, aux religieuses d'Achin plusieurs héritages, sis
à Cornemuse, écrivit ses dernières volontés en 1624 et mourut bientôt après[4], laissant entr'autres enfants :

— 1° NICOLAS II D'AMIENS, seigneur de Waringhen, que nous
allons reprendre.

1. Archives du château de Ranchicourt.

2. *Idem*.

3. *Esquisses généalogiques concernant un grand nombre de familles alliées
entre elles*, p. 5 et 29.

4. Archives du château de Ranchicourt.Contrat de mariage de Nicolas II
d'Amiens, sieur de Berles, avec Marie Menche, double exemplaire dont l'un
original.

— 2° ORÉGNON D'AMIENS, chanoine de l'église collégiale de Saint-Géry à Cambrai, qui comparait, le 12 juillet 1625, au mariage de son neveu, Nicolas II d'Amiens, sieur de Berles [1].

— 3° JEAN D'AMIENS, sieur de Richebourg, fut pourvu de cette terre à l'occasion de son mariage avec MARTINE DE RESTOUT dont il n'eut pas de lignée [2].

XVI

NICOLAS II D'AMIENS, sieur de Waringhen [3], de Berles, dit de Berles, en raison de ce dernier fief, dont son père l'avait pourvu de très bonne heure, épousa le 12 juillet 1625, MARIE MENCHE, fille de Jean Menche, sieur de Saint-Michel, du Chatelet, argentier de la ville de Béthune, receveur des états d'Artois, et de Claire-Hélène Deslyons [4]. L'acte fut dressé par maitres Lestoquart et Leclerc, notaires à Arras. L'époux avait pour témoins : sa mère Barbe Le Pipre, sa tante Marie Le Pipre, son oncle Orégnon d'Amiens, chanoine de l'église collégiale de Saint-Géry à Cambrai, Antoine de Marconville, sieur de Wanequetin, échevin de la ville d'Arras, Charles Vignon, écuyer, sieur de Buneville, mari d'Isabelle Le Pipre, cousine germaine audit sieur de Berles. Marie Menche était assistée de son père

1. Archives du château de Ranchicourt.
2. Idem.
3. Fut avocat au conseil d'Artois, conseiller du roi comme son père, et de plus échevin. Voir la note de la page 211 et la PREUVE LIX.
4. DESLYONS : *D'argent, à quatre lionceaux de sable armés et lampassés de gueules.*

Jean Menche, sieur du Chatelet, d'Hector Deslyons, sieur des Hueurs-Choqueaulx, d'Adrien et de Pierre Deslyons, sieur de Fontenelle, le premier frère et le second neveu de la future. Nicolas d'Amiens confirma, à son fils, la donation de la seigneurie de Berles, sise au territoire de Beaurains et tenue en fief avec justice vicomtière et rentes féodales. Le futur reçut en outre une autre terre voisine de Saint-Sauveur et 11,000 florins de rentes en redevances diverses [1]. Nicolas II d'Amiens et sa femme Marie Menche furent inhumés dans l'église Sainte-Croix de Béthune [2] ; ils avaient eu deux fils :

— 1° JEAN-FRANÇOIS D'AMIENS que nous allons reprendre ;

— 2° JACQUES-FRANÇOIS D'AMIENS de la Société de Jésus d'Arras, auteur d'un poème latin (1648).

XVII

JEAN-FRANÇOIS D'AMIENS, écuyer, seigneur de Waringhen, de Berles, etc., lieutenant général de la gouvernance de Béthune, délivra (1666), en cette dernière qualité, une quittance

---

1. Contrat de mariage de Nicolas d'Amiens, sieur de Berles, avec Marie Menche. Double exemplaire dont l'un, original, insinué le 12 août 1625. — (Arch. du château de Ranchicourt.— *Recherches généalogiques sur les comtés de Ponthieu*, par de La Gorgue-Rosny, t. I, p. 32. — Voir PREUVE LIX.

2. *Esquisses généalogiques concernant un grand nombre de familles alliées entre elles*, p. 5 et 29. — *Recherches généalogiques sur les comtés de Ponthieu*, etc., par de La Gorgue-Rosny, t. II, p. 976.

« Menche, en Artois, porte: *D'azur, au chevron accompagné en chef de deux étoiles et en pointe d'un croissant, le tout d'or.* « Philippe Menche, dit de « Prades, père de Jean, marié en 1538 à Marie de Houdt, d'où Jean sei-

à Jean de Croisilles, procureur fondé de noble dame Marie de Croy, vicomtesse douairière de Vrolant, qui avait la garde noble de ses petites-filles mineures : Marie-Philippe Isabelle, Claire-Madeleine et Marie-Brigitte de Créqui qui devaient des droits de relief se rapportant aux grands fiefs de Trinquehem et de Bachelet, sis à Hersin[1]. Jean-François d'Amiens épousa, le 9 août 1652, devant Louis Lallemand, notaire d'Arras, YOLANDE ou YOLAINE DENIS, fille de Jacques Denis, écuyer, sieur de Sapigny, et de Yolande Le Marchand. La future était petite-fille d'André Denis, chevalier, seigneur de Sapigny et président du conseil provincial d'Artois. Elle était assistée de son frère Antoine Denis, de son oncle Antoine Denis, écuyer, sieur de Belacoundel, de ses cousins Louis Le Sergeant, écuyer, sieur de Beaurains, élu d'Artois, de Philippe Wallast, écuyer, sieur d'Incourt, prévôt de la cathédrale d'Arras, d'Adrien Payen, écuyer, sieur de Hautecotte, lieutenant de la gouvernance d'Arras, de Marie-Magdeleine de Manonville, femme de Jacques de Couleurs. Dans le cortège de l'époux on remarquait ses parents, messire Philippe de Widebien, chevalier, sieur d'Ignaucourt, Marie Isabelle Le Pipre, Antoine Deslions, écuyer, sieur de Feuchin, Nicolas Cornaille, écuyer, sieur d'Oppy[2]. Les Denis

---

« gneur de Saint-Michel, La Derrière, marié en 1597 à Hélène Deslyons,
« d'où Marie, inhumée à Sainte-Croix, à Béthune, auprès de Nicolas d'A-
« miens, seigneur de Warenghen, son mari. » (*Recherches généalogiques sur les comtés de Ponthieu, de Boulogne ou de Guines et pays circonvoisins*, par de La Gorgue-Rosny, t. II, p. 976.)

1. Archives communales de Béthune, Série GG, 308; inventaire des dites Archives, par Travers, p. 59.

2. Archives du château de Ranchicourt: contrat de mariage de Jean-

portaient *D'argent, au chevron de gueules, deux losanges de vair et une rose en pointe.* Après l'annexion effective de l'Artois qui suivit le traité des Pyrénées, Jean-François d'Amiens, à l'instar de beaucoup de nobles de la province, dut demander à Louis XIV des lettres confirmatives de noblesse. En ce pays saccagé, fourragé et réduit en cendres d'une façon presque permanente pendant une longue période, jusqu'au milieu du XVIIᵉ siècle, tout avait été détruit par le fer et la flamme et les archives domestiques avaient été brûlées avec les châteaux et les récoltes. Aussi presque tous les gentilshommes de l'Artois avaient-ils été obligés, depuis 1500 et même avant, de faire ratifier leur noblesse par les archiducs d'Autriche ou rois d'Espagne, maîtres de ce comté. (Voir aux *Pièces justificatives,* PREUVE LXI.) Ce fut bien pis encore lorsque l'Artois, conquis depuis 1640 par Louis XIV, fut rattaché, en 1659, au royaume de France par le traité des Pyrénées. Presque tous les titres nobiliaires étaient détruits ou aux mains de l'étranger. Les élus et les traitants, qui connaissaient l'indigence documentaire et pécuniaire de la plupart des nobles, les traitaient en roturiers; leur conduite est flétrie de la manière suivante par M. le vicomte Oscar de Poli. « Défenseurs intéressés des populations,

---

François d'Amiens avec Marie-Yolande-Denis de Sapigny. Parchemin. — Archives départementales du Pas-de-Calais, *Gros de Béthune,* nᵒ 108. — *Mémoire pour Jean-Louis d'Amiens, écuyer, seigneur de Ranchicourt,* Louis-Francois, vicomte de Tenremonde, seigneur d'Angheim, agissant pour sa femme Marie-Bonne-Josèphe, née baronne de Haynin, à propos de la succession de Jean et Louis Crule. (*Mémoire* imprimé à Douai au milieu du XVIIIᵉ siècle. In-4. Arch. du château de Ranchicourt.) Voir PREUVE LX.

« les élus n'hésitaient pas à taxer au rôle des tailles quiconque,
« fût-il de l'extraction la plus incontestablement noble, faisait
« ou seulement paraissait faire acte de trafic, et leur âpreté dé-
« généra fréquemment en persécution : il suffisait que l'on fut
« absent, retenu loin de ses terres par le service du Roi, par la
« guerre ou toute autre cause, pour être inscrit, à son insu,
« parmi les taillables, et, à son retour, forcé de soutenir contre
« les élus un procès toujours dispendieux[1]. » On ne pouvait
donc résister à leur arbitraire que par des procès coûteux ou un
recours au roi, auquel il fallait demander des lettres d'anoblissement ou plutôt de réanoblissement, c'est-à-dire recognitives
de noblesse. En décembre 1666 Louis XIV accorda des lettres
d'anoblissement à Nicolas et François de Beaurains, qui étaient
de vieux lignage[2], en mars 1677, une sentence de noblesse fut
rendue au profit de Éléonore-François de Rigauville contre le
procureur de l'élection d'Artois qui la contestait[3] ; le 4 décembre de ladite année, un autre jugement du conseil d'Artois
maintint dans leurs prérogatives de gentilshommes les sieurs de
Guzelinghem, et de Walle-d'Eglegatte[4]. La même magistrature
provinciale réintégra, le 23 décembre 1683, dans sa noblesse,

1. *Essai d'introduction à l'histoire généalogique*, par M. le vicomte de Poli
(1887), p. 195.

2. *Registre aux commissions de l'Élection de l'Artois*, t. VI, fol. 346. Arch.
du Pas-de-Calais.

3. Registre de l'Élection d'Artois de 1675 à 1714, folios 29 et 38. Arch.
départ. du Pas-de-Calais.

4. Registre aux commissions de l'Élection d'Artois, tome VI, folio
598.

Jean de Flahaut, seigneur de Molinghem [1] ; le 31 décembre
1685, Jean-Alexandre Wulde, seigneur de Salperwick [2] ; le 23
décembre 1686, Baudoin de Possèques [3] ; le 26 mars 1695, Eus-
tache-Louis-Benoit–Hyppolite de Guines de Bonnières, chevalier de Souastre [4] ; le 26 avril 1697, Gilles-François de Lierres [5] ;
en juillet 1698, Philippe Hanotel de Cauchy [6] ; le 16 mai 1698,
Arnault de Thieullaine, seigneur de Neufville [7] ; le 15 avril
1699, Maximilien-Martin Le Josne, seigneur de La Ferté [8],
dont les ancêtres avaient joué un grand rôle comme commissaires de guerre au moyen-âge. En octobre 1708, Benoist Caudron, échevin et bourgeois d'Arras, obtint de Louis XIV des
lettres de relief qui le relevaient de dérogeance après avoir établi une filiation continue et régulière jusqu'à Beaudoin Caudron,
chevalier, qui existait en 1096 [9]. Jean-François d'Amiens, en
demandant des lettres recognitives de noblesse, ne fit donc
qu'obéir à une nécessité générale et que suivre l'exemple de la

1. Registre de l'Élection d'Artois de 1676 à 1714, fol. 156. Archives départementales du Pas-de-Calais.

2. Registre de l'Élection d'Artois de 1676 à 1714, fol. 171. Archives départementales du Pas-de-Calais.

3. Registre de l'Élection d'Artois de 1676 à 1714, fol. 181. Archives départementales du Pas-de-Calais.

4. Registre de l'Élection d'Artois de 1676 à 1714, fol. 305. Archives départementales du Pas-de-Calais.

5. Registre de l'Élection d'Artois de 1676 à 1714, fol. 396. Archives départementales du Pas-de-Calais.

6. Registre de l'Élection d'Artois de 1373 à 1745, fol. 18.

7. Registre aux commissions, t. XII, p. 111.

8. Registre de l'Élection d'Artois, de 1676 à 1714, fol. 389, v°.

9. Registre aux commissions, t. XIII, p. 812. — *Essai d'Introduction à
l'Histoire généalogique*, par M. le vicomte Oscar de Poli, p. 84.

pluralité des nobles de l'Artois[1]. Il acquit, par acte du 5 mai
1672, la terre de La Ferté avec tous ses privilèges féodaux. Jean-
François d'Amiens fut assigné, le 25 octobre 1703, devant le
parlement de Tournay au sujet des terres de Vergincuil, du
Chatelet et de Torquefis[2] qu'il possédait dans son ressort. Jean-
François d'Amiens mourut le 29 janvier 1710[3]. Il avait été de-
vancé dans la tombe par sa femme Marie-Yolande Denis de Sapigny décédée le 14 janvier 1688[4]. Celle-ci avait donné à son
mari Jean-François d'Amiens une nombreuse postérité :

— 1° JACQUES-FRANÇOIS D'AMIENS, seigneur de Waringhen et
de La Ferté, qui va continuer la descendance;

— 2° FRANÇOIS-PHILIPPE D'AMIENS, écuyer, sieur de Libé-
sart, qui se fit recevoir de nouveau en la bourgeoisie d'Arras le 22 septembre 1676 et prêta serment de fidélité entre les
mains des échevins[5].

1 Voir PREUVE LXI.

2. Archives du château de Ranchicourt.

3. Son testament, dont nous avons perdu la note indiquant la date, est
conservé aux Archives départementales du Pas-de-Calais, Série FF,
pièce 5.

4. *Esquisses généalogiques concernant un grand nombre de familles alliées
entre elles*, p. 5 et 29. — Arch. du château de Ranchicourt, cahier papier.

5. Registre aux bourgeois d'Arras de 1661 à 1696. Archives communales
d'Arras. — Nous ne pouvons dire s'il existe un rapport quelconque entre
ce François-Philippe d'Amiens et Philippe d'Amiens signalé dans les *Carrés
de d'Hozier*. Ce dernier Philippe eut une fille, Marie-Jeanne d'Amiens qui
s'allia, le 30 avril 1708, à Victor-Louis de Saint-André, seigneur d'As-
coussé, fils de Louis de Saint-André, seigneur de Petitbois. Le contrat fut
passé devant maître Pimeau, notaire à Tours, en présence de Henri de
Houdan des Landes, cousin du futur. Rien n'indique que le Philippe
d'Amiens tourangeau se rattache à ceux de l'Artois.

— 3° Antoine-Nicolas d'Amiens, prêtre et docteur en Sorbonne, d'abord religieux à Saint-Wast, reçut les ordres sa-
crés à Paris et devint chanoine de l'église cathédrale d'Arras.
Pendant qu'il faisait ses études de cléricature, il avait négligé
de faire renouveler son admission dans la bourgeoisie d'Arras,
aussi perdit-il les privilèges inhérents à cette citoyenneté. Il fut
restitué dans ses anciens droits le 19 mai 1694 [1]. Antoine-Nicolas d'Amiens avait, en septembre 1686, la tutelle de Louis et
Joseph Denis, issus de Philippe Denis, écuyer sieur de Révillon,
et de Marie-Gertrude Fouquier [2].

— 4° Eloy-Louis d'Amiens, sieur d'Oisemont, chevalier de
Saint-Louis, fut d'abord capitaine au régiment d'infanterie de
Solres et promu lieutenant-colonel le 1er octobre 1712 [3] dans le
même, d'où il passa au régiment de La Vallière. Après la mort
de son père, le 30 janvier 1710, dans le règlement de succession, il eut dans son lot le fief de Berles, compris dans le
village de Beaurains, Des Pêcheries dans la banlieue de cette
ville, les terres de Vergineuil, de Focquet et de Pencode. Il
avait récréanté sa bourgeoisie le 11 mars 1684 [4]. (Voir ce que
nous avons dit sur le rôle de la noblesse dans la bourgeoisie,
ci-dessus pages 51, 168, 170, 200 etc.)

— 5° Marie-Magdeleine d'Amiens, qui contracta union avec

1 Registre aux bourgeois d'Arras de 1669 à 1696. 2e série, fol. 128,
vo, Archives communales d'Arras.

2. Archives du château de Ranchicourt.

3. Voir aux *Pièces justificatives* preuve LXII, sa commission de lieutenant-
colonel.

4. Archives du château de Ranchicourt.

JEAN PLOMEL, écuyer, sieur de La Panoterie, capitaine au régiment de la Reine, dont elle eut une fille, *Françoise-Madeleine*, baptisée le 7 novembre 1693 et tenue sur les fonts par Jean-François d'Amiens, écuyer, sieur de Waringhen, et par Françoise Moreau de Grandmaison[1]. Françoise Madeleine de la Panoterie fut mariée en 1740 à *Michel de Renty*, écuyer, capitaine au régiment Dauphin. Michel de Renty fut le parrain de Philibert d'Amiens de Ranchicourt que l'on trouvera plus loin.

— 6° CLAIRE-JOSÈPHE D'AMIENS, femme de JEAN D'ITHIER, écuyer, sieur de Marty, chevalier de Saint-Louis, lieutenant d'un régiment de cavalerie[2] au régiment de Belacueil. Claire-Josèphe d'Amiens n'eut point de postérité de son mariage avec Jean d'Ithier. Ses biens considérables incombèrent à ses frères et neveux et principalement à l'aîné Jacques-François d'Amiens, seigneur de Waringhen et de La Ferté, qui recueillit pour sa part le fief de La Chaussée et divers manoirs situés à Camblain, Chatelain et à Calonne-Ricouard, dans le comté de Saint-Pol, et d'autres à Billy et Montigny, qui avaient été brûlés pendant le siège de Douai, la seigneurie de Jourdain et les domaines relevant du marquis de Vignacourt[2]. Ceci prouve que

1. Anciens Registres ecclésiastiques de la paroisse Sainte-Croix de Béthune, *Série GG*, registre allant du 16 août 1678 au 16 mars 1699. Archives communales de la ville de Béthune. — Archives du château de Ranchicourt. — PLOMEL DE LA PANOTERIE : *D'or, à l'arbre de sinople, au chef de gueules chargé de trois tours d'or.*

2. Partage fait le 14 décembre 1713 entre Jacques-François d'Amiens, sieur de La Ferté, et ses frères Antoine-Nicolas d'Amiens, chanoine et chantre de la cathédrale d'Arras ; Eloy-Louis d'Amiens, écuyer, sieur d'Oisemont,

les d'Amiens de Varinghen n'avaient jamais entièrement abandonné le berceau originel de leur race et qu'il furent toujours plus ou moins possessionnés dans le comté de Saint-Pol comme leurs ancêtres et cousins les sires de Bachimont et les seigneurs de Moncheaux.

— 7° MARIE-YOLANDE D'AMIENS de Ranchicourt qui s'allia en 1679 à JEAN-FRANÇOIS-DOMINIQUE LE CARON, seigneur de Cannettemont, de Sains-les-Hauteclocque en Ternois, fils de François-Dominique Le Caron, écuyer, et de Marie-Anne Le Grand de Canettemont[1]. D'eux provinrent : — I. *Jean-François-Joseph Le Caron*, écuyer, sieur de Canettemont, Sains, Bungalant, Rozières, marié en 1703 à *Jeanne-Françoise de Fromentin-Mouchy* dont il eut *Marie-Philippe-Dominique Le Caron*, écuyer, sieur desdits lieux, qui épousa, en 1739, *Marie-Françoise Le Duc de Masnuy*. — II. *Louis-Dominique Le Caron*, sieur de Rollois, qui épousa, en 1716 *Marie-Anne de Torcy* qui procréa *Marie-Yolande de Torcy*, dont les noces avec *Charles-François de Hauteclocque*, chevalier, seigneur de Vail, furent célébrées en 1744. — III. *Louise-Antoinette Le Caron*, dame du Maisnil. — IV. *Marie Yolande Le Caron*, femme de *Jean-François Le Febvre*, sieur de Gouy, conseiller au conseil d'Artois. — V. *Marie-Agnès Le Caron*, conjointe en 1720 à *Charles-Philippe Quarré*,

---

lieutenant-colonel au régiment de Solres, etc. (Archives du château de Ranchicourt.)

1. Archives du château de Ranchicourt. — Tablettes généalogiques. — *Recherches généalogiques sur les comtés de Ponthieu*, etc., par de La Gorgue-Rosny, t. I, p. 32-344 et 345. — *Esquisses généalogiques concernant un grand nombre de familles alliées entre elles*, p. 5 et 29. (Voir PREUVE LXII.)

écuyer, seigneur de Boiry-Saint-Martin. — Les Le Caron tiennent par des alliances non seulement aux familles sus-indi-
quées, mais encore aux d'Espalungue, de Lencqueving, Boudart
de Couturelle, de Brandt, de Coupigny, etc.

XVIII

JACQUES-FRANÇOIS D'AMIENS, sieur de Waringhen, de
de La Ferté, mayeur de Béthune [1], lieutenant-général de la gouvernance de Béthune, succéda dans cette charge, en 1685, à Charles de Coupigny, seigneur de Salan. Il récréanta sa bourgeoisie
le 8 mars 1674 [2]. En 1707, il cumula sa lieutenance avec la
fonction de subdélégué de l'intendant d'Amiens dans l'Élection
de Béthune. Le roi le pourvut de cet office [3] qu'il venait de

1. Jacques-François d'Amiens fut député aux États provinciaux d'Artois
en 1715, 1718, 1723. Le Tiers-État qui choisissait de préférence, à cause
de leur crédit, ses candidats parmi les gentilshommes agrégés à la bourgeoisie : maires des villes ou anciens dépositaires du pouvoir royal, se fit
représenter à Saint-Omer par Jean-Baptiste de France, lieutenant et mayeur
de cette cité ; à Lens par Arnould-Adrien de Hornes, baron d'Hardinxveld,
maire aussi ; à Béthune par Jacques-François d'Amiens, écuyer, sieur de La
Ferté, lieutenant général et sub délégué de l'intendant, premier échevin et
maire de Béthune ; à Houdin par N. du Puich, écuyer, sieur du Quesnoy,
beau-frère du précédent. (*Archives de la ville de Béthune*, Série II, n°˙ 29,
34, 38). — Voir PREUVE XLII.

2. Extrait du registre aux bourgeois de la ville d'Arras de 1651 à 1693,
fol, 129, relatif à Jacques-François d'Amiens : « *Jacques-François d'Amiens*,
« escuier, sieur de la Ferté, fils de *Jean-François d'Amiens*, escuier, sieur
« de Warenghem, lieutenant général de la ville de Béthune, a récréanté la
« bourgeoisie et presté le serment par devant Monsieur d'Esquires, eschevin
« sepmanier, le VIIIᵉ de mars 1674. »

3. Archives de la ville de Béthune, *Série BB*, 18, p. 444 registre in-4.

créer, par lettres du 7 avril 1707 insérées aux *Pièces jus-tificatives* PREUVE LXIII). Un tel office constituait à ceux qui en étaient investis de grands honneurs et priviléges et leur as-surait la préséance dans les cérémonies et voix prépondérante dans les séances du magistrat. Le subdélégué était en outre dis-pensé de tous impôts, de toutes charges, du logement des gens de guerre, du droit de franc fief, etc. On trouve aux archives du château de Ranchicourt, plusieurs actes émanant de Jacques-François d'Amiens comme lieutenant général de la gouvernance de Béthune et se rapportant à sa charge, notamment plusieurs instructions données aux sergents de ladite ville, le 11 octobre 1685. Il fit dresser procès-verbal de défaut, le 26 septembre 1685, contre Antoinette Dumet, femme de Pierre Vuillemé, qui, étant en procès avec celui-ci, n'avait pas comparu. Jacques-François d'Amiens avait procédé à un acte analogue, le 17 octo-bre 1684, contre les mêmes. Dans le registre des ordonnances rendues à la Chambre eschevinale de la ville de Béthune, on lit une condamnation par défaut infligée par Jacques-François d'Amiens à un sieur Léger Florant, débiteur d'un nommé Cour-tois, au paiement d'une somme de trois florins, le 22 avril 1690. Les actes de sa lieutenance sont encore très fréquents dans les années 1691 et 1692 [1]. Il rendit compte, en octobre 1710, à ses

---

1. Archives du château de Ranchicourt. 4 feuillets papier in-folio.

Voici l'une des sentences prononcées par Jean-François d'Amiens, comme lieutenant général de la gouvernance d'Arras :

Sentence de Jacques-François d'Amiens, écuyer, sieur de La Ferté, lieu-tenant général en ses villes et gouvernance de Béthune ; etc. Sçavoir faisons que : veu le différent sur requeste d'entre Guislain Chamart, Mᵉ chirurgien,

frères et sœur Antoine-Nicolas d'Amiens, chanoine d'Arras,
Eloi-Louis d'Amiens, sieur d'Oisemont, lieutenant-colonel du
régiment de Solres, et Marie-Magdeleine d'Amiens de toutes les
rentes, arrérages et jouissances foncières provenant de la succession de leur sœur, Claire-Joséphine d'Amiens, veuve de Jean
d'Ithier, écuyer, sieur de Marty, lieutenant-colonel d'un régiment de cavalerie, et de leur tante, Louise-Antoinette Denis,
veuve de M. Deslyons. Les mêmes se partagèrent l'héritage de
leur père et mère, le 26 mars 1711, ainsi que tous les biens qui
leur étaient échus par suite du décès d'autres parents. Dans un
état postérieur des biens de la famille d'Amiens on trouve le
fief d'Outrebois situé au village de Blaringhem[1] près Aire. Or ce
fief était, en 1200 et antérieurement, aux mains des d'Amiens de
la branche des sires de Canaples dont les descendants l'aliéné-
rent en grande partie au roi Charles V. Une fraction de cette seigneurie passa aux d'Amiens, seigneurs de Bachimont, cadets de
ceux de Canaples et ensuite au rameau des seigneurs de Waringhen et de La Ferté qui la détenaient encore au milieu du XVIII[e]

demeurant à Lens, mary et bail de demoiselle Marie-Magdelaine Boraval,
demandeur, aux fins d'icelle du vingt-neuf de mars dernier et deffendeur
incidamment d'une part, Jean Boraval, aussy M[c] chirurgien, demeurant en
ceste ville, deffendeur sur la dite requeste, et incidamment demandeur sur
le contenu en sa réponse du six de may d'autre part, et condamne le dict
Chamart en la moitié des despens, l'autre réservée en définitive. En tes-
moing de quoy nous avons fait mettre aux présentes le scel de la dite gouvernance et nous échevins iceluy aux causes de la ditte ville qui furent
faites en chambre eschevinalle d'icelle ville le septiesme de septembre seize
cent quatre-vingt-six.

1. Voir aux *Pièces justificatives*, PREUVE LXIV.

siècle. Cette longue possession à travers les âges par les d'Amiens, seigneurs de Canaples, de Bachimont et de Waringhen, implique la communauté d'origne des trois rameaux. A la suite de cette déclaration de 1711 vient une procuration, signée le 5 décembre 1713 par Eloi-Louis d'Amiens, sieur d'Oisemont, qui donne pouvoir de le représenter à la répartition des lots, dans les successions paternelles, maternelles et autres, à ses frères Jacques-François d'Amiens, écuyer, sieur de La Ferté et à Nicolas d'Amiens, chanoine de la cathédrale d'Arras. Les cohéritiers furent mis en possession de leurs parts respectives le 23 février 1714. Dans celle de Jacques-François d'Amiens, sieur de La Ferté, on remarque encore, à côté de plusieurs fiefs voisins de Werdin et de Carincy, la seigneurie d'Outrebois [1], l'une des primitives de la Maison d'Amiens et qui était, nous le répétons, l'un des apanages, en 1200, de la branche de Canaples : si ce n'était qu'un fragment, il faut reconnaitre toutefois qu'il était vénérable. Jean-François d'Amiens se maria, le 12 février 1689, à JEANNE-ELISABETH-SABINE DU PUICH DE MESPLA, fille de Nicolas du Puich, seigneur de Mespla, et de dame Pollart, ainsi qu'il appert de son contrat de mariage dont voici un extrait : « Comparurent en leurs personnes JEAN-FRANÇOIS « D'AMIENS, escuyer, sieur de Warenghen, Berles, etc., cy- « devant lieutenant général des villes et gouvernance de Bé- « thune, y demeurant, et damoiselle YOLANDE-DENIS et JACQUES- « FRANÇOIS D'AMIENS, aussy escuyer sieur de La Ferté, conseil-

1. Archives du château de Ranchicourt. (Voir PREUVE LXI.)

« ler du Roy, et son lieutenant général ès dites ville et gouver-
« nance de Béthune, y demeurant, son fils aisné à marier qu'il
« a eu de sa conjonction avec la demoiselle Denis, sa femme,
« assisté d'Eloy, Louis d'Amiens, escuyer, sieur d'Oisemont,
« lieutenant au service du Roy, dans le régiment de M. le
« comte de Solre[1], et de damoiselle Claire-Josèphe d'Amiens,
« dame de Berles, et de damoiselle Marie-Madeleine d'Amiens,
« dame de **La Panoterie**, ses frères et sœurs, de vénérable
« personne M. Eloy Menche, sieur des Mottes, chanoine
« de la collégiale de Saint-Barthélemy, audit Béthune, du
« sieur Jean Foulloy, escuyer, sieur dudit lieu, capitaine d'une
« compagnie de dragons pour le service du Roy, major de ceste
« ville de Béthune, et damoiselle Marie-Madeleine Menche, sa
« femme, lesdits du surnom de Menche, cousins et cousines
« venus de germains au dit sieur mariant, d'une part. Damoi-
« selle Anne Pollart, veuve de feu sieur messire Nicolas du
« Puich, vivant licencié ès lois, sieur de Mespla ou Mesplau,
« conseiller du Roy, en ycelle ville et gouvernance de Béthune
« y demeurant, et damoiselle JEANNE-ELISABETH-SABINE DU
« PUICH, sa fille à marier, qu'elle a eu de sa jonction avec ledit
« feu de Mesplan, son mary, assistée de damoiselle Marie-Antoi-
« nette du Puich, dame de Lauroy, sa sœur, demeurant audit
« Béthune, de vénérable et discrète personne, Mᵉ Jacques du
« Puich, prêtre, chanoine de la collégiale de Saint-Barthélemy
« audit Béthune, sieur de Bayeu en partie, son oncle paternel.
« La bénédiction nuptiale fut donnée aux epoux, le 15 février

1. Voir PREUVE LXII.

15

« 1689, dans l'église des Annonciades[1]. » Jacques-François d'Amiens, en sa qualité de subdélégué de l'intendant, fit réparer les prisons de Béthune après avoir fait dresser un état estimatif des frais, le 1ᵉʳ juin 1717. Il trépassa âgé de 85 ans, le 16 décembre 1738[2], laissant de Jeanne-Elisabeth-Sabine du Puich :

— 1° ANTOINE-LOUIS-JOSEPH D'AMIENS, lieutenant général de la gouvernance d'Arras, qui va personnifier le prochain degré.

— 2° NICOLAS-FRANÇOIS D'AMIENS, baptisé à l'église Sainte-Croix, le 27 mai 1690 ; il fut tenu sur les fonts par Jean-François d'Amiensé, cuyer, seigneur de Waringhen, et par Anne Pollart, veuve de Nicolas du Puich, sieur de Mespla. L'inscription de naissance porte que Nicolas-François d'Amiens avait pour auteurs Antoine-Louis-Joseph d'Amiens, lieutenant général de la ville et gouvernance de Béthune, et Jeanne-Élisabeth Sabine du Puich[3].

— 3° JEAN-JOSEPH D'AMIENS, chanoine de la cathédrale d'Arras, comme son oncle Antoine-Nicolas qu'il dut remplacer sur

1. Archives du château de Ranchicourt, in-folio, trois expéditions de l'acte dont l'une authentiquée par la signature des parties. — Archives communales de la ville de Béthune, registre in-folio, allant du 27 juin 1684 au 5 juillet 1703, *Série GG*, 62.

2. Archives communales de Béthune, *Série GG*, 67. Registre du 16 juin 1721 au 26 décembre 1749.

3. Anciens registres ecclésiastiques de la paroisse de Sainte-Croix, état civil de la ville de Béthune, Archives municipales, *Série GG*, 52. — « 27 mai 1690, baptême de Nicolas-François, fils de Jacques-François d'Amiens, écuyer, sieur de La Ferté, lieutenant général de la gouvernance de Béthune, et de demoiselle Jeanne-Elisabeth-Sabine du Puich. »

son siège, fut présent le 5 février 1724 au mariage de son frère
Antoine-Louis-Joseph d'Amiens, seigneur de Waringhen et de
La Ferté, avec Anne-Josèphe du Pire, dame de la Courtaubois,
fille de Messire Nicolas-Alexandre du Pire, baron du Pire et
d'Hinge, grand bailli de la gouvernance de Béthune, et de Thérèse-Guislaine Briois[1]. Jean-Joseph d'Amiens reparaît, le 11 février 1751, à la seconde union de son dit frère aîné avec Marie-
Magdeleine Le Ricque[2]. Il fit aveu, le 27 juillet 1761 et le 31
août 1762, à raison de la seigneurie de Lattre, sise au-dessus
des marais de Noyelles, et de ses dépendances, qu'il tenait
en cotterie du chapitre d'Arras. Un autre dénombrement fut
également présenté, le 8 août 1765, par Jean-Joseph d'Amiens
à haut et puissant seigneur Messire Emmanuel de Croy-Solre,
prince du Saint-Empire, chevalier de l'ordre du Saint-Esprit,
lieutenant général de ses armées, gouverneur et baron de la
ville de Condé, grand veneur héréditaire du pays et comté de
Hainaut, seigneur de Pernès, de Saint-Laurent, de Maldeghen,
Aldeghen, Beauffort, Blavincourt, etc. Les terres de Jean-Joseph
d'Amiens étaient mouvantes de ce dernier fief, c'est-à-dire de
Blavincourt[3].

1. Archives du château de Ranchicourt. Contrat de mariage d'Antoine-
Louis-Joseph d'Amiens avec Anne-Josèphe du Pire, dame de Courtaubois,
5 février 1724. (Voir PREUVE LXV.)

2. *Idem.* Contrat de mariage d'Antoine-Louis-Joseph d'Amiens avec
Marie-Magdeleine Le Ricque. (11 février 1751.)

3. *Ibidem.* Aveux et dénombrements. (Voir aux *Pièces justificatives*,
PREUVE LXIX.)

XIX

ANTOINE-LOUIS-JOSEPH D'AMIENS, écuyer, seigneur de
Waringhen, Rebreuve, La Ferté, Révillon, Ranchicourt, Maisnil et
autres places, demanda des lettres de chevalerie, le 8 juillet 1724.
Comme la plupart des descendants des vieilles races d'Artois
et de Picardie, il avait, par la fatalité des guerres dont ces
pays furent le théâtre pendant trois siècles, perdu ses titres
d'origine chevaleresque [1]. Il exposa que sa famille était sortie
de bon estoc et qu'il était fils aîné de Jacques–François d'A-
miens, écuyer, sieur de La Ferté, premier échevin et chef du
magistrat de Béthune, et de dame Jeanne-Élisabeth–Sabine du
Puich, laquelle avait pour auteur Nicolas du Puich [2], quand vivait conseiller du roi à la gouvernance de la susdite ville. Le
requérant se déclare en outre petit–fils de Jean-François d'A-
miens, écuyer, sieur de Waringhen, lieutenant général de la
même localité, et de Marie-Yolande Denis. Celle-ci née de Jacques Denis, écuyer, sieur de Sapigny, avait pour aïeul André
Denis, chevalier et président du conseil provincial d'Artois. Le

1. Philippe IV accorda, le 10 octobre 1631, des lettres de chevalerie à Gilles de Beauffort, seigneur de Mondicourt, qui avait eu ses archives
domestiques brûlées dans les guerres. — *Noblesse et Chevalerie de Flandre,
d'Artois et de Picardie*, par Roger, page 370. — Pour le même motif
Louis XIV créa *chevaliers héréditaires* deux cents gentilshommes des plus
distingués d'Artois et de Cambrésis. (Voir son Édit PREUVE LXVI.)

2. Du Puich : *De sinople, à la bande d'argent et au croissant de même posé
en chef.*

postulant ajoute que ses ancêtres avaient constamment servi le roi avec loyauté et rempli dignement les fonctions qui leur avaient été confiées par la monarchie[1]. Les gentilshommes artésiens, en se faisant rétablir ou maintenir dans leur noblesse, immédiatement après l'occupation française, n'eurent d'abord d'autre but que d'éviter la taille, qui, sous le régime nouveau, les assimilait au tiers-état, bien plus infériorisé chez nous que dans les villes industrielles de la Picardie et des Flandres, où son organisation démocratique fonctionnait avec l'assistance de l'aristocratie locale. Après l'annexion de l'Artois, les nobles de ce pays voulurent recouvrer des titres, qui, autrefois, étaient sans utilité, mais qui, dans la société française, pouvaient faciliter l'accès des dignités et l'entrée à la cour. C'est pour cette raison que les descendants de ceux qui avaient laissé à l'écart ou plutôt en suspens la qualité de *Chevalier*, interdite par les statuts bourgeois, se prirent à la revendiquer en devenant français. Elle était d'ailleurs commémorative d'origine et il était essentiel de faire sanctionner cette marque familiale au point de vue historique et temporel. Aussi les nobles de l'Artois, dont les parchemins et autres actes avaient disparu dans les désastres, amenés par des luttes et des invasions périodiques, cherchèrent-ils à remédier à cette perte, non seulement à la fin du xvii° siècle mais encore au début du xvi°, en sollicitant des souverains d'Autriche et d'Espagne, dont ils relevaient avant 1640, des lettres de chevalerie. C'est ainsi que furent créés chevaliers : — Pierre-

---

1. Archives du Pas-de-Calais, *Série C*, 258, n° 41, Intendance.

Augustin de Saint-Amand, le 21 avril 1543; — Louis de Beauffort, seigneur de Boisleux, le 15 mai 1596; — Hugues Wasse-
lin de Lannoy, seigneur de Prouville, le 23 décembre de ladite
année; — Ponthus Divion, seigneur d'Oppy, le 14 août 1608;
— Antoine de Tramecourt, le 1er septembre 1612; — Jean Desplanques, seigneur de Hesdigual, Tincques et Tincquettes, le 5
mars 1614; — Dominique du Prouville, seigneur de Haucour
à la même date; — Charles de Coupigny, le 22 septembre 1616;
— Adrien de Melun, seigneur de Cottines et de Saint-Hilaire, le
11 janvier 1620; — Charles de Courteville, le 17 juin 1625; —
Antoine de Bétencourt, baron de Carency, le 30 juin 1625; —
Charles de Pressy, seigneur de Flencques, le 29 décembre 1625;
— Gilles Du Bois, dit de Fiennes, seigneur d'Hestru, le 4 juin
1626; — Charles de Tournay, baron d'Oisy, le 24 mars, 1627;
— Guillaume Cuinghen, seigneur de Gomicourt et de Bachimont, parent des d'Amiens de la branche des Bachimont et de
celle qui nous occupe, le 1er août 1630; — Charles de Croix,
seigneur d'Estrayelles, Herbinghen et la Motte, le 4 décembre
1630; — Gilles de Beauffort, seigneur de Mondicourt, qui avait
également avec les d'Amiens des liens d'affinité, le 1er octobre
1631; — Jean-Baptiste de Villers, seigneur de Cambrin, le 6
mars 1632; — Thomas de Croix, seigneur de Fresnoy, le 12
décembre 1634. — Après la conquête de l'Artois et sa réunion
à la France, les gentilshommes du comté dont les instances, pour
obtenir des confirmations ou sentences de noblesse, avaient
été précédemment couronnées de succès, demandèrent des lettres complétives de chevalerie qui rappelaient leur condition

privilégiée dans le passé. C'est ainsi que des lettres de chevalerie furent délivrées à — Jacques et Louis d'Ostrel, seigneurs de
Flers et de Conchy, le 28 avril 1651 ; — Alexandre-Augustin Le
Sergeant, seigneur de Marsigny, le 16 août 1679 ; — Louis-Geor-
ges Le Josne, seigneur de Grand-Maret, à la même date ; —
Alexis-Charles de Fiennes, seigneur d'Héricourt et de Condalle,
en septembre 1685 ; — et par Louis XV à Louis-Joseph de Couronnel, seigneur de Velu, en décembre 1723[1] ; — Guislain-Joseph
Quarré, seigneur du Repaire, en juin 1724. Ce dernier était proche d'Antoine-Louis-Joseph d'Amiens, seigneur de Waringhen,
qui sollicita à son tour, le 8 juillet 1724, des lettres de chevalerie
dans la supplique suivante, adressée à l'intendant de Picardie.
« Monseigneur, J'ay l'honneur d'adresser à votre grandeur un
« placet et la supplier de l'écouter favorablement, en considéra-
« tion du zèle et des services de mes ancêtres, que j'espère con-
« tinuer dans la suitte, et m'accorder le titre de chevalier .....
« J'ai l'honneur d'estre, avec un très profond respect, Monsei-
« gneur, votre très humble et très obéissant serviteur. » Signé
D'AMIENS DE WARINGHEN [2]. Le cas d'Antoine-Louis d'Amiens, au
lieu d'être particulier, était, on le voit, général parmi les nobles
de l'Artois, disgrâciés par les événements à toutes les époques.
C'est donc pour se remettre à l'unisson avec ses aïeux que le seigneur de Waringhen fit cette requête. Antoine-Louis-Joseph d'A-

---

1. Toutes ces créations ou confirmations sont tirées des Anciens Registres
de l'Élection d'Artois.

2. *Archives du Pas-de-Calais*, Série C, 258, n° 40, Intendance. Cette requête est précédée des preuves filiatives indiquées plus haut, page 232.

miens épousa, le 8 février 1724, MARIE-ANNE-JOSÈPHE DU
PIRE, dame de la Courtaubois, fille de Messire Nicolas-Alexandre
du Pire, chevalier, baron d'Hinge[1], grand bailli d'Artois, colonel
de dragons, major général de l'armée de Flandre, chevalier de
Saint-Louis, et de Thérèse-Guislaine Briois. L'époux fut assisté
par son frère cadet, Jean-Joseph d'Amiens, chanoine de la cathédrale d'Arras, de Charles-Philippe Quarré, seigneur de Gouy,
et de Marie-Agnès Le Caron, etc. Le cortège de la fiancée était
représenté par sa mère, dame Thérèse-Guislaine Briois, veuve
du baron d'Hinge, par Marie-Anne–Josèphe du Pire, dame de la
Courtaubois, Messire Louis-Alexandre du Pire, chevalier, baron
d'Hinge, grand bailli de la gouvernance de Béthune; Messire
Paul-François Waast du Pire, seigneur d'Hinge; Pierre-An-
toine, Henri, écuyer, seigneur de Vaudricourt, par Nicole-Vi-
dastine du Pire, femme du précédent et sœur de la mariée,
Messire Claude-François du Pire, chevalier, sieur du Chaste-

---

1. Extraits du *Grand Armorial de France* relatifs aux armes des du Pire,
barons du Pire et d'Hinge, qui varient du père au fils, ce qui démontre
une fois de plus que la diversité d'armes ne prouve rien contre la communauté d'origine.

« Nicolas-Alexandre Chevalier, baron du Pire et d'Hinge, grand bailli
« héréditaire des ville et gouvernance de Béthune : *D'azur, à un chef d'or*
« *chargé de trois billettes de gueules.* »

« Alexandre du Pire, écuyer, seigneur de Forlinghen : *D'argent, à un sau-*
« *toir de sable, chargé en cœur d'une macle d'or.* » (*Armorial de France,*
Picardie. 1 vol. XXVII, p. 800. Cabinet des titres. Bibl. Nationale.)

La terre d'Hinge fut élevée au rang de baronnie, en juin 1696, par lettres
patentes de Louis XIV, en faveur de Nicolas-Alexandre du Pire, grand
bailli de Béthune et beau–père d'Antoine-Louis-Joseph d'Amiens. (*XIe Re-*
gistre aux commissions d'Artois, p. 1209.)

let, ci-devant capitaine au régiment de dragons du roi, chevalier de l'ordre de Saint-Louis[1]. La cérémonie nuptiale fut célébrée à l'église de Saint-Vaast le 8 février 1724. Antoine-Louis-
Joseph d'Amiens rendit hommage, le 3 février 1727, au nom de
sa femme, Marie-Anne-Josèphe du Pire, pour deux fiefs nobles,
à Messire François-Edgard de Flechin, chevalier, marquis de
Wamin, vicomte de Vaissemoult, seigneur de Mazinghem, Fontaines, etc.[2]. Le même hommage fut renouvelé, le 11 novembre
1734, par ledit seigneur de Waringhen, agissant cette fois comme
père et tuteur de son fils Louis-Alexandre d'Amiens qui avait hé-
rité, du chef de sa mère et de son aïeule, des seigneuries de
Burbure, Courtaubois, Monchy[3]. La terre de la Ferté avait la
haute juridiction sur celles d'alentour; Antoine-Louis-Joseph
d'Amiens, en sa qualité de seigneur de ce lieu, reçut, le 17
février 1741, l'hommage qui lui était dû par Messire Antoine-
Adrien de Blocquel de Croix, chevalier, baron de Wisme, seigneur de Maret, etc., à raison de trois fiefs compris dans le ter-

1. D'après l'*Armorial général* de d'Hozier, Picardie, vol, XXVII, p. 801.
voici quelles étaient les armes de Thérèse-Guislaine Brios : « GUISLAINE-
« THÉRÈSE BRIOIS, femme de Nicolas-Alexandre du Pire, baron du Pire
« et d'Hinge, grand bailly héréditaire des ville et gouvernance et
« advouerie de Béthune portait : *De sinople, à un chevron écartelé d'or et de*
« *sable.* »

2. Contrat de mariage d'Antoine-Louis-Joseph d'Amiens avec Marie-
Anne-Josèphe du Pire, fille du baron d'Hinge. — Archives du château de
Ranchicourt, expédition sur papier de 18 feuillets. (Voir aux *Pièces justi-
ficatives* PREUVE LXVI.) — Archives Départementales du Pas-de-Calais,
Série GG, 16, reg. in-fol.

3. Archives du château de Ranchicourt. Parchemin en 2 feuilles. (Voir
Pièces justificatives PREUVE LXVI.)

ritoire de Maret pour lesquels le baron reconnut relever d'Antoine-Louis-Joseph d'Amiens [1]. (Voir PREUVE LXVI.) MarieAnne-Josèphe du Pire d'Hinge rendit son âme à Dieu le 21 septembre 1734 et fut ensevelie dans l'église Sainte-Croix de Béthune [2]. Antoine-Louis-Joseph d'Amiens prêta également, pour le compte de son fils et pupille, le serment de fidélité féodale à haut et puissant Messire François-Eugène-Dominique de Béthune, comte de Saint-Venant, vicomte de Liers. Antoine-Louis-Joseph d'Amiens, après le décès prématuré de MarieAnne-Josèphe du Pire, s'était remarié, le 11 février 1751, à MARIE-MADELEINE LE RICQUE, issue de Lamoral Le Ricque, écuyer, seigneur d'Alennes, d'Espret, La Bourse, et de MarieFrançoise-Thérèse de La Rivière, dame de Violaine, Dours, et autres places. Au contrat comparurent pour l'époux, Jean-Joseph d'Amiens, chanoine de la cathédrale d'Arras, et, pour l'épouse, sa mère, Philippe-Louis Le Ricque, écuyer, seigneur d'Espret, Marquais, La Bourse, etc.; Messire Nicolas-Procope Le Ricque[3],

1. Archives du château de Ranchicourt. Titre sur parchemin en 2 feuillets. Dénombrement sur parchemin fourni par le baron de Wisme à Antoine-Louis-Joseph d'Amiens, seigneur de La Ferté. (Voir aux *Pièces justificatives* PREUVE LXVI.)

2. Anciens registres ecclésiastiques de l'église Sainte-Croix de Béthune. Archives communales, *Série GG*.

3. Procope Le Ricque, écuyer, seigneur d'Allenes, portait : *D'azur, à un pal de gueules chargé d'une molette d'or.* (Armorial général de Picardie. Vol. 27, fol. 794. Cabinet des titres. Bibl. Nationale.)

MARIE-MADELEINE LE RICQUE, portait : *D'argent, au chevron de gueules chargé de trois quintefeuilles d'argent.*

Les Le Ricque dataient de très loin; Robert Le Ricque figure dans des lettres de Charles VI du 3 juin 1381 où le malheureux souverain promet

capitaine au régiment de Picardie, chevalier de Saint-Louis, et son frère Robert-François Le Ricque, qui servait le roi dans le même régiment et au même titre, enfin Lamoral-Antoine Le Ricque, seigneur d'Aleunes [1]. Cet acte fut signé, au château d'Espret dans la paroisse de Sailly, devant Saint-Leger et Hullen, notaires. Antoine-Louis-Joseph d'Amiens avait acquis, le 9 février 1747, au prix de 165,000 livres, les terres de Ranchicourt, du Maisnil [2] et de Sinador, de Victor-Alexandre, marquis de Mailly, chef de sa maison, comte de Rubempré, autorisé par son épouse, haute et puissante dame Victoire-Delphine de Bournonville. Le vendeur transporta en même temps à Antoine-Louis-Joseph d'Amiens tous les droits de justice et de patronage et toutes les prérogatives honorifiques et seigneuriales attachées à la terre de Ranchicourt, Maisnil, et autres [3]. L'acte fut retenu par G. Courrier et Saint-Leger, notaires. Antoine-Louis-Joseph

sa protection spéciale aux gens et biens de l'abbaye de Saint-Waast et désigne parmi ceux qui doivent faire respecter cette sauvegarde Jacques de Rue, Gilles de Chérisy, Henri de Wailly, ROBERT LE RICQUE, etc. (*Archives départementales du Pas-de-Calais.* Série II, clergé régulier, liasse de 27 pièces, dans laquelle celles, qui nous intéressent, portent numéros 12 et 13.)

1. Archives du château de Ranchicourt. Papier. (Voir PREUVE LXVII.)

2. La famille possède encore la chapelle du Maisnil qui était autrefois à la nomination du seigneur ; le chapelain était tenu d'y demeurer.

3. La terre de Ranchicourt relevait des ducs de Croy, sauf pour certaines parties qui devaient des droits seigneuriaux à MM. de Lannoy et d'Aumale.

Les premiers possesseurs connus de la terre de Ranchicourt sont très lointains dans le passé. Watier de Ranchicourt fut un des chevaliers du tournoi d'Auchin en 1096, Simon, seigneur de Saint-Oubert, en 1267, Isad'Amiens est qualifié seigneur de Waringhen, de La Ferté, dans ce contrat d'acquisition, et seigneur de Ranchicourt, Rebreuves, Maisnil, dans une transaction passée, le 12 juin 1752, avec François Bacon, seigneur de Sains-en-Gohelle au sujet d'une saisie féodale [1]. Il mourut le 29 octobre 1756, et ses restes furent déposés, comme ceux de plusieurs membres de la famille, en l'église de Sainte-Croix de Béthune [2]. Marie-Madeleine Le Ricque, veuve d'Antoine-Louis-Joseph d'Amiens, fit, le 26 octobre 1770, une déclaration d'aveu comme tutrice de son fils Jean-Louis d'Amiens, mineur, qui devait le dénombrement au chapitre d'Arras pour la seigneurie de Lattre qui lui avait été léguée par son oncle. Marie-Madeleine Le Ricque [3] fut convoquée, pour la

belle de Ranchicourt épousa Jean II de Béthune, seigneur de Besplanques. Pierre de Ranchicourt fut sacré évêque d'Arras en 1472 ; ce fut lui qui fit restaurer l'église de Ranchicourt, nécropole de sa famille. Parmi les débris de cette chapelle, détruite en 1793, on peut lire encore sur deux pierres tumulaires des inscriptions en faveur de plusieurs personnages de la race de Ranchicourt. Anne de Ranchicourt, la dernière de son lignage, s'étant mariée vers 1520 à Guy de Bournonville, gouverneur d'Abbeville, lui apporta en dot, outre le fief patrimonial de Ranchicourt, les seigneuries de Hénin, Liétard, Division, Gouy, Maisnil, Fournès, Vasquehal. ARMES : *D'argent, au chevron de gueules accompagné de trois tourteaux de même.*

1. Gros de Béthune n° 40 ; Archives départementales du Pas-de-Calais.

2. « Enterrement d'ANTOINE-LOUIS-JOSEPH D'AMIENS, écuyer, seigneur de « Waringhen, La Ferté, Ranchicourt, Maisnil, et autres lieux, époux en « deuxièmes noces de dame MARIE-MAGDELEINE LE RICQUE D'ALENNES. » — (Anciens registres ecclésiastiques de la paroisse de Sainte-Croix, allant du 3 janvier 1750 au 23 octobre 1765. Archives communales de Béthune ; *Série GG, 69.*)

3. Elle fit reconstruire en partie (1778) le château de Ranchicourt par l'architecte Jean-Baptiste Jacquemont.

seigneurie vicomtière d'Alennes aux États généraux d'Artois en 1789, où elle fut représentée par son fils Jean-Louis d'Amiens, seigneur de la Ferté, Ranchicourt, Maisnil, Rebreuve, ainsi qu'il résulte de la procuration délivrée par ladite dame à Béthune le 18 avril 1789. (Voir *Pièces justificatives* PREUVE LXVIII.) Parmi les autres grandes dames qui donnèrent des mandats analogues, dans les mêmes conditions et circonstances, nous avons noté Madeleine-Ignace-Guislaine de Berghes, princesse de Bâche; très haute, très puissante et très illustre dame Madame Élisabeth-Pauline de Gard de Mérode de Montmorency, née princesse de Masmines, épouse séparée de corps et de biens de Monseigneur Léon-Félicité de Brancas, comte de Lauragais; noble dame Josèphe-Pauline de Grenet, dame d'Oisnonoy, veuve de Messire Pierre-Alexandre de Cardevac, chevalier, seigneur de Gouy en Artois; Anne-Marie-Laure-Charlotte, née princesse de Croy du Saint-Empire romain, marquise de Leyde, comtesse de Raux, qui chargea de ses pouvoirs, Brive de Beaumets, premier président. A la même assemblée comparait également dame Thérèse-François-Vidastine Le Ricque, veuve d'Adrien-François de La Forge, ayant pour procureur fondé son neveu Jean-Louis d'Amiens, écuyer, seigneur de Ranchicourt[1]. Marie-Madeleine Le

---

1. Archives départementales du Pas-de-Calais, Série B, 888.

On trouve aux Archives Départementales d'Arras plusieurs actes se rapportant à Marie-Madeleine Le Ricque et notamment les suivants, cotés B, 660. — Gros de Béthune n° 10 et n° 1 :

11 juillet 1764. « Procès verbal et plan de terre à Hesdigneul, dressé en vertu d'un jugement du 11 juillet 1768, en la gouvernance d'Arras, entre

Ricque décéda, le 27 août 1811, à l'âge de 88 ans, dans son hôtel à Lille. Ses restes furent transportés et inhumés à Ranchicourt. Antoine-Louis-Joseph d'Amiens eut de son premier lit
avec Marie-Anne-Josèphe du Pire, dame de la Courtaubois, un
fils et deux filles savoir :

— 1° Louis-Alexandre d'Amiens qui eut pour parrain son oncle,
Messire Louis-Alexandre du Pire, baron d'Hinge, grand bailli
de la gouvernance de Béthune. Louis-Alexandre d'Amiens était
encore mineur le 11 novembre 1734 et ne put, pour ce motif,
rendre hommage au marquis de Wamin pour des fiefs paraphernaux ; son père et tuteur le suppléa dans l'accomplissement de
ce devoir, non seulement à ladite date, dans cet acte, mais encore
plus tard dans la prestation d'un serment de fidélité qui était dû
par son pupille à Messire François-Eugène-Dominique de Bé-

Marie-Madeleine Le Ricque, veuve d'Antoine-Louis-Joseph d'Amiens,
écuyer, sieur de Warenghem, etc., et Eloi-Joseph Renard, demeurant à Béthune, etc. »

28-29 avril et 11 août 1757 « Inventaire, prisée et estimation des biens
meubles, titres, etc., de la succession de Antoine-Louis-Joseph d'Amiens,
écuyer, sieur de La Ferté, Warenghem, Ranchicourt, Rebreuve, Maisnil,
etc., qui se trouvent au château de Ranchicourt, dressé à la requête de
Jean-François d'Amiens, écuyer, prêtre-chanoine d'Arras, frère du défunt. »

9 août 1757. — « Inventaire et prisée de la vaisselle d'argent, des meu-
bles et effets et description des titres de famille du sieur Antoine-Louis-
Joseph d'Amiens, vivant écuyer, sieur de La Ferté, Warenghem, Ranchi-
court, Maisnil, etc., furent dressés à la requête de dame Marie-Madeleine Le
Ricque, veuve, de Jean-Joseph d'Amiens, prêtre chanoine de la cathédrale de
Notre-Dame d'Arras, frère et unique héritier apparent dudit seigneur
Antoine-Louis-Joseph d'Amiens. »

thune, comte de Saint-Venant. Louis-Alexandre d'Amiens, qui trépassa, à l'âge de vingt-quatre ans, le 5 décembre 1749[1], avait recueilli en grande partie l'immense succession de son aïeule Thérèse-Guislaine Briois, baronne d'Hinge.

— 2° MARIE-THÉRÈSE-FRANÇOISE D'AMIENS, née le 7 novembre 1724, elle eut pour parrain Jacques-François d'Amiens, écuyer, sieur de La Ferté, son aïeul paternel, et pour marraine noble dame Thérèse-Guislaine Briois, baronne d'Hinge[2], sa grand-mère maternelle.

— 3° MARIE-ANNE-JOSÈPHE D'AMIENS, baptisée le 21 octobre 1730 et tenue sur les fonts par Louis d'Amiens, sieur d'Oisemont, ci-devant lieutenant-colonel de La Vallière, chevalier de Saint-Louis, et par Jeanne-Josèphe Guislaine Briois, baronne d'Hinge[3].

Marie-Madeleine Le Ricque, deuxième femme d'Antoine-Louis-Joseph d'Amiens, était enceinte lorsqu'elle perdit son mari, le

1 Anciens registres ecclésiastiques de l'église de Sainte-Croix. Archives municipales de Béthune, Série GG, 55 ; registre, in-fol. de juin 1722 à mai 1734.

2 Extrait des anciens registres de l'église de Sainte-Croix : « Baptême de « MARIE-THÉRÈSE-FRANÇOISE, fille d'Antoine-Louis-Joseph d'Amiens, écuyer, « seigneur de Warenghem et de noble dame Marianne-Joseph du Pire, « dame de Courtaubois. Parrain Jacques-François d'Amiens, écuyer, sieur « de La Ferté ; marraine noble dame Thérèse-Ghislaine Briois, baronne « d'Hinge. »

3. Autre extrait des mêmes registres. 11 octobre 1730. « Baptême de « MARIE-ANNE-JOSÈPHE, fille d'Antoine-Louis-Joseph d'Amiens, écuyer, « seigneur de Warenghem, et de Marie-Anne-Josèphe du Pire. Parrain « Eloy-Louis d'Amiens d'Oysmon, ci-devant lieutenant-colonel au régi- « ment de La Vallière, chevalier de Saint-Louis, marraine Jeanne-Josèphe « Briois, épouse du baron d'Hinge. ».

17 octobre 1756, et mit au monde, le 9 mai 1757, deux enfants posthumes et jumeaux qui reçurent le baptême dans l'église Saint-Eloy[1].

— 1° ANTOINE-JOSEPH D'AMIENS, mort au berceau ;

— 2° JEAN-LOUIS-D'AMIENS DE RANCHICOURT qui succéda à son père et que voici :

XX

JEAN-LOUIS D'AMIENS DE RANCHICOURT, écuyer, seigneur de Waringhen, de La Ferté, Maisnil, Rebreuve, Ranchicourt et autres lieux, qualifié Messire, fit aveu le 17 février 1785, en raison du fief de Lattre-Saint-Quentin, qui lui venait de son oncle Jean-Joseph d'Amiens, chanoine d'Arras, à Messire Jean-François-Xavier, vicomte de Sacy, chevalier de l'ordre de Saint-Lazare, seigneur de Hachicourt[2]. Parmi les nobles de l'Artois, convoqués en 1789 aux États généraux de la province pour élire les députés, figure Jean-Louis d'Amiens, fondé de pouvoirs de sa mère Marie-Madeleine Le Ricque, dame d'Alennes, et de Thérèse-Françoise-Vidastine Le Ricque, veuve d'Adrien-François de La Forge, écuyer, seigneur de Hernin[3]. A côté de Jean-Louis d'Amiens nous remarquons, dans le groupe de la no-

1. Anciens registres de la paroisse Saint-Eloy. Archives municipales de Béthune.

2. Archives du château de Ranchicourt.

3. Archives départementales du Pas-de-Calais, Série B, 888, Gouvernance d'Arras, documents relatifs aux États généraux de 1789. Pièces 66 et 70.

blesse, plusieurs de ses proches ou alliés : Messire Jean-François Briois, chevalier, premier président honoraire du conseil supérieur d'Artois, sieur de Beaumets, Bretancourt, Fermont, etc., Jean-Louis-Joseph de Cuinghen, capitaine de cavalerie, seigneur de Regnauville, terre qui a donné son nom à une branche de la Maison d'Amiens, Claude-François de Cuinghen, seigneur de Fontaines (fief provenant de la succession des d'Amiens de Bachimont desquels dérivent les d'Amiens, sieurs de Waringhen), Messire Auger-Joseph Des Lions, chevalier, baron Des Lions, seigneur de Bavencourt, Aronio de Fontenelle, Messire François-Joseph de Hauteclocque chevalier, seigneur de Tacquinet, Auverdigneul, Alexandre-François Coll, chevalier, baron de Grivettes, seigneur de Northenbrughen, Théodore-François-Joseph de Cornaille, écuyer, seigneur d'Echloncourt, Charles Balthazar, marquis de Beauffort. Jean-Louis d'Amiens eut à soutenir, en 1773, un long procès à propos de la succession de Jean et Louis Crule, dont il était le plus proche parent, contre Pierre Dothy, Messire Martial-Joseph Delvielleuse, seigneur de l'Hove, conseiller au grand conseil de Malines, François-Marie-Xavier du Puich et Aimable-Romain du Puich, écuyers. Dans ce grand débat judiciaire Jean-Louis d'Amiens revendiquait l'héritage en question conjointement avec Louis—François, vicomte de Tenremonde, seigneur d'Angheim, lequel agissait au nom de sa femme, Marie-Bonne-Josèphe, née baronne de Hainin, dame de Ransart. Dans un intéressant mémoire sur ce procès, imprimé à Douai, vers 1776, on trouve des tableaux généalogiques sur les d'Amiens de Waringhen à partir de

Nicolas d'Amiens, époux de Barbe le Pipre, sur les de Widebien, depuis Philippe de Widebien, marié à Isabelle le Pipre dans la première moitié du XVIIe siècle, jusqu'à Marie-Ignace de Widebien, mariée à Louis-François, vicomte de Tenremonde[1]. Jean-Louis d'Amiens[2] avait épousé, le 21 janvier 1779, demoiselle MARIE-CHARLOTTE - FLORENCE - VICTOIRE PAYEN, COMTESSE DE LA BUCQUIÈRE, fille de Jacques-Théodore-Ernest-Joseph Payen, comte de La Bucquière[3], seigneur de Brebière, Beaumont, Hoffande et autres places, et de dame Philippine-Victoire de Bacquehem. Jean-Louis d'Amiens de Ranchicourt mourut à Lille, en son hôtel, le 7 janvier 1824. Il avait été précédé au tombeau par sa femme, décédée le 19 mai 1815; tous deux furent ensevelis au château de Ranchicourt. De leur alliance vinrent :

— 1° PHILIBERT D'AMIENS DE RANCHICOURT, qui suit :

— 2° MARIE-LUDIVINE-THÉODORE D'AMIENS, de Ranchicourt, née à Béthune, le 9 décembre 1779[4], mariée à CHARLES-EDOUARD DE MADRE DE NORGUET. Elle fut une des cohéritières de Louis-Théodore-Emmanuel Payen, comte de La Bucquière qui trépassa, le 29 juin 1844, au château de Sautricourt, canton de

1. Mémoire pour Jean-Louis d'Amiens, seigneur de Ranchicourt.

2. Il possédait de grands biens en 1790 dans le faubourg du Petit-Saint-Waast à Béthune.

3. LES PAYEN, COMTES DE LA BUCQUIÈRE, portaient : *D'or, à l'aigle de sinople, becqué et membrée de gueules, au canton de même, chargé de trois bandes de vair.*

4. Archives communales de Béthune, Série GG 83, reg. in-fol.

« 9 décembre 1779 naissance de Marie-Ludivine-Théodore, fille de Jean-« Louis d'Amiens, seigneur de Ranchicourt, etc., et de Marie-Charlotte-« Florence-Victorine Payen, née comtesse de La Bucquière. »

Saint-Pol. Celui-ci avait légué, par testament du 20 janvier 18.4, la nu-propriété de la ferme de Mortry à la vicomtesse de Premont et la jouissance à Ludivine d'Amiens de Ranchicourt et après elle, durant leur vie, à ses enfants Melchior et Théobald de Madre de Norguet. Ludivine d'Amiens mourut à la Buissière, le 31 août 1867, postérieurement à son fils Melchior de Madre de Norguet. Elle avait eu par conséquent de son mariage deux fils. — I. *Melchior de Madre de Norguet*, mort avant sa mère. II. *Théobald-Hermeningilde de Madre de Norguet*, inscrit dans le testament du comte de La Bucquière le 20 janvier 1815.

XXI

PHILIBERT D'AMIENS DE RANCHICOURT, écuyer, seigneur du Maisnil, de Ranchicourt et autres lieux, naquit à Béthune le 18 novembre 1781; il fut tenu sur fonts baptismaux par son grand-oncle Michel de Renty, commandant de l'hôtel des Invalides. Philibert d'Amiens de Ranchicourt était, pour ainsi dire, né peintre; grâce à cette disposition native et à la justesse de sa vision, il put suppléer à l'enseignement d'école, qui lui manqua, et se suffire avec celui de la nature, cette grande maîtresse des maîtres. Ce n'est pas ici le lieu de mettre en lumière le talent de cet artiste émérite et d'apprécier la valeur et l'importance de son œuvre sous le rapport esthétique et technique; il nous sera permis toutefois de souligner d'un mot en passant quelques-unes de ses compositions. Son *Confessionnal* agrée par sa gamme discrète; sa *Liseuse* et ses *Mendiants* sont d'une expression vraie et pénétrante. Dans sa *Batteuse de beurre*, d'un naturalisme charmant, le corps semble remuer et tourner, ce qui prouve que nos rustiques d'aujourd'hui ont eu des devanciers d'élite. Jules Breton, le maître illustre de Courrières, dans le Pas-de-Calais, ne se doute peut-être pas qu'il eut pour précurseur un de ses compatriotes. Dans le portrait de sa grand'-mère, Marie-Madeleine le Ricque, l'artiste a déployé toutes les délicatesses de son pinceau ; la tête, très bien éclairée et spiritualisée, reflète l'intelligence du modèle et se détache avec une puissance singulière. Ses cartons et ses études révèlent une facilité et une fécondité rares et représentent une somme considérable de travail pour une carrière aussi courte que celle de Philibert d'Amiens de Ranchicourt. Cet artiste gentilhomme excellait également dans l'aquarelle ; son *Ancienne entrée de Lille* se recommande par une facture sévère et un grand scrupule archaïque. La *Procession de Saint-Druon* est heureusement ordonnée et groupée. Le *Cortège d'un marchand de reliques* charme par la maëstria, le mouvement, la variété des attitudes. Chacun des petits personnages de cette foule en marche a l'apparence et la lueur de la vie. Philibert d'Amiens de Ranchicourt obtint, entre autres récompenses honorifiques, aux Expositions de Douai, deux médailles, l'une en 1823, l'autre au commencement de 1825 et une troisième à l'effigie de Louis XVIII, le 8 octobre 1825, jour de sa mort. Louis-Théodore-Emmanuel Payen, comte de La Bucquière, décéda au château de Sautricourt, commune d'Hermicourt, le 29 juin 1844, par testament, enregistré à Saint-Pol le 4 juillet même année, il

léguait la ferme de Mortry à Madame la vicomtesse Van Cappel de Premont et à Madame la comtesse Jonghe d'Ardoye,
en nu-propriété, et la jouissance à ses neveux et nièces: 1° à Ludivine d'Amiens de Ranchicourt, 2° à M. Philibert d'Amiens de
Ranchicourt, 3° à Madame de Courmont, 4° à Mademoiselle Oc-
tavie Bordereau des Brosses. Les de La Bucquière étaient alliés
aux marquis d'Humières. Philibert d'Amiens et sa femme Clé-
mence-Adélaïde-Aronio de Fontenelle sont désignés comme cousins de Léopold-Valentin-François, baron de Hautecloque [1], dans
le contrat de mariage de celui-ci avec Marie de Navigheer. On
sait que la branche de Bachimont et celle de Waringhen, sa
cadette, comptent d'autres alliances avec les Hautecloque. Philibert d'Amiens de Ranchicourt fut l'un des gentilshommes artésiens qui, réunis en assemblé générale à Béthune au mois de
juin 1814, votèrent et signèrent une adresse à Louis XVIII. Il
figure également parmi les délégués chargés de présenter le mes-
sage à Sa Majesté. Dans le groupe aristocratique, nous remarquons, outre Philibert d'Amiens de Ranchicourt, le duc de Duras,
le comte de Maulde [2], le marquis de Hamel-Bellenglise, le cheva
lier Des Lyons de Moncheaux, le baron de Coupigny [3], le duc de

1. *Miroir des notabilités nobiliaires des Pays-Bas,* par Gœsthal, tome II,
p. 450.

2. Il y avait aussi le prince de Béthune Hesdigneul, le marquis de Non-
dechel, le marquis de Dion de Vandone, le marquis de Bryas-Royon, le
baron de Beauffort de Cauroy, le marquis de Wavrin-Villers, le marquis
de Cardivac d'Havrincourt, le comte de Foulers, de Relingue, etc.

3. *Armorial d'Artois et de Picardie,* publié par Borel d'Hauterive, t. II,
p. 410-416.

Lévis, pair de France, le comte Adrien de **Lannoy**, le baron de Blocquel de Wismes, etc. Philibert d'Amiens de Ranchicourt décéda à Ranchicourt, le 8 octobre 1825 ; il s'était allié à CLÉ-MENCE-ADÈLE-ARONIO DE FONTENELLE [1], fille de Louis-Robert-Aronio de Fontenelle, et de Thérèse-Josèphe-Colette-Isabelle de Navigheer. Philibert d'Amiens étant mort prématurément le 8 octobre 1825, sa veuve se remaria, le 23 juillet 1828, à Victor-Édouard-Marie de Buus d'Hollebéke. Clémence-Adèle-Aronio de Fontenelle, avait donné à son premier mari Philibert d'Amiens de Ranchicourt le fils que voici :

XXII

LOUIS-PHILIBERT-OSCAR COMTE D'AMIENS DE RANCHI-COURT, chevalier de la Légion d'Honneur, né au château de Ranchicourt le 7 janvier 1815. Ce fut lui qui releva le titre de comte, tombé en désuétude depuis des siècles, mais faisant partie, malgré sa longue éclipse, du patrimoine historique de sa race, ainsi que nous l'établirons au degré XXIV, page 252. Il exerça longtemps les fonctions de maire de Ranchicourt et de conseiller général du Pas-de-Calais. Louis–Philibert-Oscar d'Amiens de Ranchicourt épousa, le 8 juin 1837, en l'église Saint-André de Lille, demoiselle PAULINE-MARIE-CLOTILDE-ÉMÉLIE DE BUUS D'HOLLEBÉKE, fille de Charles-Pierre-Joseph de Buus

---

1. ARONIO DE FONTENELLE : *De sinople, au lion d'argent, lampassé de gueules, armé et couronné d'or, à la bande partie d'argent et de gueules brochant sur le tout.*

d'Hollebèke[1] et de Marie–Isabelle-Thérèse Moreel. Il mourut
septuagénaire le 9 juin 1886 ; sa femme était prédécédée, le
21 avril 1858, à l'âge de 51 ans. Les deux époux furent inhumés à Ranchicourt, comme leurs devanciers. Ils eurent un fils
unique qui suit.

XXIII

RAYMOND-PHILIBERT-OSCAR D'AMIENS DE RANCHI-
COURT né, le 14 juillet 1838, au château de Ranchicourt, mourut prématurément, le 25 décembre 1874, c'est-à-dire longtemps avant son père, aussi ne put-il de son vivant, prendre le
titre de comte porté par son auteur. Raymond-Philibert-Oscar
d'Amiens de Ranchicourt s'allia, le 18 novembre 1862, à Mademoiselle MARIE-MARGUERITE DE CHAZAUD, fille de Léonard-
Augustin de Chazaud, chevalier de la Légion d'Honneur et commandeur de Saint-Grégoire-le-Grand, et de Marie-Emma-Aymé
de La Chevrelière. La bénédiction nuptiale fut donnée aux époux
dans la chapelle de l'évêché d'Arras. La famille de Chazaud
descend de Julien de Chazaud qui était échevin de la ville d'An-
goulême en 1513 et portait : *d'argent, aux six quintefeuilles
de sinople posées trois en chef, deux en cœur et une en pointe de
l'écu.* Julien de Chazaud était fils d'Antoine de Chazaud, chatelain de Poitiers en 1487, conseiller du roi Charles VIII en son

---

1. DE BUUS : *D'azur, à la fasce d'or, accompagné, en chef, d'une fasce
abaissée d'argent, et, en pointe, d'un poisson au naturel, nageant dans une onde
d'argent.*

conseil d'en haut qui, sous l'ancienne monarchie, jugeait les appels du conseil d'État et répondait, sauf certaines différences d'attributions, au conseil actuel des ministres. Les membres en très petit nombre étaient pris parmi les princes ou les plus éminents dignitaires. Julien de Chazaud avait pour frère Jean de Chazaud, doyen de la cathédrale de Poitiers, prieur commendataire de Noyer-sur-Creuse, en Touraine, et enfin évêque de Pieryste en 1522 [1]. Il avait mêmes armes que son frère Julien. (Voir aux *Pièces justificatives* preuve LXX.) Raymond-Philibert-Oscar d'Amiens de Ranchicourt mourut en son hôtel à Paris, le 25 décembre 1874 ; ses restes furent transportés à Ranchicourt, où il repose près des siens. De son union avec Mademoiselle de Chazaud, sont issus :

— 1° Pierre-Louis-Marie comte d'Amiens de Ranchicourt, né le 27 novembre 1865, représentant actuel de sa race;

— 2° Marie-Thérèse-Clotilde d'Amiens de Ranchicourt, née le 17 mars 1867.

XXIV

PIERRE-LOUIS-MARIE D'AMIENS DE RANCHICOURT résume en lui de nos jours, non seulement tous les droits et honneurs du rameau des d'Amiens sieurs de Wareinghen et de la Ferté, mais encore, en remontant dans le passé, des branches de : *d'Outrebos,* de Canaples, de Vignacourt et de Flixecourt dont

---

1. Jean de la Haye : *Armoiries Poitevines. Mss de Paulmy ; Bibl. de l'Arsenal.*

les lignes sont éteintes. Pierre-Louis-Marie d'Amiens de Ranchicourt est donc l'héritier légitime de leurs nom, armes et qualités.

Au point de vue de la législation ancienne, qui réglait la
transmission des titres, et de la nouvelle qui n'y contredit pas, les
d'Amiens contemporains, dont la filiation vient d'être dressée,
seraient absolument dans leur droit en demandant que les
titres de comte et de baron, quoique éteints depuis des siècles,
fussent relevés à leur profit. Au moyen-âge et jusqu'en 1789,
lorsque la masculinité finissait dans une branche aînée, ses
droits honorifiques étaient recueillis par la cadette qui venait
après dans l'ordre graduel. Ces principes étaient étendus aux
branches les plus éloignées, même après la plus longue éclipse
des titres historiques, considérés comme aussi imprescriptibles
que le nom. En 1784, les de Montesquiou simples barons, prouvèrent qu'ils descendaient des anciens comtes de Fezenzac,
issus eux-mêmes des ducs de Gascogne, et se fondant sur le
droit originel revendiquèrent le titre ducal, remontant au
IXᵉ siècle, qui leur fut accordé par Louis XVI après enquête de
Chérin, juge d'armes de France. C'est ainsi que fut relevé officiellement un titre tombé en désuétude depuis huit cents ans.

Les titres suivaient donc la loi commune du nom et des
armes, presque toujours au détriment des filles, s'il y en avait,
car ils constituaient une propriété appartenant à la famille et
non à la succession, c'est-à-dire qu'elle était restreinte à ceux
du sang ou de la lignée. Ces maximes furent consacrées par
arrêt du 31 juillet 1759. Sur les conclusions du président Sé-

guier, la cour ordonna que les titres de noblesse laissés par le dernier membre des Titon-Villegenou, branche aînée, fussent remis par sa fille et héritière à un mâle d'un rameau puîné[1]. Ce jugement ne fit que confirmer cette vieille maxime de droit féodal : « primo defuncto et excluso, secundus sequens dicitur « primus, et tertius sequens dicitur secundus et sic de singu- « lis. » Ces principes, ajoute Jean Scohier, s'appliquent non seulement à des frères, mais à toutes les branches qui se succèdent ainsi alternativement dans leurs droits[2] ; les aînées qui disparaissent sont remplacées tour à tour par les cadettes qui restent. Cette dévolution naturelle, il est vrai, ne concerne que la ligne masculine, ce qui est le cas du représentant actuel de la Maison d'Amiens.

En résumé, durant la féodalité et sous la monarchie quand un titre devenait vacant par la mort du titulaire et l'extinction de sa postérité, il passait à la branche collatérale la plus proche qui le recueillait, selon Tiraqueau, *consequentia rei hereditariæ* dans celui de ses membres qui avait l'idonéité voulue. Dès lors tous les honneurs collectifs de la famille incombaient aux survivants. M. Pierre-Louis-Marie d'Amiens de Ranchicourt, en

---

1. *Collection de décisions*, par Denisart, Art. Noblesse, p. 468.

2. Dans son *Estat et comportement des armes*, in-fol., 1597, Jean Scohier dit : « Ce doit être entendu non-seulement entre frères, mais suivant la coustume générale de l'office des armes, de tout temps observée entre roys, héraux et poursuivans d'armes, est entendu qu'estant la branche du premier, qui est aisnée, morte et évacuée, le second suivant, c'est-à-dire la branche du second fils, que disons *linea secunda genitorum*, rentre au droict de *primogenitorum*, et ainsi des autres branches et arrière-branches. »

sollicitant de la chancellerie, si elle existait encore, une reconnaissance ou un renouvellement des titres de comte et de baron, portés primitivement par ceux de sa race, ne ferait que
réclamer l'application de vieux préceptes juridiques qui, en
cette matière, ont toujours servi de base et de règle à la jurisprudence moderne et au conseil du sceau avant sa récente
désorganisation.

BRANCHE

DES

SEIGNEURS DU PLAISSIÉ OU PLAISSIER[1]

EN CHYPRE

SORTIE DE CELLE DES SIRES DE CANAPLES

VI

THIBAUT D'AMIENS, fils puiné de Thibaut d'Amiens, sujet initial de la branche des seigneurs de Canaples et d'Outrebois, est appelé « Thibaut de Damianis » dans les *Lignages d'Outre-Mer*[2], ainsi que le fait remarquer Du Cange. Conformément à

1. Voir plus haut pour le raccord de cette branche, p. 148.

2. *Les familles d'Outre Mer, de Du Cange,* publiées par M. E.-G. Rey. Paris, 1840, in-4, p. 416-417. (Voir aux *Pièces justificatives*, PREUVE LXXI.)

Le 15 mai 1249 la flotte qui portait l'armée de la septième croisade, conduite par saint Louis, s'arrêta à l'île de Chypre et prit à son bord en cinglant pour l'Egypte le petit monarque insulaire, Thibault d'Amiens et plusieurs autres chevaliers Cypriotes. Ces derniers, faits prisonniers à la bataille de Mansourah, avec Louis IX, ayant recouvré leur liberté, moyennant rançon, regagnèrent, en 1250, l'île de Chypre, où Thibault d'Amiens retrouva sa famille et s'implanta définitivement.

La descendance des d'Amiens, sires du Plaissié en Chypre, est lumineusement démontrée par les sources les plus authentiques que nous reproduisons in-extenso PREUVES LXXI et LXXII à la fin de ce volume.

l'exemple de ses prédécesseurs, qui, depuis 1096, s'étaient enga-
gés successivement dans toutes les expéditions de la chrétienté
contre l'islamisme, Thibaut d'Amiens suivit, en 1228, dans un
détachement de seigneurs flamands, Frédéric II, empereur d'Allemagne, partant pour la sixième croisade et débarqua en route
avec ce prince dans l'île de Chypre. On connaît les démêlés de
Frédéric II avec Henri Ier de Lusignan qui fut dépossédé de son
petit royaume insulaire par les impériaux. Thibaut d'Amiens,
dont le grand-père avait connu en Orient l'ancêtre d'Henri de
Lusignan, prit parti pour ce dernier contre le souverain germa-
nique. Après sa restauration, Henri de Lusignan le récompensa
de ses services en lui faisant épouser ESTÉPHÉNIE DU PLAIS-
SIER ou PLAISSIÉ, dame du lieu de ce nom, fille de Laurent du Plaissié, conseiller intime du roi de Chypre, et d'Isabelle de Rouvre, née d'Hélie de Rouvre, seigneur d'Avelonne.
Laurent du Plaissié, ayant été créé chevalier de Morf, ce dernier
nom fut adopté et porté par sa lignée. Estéphénie reçut la terre
du Plaissié pour sa légitime, bien qu'elle eut six frères. Du
Cange, dans son *Lignage d'Outre-Mer*, a confondu Thibaut
d'Amiens, établi en Chypre, avec son père Thibaut, sire de Canaples, deuxième fils de Dreux d'Amiens, seigneur de Vignacourt et de Flexicourt, et de Marguerite de Saint-Pol. L'erreur
de Du Cange a été vraisemblablement occasionnée par la similitude des prénoms et le quasi-synchronisme des deux personnages. Estéphénie du Plaissié engendra le ci-après.

VII

PIERRE D'AMIENS, seigneur du Plaissié, est cité par Sanuto
dans son *Liber secretorum fidelium super terræ sanctæ recuperatione*[1], sous le nom de *Damincis*. Il est dit fils de Thibaut,
seigneur de Canaples et d'Outrebois par Du Cange[2], de la
Gorgue-Rosny[3], d'après les anciens titres de Ponthieu, ce qui
est conforme aux textes du *Cartulaire de l'évêché d'Amiens* et
aux extraits de D. Villevieille[4] que nous reproduirons à la fin
du présent volume. Pierre d'Amiens dut mourir longtemps
après l'année 1273. car, en 1271, il fut envoyé en France par
Hugues III, roi de Chypre et de Jérusalem, qui ne possédait
plus en Palestine que la place d'Acre et le chemin de Nazareth.
Philippe le Hardi donna à Pierre d'Amiens trois cents archers,
recrutés à ses frais ou avec les décimes des croisades. Pierre
d'Amiens les conduisit en Palestine pour la défense de Saint-
Jean-d'Acre (1273)[5]. Il avait épousé en Orient ANCELLE LA
BELLE qui engendra le suivant.

1. Livre III, part. 12, col. XII, le *Liber* de Sanuto a été publié dans le
Gesta Dei per Francos de Bongars, t. II, in-fol. Hanau, 1611.

2. Du Cange : *Lignage d'Outre-Mer*, chap. XVII, XXI, XXVIII, XL.

3. *Recherches généalogiques sur les comtés du Ponthieu, etc.*, par de La
Gorgue-Rosny, t. I, p. 31-32.

4. Cartul. de l'évêché d'Amiens, coté D, fol. 84. — D. Villevieille : *Trésor généalogique*, t. I, p. 353-365.

5. *Archives de l'Orient Latin*, t. II, p. 404-405. Etudes sur les derniers
temps du royaume de Jérusalem. (Voir PREUVE LXXII.)

VIII

THIBAUD II D'AMIENS, seigneur du Plaissié [1], eut trois enfants de son union avec ESTELENIE DE MONGISARD, fille de Robert de Mongisard [2] :

— 1° JEAN D'AMIENS, seigneur du Plaissié ;

— HUGUES D'AMIENS ;

— 3° PIERRE D'AMIENS, archidiacre de Limessol au royaume de Chypre.

IX

JEAN D'AMIENS, dit du Plaissié, seigneur de ce lieu, prit alliance avec MARIE DE TRIPOLI, fille de Hugues, vicomte de Tripoli, seigneur de Saint-Jean-d'Acre, et d'Estéphénie du Four [3]. Jean d'Amiens était donc beau-frère de Jean, vicomte de Tripoli, marié à la fille d'Anciau, maréchal de Chypre, et de Balian Maugarni, père d'Estéphénie, femme de Jean d'Antioche. Marie de Tripoli laissa entr'autres rejetons :

— 1° JEAN D'AMIENS, seigneur du Plaissié ;

— 2° BEAUDOIN D'AMIENS ;

1. *Les familles d'Outre-mer* de Du Cange, publiées par M. E.-G. Rey. Paris, 1849, in-4, p. 416 417.

2. *Idem.*

3 *Recueil des historiens des Croisades*, Assises de Jérusalem, t. II, Assises de la cour des Bourgeois, par le comte de Beugnot, p. 459. *Les lignages d'Outremer*, chap. XXI.

— 3° Estéphénie d'Amiens qui contracta union avec Joffroy ou Joffrin Le Tor, frère de Balian Le Tor, qui épousa la fille de Paul de Naples, et de Bienvenue Le Tor, femme de Laurent de Morf [1], et remariée à Baudoin de Picquigny, cousin de Jean d'Amiens. Joffrin le Tor avait encore pour sœur Aelis Le Tor qui s'allia à Huges d'Ibelin, petit-neveu de Jean d'Ibelin, dit le Sage, régent du royaume de Chypre, sous Henri Ier de Lusignan, et codificateur des Assises de Jérusalem [2] ;

— 4° Marguerite d'Amiens qui épousa Jean de Gillet ;

— 5° Ancelle d'Amiens, dont on ignore la destinée.

Cette branche existait encore, l'an 1368, en Chypre, où elle était représentée par Matthieu du Plaissié, qui portait le titre de Bouteiller de Jérusalem. Il figure parmi les seigneurs, délégués par l'assemblée du 14 novembre 1369, pour opérer la révision des Assises de Jérusalem [3]. (*Voir à la fin de ce volume* preuves LXXI et LXXII.)

---

1. Les de Morf furent créés bientôt après comtes de Rohais par le roi de Chypre.

2. *Idem*, p. 464. — *Les familles d'Outre-Mer* de Du Cange, *ut suprà*.

3. La filiation des trois degrés et les détails qui précèdent ont été empruntées aux *Familles d'Outre-Mer*, de du Cange, publiées par E.-G. Rey. Paris, 1849, in-4° pp. 416-417, aux *Assises de Jérusalem*, imp. en italien 460-461-463. Ed. Labbé, t. I. Ed. Beugnot, t. I, p. 6., etc.

BRANCHE

SEIGNEURS DE REGNAUVILLE[1]

VII

BERNARD D'AMIENS, chevalier, seigneur de l'Étoile, de
Regnauville et d'Estrées, était le troisième fils de Jean d'Amiens,
seigneur de Vignacourt, et d'Agnès d'Aubigny. Il a été confondu
par de La Morlière et la plupart des généalogistes avec son
grand-oncle Bernard d'Amiens, seigneur comme lui de Regnauville et d'Estrées. Ce dernier laissa une partie de sa succession
à Thibaut d'Amiens et l'autre, comprenant les fiefs de Regnauville et d'Estrées, à son neveu Jean d'Amiens, sire de Vignacourt, qui de son côté les transmit à son troisième fils Bernard,
point de départ de cette branche-ci. Ce Bernard d'Amiens avoua,
le 2 janvier 1274, tenir, en fief lige et franc du vidame d'Amiens,
sire de Picquigny, 114 journaux de terre, dépendant de Vignacourt, 550 mesures de bois appelées Pierre-Trouée, ainsi
que 60 livres de rente. Il avait reçu ces domaines de son frère,
Monseigneur Drienon d'Amiens, en compensation des 300

---

1. Voir plus haut, page 124, pour le raccord de cette branche avec celle de
Vignacourt et de Flexicourt.

livres de rente que leur père, Monseigneur Jean d'Amiens,
avait assurées à son fils cadet sur la seigneurie d'Orville[1]. Il
déclara la même année devoir le serment de féauté à Jean,
vidame d'Amiens, sieur de Picquigny, pour les domaines appelés
les Routies de Vignacourt et une rente sur le parcours de ce fief.
A la même époque, il figure dans une charte de Jean, vidame
d'Amiens, qui validait des lettres de Dreux d'Amiens, chevalier,
sire de Vignacourt, constatant que Bernard d'Amiens, son frère,
avait eu pour lot dans la succession de Jean d'Amiens, leur père,
la seigneurie d'Orville[2], mouvante de Vignacourt et appartenant audit Dreux. Bernard d'Amiens se porta garant de Pierre
Giffart et des siens le 28 mai 1279[3]. Il reconnut, au mois de
septembre 1284, tenir de son frère aîné Drienon ou Dreux
d'Amiens, seigneur de Vignacourt, certains immeubles qu'il
venait de vendre au chapitre de Foulloy[4]. Bernard d'Amiens
qualifié *Monseigneur*, est rappelé, après son décès, dans un aveu
de janvier 1302, fourni par Pierre, son héritier ; ce Pierre,
ayant recueilli de M. Enguerrand de Boves, sans doute son beau

1. Archives de l'abbaye de Corbie ; Cartulaire de Picquigny, fol. 66, r°.
— *Trésor généalogique* de D. Villevieille, t. 1, p. 368. — Voir aux *Pièces
justificatives* PREUVE LXXIII.

2. Son père lui avait attribué Orville, sous la condition expresse que
Bernard resterait son homme lige et que ses descendants demeureraient les
vassaux de la ligne aînée, représentée par Dreux. — (Voir aux *Pièces justificatives* PREUVE LXXIII.)

3. *Olim*, t. II, fol. 43, v°. — *Actes du Parlement de Paris*, par M. Boutaric, t. I, p. 206, n° 2187.

4. *Cartulaire du chapitre de Foulloy*, fol. 77, v° et suiv. — *Trésor généalogique* de D. Villevieille, t. I, p. 370 — (Voir PREUVE LXXIII.)

père, certains fiefs qui relevaient du sire de Picquigny, dénombra des biens paraphernaux à la date ci-dessus[1]. Bernard
d'Amiens, d'après certaines notes domestiques, se serait allié à
N..., fille de Robert de Regnauville, ce qui l'aurait mis en possession entière de ce fief. On trouve en effet au mois de septembre 1267, un Robert de Regnauville qui participe à un acte par
lequel Jeanne, reine de Castille et de Léon, et Jean de Neelle, son
mari, accrurent la puissance féodale de Monseigneur Drienon
d'Amiens en lui accordant la haute justice dans toutes les seigneuries qu'il tenait de ladite souveraine et de son époux. Au
nombre des vassaux, qui passèrent alors sous la domination de
Drienon d'Amiens, on remarque : Jean de Vaudricourt, Renaud
de Marquais, Gillon de Sempy, Robert de Regnauville, Thomas
d'Ambreville, Huet de Villers, Messire Jean de Bailleul [2]. De
la susdite union de Bernard d'Amiens ou de toute autre dérivèrent :

— 1º PIERRE OU PIERRON D'AMIENS qui va continuer la lignée ;

— 2º ROGER D'AMIENS, seigneur d'Aunoy, dans la paroisse de
Saint-Riquier. Il acheta, en février 1293, dans la juridiction
de Danecourt, trois acres de terre dont il fut ensaisiné par Guillaume de Torchy, chevalier, seigneur dudit fief ; à cette acquisition furent présents Andrieu de Torchy et Henri d'Amiens [3].

1. Cartulaire de l'évêché d'Amiens, fol. 54. — *Trésor généalogique* de
Villevieille, t. I, p. 371. — (Voir aux *Pièces justificatives à la fin de ce volume* PREUVE LXXIII.)

2. Bureau des finances d'Amiens. — Cartulaire de Ponthieu, nº 186,
p. 134 vº. — *Trésor généalogique* de D. Villevieille, t. I, p. 366.

3. *Cartulaire de l'abbaye de Foucarmont*, fol. 45 vº. — *Trésor généalogique* de Dom Villevieille, publié par H. et A. Passier, in-4, t. Iᵉʳ, p. 371

— 3° HENRI D'AMIENS, témoin de l'acte ci-dessus.

VIII

PIERRE D'AMIENS, qualifié clerc, eut pour son lod et quint, dans la succession de ses père et mère, les terres de Viefville et de Sironville[1]. Il vendit, en 1286, une pêcherie dans la rivière de Somme, conjointement avec sa femme ERMENGARDE[2] probablement sortie de la Maison de Boves, ainsi que nous l'avons fait remarquer à propos d'un dénombrement de 1302, fait au sire de Picquigny, par l'héritier de Bernard d'Amiens pour des fiefs provenant de l'héritage d'Enguerrand de Boves. Ermengarde enfanta le suivant :

IX

REGNAULT ou RENAUD D'AMIENS, chevalier, seigneur de Regnauville, servait dans les guerres de Flandre, en 1302, et reçut, à cette date, des commissaires de guerre, Guillaume de Milly et Jouffroy Coquatrix, ses arrérages de solde et ceux de sa compagnie. Son récépissé, scellé en cire jaune, portait: *Trois chevrons de vair*[3]. Ce fut lui sans doute qui contracta avec N.

1. Généalogie de ceulx qui portent le nom et les armes d'Amyens. Mst du XVIe siècle. Arch. du château de Ranchicourt.
2. *Recherches généalogiques sur les comtés du Ponthieu*, etc., par de La Gorgue-Rosny, t. I, p. 31-32.
3. *Trésor généalogique de la Picardie ou recueil de documents inédits sur la noblesse de cette province*, par un gentilhomme Picard, t. II, p. 5, n° 16. — (Voir aux *Pièces justificatives* PREUVE LXXIV.)

DE CAYEU une alliance que de La Morlière signale sans la bien préciser, mais comme se rattachant aux d'Amiens, seigneurs de Regnauville. Regnault d'Amiens procréa :

— 1° JEAN D'AMIENS, seigneur de Regnauville, qui va revenir au prochain degré;

— 2° ADAM D'AMIENS, signalé comme trépassé dans un acte de vasselage, accompli le 29 septembre 1352, au profit de l'abbé de Saint-Denis, par Nicolas le Mire, sieur de Baubigny, auquel les héritiers d'Adam d'Amiens devaient le serment de fidélité au lieu et place d'André Pocheron [1];

— 3° REGNAULT D'AMIENS [2], point de départ du rameau des seigneurs de Sironville qui sera traité après celui-ci;

— 4° HUE ou HUGUES D'AMIENS embrassa la carrière ecclésiastique. Il est remémoré dans un aveu, fourni le 23 décembre 1387, par Pierre d'Amiens, un de ses neveux, comme frère de feu Regnault d'Amiens qui lui avait laissé une terre relevant de l'abbaye de Saint-Riquier [3]. Hue d'Amiens aumôna plusieurs censives et rentes en froment à l'abbaye de Saint-Michel. Cette cession fut ratifiée par lettres patentes de Philippe VI le 7 septembre 1346 [4];

1. *Trésor généalogique*, par D. Caffiaux, t. I, p. 121-127. En 1354, d'après D. Grenier, paquet 19, n° 1, un noble Corbiois du nom de d'Amiens portait : *De gueules, à trois chevrons de vair.*

2. Le vieux mémoire le dit fils de Pierre dont il était le petit-fils.

3. Anciennes archives de l'abbaye de Saint-Riquier, livre rouge, fol. 44 v°. — *Trésor généalogique* de D. Villevieille, t. I, p. 371.

4. *Histoire de la ville de Doullens*, par E. Delgove, p. 292. L'original de cet acte se trouve aux Archives départementales de la Somme. — (Voir aux *Pièces justificatives* PREUVE LXXIV.)

— 5° CATHERINE D'AMIENS s'était mariée à BERNARD DE LA BARRE, dit *Fichet*, chevalier, seigneur de La Barre, qui avait pour auteurs Jacques de La Barre, dit Fichet, et N. de Mouscron. Catherine expira le 16 septembre 1365 et son mari en 1372[1].

X

JEAN D'AMIENS, seigneur de Regnauville, que le roi Philippe VI, après la victoire de Cassel (1328), envoya dans le Hainaut avec son chambellan et Pierre de La Morlière pour rétablir l'ordre et fortifier l'autorité compromise par les révoltes antérieures. Grâce à la pression, exercée par les agents du roi de France, le gouvernement de la cité de Tournay fut confié par les bourgeois à Guillaume de Waudrepont, Jean d'Amiens, Jacques de Maubray, etc.[2]. A cette époque les échevins en général, dans les villes flamandes surtout, se recrutaient parmi les patrices, aussi Jean d'Amiens figure-t-il, dix ans après, parmi les magistrats urbains de Tournay, ce qui ne l'empêchait point de guerroyer pour le compte de la monarchie française. On le trouve en effet, en 1337, avec Pierre d'Amiens parmi les fieffés de la prévoté de Saint-Riquier, convoqués pour le ban et l'arrièreban[3]. Jean d'Amiens comparait encore, en avril 1351, à la mon-

1. *Recherches généalogiques sur les comtés du Ponthieu,* etc., par de La Gorgue-Rosny, t. 1, p. 31-32. — Voir PREUVE LXXIV.

2 *Miroir des notabilités nobiliaires de Belgique, des Pays-Bas et du Nord de la France,* par F.-V. Goethals, t. II, p. 852.

3. *Recherches généalogiques sur les comtés du Ponthieu,* etc., par de La Gorgue-Rosny, t. I, p. 32.

tre de Pierre Le Bouteiller parmi les gens d'armes et monté sur un cheval gris pommelé [1]. Jean d'Amiens, seigneur de Regnauville, prit pour femme N. DE RICHEDAME, de laquelle vint :

— 1° PIERRE D'AMIENS dénombra, le 23 décembre 1387, devant l'abbé de Saint-Riquier pour un fief dont il avait la triple justice. Cette terre, qui avait autrefois appartenu à son cousin Regnault d'Amiens, avait été transmise par celui-ci à son frère Hue ou Hugues d'Amiens dont Pierre était l'héritier [2] ;

— 2° JEAN D'AMIENS, seigneur de Regnauville, qui va continuer la descendance.

XI

JEAN D'AMIENS, seigneur de Regnauville, se maria, d'après de La Morlière, à ALIX DE HEUCHIN ou HOUCHIN [3], issue d'un chevaleresque estoc de l'Artois, Jean d'Amiens, d'après le Mé-

1. *Trésor généalogique de Picardie*, par un gentilhomme Picard, t. II, p. 49, n° 161. (Voir aux *Pièces justificatives* PREUVE LXXV.) Pour les négociations les rois de France prenaient de préférence les chevaliers docteurs en droit, car durant tout le moyen-âge la robe resta intimement unie à l'épée. Noble Raymond de Bunard, *chevalier*, se qualifie, en 1394, *docteur ès-loix*. (*Cartulaire de Provence*, t. I, p. 44.) Antérieurement, en 1368, on trouve Messire Girerd d'Estrées, *chevalier*, seigneur de Banneins, *docteur en loix*. (Coll. Clairambault, tome DCCLXXXVI, fol 56.)

2. Anciennes archives de l'Abbaye de Saint-Riquier, livre rouge, fol. 44 v°. — *Trésor généalogique* de Dom Villevieille publié par G. et A. Passier. T. I, p. 361. (Voir PREUVE LXXIV.)

3. Louis-François-Joseph de Houchin, chevalier, marquis de Longastre, vicomte de Haubourdin, porte : *De sable, à une croix d'argent chargée en cœur d'une maille de sinople*. (Armorial général par d'Hozier, vol. 27, fol. 798. Cab. des titres. Bibl. Nat. — Les Heuchin et Houchin sont deux familles distinctes.

moire du XVIᵉ siècle souvent invoqué par nous, fut l'auteur du
suivant.

XII

PIERRE D'AMIENS, seigneur de Regnauville, capitaine banneret, est inscrit sur les comptes de Jehan de Précy, trésorier
des guerres du roi, comme ayant délivré deux quittances militaires, l'une, le 5 mai 1412, de 330 livres tournois, et l'autre, le
12 du même mois, de 615 livres pour ses gages, ceux d'un chevalier bachelier, de huit écuyers et de huit archers composant sa
compagnie. Celle-ci et son commandant, qui devaient se porter
partout où il plairait à Sa Majesté de les employer, faisaient
partie d'un corps de 2,000 gens d'armes et 1,000 hommes de
trait qui opéraient sous les ordres du duc de Bourgogne. A ce
récépissé de Pierre d'Amiens est appendu un sceau rond en
cire rouge de 24 millimètres. L'écu, qui porte : *Trois chevrons
de vair*, est timbré d'un heaume, cimé d'un chien et supporté
par deux autres. La légende et le seing se sont détachés[1].
De Pierrre d'Amiens vint d'après le vieux Mémoire manuscrit
du XVIᵉ siècle :

COLLART D'AMIENS, seigneur de Regnauville.

---

1. Collection Clairambault, r. 4, p. 127. — *Inventaire des sceaux de la
collection Clairambault à la Bibliothèque nationale*, par G. Demay, in-4, t. 1,
p. 15, nᵒ 134. — *Trésor généalogique de Picardie*, par un gentilhomme
Picard, t. II, p. 5, nᵒˢ 17 et 38. — (Voir aux *Pièces justificatives*
PREUVE LXXVI.)

XIII

COLLART D'AMIENS, seigneur de Regnauville et d'Estrées, qui, en sa qualité d'époux de MARGUERITE DE MONCHY[1], possédait, le 24 octobre 1457, un fief relevant de la seigneurie de Wauraing qui devait l'aveu au duc de Bourgogne[2]. De La Morlière, dans son rapide coup-d'œil sur la Maison d'Amiens où les erreurs et les confusions foisonnent, a prétendu que le lignage direct des d'Amiens, sires de Bachimont, s'éteignit dans la personne de Collart d'Amiens, qui était complètement étranger à cette branche et qui était le chef du rameau aîné des d'Amiens, seigneurs de Regnauville, séparé des Bachimont depuis trois siècles[3]. La descendance des d'Amiens de Bachimont, loin de

1. Généalogie de ceulx qui portent le nom et les armes d'Amyens. M-t. du xvi° siècle. Archives du château de Ranchicourt.

On rencontre un JEAN D'AMIENS DE MIEURES qui vivait en 1477 et était par conséquent contemporain de Collart. (*Recherches généalogiques sur les comtés de Ponthieu*, par de La Gorgue-Rosny, t. 1, p. 33.)

2. La maison de Monchy est l'une des plus apparentes de la Picardie. Plusieurs sires de ce lieu prirent part aux Croisades. Jean de Monchy, seigneur de Montcavrel, conduisait, en 1512, un détachement à la bataille de Ravenne sous Gaston de Foix, qui succomba glorieusement. Du Bellay et Belforest disent infiniment de bien d'un autre Jean de Monchy, lieutenant général en Picardie. Le maréchal de Hauquincourt appartenait à cette famille : Les de Monchy étaient apparentés par des mariages aux d'Ailly, Bournonville, Ligne, Créquy, Montmorency, Picquigny, Sainte-Aldegonde, etc. ARMES : *De gueules, à trois maillets d'or.* — Voir PREUVE LXXVII.

3. Un document de la Chambre des comptes de Lille, registre des fiefs du comté de Flandre de 1447 à 1457, p. 109, ne laisse aucun doute à cet égard. (Voir aux *Pièces justificatives* PREUVE LXXVII le résumé desdits comptes recueillis par D. Villevieille.)

disparaître avec le Collart, qui n'était point des siens, s'était fort multipliée au commencement du xvi⁰ siècle ; Adrien d'Amiens, seigneur de Bachimont, receveur d'Estrun, qui vivait de 1480 à 1550, c'est-à-dire bien postérieurement à Collart, laissa dix-huit enfants pour perpétuer sa race, représentée, en ligne aînée, à la fin du xvi⁰ siècle par Pierre-Jean d'Amiens, seigneur de Bachimont, marié à Louise de Hames, veuve de Monseigneur d'Estourmel chevalier de l'ordre de Saint-Michel [1], et par Jean d'Amiens qui signa, le 13 février 1577, au château d'Happlaincourt une déclaration en faveur de la Sainte-Ligue. La ligne cadette des Bachimont était continuée par les d'Amiens, seigneurs de Waringhen et de La Ferté qui ont été plus haut l'objet d'une étude spéciale. En résumé de La Morlière a involontairement faussé l'identité de Collart d'Amiens, seigneur de Regnauville, en le présentant comme le dernier rejeton des d'Amiens, sires de Bachimont, alors qu'il était le dernier survivant mâle des aînés de la branche de Regnauville, relevée et poursuivie par ses cadets les d'Amiens, seigneurs de Sironville et de Moncheaux. Collart d'Amiens n'eut en effet de son union avec Marguerite de Monchy que quatre filles, savoir :

— 1⁰ MARGUERITE D'AMIENS, mariée à N. D'AUXY, seigneur de Gennes, en eut une fille, Jeanne d'Auxy, femme de M. de Dreuse, seigneur de Piercourt.

— 2° JACQUELINE D'AMIENS, conjointe, en 1440, à Messire

---

1. *Trésor généalogique* de D. Villevieille publié par H. et A. Passier, t. I, p. 371.

WALDRAN DE FIEFFES, seigneur de Fieffes, dont elle eut un fils, *Antoine de Fieffes*, vassal du seigneur de Flain [1].

— 3° JEANNE D'AMIENS, dite de Regnauville, fit alliance vers 1440, avec PHILIPPE DU BOIS, seigneur de Boyeffes [1], issu de Mathieu du Bois, dit Gallois, seigneur de Boyeffes, de Tréhoult, de la Bourse, et de damoiselle Tasse de Sains. Jeanne d'Amiens procréa : — I. Pierre du Bois, dit Porus, seigneur de Boyeffes. — II. *Jean du Bois*, seigeur de La Bourse, qui n'eut point de postérité de sa femme, *Claire de Mieuvre*, héritière de Blangerval et de La Vaquerie [3].

— 4° MARIE, *alias* CATHERINE D'AMIENS, qui épousa ANTOINE DE RIENCOURT [4], chevalier, sire de Riencourt et de Franqueville, et

---

1. Généalogie de ceulx qui portent le nom et les armes d'Amyens. Mst. du xvi° siècle. Arch. du château de Ranchicourt.

2. *Idem.*

3. *Histoire des grands officiers de la Couronne*, par le P. Anselme, t. VI, p. 177. — (Voir *Pièces justificatives* PREUVE LXXVII.)

4. La Maison de Riencourt est l'une des aînées de la Picardie. Elle eut pour sujet initial Guy de Riencourt qui combattit à la bataille de Hastings en 1066 à côté de Guillaume le Conquérant, duc de Normandie. Il fut, en récompense, apanagé par son maitre victorieux de l'honneur de Sutton, au comté de Bedfort, du château de Burton, au comté de Northampton, et d'autres baronnies De cette branche fixée en Angleterre sont issus les ducs de Norfolk, Devonshire, et Gordon, les comtes de Shrewsbury, Salisbury, Carlisle et Sandwich. La descendance de la ligne ainée, restée en Picardie au berceau original, figure au premier rang dans les annales de ce pays. Raoul de Riencourt fut un des héros de la troisième croisade ; Enguerrand de Riencourt était gouverneur de Calais en 1382 ; Jacques de Riencourt, seigneur de Parfondrue, lieutenant général de la compagnie des ordonnances des gens d'armes du roi, s'illustra dans les guerres du temps de Louis XII. Hugues de Riencourt était attaché comme maitre

procréa *Jean de Riencourt*, qui contracta union avec *Marie de Montmorency*, issue de Hugues de Montmorency, seigneur de Bours, de Courières, du Gavre, de Douay, et de Marguerite d'Oignies, née de Baudoin d'Oignies, chevalier, seigneur d'Estrées et de Gruson, gouverneur de Lille, et de sa deuxième femme, Isabelle de Halluin. Hugues de Montmorency existait encore en 1499 [1]

d'hôtel à la personne d'Antoine de Bourbon, père de Henri IV. Cette vieille race a produit également de hautes personnalités militaires au siècle dernier et dans le nôtre; entr'autres Charles-François de Riencourt, marquis d'Orival, qui commandait le régiment des dragons de la reine, et Augustin-René, comte de Riencourt, lieutenant général des armées du roi. Cette maison compte parmi ses alliées, celles d'Ailly, Angennes, Doria, Forceville, Joyeuse, Lamoth, Montmorency, Moreuil, Saisseval, Vérac, etc. Elle porte : *D'argent, à trois fasces de gueules frettées d'or.*

1. P. ANSELME : *Hist. des grands officiers de la Couronne*, t. III, p. 613. — Généalogie de ceulx qui portent le nom et les armes d'Amyens. Mst. du XVIᵉ siècle. Arch. du château de Ranchicourt.

RAMEAU

DES

SEIGNEURS DE SIRONVILLE ET DE MONCHEAUX

ISSUS DES SIRES DE REGNAUVILLE [1].

X

REGNAULT D'AMIENS, fils d'autre Regnault d'Amiens, seigneur de Regnauville, et de N. de Cayeu, eut en partage les terres de Viefville et de Sironville [2]. Il est signalé comme frère de Hues et cousin de Pierre d'Amiens, dans un dénombrement fourni, en 1387, par ce dernier comme héritier des deux autres. La carrière active de Regnault doit donc être placée entre 1340 et 1370. Il eut de MARGUERITE DE CUNCHY le suivant [3].

1. Voir, page 265, pour le raccordement de ce rameau à la branche de Regnauville.

2. Généalogie de ceulx qui portent le nom et les armes d'Amyens Mst. du xvie siècle Arch. du château de Ranchicourt. Voir PREUVE LXXVIII.

3. Anciennes archives de l'abbaye de Saint-Riquier, livre rouge, fol. 44 v° — *Trésor généalogique* de D. Villevieille, t. I, p. 361.

CUNCHY. L'origine de cette famille remonte très loin dans le passé L'un des siens, Etienne de Cunchy, est rangé parmi les grands vassaux de la Couronne sous le règne de Philippe-Auguste. Louis XVI accorda le titre de comte à Philippe de Cunchy, gentilhomme du corps de la noblesse aux États d'Artois. Cette maison, alliée aux Bacquehem, Bryas, Ollehain, avait pour armes : *D'or, à la fusce viorée d'argent.*

XI

JEAN D'AMIENS, seigneur de Sironville et de Moncheaux, capitaine de 24 arbalêtriers, était en garnison au Crotoy, le 21 février 1416, lorsqu'il reconnut avoir touché la somme de 815 livres pour lui et sa compagnie des mains de Collart de Beaurain, receveur du comte de Ponthieu, et de Jacques d'Harcourt, commandant du château du Crotoy. Ce récépissé est scellé en cire rouge et accompagné d'un *Écu à trois chevrons*, autour duquel s'enroule cette légende : S. JEHAN D'AMIENS. Une seconde quittance délivrée par le même, le 22 février 1417, présente des armoiries différentes ; ici l'écu n'a que deux chevrons [1]. Cette brisure de même que celle de Christophe d'Amiens de la branche de Waringhen [2], indique que Jean était un cadet. On trouve trace de lui et de sa femme en 1457. Jean d'Amiens avait épousé JEANNE DE MONCHEAUX [3], fille de Simon, seigneur de Mon-

---

1. *Trésor généalogique de Picardie ou recueil de documents inédits sur la noblesse de cette province*, par un gentilhomme Picard, t. II, p. 5-6, nº 19. — *Inventaire des Sceaux de la Collection Clairambault*, par G. Demay, t. I, p. 15, nº 733. — Voir PREUVE LXXIX.

2. Voir ci-dessus page 205 et suiv.

3. On trouve les sires de Moncheaux, en 1194, dans une donation que fit Jean de Moncheaux au couvent de Sériac pour le repos de l'âme de sa femme. Un autre Moncheaux était abbé de Sériac en 1198 et un Guillaume Moncheaux l'était en 1211. (*Gallia Christiana*, t. X, col. 1363.)

D'après le *Catalogue des actes de Philippe-Auguste*, publié par M. Léopold Delisle, p. 467, art. 2106, et les *Grands rôles de Léchaudé d'Anisy*, le susdit roi de France donna, en novembre 1221, à Jean de Moncheaux le village de Plipon, que tenait précédemment OTHON D'AMIENS, avec une rente de 10 livres tournois sur la vicomté de Rouen.

cheaux en Ternois, et de N. d'Amiens de Bachimont[1]. De cette union naquirent :

— 1° HUGUES D'AMIENS, seigneur de Sironville et de Moncheaux, qui va personnifier le prochain degré.

— 2° MARIE D'AMIENS, conjointe à LAURENT DE SEMPY, seigneur de Rebetrangles, en eut une fille, *Catherine de Sempy*, qui épousa *Jean de Bournel*, seigneur de Boucourt, de Marmez, de Mardicoigne et de Rabodenghen, de Mouls, bailli de Guynes et capitaine d'Ardre. Catherine de Sempy trépassa le 30 mars 1516 et son mari le 22 mai 1522[2].

— 3° N. D'AMIENS, qui s'allia à M. DE GIVENCHY, lieutenant de M. le gouverneur d'Arras, qui obtint, le 27 décembre 1493, de Messieurs les échevins de ladite ville, la réception gratuite de son neveu Jean d'Amiens, sieur de Moncheaux dans la bourgeoisie[3].

Bonaventure de Moncheaux figure dans la revue du 20 juin 1597, faite en armes sur la place de Longpré de 75 hommes de guerre à pied, français, du régiment de Picardie, sous la charge de M. de La Borye ; le capitaine estant en l'armée et camp de Picardie. (BEAUVILLÉ : *Recueil de documents inédits sur a Picardie*, 2e partie, p. 263.)

1. Généalogie de ceulx qui portent le nom et les armes d'Amyens. Mst. du XVIe siècle. Arch. du château de Ranchicourt. — *Recherches généalogiques sur les comtés du Ponthieu, de Boulogne*, etc., par de La Gorgue-Rosny, t. I, p. 31-32. — De La Morlière a commis une erreur en mariant Jeanne de Moncheaux à Collart d'Amiens, seigneur de Regnauville, cousin de Jean, et époux de Marguerite de Monchy, comme on le voit dans le *Trésor généalogique* de D. Villevieille, t. I, p. 371. — Voir PREUVE LXXVII

2. *Recueil de plusieurs nobles et illustres Maisons du diocèse d'Amiens*, par A. de La Morlière, p 143 144, — P. ANSELME : *Hist. des grands officiers de la Couronne*, t. VIII, p 154. — Voir PREUVE LXXX.

3. Registre aux bourgeois d'Arras, de 1464 à 1524, fol. 142. Archives communales d'Arras.

XII

HUGUES D'AMIENS, seigneur de Moncheaux, qui tenait le fief de Regnauville au village de Hesdin en 1474[1]; il s'allia à PÉRONNE ou MÉRON DE MARQUAIS[2], de laquelle vint :

XIII

JEAN D'AMIENS, écuyer, seigneur de Moncheaux, fut reçu bourgeois d'Arras, le 27 décembre 1493, sur la recommandation de son oncle, M. de Givenchy, lieutenant de M. le gouverneur[3].

1. *Recherches généalogiques sur les comtés du Ponthieu*, etc., par de La Gorgue-Rosny, t. I, p. 31-32. — Voir preuve LXXX.

2. *Idem.* — Généalogie de ceulx qui portent le nom et les armes d'Amyens. Mst. du xvie siècle. Arch. du château de Ranchicourt (Pas-de-Calais). — *Recueil de plusieurs nobles et illustres Maisons du diocèse d'Amiens*, par A. de La Morlière, 1640, in-4, p. 31-38. — *Recherches sur les comtés de Ponthieu*, etc., par de La Gorgue-Rosny, t. I, p. 31-32.

3. Registre aux bourgeois de la ville d'Arras, de 1464 à 1524. Paroisse de Notre-Dame, fol. 142. Arch. communales d'Arras.

« Iehan Damiens, natif de Moncheaux, a esté receu à le bourgeoisie gratis en faveur de M. de Givenchy, lieutenant de M. le gouverneur, pour ce qu'il en a requis et que c'est son nepveu, par devant Messieurs les échevins en nombre le 27 de décembre 1493. »

Jean d'Amiens de Moncheaux et Michel d'Amiens, receveur d'Estrun, de la branche de Bachimont, le premier parent, le second frère de Christophe d'Amiens et oncle de Nicolas du rameau de Waringhen, s'abstiennent de toute qualification nobiliaire. Eux aussi, en entrant dans la confrérie urbaine, durent accepter des armes spéciales et temporaires, conséquence forcée de leur embourgeoisement. Voir ce que nous avons dit à ce sujet pages 50, 205 et 206.

Il s'était conjoint à AGNÈS DE CANTELEU. « Cette famille Cante-
« leu, dit Jean le Carpentier, s'est fait aussi connaistre en Bra-
« bant, car je trouve qu'un Séverin de Canteleu avait la garde du
« parc royal, à Bruxelles, et que son frère Nicolas Canteleu y épousa
« Barbe Van der Plaest ou de la Place, sortie d'une des anciennes
« familles patrices et nobles de ladite ville. Jacques de Canteleu,
« petit-fils de Nicolas, y espousa Clémence Kocckebaeck, des-
« cendue de John de Kocckebaeck et d'Anne Boott, famille très
« considérée entre les sept patrices de ladite ville. De la Mor-
« lière fait aussi mention de nostre famille de Canteleu et dit
« qu'Agnès de Canteleu espousa Jean d'Amiens, sieur de Mon-
« ceaux, fils de Hugues, sieur de Monceaux, et de Méron de Mar-
« quais[1]. » Agnès de Canteleu donna à Jean d'Amiens les hoirs
ci-dessous.

— 1° François d'Amiens, seigneur de Moncheaux.

— 2° Antoinette d'Amiens épousa, vers 1545, Pierre de
Partz, seigneur de Plouich, auquel Charles-Quint accorda, en
1552, l'usufruit de la ferme de Tallimont, près Saint-Pol, et une
rente de 30 livres sur la seigneurie de Baduet, à proximité de
Lille, en compensation des dommages que Pierre de Partz avait
subis pendant les guerres de l'Empereur contre François Ier. Le
seigneur de Plouich n'était plus le 15 juin 1574, époque où sa
veuve présenta une requête au conseil d'Artois conjointement

---

1. *Estat de la noblesse de Cambrai et de Cambrésis*, par Jean le Carpentier,
t. II, p. 361. — Jean le Carpentier seul donne à la femme de Hugues
d'Amiens le prénom de *Méron*, tous les autres généalogistes l'appellent *Péronne* que nous avons préféré pour ce motif.

avec son fils qui résidait avec elle à Erlin-le-Sec[1]. Antoinette d'Amiens rendit elle-même son âme à Dieu, le 2 mai 1583, laissant deux enfants : — I. *Pierre de Partz*, écuyer, dont on trouve trace en 1579. — II. *Antoine de Partz*, écuyer, seigneur de Buissertain, se montre dans une procuration de sa mère le 2 avril 1583 ; il s'était allié, le 1er juin 1582, à *Marie de Feutre*, fille d'Antoine, seigneur du Faubourg Sainte-Catherine à Arras, et de Marie-Jeanne de Habarcq. Antoine de Partz décéda avant le 15 février 1610. Antoinette d'Amiens est dite fille d'une Cantaleu dans un titre de 1579, cité par M. de Vegiano dans son *Nobiliaire des Pays-Bas*[2].

XIV

FRANÇOIS D'AMIENS, seigneur de Moncheaux, était, en 1517, receveur du bailliage de Hesdin, charge dans laquelle il avait succédé à Henri de la Forge[3]. Il existait encore en 1547. De son mariage avec MARIE DE LA FORGE, fille aînée de Hugues de la Forge, naquirent :

— 1° JEAN D'AMIENS, seigneur de Moncheaux;

— 2° SUZANNE D'AMIENS, mariée à JEAN BERTON, écuyer, sieur de Quillec ;

1. *Nobiliaire des Pays-Bas*, par M. de Vegiano, t. II, p. 1523.
2. *Idem.*
3. *Recherches généalogiques sur les comtés du Ponthieu*, etc., **par de La Gorgue-Rosny**, t. I, p. 31-32. — Généalogie de ceulx qui portent le nom et les armes d'Amyens. Mst. du xvie siècle. Arch. du château de Ranchicourt (Pas-de-Calais).

— 3º Lucie d'Amiens, femme de N. de Renty, écuyer ;

— 4º Jeanne d'Amiens, mariée à Claude de Landas, écuyer, seigneur de La Motte, de La Rue, d'Obrach, etc., dont elle eut six rejetons. — I. *Jacques de Landas,* mort en bas-âge. — II. Autre *Jacques de Landas,* marié à *Eléonore de Herselles.* — III. *Jean de Landas.* — IV. *Marie de Landas,* sœur jumelle du premier Jacques qu'elle suivit de près dans la tombe. — V. Autre *Marie de Landas,* qui vécut peu aussi. — VI. *Anne de Landas,* morte dans le célibat. Les de Landas étaient d'antique extraction ; nous n'en voulons donner qu'une seule preuve, c'est la charte dans laquelle Philippe-Auguste se porte garant d'un emprunt fait en Palestine par Guillaume de Lynde, Hugues de Ligne, Roger de Landas, etc., « Au nom de la sainte et « indivisible Trinité : Philippe par la grâce de Dieu, roi des « Français, faisons savoir à tous présents et à venir qu'en qua- « lité de feudataire et d'exécuteur testamentaire de notre bien- « aimé Philippe, comte de Flandre, pour une somme d'argent « prêtée par Conrad et Quilio de Goarco, habitants de Gênes, « et leur société, et reçue par les chevaliers du feu comte nos « bien-aimés Guillaume de Lynde, Arnould d'Estrées, Wau- « tier de Ligne, Richer de Vasquehal, Hugues de Lezennes, « Gilles d'Hinnisdal, Baudoin d'Hénin, Roger de Landas et « Gérard de Mudis, nous nous constituons leur caution envers « ladite société pour la totalité de la somme qui est de sept « cents marcs d'argent. En foi de quoi nous avons fait mettre « au bas de cet acte nos armes, notre sceau et l'initiale de notre « nom. Fait au camp devant Acre, l'an de notre seigneur 1191,

« douzième de notre règne, en présence des grands officiers de
« la couronne, dont voici les noms, les armes et les sceaux : —
la signature du sénéchal n'y est pas ; — signature de Gui,
échanson ; Mathieu, camérier ; Raoul, connétable ; — la Chancellerie vacante [1].

XV

JEAN D'AMIENS, écuyer, seigneur de Moncheaux, fut admis
le 1er février 1583, dans la bourgeoisie locale [2], en considération de l'alliance de son fils François d'Amiens avec N... de Voz,
fille de Gérard de Voz, écuyer, sieur de Beaupré, gouverneur et
lieutenant de la ville d'Arras. Il suivit par conséquent l'exemple
de son aïeul autre Jean d'Amiens, seigneur de Moncheaux, et
celui de ses cousins, Michel d'Amiens, seigneur de Bachimont,
Christophe et Nicolas, sieur de Waringhem, qui étaient eux
aussi agrégés à la bourgeoisie d'Arras. La noblesse dans l'Artois était encore plus qu'ailleurs dans la nécessité de faire partie
de la bourgeoisie [3], car dans la plupart des villes elle ne pouvait

1. Chartes des Croisades, Coll. Courtois. Bibl. Nat. Mss. L'original de ce
titre, qui appartenait au prince de Ligne, était scellé du sceau de Philippe-
Auguste en cire verte.

2. Registre aux bourgeois de la ville d'Arras, paroisse de Notre-Dame, de
1568 à 1650. Archives communales d'Arras.

3. Nous avons démontré ailleurs combien la bourgeoisie était honorée et
pratiquée par la noblesse dans l'Artois, la Picardie et les Flandres et qu'elle
ne l'était pas moins dans le midi. On ne saurait trop multiplier les exemples
pour détruire le préjugé contemporain qui fait considérer le titre de *bourgeois* comme contraire à la noblesse alors qu'il en fut le plus souvent l'associé et l'auxiliaire.

prétendre à aucune immunité locale sans un diplôme de citoyenneté. Dans Arras par exemple elle n'était rien et le corps des
trois états était tout. Ce corps décalqué en petit sur les États

La bourgeoisie de Bordeaux exerçait une telle attirance sur les gentilshommes qu'il devint nécessaire de la protéger par une loi contre leur
envahissement dangereux pour l'influence monarchique. «... Les chevaliers
ou damoiseaux ne peuvent être agrégés au corps des citoyens (de Bordeaux)
sans une permission spéciale du roi *. »

Au mois de novembre de l'année 1256, six notables de Bordeaux se portèrent caution du serment prêté au roi d'Angleterre par Doat de Pins,
bourgeois de la Réole. Doat de Pins était le rejeton d'un haut lignage **.

Après le traité de Brétigny, quarante-cinq villes du sud-ouest déléguè-
rent leurs principaux notables pour aller à Bordeaux faire acte de foi envers
Edouard III. Presque tous les députés, même ceux des cités nouvelles
appelées bastides, appartenaient aux plus grandes Maisons de Guienne ou
de Gascogne : parmi les cinq chevaliers envoyés par la Réole, tous s'intitu-
lent *bourgeois*. Dans ce groupe on distingue Raymond de Pelegrue***, sorti
d'une maison féodale, remontant à la plus haute antiquité et alors l'une des
plus puissantes du duché. Ces détails historiques sont détachés de la *Collection générale des documents français qui se trouvent en Angleterre* et publiés
par M. Jules Delpit: « Lors de la convocation à Bordeaux des députés des
villes d'une grande partie de l'Aquitaine, pour rendre hommage au nouveau
prince que le traité de Brétigny venait de donner à ces contrées (1363), on
voit que les villes inscrites comme ayant envoyé des députés à Bordeaux
sont au nombre de 45. Le chiffre de leurs représentants n'était pas fixe.
La Réole en envoya 15, Condom 6. Une circonstance à remarquer, c'est que
les représentants des villes et même de bastides sont tirés souvent des
premières familles de la noblesse : les 8 députés de la bastide de Sauveterre
sont tous chevaliers ; parmi les représentants de la Réole cinq chevaliers
prennent le titre de *bourgeois* et l'un deux Raymond de Pellegrue, membre
de la famille précitée et qui était en même temps mandataire de trois villes:

*. MARTIAL ET JULES DELPIT : *Notice d'un manuscrit de la bibliothèque de
Wolffenbuttel, relatif à l'histoire de la France méridionale*, p. 15, Paris, 1843,
in-4.

**. *Idem.*

***. A cette race appartenait le cardinal de Pelegrue.

d'Artois[1] était représenté et constitué par un député de l'évêque, seigneur temporaire de la cité, et deux autres commissaires, l'un nommé par le chapitre, l'autre par le Tiers-Etat. Les nobles ne pouvaient y être reçus qu'en qualité de bourgeois ; il fallait sacrifier le premier titre si on voulait obtenir les avantages temporels attachés au second[2]. Adrian de La Morlière n'a fait qu'une

La Réole, Sauveterre et Montsegur. On sait aujourd'hui que les plus hauts barons recherchaient alors le titre de *bourgeois* dans les grandes communes avec autant d'empressement que les rois mettaient à les en éloigner. »

M. Delpit cite encore le fait suivant qui concerne la Maison de Bordeaux dont les traces glorieuses se trouvent dans Rymer, la Collection manuscrite de Bréquigny, le Fonds Doat, etc. Cette maison, baroniale à son début, prenait de préférence à tout autre le titre unique de bourgeois. « Parmi les personnages qui garantirent le serment de Galhard de Solers, nous voyons figurer Pierre de Bordeaux. Bien que, dans cet acte, il prenne seulement le titre de citoyen et bourgeois de Bordeaux, c'était comme presque tous les citoyens de cette ville que nous avons eu occasion de mentionner, il se prétendait héritier de saint Paulin, et faisait remonter ainsi son origine jusqu'à l'une des familles patriciennes de l'ancienne Rome. Ses terres, au dedans et au dehors, étaient immenses. Il possédait entre autres le captalat de Buch, si célèbre dans nos annales, et le fief du Puy-Paulin, qui comprenait une grande partie de la ville de Bordeaux.

1. Sur la liste des 121 gentilshommes, qui assistèrent aux états d'Artois en 1614, nous avons relevé le nom de Regnauville, porté vraisemblablement par un d'Amiens de Moncheaux, puisque les d'Amiens de cette branche étaient les cousins les plus rapprochés des Regnauville. On y remarque aussi plusieurs autres alliés, tels que Simon et Robert de Vignacourt, Simon de Moncheaux, Baudoin de Hauteclocque, Agneux de Canteleu, Jean et Philippe de Marquais, Payen de Cayeu, Guillaume de Poix. — (*Noblesse et chevalerie des comtés de Flandre, d'Artois et de Picardie*, par Roger, p. 386.) — Il y avait aussi un Jean de Ranchicourt seigneur de la terre de son nom laquelle passa au xviiie siècle aux mains des d'Amiens, seigneurs de Waringhen.

2. Voir plus haut, pages 50, 168, 169, 201 note.

seule et même personne du Jean d'Amiens de Moncheaux, admis dans ladite corporation en 1493 et de son petit-fils Jean
d'Amiens qui le fut le 1er février 1583. La méprise généalogique
du chroniqueur Picard provient sans doute de l'identité des
prénoms. Jean d'Amiens laissa d'une union inconnue :

XVI

FRANÇOIS D'AMIENS, écuyer, seigneur de Moncheaux,
épousa, d'après le registre aux bourgeois d'Arras, vers 1593,
N. DE VOZ, issue de Gérard de Voz susnommé, lequel était
seigneur de Beaupré et gouverneur de la ville d'Arras [1]. Nous
ne pouvons dire si c'est ce François d'Amiens ou un de ses fils,
autre François, qui épousa, d'après de La Morlière, MARIE DE
LAS CUEVAS ; celle-ci de même que François d'Amiens, son
mari, vivait encore en 1630. Peut-être avait-elle convolé
avec François d'Amiens qui personnifie ce degré ci, en secondes noces. Cette question étant problématique nous laissons à
d'autres le soin de l'élucider. François est présumé grand père
d'ANNE-CATHERINE D'AMIENS, dame de Moncheaux, qui fit enregistrer dans l'*Armorial général de Picardie*, vol. XXVII, f° 682,
les armes que voici : *De gueules, à trois chevrons de vair.*

Nous ne ferons point l'honneur d'une critique approfondie à
une ébauche généalogique de la branche des seigneurs de Sironville et de Moncheaux, insérée dans un Nobiliaire moderne.
C'est une fourmilière d'hérésies, d'anachronismes, de longévi

1. Reg. aux bourgeois d'Arras, de 1558 à 1650, fol. 56.

tés fabuleuses ; on y trouve même une citation de dix-huit lignes attribuée à de La Morlière, quand trois seulement lui appartiennent en propre ; tout le reste a été ajouté ou englobé dans l'extrait par un entourage de guillemets complaisants. Dans cette notice singulière Bernard d'Amiens, quatrième fils de Dreux d'Amiens et de Marguerite de Saint-Pol, qui apparaît dans les chartes locales au début du xiii᷊ᵉ siècle, a pour successeur un Jean d'Amiens, marié à Alix de Heuchin, deux siècles et demi plus tard. C'est en prenant de La Morlière trop à lettre que cette erreur a dû être commise. Le vieux chroniqueur Picard a prétendu en outre que la branche des d'Amiens, sires de Bachimont, avait fini dans la personne de Collart d'Amiens. Or celui-ci fut le dernier de celle de Regnauville, séparée de l'autre depuis des siècles. De La Morlière a naïvement confondu Collart d'Amiens, seigneur de Regnauville, avec Claude d'Amiens, fils de Loys d'Amiens et petit-fils de Nicolas, dit Esglet, sire d'Aboval et de Bachimont. En Claude s'éteignit, non la branche de Bachimont, mais la descendance d'un de ses cadets. Si ce Claude d'Amiens fut privé de progéniture en revanche celle de ses oncles et cousins germains du rameau de Bachimont fut multiple et continua la filiation. Collart d'Amiens, seigneur de Regnauville, qui n'a aucun rapport lointain avec les Bachimont, n'eut de son union avec Marguerite de Monchy que des filles mentionnées plus haut page 270. De La Morlière a encore erré au sujet de la femme de Collart d'Amiens qu'il dit être fille de Simon, seigneur de Moncheaux, quand elle se nommait Marguerite de Monchy, ce qui est absolument différent. L'alliance de

Collart avec cette dernière est irrécusablement établie par les Registres de la Chambre des Comptes de Lille où les deux époux figurent ensemble et où Collart est énoncé « seigneur de Re- « gnauville » et non pas de Bachimont.

En résumé de La Morlière, après avoir introduit, dans la bran- che de Bachimont, Collart d'Amiens, sorti de celle de Regnau- ville et son dernier représentant direct en ligne aînée, déclare les Bachimont éteints : ce qui n'était vrai et juste que pour les d'Amiens, sires de Regnauville. Ceux-ci d'ailleurs avaient des collatéraux les seigneurs de Sironville et de Moncheaux qui firent reverdir le rameau desséché. De La Morlière du reste reconnaît, quelques lignes plus bas, que le lignage des d'Amiens persistait à proximité du comté de Saint-Pol [1], c'est-à-dire au bailliage d'Hesdin qui en était limitrophe et mouvant. Là co- existaient deux pampres de la souche des d'Amiens : celui des seigneurs de Bachimont, dont un membre, Claude, ne laissa pas de postérité, mais dont les cousins directs eurent nombreuse progéniture, et celui des seigneurs de Sironville et de Mon- cheau. De La Morlière a sommairement indiqué les générations de ces derniers jusqu'en 1630, époque où il écrivait. Le généa- logiste Picard a la loyauté de confesser qu'il ignore *la descente* des d'Amiens habitant Amiens, il ignorait aussi celle des proches de Claude d'Amiens, sieur d'Aboval, qu'il a changé en Collart, seigneur de Bachimont. Michel d'Amiens, receveur

---

1. Le comté de Saint-Pol englobait dans son ressort féodal plusieurs vicomtés ou baronnies, ayant appartenu aux d'Amiens ou à leurs alliés, entre autres : Orville, Heuchin, Monchy, Cayeu.

d'Estrun et seigneur de Bachimont, eut en effet plusieurs hoirs des deux sexes, qui en eurent à leur tour, continuèrent la lignée de Bachimont et formèrent des branches collatérales comme celle de Waringhen et de La Ferté qui est encore représentée de nos jours. Les Bachimont ne disparurent donc pas avec Claude qui n'était que le petit-fils de Nicolas d'Amiens dit Esglet, le second des dix-huit enfants de Pierre d'Amiens, seigneur de Bachimont, et de Jeanne de Hotteux. Les autres frères de Nicolas, et en particulier Adrien son aîné, se perpétuèrent côte à côte avec les d'Amiens, seigneurs de Moncheaux, au bailliage d'Hesdin où les d'Amiens de Bachimont tenaient de temps immémorial la seigneurie de Fontaines, qui étaient encore dans leurs mains à l'époque où de La Morlière publiait son *Recueil des Maisons nobles*. C'est au nord du comté de Saint-Pol [1] que Pierre d'Amiens, seigneur de Bachimont, prit alliance avec les Hotteux, vassaux de ce grand fief. C'est à la limite du bailliage de Hesdin, que les d'Amiens de Waringhen possédaient encore, au commencement du xviiie siècle, une portion de la terre d'Outrebois, apanage primitif des d'Amiens, sires de Canaples, desquels dérivèrent les d'Amiens de Bachimont. De La Morlière, dont l'honnêteté ne saurait être mise en doute, a cru vraisemblablement que Claude d'Amiens, seigneur d'Aboval,

---

1. De La Morlière a bien fait d'observer qu'il ne connaissait point la *descente* de beaucoup de ceux qui portaient le nom d'Amiens et de constater que ce nom persistait sur les confins du comté de Saint-Pol, où les d'Amiens de Bachimont méritaient, même après la mort de Claude d'Amiens, simple cadet, d'être mentionnés de préférence aux Regnauville, puisqu'ils y étaient plus nombreux.

qu'il a travesti en Collart, était le dernier représentant de la branche de Bachimont. Il s'est fort étrangement abusé, d'abord parce que Collart n'a jamais existé dans la branche des Bachimont ; et, ensuite, parce que ceux-ci laissèrent de nombreux rejetons et notamment celui qui fonda le rameau de Waringhen dont il a déjà été question.

D'après le marquis de Belleval et M. de La Gorgue-Rosny, il existait, dans l'ancien comté de Ponthieu, notamment à Saint-Valery et à Abbeville, une ancienne famille du nom de d'Amiens, qui portait, selon D. Grenier: *De gueules, à trois chevrons d'argent,* c'est-à-dire à peu près les mêmes armes que la grande race objet de cette étude. Or, les seigneurs de Béhen présumés de ceux-là, prennent des armes tout à fait disparates[1] dans le *Grand Armorial de France.* Cette différence héraldique, il est vrai, ne prouverait rien contre la communauté d'origine, si on en trouvait trace. En ce qui nous concerne, nous n'avons pu découvrir ni le point de jonction ni le lien mystérieux qui raccorderait les d'Amiens d'extraction chevaleresque, que nous venons d'étudier, à ceux d'Abbeville, sieurs de Béhen, dont les premiers sujets apparents, du moins pour nous, ne remontent guère au delà du xvie siècle. On trouvera aux *Pièces justificatives* PREUVE LXXXII, une notice sur les d'Amiens, sieurs de Béhen, tronquée et imparfaite, par suite de notre indigence documentaire à leur endroit.

---

1. JEAN-BAPTISTE D'AMIENS, sieur d'Hébécourt, porte, il est vrai, les armes primitives.

MAISON D'AMIENS

PIÈCES JUSTIFICATIVES

ou

PREUVES

SUPPLÉMENTAIRES

PIÈCES JUSTIFICATIVES

ou

PREUVES

SUPPLÉMENTAIRES

PREUVE I

ANNÉE 1069.

Acte démontrant qu'ADAM ou ADELESME d'AMIENS était fils de DREUX, chate-
lain d'Amiens. Dans cette charte on retrouve les quatre princes qui, en 1069,
se partageaient la puissance féodale et locale. Raoul, comte d'Amiens, Anne,
sa femme [1], Simon, son fils, Dreux de Boves, probablement son gendre,
et enfin Dreux, propriétaire de la tour (Turrensis), c'est-à-dire chatelain,
Adelesme, son fils, dont le prénom est un diminutif d'Adam, ainsi que
nous l'avons observé ailleurs.

Anno Dom. MLXIX. Ego Rodulfus, divinâ Clementiâ Ambian.
Comes... Visum Episcopo Guidoni utillimum, potestate quem
Vicecomites in terris Fratrum (S. M. Ambian.) exercebant, rela-
xare... Concessi quidquid hujus modi ad conteiense castellum per-

---

1. Anne, femme du comte Raoul, était d'après Duchesne, Anne de Russie
qui avait épousé en premières noces Henri, roi de France, et s'était remariée
après la mort de celui-ci, advenue en 1060, à Raoul, comte d'Amiens ; Anne était
par conséquent mère de Philippe Ier, roi de France ; elle lui avait donné le nom
de Philippe, en souvenir des anciens rois de Macédoine dont elle prétendait
descendre.

tinens ego et milites totius conteiensis honoris ubique terrarum
seu villarum illorum obtinebamus... Simon filius meus et Gualterus Gualteri Tyrelli natus probaverunt... Hâc autem cartulâ, meà
manu atque uxoris meæ Annæ nec non Simonis filii mei, antedicti Gualteri, super altare B. M. imposita, Guido Præsul ana-
thematizavit omnes qui, etc... (Subscripserunt) Radulphus Comes, Anna uxor ejus, Gualterus Gualteri Tyrelli filius... Drogo
Bovensis, Robertus ejus filius, Oilardus miles ipsius, Infridus
Incrensis, Gamelo, Hugo, Robertus sui milites, Drogo *Turrensis*, Adelelmus *filius*, Guermundus frater vice domini,
Radulfus Pincerna Episcopi, Airardus Dapifer Comitis, Milo
cognomine Orphanus, Rorico, Anscherus, Ingelramus, Hugo,
Abbatis-villæ milites... Actum Ambianis in Basilica B. M. anno
Incarn. Chr. MLXIX, indict. VII, Rege Fr. Philippo, Guidone Am-
bian. Episcopo, Radulpho filio que ejus, comitibus. Ex Cartulario
Ecclesiæ Ambian. Redonis Synodus celebrætur.

Recueil des Historiens des Gaules et de la France, t. XI. Ex diversis Chro-
nicis, etc., p. 433 et 434.

Année 1110

Récit de Nicolas, moine de Saint-Crépin de Soissons, au sujet de la forfaiture
du vidame d'Amiens, qui, pendant la trêve de Dieu, surprit Adam d'Amiens
son ennemi, en compagnie de l'évêque Geoffroy, et, au mépris de la suspen-
sion d'armes, le fit charger de chaînes par son escorte et jeter en prison dans
le château de Picquigny, malgré les supplications et les anathèmes du prélat.
Le perfide vidame étant tombé dans une embuscade, à son tour, peu de temps
après et amené captif par les gens du comte de Ponthieu, implora la clé-
mence et l'intercession de l'évêque qui l'avait excommunié; celui-ci le fit
mettre en liberté et obtint celle d'Adam.

Inde verò omnium favore ad urbem suam revertens, secum duxit
Adamum[1], ejus civitatis principem. Cùmque jam fines suos ingressi

1. Adamo pars quædam urbis ambian. obnoxia erat, altera vicedomino, comitatus autem Ambian. penès, Ingelranum Botvensem erat. Adamus turrim in
ipsa urbe habebat *Castellionem* vocabant.

essent, Adamus ad virum Dei : « Nosti, ait, venerande pater, quas
« mihi insidias comparet Guermundus Pinquiniaci vice dominus.
« Jam multis annis inter nos vario eventu bella ducimus. Quòd si
« ille me comprehenderit, certus sum aut inauditis me suppliciis
« excruciatùm, ant certè gladio necatum iri. Si ergo placet tibi,
« aliud ego capessam iter, ne militum præsidio destitutus incidam
« in manus ejus. » At vir beatus vehementer admirans : « Annon,
« inquit, ille æquè meus est ac tu ? annon jampridem sanctè mihi,
« ut pote domino suo, juravit se pacem bonà fide conservaturum,
« honoremque mihi habiturum? Confido equidem in Domino,
« etiamsi mille armatas militum cohortes secum adducat, non
« ausurum illum vel duriùs te appellare. Quòd si mutato animo
« quippiam tibi irrogare tentaverit, testor Jesum, me te prosecu-
« turum quòcumque ille etiam vinctum te abduxerit. » Dum sic
illi inter se colloquuntur, ecce vice dominus multo stipatus equi-
tatu advenit, salutat episcopum, et ad lævam se vertens furibundus
exclamat : « Tunc hic es, Adame, mihi semper infestissime ! O te
« miserum ! Quis te huc appulit ! Satius tibi foret vitam agere
« privatam ac tenuem, quàm incidisse in has manus. » Moxque,
nullà tanti episcopi habità ratione, Adamus ab equo deturbatur,
districtis ensibus appetitur. Cernens id episcopus ab equo desilit,
toto corpore super Adamum incumbit, porrigit jugulum, exclamat
cum lacrymis : « Quæ te furiæ, quæ dira Erinnys, Guermunde,
« huc impellunt, ut me præsente, qui sum dominus tuus, isthuc
« ausis designare? En cervicem meam, si ita placet, libens ferien-
« dam objicio : tantùm ne quid moliaris adversùs Adamum
« meum. » Hæc ut viderunt comites episcopi, omnes aufugerunt,
quòd putarent cum Adamo illum interfectum. Porrò Adamus in
equum imponitur, injectis que cathenis, Pinquiniacum abducitur.
Eum verò beatus Epicopus flens et ejulans, comamque convellens,
solus sequitur, se ejus proditorem tantæque calamitatis auctorem
clamitans. Ubi Pinquiniacum ventum est, beatus vir, cæteris intro-
missis, cogitur stare foris. Videns ille humano se auxilio destitu-
tum, redit solus ad civitatem suam : refert clero et populo quid
acciderit ; mœrent omnes tum captivitatem domini sui, tum inju
riam præsulis sui, quam molestiùs ferebant. Episcopus verò sacras

reliquias B. Firmini et aliorum Sanctorum humi deponit, ecclesias
regionis infidi vice domini claudit, illum et fautores ejus omnes
plectit anathemate. Inde utrimque existunt bella ; cogitur audire
pius episcopus crebras agrorum vastationes, pagorum depopulationes
atque direptiones templorum incendia : quibus ille mirum in
modum affligebatur, et flens largiter miserum se dictitabat, qui in
ea tempora incidisset.

Paucis post diebus ille vice dominus regionem latè depopulans,
insidiis militum Wilhelmi primarii apud Pontivos vir capitur, et
ad illum mirà gratulatione adducitur. Is ut vidit hominem, primò
innumeris injuriis exagitatum, mox ferro vinctum jubet duci in
custodiam. Ubi cùm non parum diù detineretur, videret que omnem sibi prodeundi quò vellet facultatem ereptam, mirè anxius
tandem redit ad sanitatem. Videns autem in nullo homine mortali
spem aliquam mortis evadendæ sibi relictam, nisi in uno Godefrido
episcopo, dirè cruciabatur, sciens quam multis iisque intolerandis
eum injuriis affecisset. Sed tamen urgente calamitate, complecti,
per hominem fidum supplex orat beatum virum, ut immemor eorum quæ hactenus malo dæmone instigante in eum admisisset,
ipsi opem fere dignetur. Pollicetur se ecclesias dirutas instauratu-
rum, Adamum dimissurum, deinceps emendatiùs et humaniùs vic-
turum. Hæc ubi audivit episcopus, lætatur se à Domino exauditum,
dolet vicem miseri hominis ; et bona pro malis reddere ei volens,
quod est perfectorum, non cunctatur ire ad illum. Eo conspecto,
tamquam ab orci faucibus eruptus sit, valdè sibi gratulatur Wer-
mundus ; et qui antea virum Dei supplices ei preces offerentem su-
perbus contempserat, jam ad ejus se pedes advolvit. Sed ne lon-
giores simus, si singula annotare velimus, extrahit pius Episcopus
Guermundum è carcere, reducit non sine multo sudore Pinquiniacum, et secum abducit Adamum suum.

Vita S. Godofredi Ambianensis episcopi, auctore Nicolao monacho S. Crispini Suesionensis. — *Recueil des Historiens des Gaules et de la France,*
t. XIV, p. 178 et 179.

Année 1115.

Relation par Guibert, abbé de Nogent, du siége soutenu par Adam d'Amiens
*dans sa tour du Castillon, pendant deux années, contre les forces réunies
du roi de France, du vidame et de la commune. Il y est question du mariage d'*Adelesme, *fils d'Adam, avec la fille de Thomas de Marle.*

Igitur Laudunensis provincia cùm his sub utroque malignitatibus
quateretur; in Ambianensem, Deo judice, est translata calamitas.
Nam post funestum excidii Laudunensis eventum, Ambiani, Rege
illecto pecuniis, fecere communiam, cui Episcopus nulla vi exactus
debuisset præstare favorem, præsertim cùm et nemo eum urgeret,
et Coepiscopi sui eum miserabile exitium et infaustorum civium
confligium non lateret. Videns itaque Ingelrannus, urbis Comes,
ex conjuratione burgensium, comitatûs sibi jura vetusta recidi,
prout poterat, jam rebelles armis aggreditur. Cui etiam non defuit
Adam (sic enim vocatur) et suæ, cui præerat ipse, turris auxilium.
A Burgensibus ergo urbis pulsus ab urbe, in turrim se contulit.
Qui cùm in Comitem irremissis assultibus grassarentur, et Thomam, quasi amantiorem suum dominum, ad Communiæ illius sacramenta vocantes, contra parentem, ut putatur, suum filium sus-
citarunt. Ignominiosam enim valdè matrem habuit, et ideò patris
affectu semper caruit. Perpendens interea Ingelrannus quia sui ævi
gravitatem caupones et macellarii irriderent; accersito Thoma,
pacto que cum eo fœdere, etiam novercam illum, præbitis innumeris sacramentis, novo ei insinuat amore. Quæ nimirùm sibimet non
ignava, non parvi ponderis gazas ab eo exegit pro innovata
pace.

Exhausto denique Thomas plurimo quem habebat thesauri cu-

mulo, opem quoque Ingelranno spopondit contra Burgenses, quibus cum Vicedomino adnitebatur Episcopus. Thomas igitur et
Adam qui turri præsidebat, cœperunt acerrimè insistere Vicedomino atque Burgensibus; et quamprimùm, quoniam Episcopum et
clericos factæ cum Burgensibus factionis arguebant, res pervasit
Thomas ecclesiæ. Et in una quidem villarum ejus præsidium sibi
firmat, per quod cæteras mox incendiis et prædis exterminat. Ex
una earum cum maximam captivorum abduxissett catervam, mul-
tam que pecuniam; residuum promiscui sexùs et diversæ ætatis
vulgus, cohortem certè, quæ illô confugerat, plurimam in Ecclesia
concremata cremavit. Inter captivos autem quidam qui panis
emendi gratia in villam venerat Eremita, captus ante eum duce-
batur. Erat verò imminens, postridie scilicet, festum B. Martini :
cùmque flebiliter inclamasset ad Thomam cujus possessionis esset,
qua pro causa eò devenisset, saltem pro honore S. Martini sibi
miseresceret; ille e vagina pugione exempto, ejus trajecit pectus et
viscera. « Accipe, dicens, propter sanctum Martinum. Leprosum pariter carceri truserat : quod elephantiosorum provincialium cœtus
audiens, obsedit tyranni fores, conclamans ut sibi socius red-
deretur. Quibus ipse comminatus est, nisi recederent, se vivos incen-
surum. Et cùm territi aufugissent, in tuto positi et ex regione
pariter conglobati, Deum super eo in vindicem compellantes, pari
voce latis in altum vocibus ei maledixerunt. Leprosus autem idem
in pœnali carcere diem clausit.

Mulier quoque prœgnans, ergastulo itidem relegata, ibidem inte-
riit. Quidam de captivis tardiùs expediebant iter; quibus sub collo
eas quas vocitant canolas prœcipiens perforari, senis eorum, ni
fallor, aut quinque funes fecit inseri, sicque sub truci angaria pro-
ficisci : qui post paululùm in custodia sunt defuncti. Quid verba
protrahimus ? In illo negotio triginta solus homines proprio ense
peremit. At noverca sua videns tantis hominem inserere se pericu-
lis, avida perimendi eum, mendat Vicedomico ut Thomæ subti-
liter excursus observet, qui cùm illum, nescio quà euntem, nocte
quadam circumfudisset insidiis; confossus membra vulneribus,
etiam in poplite lanceam hostis pedestris accepit. Qui cùm aliàs,

tum in geniculo durissimè lœsus, vellet nollet, a cœpto desiit.

At Episcopus, antequam Ecclesia sua tale exterminium pateretur, quodam die festo Missas acturus erat. Quidam virò specie religiosus Presbyter Sacramentum ante eum ex sola aqua nescius confecerat, postquem et Episcopo idem accidit. Cùmque libamen assumpsisset, et non nisi aquam esse sensisset, dixit : « Magnum, scitote pro certo, malum Ecclesiæ imminet isti. » Quod ipsum infortunia Presbyteri, quæ ante contigerant, adstruebant. Cùm ergo vidisset suam nec Clero, nec populo prœsentiam esse gratam, quia neminem juvare poterat ; assumpto quodam nostro Monacho, in consultis omnibus, clero suo et populo, libellum, ut ita dicam, repudii dedit, et Archiepiscopo Remensi annulum sandalia que remisit, et se in exilium iturum, nunquam que deinceps Episcopum futurum utrobique mandavit. Expontifex ita factus, cùm Clumiacum attigisset ; rursùs sponte propria Episcopus factus, altare in ibi consecravit. Inde digressus, Cartusiam perrexit, de quo loco in hujus opusculi primordio nobis sermo fuit. Ibi extra conventum in cellula commanens, sex de viatico suo argenti sibi marcas retinuit ; qui post duos menses, non ab aliquo suorum, sed ab Archiepiscopo remendatus moras in reditu non fecit ; ad hoc enim marcas sibi utiles futuras scivit. Clerus autem et populus eum non sine mœrore recepit, qui eo absente, super altero eligendo, non sine magna ipsius aspernatione, non sategit. Ipse enim turbam moveret quam sedare non poterat.

Thoma itaque ad sua translato, et ex vulnere prælibato jam impotenter agente ; quoniam *filius* ADŒ nomine ADELELMUS, *puer pulcherrimus, in futuram desponderant conjugem ipsius filiam ;* quæ Thomam jam lœserat, in Adam et in turrim arma convertere parat. Ipse autem in fidelitate Ingelranni hucusque contra Burgenses steterat. Rege ergo conducto, turrim obsidione circumdat. Et certé Adam Regi hominium fecerat, nec ab eo defecerat, Rex que eum in sua fide susceperat, referri non possunt ab aliquo, ne ab eis quidem quorum pars periclitabatur, factæ neces de Burgensibus per Turrenses, cum antè obsidionem, tum postea crebriores. Nullus enim apud Urbanos actus erat, sed passio sola. Quod primùm, promoto nundum malo, facile Godefridus Episcopus, sicut omnibus notum est, sedasset, ni Vicedominum, qui maximo eum semper habuit contemptui, timuiscet. Ejus planè moris est, ut neminem revereatur nec cuiquam beneficus sit, nisi aut de ipso malè loquatur, aut sibi malè faciat. Qui dum ab uno morderi timet et scienter perfidissimo placere gestit, Deo justo judice, ab ipso potissimùm et ab omnibus laceratur.

Thoma igitur turri subvenire non potuit, intra quam et filiam suam et militum suorum probiores dimiserat. Mala autem ubìque tanta egerat, ut Archiepiscopi et Prœsules, pro Ecclesiis querìmonia data ad Regem, dicerent se in regno ejus Dei officia non facturos, nisi ulcisceretur in illum. Nam ea tempestate, qua pestifer ille contra Ingelrannum Burgensibus adnitebatur, Gualterius, de quo supra egimus, etc. . . . .

Igitur Dominica Palmarum reversus a Chartusia Godefridus Episcopus, longè alia quam ibi didicerat, incipit propagare. Regem ergo arcessit ; et die celebri ac verendo, ipsum et astantem populum adversùs Turrenses, sermone habito, non Dei, sed Catilinario, irritare intendit, spondens regna cœlorum his qui turrim expugnando perierint. Postridie pro muro Castellionis (sic enim vocatur) ingenter machinæ porriguntur, eisque milites imponuntur. Turrenses ante cortinis sese protexerant, ne esse eorum proderetur. Episcopus verò nudipes ad S. Aceolum, non tunc pro hoc exaudiendus, abierat. Interea Turrenses permìttunt eos se muris ingerere, machinas admovere. Quibus applicìtis, Alerannus quidam, talium peritissimus, duas quas instituerat phalaricas opponit, et quater vicenas penè mulieres ad saxa qua imposuerat intorquenda disponit. Milites autem interni contra externos prœlia cominùs ense tractabant. Cùmque Achìlleis animis sua propugnacula defenserent mulieres viris œquiparandæ, missis extormento lapidibus, utrasque confregerunt. Et fervente jactu missilium, quater vicenis, ut relatum est, vulneratis, etiam Regem jaculo in pectore loricato læserunt. De his autem qui spiculis sunt trajecti prœter unum nullus evasit. Hoc Episcopi nepos Rothardus Clericus retulit.

At milites qui de machinis pendebant, obrui se videntes, fugam ineunt, nec mora cœteri. Quibus aliquantisper amotis, Turrenses prosiliunt, machines concidunt, materiem que ad se convehunt, cùm eos a longì conspicerent nec aggredi auderent tria pene millia, qui priùs oppugnarant. Videns igitur Rex inexpugnabilem locum, cessit, obsìderi jubens, dum fame coacti se redderent. Hucusque perseverat obsidio, et dici non potest quot de Burgensibus solis quotidie penè depereant. Adam verò extra positus, suburbia et Ingelrannum at que Vicedominum crebris hostilitatibus]urget.Unde etiam, si vexatio intellectum daret auditui, scire possent quia etsi Thoma succubuit, non omnes tamen causœ sunt pares, nec Dei penès omnes œqua judicia, ut scit Episcopo ad neces licentia provocandi.

Ex Guiberti Abbatis de Novigento Monodiarum, sive de Vita sua libris tribus. — *Rec. des Hist. des Gaules et de la France*, t. XII, *p.* 2ì1, 263.

*Augustin Thierry constate que les descendants d'*ADAM D'AMIENS, *chatelain, conservèrent leurs noms, titres et privilèges même après la destruction de la citadelle d'*Amiens.

Le titre de vidame et les droits seigneuriaux attachés à ce titre se continuèrent dans la famille des sires de Picquigny. Le titre de chatelain et les droits conservés par ADAM subsistèrent dans sa famille et échurent par héritage aux SIRES DE VIGNACOURT, qui, comme seigneurs avec l'évêque, le comte et le vidame, ajoutèrent à leurs prénoms le nom de d'Amiens[1].

Monuments inédits de l'Hist. du Tiers-Etat, par A. Thierry, t. I, p. 35, note 2

1. Voir ci-dessus, page 78.

ALERME *ou* ADELESME D'AMIENS, *fils aîné* d'ADAM, *qu'il ne faut pas confondre avec son neveu* ALERME *ou* ALEAUME D'AMIENS, *né de Guy et de Mathilde de Boves, reprend à l'église d'Amiens le droit de débiter du vin et de pêcher nuitamment, moyennant une rente annuelle de quinze sols et de quinze chapons.*

DE BANNO ET NOCTURNA.

Notum sit, tam presentibus quam futuris, quod ego ALELMUS DE AMBIANIS, pro banno vini et nocturna anguillarum que diu et quiete per elemosinam possessa, ecclesia mihi et successoribus meis habenda reddidit quindecim solidos et quindecim capones in recompensationem, assensu uxoris meæ et filiorum meorum predicte ecclesie in elemosinam habendos concessi et in terra hospitum meorum singulis annis recipiendos assignavi Ambianis. Quorum sunt nomina : Milo Monachus. V solidos et V capones. *Robertus* frater ejus. V solidos et V capones. Reddant de mansionibus suis in Castillione. Et hoc sigillo meo ecclesie Ambianensi confirmavi[1].

Ancien Cartulaire de l'Église d'Amiens, t. I, fol. 523. — *Hist.de l'état de la ville d'Amiens,* par Ch. du Fresne, sieur du Cange, Amiens (1840), in-8, p. 289, 292.

PREUVE II

Les alliances successives d'ADAM D'AMIENS, *prince et chatelain d'Amiens, avec* BÉATRIX DE BOVES, *et de ses enfants* ADELESME *et* GUY D'AMIENS *avec* MÉLISENDE *et* MATHILDE DE BOVES, *issues des comtes d'Amiens, est affirmée par M. Janvier et Malbrancq.*

De ses divers mariages Enguerran de Boves avait eu outre Thomas de Marle :

1. Voir plus bas page 323.

Enguerrand de Boves successivement chanoine, archidiacre, puis évêque d'Amiens. Il fut élevé à l'épiscopat, en 1116, après la mort de saint Geoffroy.

Béatrix de Boves mariée à Adam, chatelain d'Amiens, suivant Malbrancq[1] qui se fit religieuse après la mort de son mari et mourut en 1144.

. . . .

De son troisième mariage avec Mélisende de Crécy, fille de Guy, seigneur de Crécy, Thomas (de Marle) laissa entr'autres enfants :

1° Enguerrand II, qui donna l'origine aux Seigneurs qui portèrent le nom de Coucy ;

2° Robert Ier, seigneur de Boves et comte d'Amiens ;

3° Mélisende, fiancée à Adelelme, fils d'Adam, chatelain d'Amiens, que quelques-uns estiment être la même que celle qui épousa Hugues, seigneur de Gournay au pays de Caux. Il existe une lettre du pape Alexandre III à l'archevêque de Reims, au sujet d'un différend qui s'était élevé entre cette Mélisende et son neveu Raoul de Coucy, au sujet de son douaire.

4° N. de Boves, mariée à Hugues de Gournay.

Enfin, il faut ajouter encore aux enfants de Thomas de Marle, Mathilde de Boves, mariée à Guy, frère d'Adelelme d'Amiens, comme le prouve une charte du *Cartulaire de l'abbaye de St-Jean-lès-Amiens* dans laquelle Aleaume de Flixecourt, issu de cette union, l'un des quatre seigneurs d'Amiens comme chatelain de cette ville, appelle Adelelme et Robert de Boves ses oncles.

Boves et ses Seigneurs, par A. Janvier. Amiens (1877), in-8, p. 48 et 56.

[1] Malbrancq, *De Morinis et Morinorum rebus,* t. II, p. 489.

Autre extrait relatif à Guy d'Amiens *et* Mathilde de Boves.

Guy, fils d'Adam, eut de sa femme Mathilde, fille de Thomas de Marle [1], *Flandrine* et *Mélisende*, et un fils nommé *Aleaume*. Guy paroit l'an 1125.

Histoire de la ville d'Amiens, par le P. Daire, t. I, p. 35.

Constatation du mariage de Guy d'Amiens *avec* Mathilde (de Boves) *et de la fondation par cette dame de l'église Saint-Firmin, pour le salut d'*Adelesme d'Amiens *qui était son beau-frère et non pas son frère comme le prétend le « Gallia Christiana. »*

Fervente inter Ambiani communiam et Ingeranum de Bova, civitatis comitem, anno 1114, bello, dum a parte civium starent, Ludovicus VI rex, Godefridus episcopus et Eustachius comes, Ingeranno vera adstipularentur Thomas de Marla, Adamus, custos turris, et Adelelmus filius ejus ; miserabiliter periit Adelelmus, pro cujus animæ remedio anno sequenti, Mathildis ejus soror [1], nupta vero Guidonis de Flessicourt in suburbio civitatis Ambianensis ecclesiam sancto Firmino erexit.

Gallia Christiana, t. X, col. 1754.

D. Rumet et l'Abbé Jumel donnent la qualification de « comte d'Amiens » à Guy, *fils du chatelain* Adam *et mentionnent son mariage avec la fille du seigneur de Vignacourt, terre qui appartenait alors à Thomas de Marle.*

Si l'on en croit D. Rumet, *Chron. Mste. du pays et du Comté de Ponthieu,* Guy, comte d'Amiens en 1138 épousa la fille du

---

1. Dom Caffiaux prétend à tort, en son *Trésor généalogique,* tome I, p. 122, que Guy d'Amiens s'allia à Mathilde, fille d'Enguerrand de Boves comte d'Amiens et de la comtesse Sébille de Namur. C'est le père de Guy, Adam, chatelain d'Amiens, qui épousa Béatrix, née d'Enguerrand et de Sébille, et non pas son fils Guy, lequel fut marié à Mathilde, fille de Thomas de Marle.

seigneur de Vignacourt qui lui apporta en dot cette terre et plusieurs autres.

Monographies Picardes, 2ᵉ série. Vignacourt, par Ed. Jumel, p. 35 et suiv.

ANNÉE 1172.

D'après de La Morlière ADAM D'AMIENS, *chatelain, engendra* GUY ; *Guy,* ALEAUME, *et ce dernier* DREUX *et* PIERRE D'AMIENS.

Cet ALEAUME donc estoit fils de GUY, et le petit-fils d'ADAM, chastelain maintenant dit, puisque les chartes luy donnent si manifestement la qualité que les livres et nos légendes attribuent à son grand père, comme on verra tout incontinent, et eût deux fils, DREUX et PIERRE, ainsi qu'il appert d'une autre charte l'an 1172, intitulée : « Confirmatio DROGONIS AMBIANENSIS. »

Les Antiquitez de la ville d'Amiens, par Adrian de La Morlière, p. 57.

PREUVE III

HUGUES D'AMIENS, ARCHEVÊQUE DE ROUEN.
ANNÉE 1128.

HUGUES D'AMIENS, *abbé de Reading en Angleterre, fut élu, en 1128, évéque de Rouen par le chapitre ; bien que cette nomination fut agréée par le roi, Hugues déclina l'honneur qui lui était fait. Les chanoines invoquèrent l'intervention du pape Honorius pour faire accepter leur décision. Voici le texte de la supplique adressée par eux au souverain Pontife :*

Domino Papæ Universali Honorio, Rotomagensis ecclesia omnem in Christo obedientiam. Elegimus electione communi filium nostrum HUGONEM, Abbatem Radingensem, nobis in pontificem.

Super hoc quæsivimus assensum domini nostri Henrici regis Anglorum, et obtinuimus. Ab episcopo quidem Salesberiensi, sub
cujus manu abbatis officio fungebatur, nobis eum reddi librum et
absolutum quæsivimus, et cum libertate suscepimus. Sed quia,
ipso revelante, percepimus, quod sine auctoritatis vestra assensu
eum habere non poteramus, cum et hoc in literis vestris prædicto
regi Anglorum directis ita Scriptum legimus : Ipsum itaque sub
primo jure absque Domino nostro tanquam speciali beati Petri et
sanctæ Romanæ ecclesiæ clericum retinemus ; eapropter donari
cum nobis a sublimitate vestra requirimus, quem tanto cariorem
habebimus, quanto a vestrœ celsitudinis sede nobis donatum lœta-
bimur. Quem humili supplicatione ita donari a vestra gratia quœ-
rimus, ut sub nullius unquam jure vel potestate, nisi sub vestra
tantum modo pia protectione eum persistere gaudeamus, carissime
pater et domine.

Gallia Christiana, t. XI. col. 43. — Ecclesia Rotomagensis.

Vers 1132.

Hugues d'Amiens, *archevéque de Rouen, agissant comme légat du Saint
Siège, convoque, en concile œcuménique, Etienne, archevéque de Vienne,
Humbert, Eustache et Goceran, le premier évéque d'Annecy, le second de
Valence, le troisième de Viviers, etc., pour statuer sur la demande en grâce
de Guy, comte du Dauphinois, qui avait saccagé l'église de Romans.*

De absolutione Guigonis Dalphini.

Hugo Dei gratia Rothomagensis ecclesiæ servus, sedis aposto-
licæ legatus, venerabilibus clero et populo Romanensibus, etc.

Ecclesiarum possessiones et privilegia quo studio servanda pariter et tuenda sanctorum patrum mandat auctoritas. Litteris igitur
præsentibus notitiæ posterorum assignamus, quia Romanensem
ecclesiam Sanctus Domini confessor Bernardus, Viennensis Archie-

piscopus, olim fundavit, eamque cum adjacenti sibi oppido, Roma-
nis nuncupato, Romano pontifici possidendam, ab omni potestate
laïcali solutam ac liberam concessit, et ita privilegiis antiquis robo-
rata, et multorum annorum curriculis inconcusse possessa, dies
hodierna liquidò repræsentat. Cum enim, peccatis exigentibus,
come Guigo Delphinus, animo ferus, armis validus, exercitum gravi
multidine constipatus, præfatum Romanense oppidum violenter
intrasset, et hostili crudelitate vastasset, nec tamen misericors Deus
Romanensem ecclesiam dereliquit, quin ei libertatem pristinam
conservaret, quam castigando percussit. Audiens autem B. Inno-
centius papa, Romanus pontifex summus, Romanensem ecclesiam
per comitem G. Delphinum atrociter devastatam, me licèt minus
idoneum à latere suo transmisit, pro his et hujus modi excessibus
corrigendis. Ea propter ad partes illas descendimus, et apostolica
auctoritate convocavimus Stephanum Viennensem archiepiscopum,
et episcopos Humbertum Aniciensem, Eustachium Valentinum,
Goceranum Vivariensem, Hugonem Gratianopolitanum, Ayrardum
Maurianensem, Pontium Tricastinum, Johannem, abbatem Bonæ-
Vallis, et quam plures authenticos et religiosos viros. Horum Consilio et oratione præmuniti, Comitem G. Delphinum, aspirante
Domino, apostolicis jussionibus, nostris que et coepiscorum mo-
nitis, tandem humiliatum et acquiescentem suscepimus, pacemque
pro pecatis suis et pro sacrilegio promittentem absolvimus.

D. Ed. Martène et D. U. Durand : *Thesaurus novus anecdotorum*, t. I,
col. 380.

Vers 1148.

*L'abbaye de Furnes au diocèse d'York refusait obéissance à celle de Savigny
au diocèse d'Avranches. Le pape désigna comme arbitres pour pacifier ce différend, Hugues d'Amiens et l'évêque de Lisieux. Hugues condamna le prieur
de Furnes à se remettre sous le patronage de celui de Savigny.*

Reverendo et venerabili patri, Henrico, Dei gracia, venerabili
archiepiscopo, universoque Eboracensis ecclesie capitulo, Hugo,

eadem gratia Rothomagensis sacerdos, salutem, properitatem et pacem. Quod canonice et rationabiliter factum esse dinoscitur, nulla debet occasione convelli, sed ratum et stabile in perpetuum debet observari. Placuit Domino nostro SS. Eugenio controversiam quamdam inter abbatem Savigniaci et abbatem Furnesii exortam, nobis et venerabili fratri nostro D. Lexoviensi, episcopo, committere, et, ut vices ejus in causa illa obtineamus, voluit precipere. Ipsius itaque precepto, dies eis prefixa est. Abbas vero Savigniaci cum numimentis suis ad diem venire non distulit, sed Petrus Furnesii non venit, neque qui pro eo ageret transmisit. Nos autem nichil prepropere agere volentes, abbatem Savigniaci aliquantis diebus expectare fecimus. Tandem vero moram Petro faciente, consideratione personarum que aderunt, abbas Savigniaci causam suam et rei ordinem in medium exposuit, dicens abbatiam Furnesii à prima fundatione sumptibus et expensis Savigniaci monasterii edificatam fuisse, et multo tempore eam in pace possedisse. Inde vero Ordinis [1] sui sex abbates protulit testes; qui ita esse dixerunt, et coram sancto Evangelio in verbo veritatis hoc idem comprobaverunt. Hoc autem peracto, adjudicata est abbati Savigniaci possessio sua, ipsumque judicio ecclesiastico de abbatia et pertinentiis ejus, vice Domini SS., investivimus. Post aliquot dies supervenit prefatus Petrus Furnesii, causam illam jam, sicut prediximus, terminatam retractari expostulans. Ipso itaque ad hoc laborante, supervenerunt littere à Domino SS. directe, precipientes prefato Petro judicium, quod factum fuerat, observare, ipsumque ad obedientiam Savigniaci ecclesie redire, vel excommunicationi subjacere ; hac itaque Petrus severitate correptus, obedientiam quam Savigniaci ecclesie debebat recognovit, et ad ipsam tanquam obediens filius redire non distulit. Nos autem rei ordinem et veritatem ideo intimare vobis voluimus, ut, cognita veritate, eam teneatis, et si quid vobis contrarium super hoc fuerit intimatum respuere cognoscatis, et abbatie Savigniaci jus suum integre, sicut ei adjudicatum adest et à Domino SS. preceptum conservetis, et si

1. Ordre de Cîteaux.

quis super hoc contra eam insurgere temptaverit, justitiam ecclesiasticam inde ei facere non dedignemini [1].

Archives Nationales. L. 970, n° 532.

Cette charte est authentiquée par un fragment de sceau ovale, sorte de
pierre gravée où la légende est effacée mais où l'on distingue dans le
champ un *Lion déchirant sa proie*.

ANNÉE 1150.

Seize paroisses de l'abbaye de Fécamp, entr'autres celles de Saint-Waast, de
Paluelle, de Saint-Richard, de Saint-Valery, de Manneville, etc., relevant
de l'abbaye de Fécamp, sont affranchies de toute juridiction épiscopale par
HUGUES, *archevêque de Rouen.*

HUGO, Dei gratia Rotomagensis archiepiscopus, dilecto filio
Henrico abbati Fiscanensi, ejusque successoribus, in perpetuum.
Ecclesiarum beneficia et jura tunc demum juste ac stabiliter ha-
bentur, cum pontificis manu de cujus parœchia ea esse constituerit,
data fuerint, et ejus auctoritate confirmata. Inde est quod tuæ
justæ petitioni, dilecte in Domino fili Henrici, assensum præbentes,
habito consilio et assensu capituli nostri, ecclesias quasdam cum
parœchiis suis in nostro episcopatu perpetuo jure libertatis, abso-
lutas ab omni jure episcopali, tibi tuisque successoribus, et ecclesiæ
Fiscanensi, habendas in perpetuum concedimus et confirmamus.

---

1. Dans le même dossier se trouvent deux autres lettres de Hugues d'Amiens.

Ut igitur nulla super eis de jure libertatis oriatur contentio, eas huic chartæ nostræ nominatim inferimus, scilicet ecclesiam de Eslectot, ecclesiam S. Gervasii apud Rotom., ecclesiam S. Mariœ de Wasto, ecclesiam de Limpivilla, ecclesiam de Tormot-villa, ecclesiam Witefluc, ecclesiam de Paluel, ecclesiam S. Richarii, ecclesiam de Ingovilla, ecclesiam S. Walerici, ecclesiam de Manevilla, ecclesiam de Wellis, ecclesiam de Plana Silva, ecclesiam de S. Petri de Senis, ecclesiam S. Mariæ Gaillardæ, ecclesiam S. Petri Parvi. Ut ergo jus prædictarum ecclesiarum tibi et tuis successoribus et ecclesiæ Fiscanensi constans et ratum conservetur, præsenti scripto et sigilli nostri auctoritate confirmamus. Testes Gaudifredus Rotomagensis ecclesiæ decanus et archidiaconus, Willelmus cantor, Radulfus sacrista, Osmundus, Ægidius, Berardus archidiaconi, magister Reynerius, magister Reynaldus de S. Amando, qui hoc notavit.

D. Martène et D. Durand : *Thesaurus anecdotorum,* cap. xxi, col. 23.

Lettres de Hugues d'Amiens *à* Suger, *abbé de Saint-Denis et ministre de Louis VII, au sujet de certaines églises de Normandie que le roi de France retenait indûment.*

Scribit ei pro suis ecclesiis Pontisare, Calvimontis, et Gisortii, qua res usurpatus retinebat.

Carissimo patri et domino Sugerio, abbati S. Dyonisii, Hugo Rothomagensis, archiepiscopus, salutem et pacem.

Ex parte mihi vestra benignitas ausum prœstat, ut vobis exponam quod mea requirit humilitas. Si quidem ecclesiæ de Pontisare et Calvimonte et Gisors, de jure et possessione Rothomagensis archiepiscopi retroactis temporibus extiterunt. Rex eas tenet. Reclamamus nec pro misericordia respicimur, nec pro justicia revestimur. Tandem consilio accepto, per vos tanquam per fidelissimum regni amatorem pro ecclesiis præfatis regem adhuc requirere volumus, et pro his de paupertate nostra, sicut vobis visum fuerit, ei

Domino nostro servire conabimur, ne peccatum hoc jam diu ino-
litum judex omnipotens aliquando videat ulciscendum, et ne illis
qui ecclesias illas per regem occupant fiat in scandalum. Precamurs
igitur, et humiliter obsecramus, ut super hoc cum domino nostro
rege pro salute animæ vestræ et regis strenua satagatis, et per
istum latorem præsentium seu per alium, pro ut vestra gratia
viderit exequendum, nobis rescribere festinetis, dum adhuc Clu-
niaci remoramur, ut pro recognita sciamus quid agere debeamus.
De Gisors dedit nobis rex ipse responsum, se erga nos ita facturum,
quòd non habebit in peccatum. Nos expectavimus, et nihil acce-
pimus. Scio vos quam multis et magnis occupari negotiis, sed pro
liberalitate vestra inter tam multa, locum invenias petitio nostra,
carissime pater, et Domine.

D. Martène et D. Durand : *Thesaurus anecdotorum*, t. I, col. 417 et 418.

Autre lettre de Hugues d'Amiens, *archevêque de Rouen, à* Suger, *abbé de*
Saint-Denis, relative à l'église de Gisors.

Reverendo patri et Domino suo Sugerio, abbati Sancti Dyonisii,
Hugo, Rothomagensis sacerdos, salutem, etc.

De synodo ecclesiæ de Monte-Girol de quo scripsistis nobis per
ejusdem ecclesiæ presbyterum, ut pro paupertate loci quietum
clamaremus, ponimus in respectum quousque vobiscum loquamur ;
quia enim sacrorum canonum instituta vobis incognita non sunt,
et nostra erga vos benevolentia nequaquam vobis est incognita,
secundum beneplacitum vestrum huic petitioni vestræ et ceteris
obtemperabimus, cum præsentes vobis colloquemur. Scitis quidem
quia dum jus dubitum patribus spiritualibus redditur, pars residua
divina benedictione ampliatur. De Gisortio consilium vestrum
requirimus. Clamat enim Rothomagensis ecclesia se diebus nostris
feodo suo expoliatam. Insupernos taciturnitatis arguit, et quod
justitiam distractam pro posse nostro non facimus, quousque Gi-

sors vel æquevalens nobis restituatur, ammirando conquiritur. Quia vero regi vos fidelissimum novimus, quem et nos diligimus et dèligere volumus ; benignè ei suggerite, ut sapienter sibi provideat, ne pro hac re pœnam excommunationis incurrat. Singulis enim dominicis diebus illos sub anathemate ponit ecclesia Rothomagensis, qui bona sua diripiunt et minuunt, nisi emendaverint et restituant injuste occupata. Benè valeat sancta discretio vestra.

D. Martène et D. Durand : *Thesaurus novus anecdot.*, t. I, col. 418.

Vers 1154.

Lettre dans laquelle Hugues d'Amiens, *archevêque de Rouen, règle l'emploi de certains revenus du chapitre Saint-Milon de Pontoise, membre de l'église de Saint-Victor de Marseille, pour le cas où les prébendes deviendraient vacantes par la mort des titulaires ou leur résignation dans les mains de l'abbé de Saint-Victor. Cette charte est scellée d'un sceau sacerdotal en bon état.*

Hugo, Rothomagensis archiepiscopus, dilectis in Christo fratribus Gilduino abbati et canonicis in ecclesia sancti Victoris parisiensi regularem vitam professis, tam futuris quam presentibus, salutem : Audivimus siquidem canonicos sancti Mellonis de Pontisara, assensu regis Ludovici et Henrici abbatis ejusdem ecclesie, anniversaria prebendarum suarum pro remedio animarum suarum ecclesie vestre, ad fratrum sustentationem concessisse, ita ut per annum redditus prebendarum canonicarum per mortem eorum ecclesia vestra ex integro habeat, et nullum ex debito super hoc aut ecclesie aut defuncte preter anniversarium exsolvat obsequium. Determinatum est etiam quod si canonicus sancti Mellonis de Pontisara, ant heremitarum, aut canonicorum regularium, aut monachorum, aut quorumlibet aliorum vitam eligens prebendam reliquerit, prefata ecclesia sancti Victoris ejusdem prebende per annum redditus possiderit ; et ut omnia ad liquidum determinentur, et prave intelligentium ora obstruantur, hoc solum excipitur, quod si canonicus sancti Mellonis prebendam suam in manu abbatis reddiderit et pro aliquo oraverit, et super hoc abbas eum exaudierit, in prebenda sic reddita canonici sancti Victoris nihil habebunt. Decernimus ergo, ut nulli omnino donum istud liceat infringere ant temere perturbare. Et ne donum istud valeat oblivione deleri, et à posteris infirmari, scripto commendavimus et sigilli nostri auctoritate confirmavimus.

Archives nationales, L. 904, n° 21.

A la charte ci-dessus est appendu le sceau rond ci-après qui mesure 58 millimètres. On y voit un archevêque, de face, la mitre en tête et la crosse en main, donnant la bénédiction. La figure est accostée à dextre du mot DEI et à senestre de ces trois lettres GRA qui sont les trois premières de GRATIA. Autour, on lit cette légende : HUGO ARCHIEPISCOPUS ROTOMAGENSIS.

SCEAU SACERDOTAL

DE

Hugues d'Amiens, archevêque de Rouen.

Année 1154.

HUGO ARCHIEPISCOPUS ROTHOMAGENSIS.

Vers 1154.

Hugues d'Amiens, *archevêque de Rouen, remet à la justice ecclésiastique le soin de juger et de réprimer les violences qui pourraient être exercées contre les marchands aux foires de « Vulcassinum ? » récemment établies.*

Hugo, Dei gracia, Rothomagensis archiepiscopus, dilectis in Christo filiis archidiaconis, presbyteris, clericis et laïcis Vulcassimum habitantibus, sit pax et salus. Ludovicus, Francorum rex et dominus, precepit fieri et observari apud Novum Castrum super [1]... fluvium, forum et mercatum sexta feria ; super hoc autem Dominus Odo, abbas beati Dyonysii et conventus ejusdem loci nobis provide requisivit, ut quod regalis forum hoc imperavit fieri sublimitas, pontificalis nostra firmet auctoritas sciant itaque universi presentes et futuri, quia nostra, que in Christo est, spiritalis et indefessa potestas, sub benedictione et debita tuitione, venientes ad mercatum Novo Castro indictum, manentes vel redeuntes exinde suscepit. Itaque mandamus vobis at que precipimus quatinus, si forte contigerit malefactores aliquos nocere vel impedire mercatores pretaxati fori, vos instanter pro officio vestro insurgatis et justitiam ecclesiasticam valenter super eos teneatis, ut justicia et pax in manu nostra conservetur et crescat. — Datum in palatio Catulliaco, anno verbi incarnati millesimo centesimo quinquagesimo quarto.

Archives nationales, L. 2351, n° 32

Cette charte est assortie d'un sceau identique à celui de la page précédente et aussi d'un contre sceau gravé sur pierre qui paraît représenter un taureau et que nous reproduisons ici :

1. Le nom de la rivière est illisible.

CONTRE SCEAU DE HUGUES D'AMIENS, ARCHEVÊQUE DE ROUEN.

ANNÉE 1156.

La sainte robe de Notre-Seigneur Jésus-Christ, cachée dans une muraille par les religieuses d'Argenteuil, au commencement de l'invasion des Normands vers 845, fut retrouvée en 1156. Louis VII, la cour de France, le haut clergé et un grand nombre de fidèles accoururent à Argenteuil pour contempler la sainte relique. HUGUES D'AMIENS, entouré de l'archevêque de Sens, des évêques de Paris, de Chartres, d'Orléans, de Troyes, d'Auxerre, de Châlons, d'Evreux, de Meaux, de Senlis, découvrit la sainte tunique et, après avoir vérifié les documents enfermés dans la chasse, proclama en face du roi l'authenticité de la précieuse trouvaille.

Universis catholicæ Ecclesiæ fratribus reverendis, HUGUES Rothomagensis, Ecclesiæ humillimus sacerdos, salùtem et gratiam divinæ propitiationis.

Ad omnium volumus notitiam pervenire quod nos, supernæ pietatis instinctu apud Argentolium convenientes, adjuncitis humilitati nostræ multis authenticis et reverendiss. Persouis Arch. senonensi Theob., Par Roberto Carnotensi Ebroacensi, Meldensi, Aurelianensi, Retensi, Antisiod, Cathalonensi, Silvanectensi episcopis, Sanctis abbatibus quoque venerabili Od. abbate S. Dionisii L. S. Germani, God. Latiniocensi Ferrariensi, S. Faronis, S. Maximini, S. Maglorii, Pontissarensi, Mariniacensi, aliis etiam quam pluribus, Cappam pueri Domini Iesu que in ejusdem thesauris ecclesiæ à temporibus antiquis honore condigno reposita erat, ad fidelium salutem, humiliter inspeximus, et palam eduximus et veneratione solemni debitam ejus magnificentiæ reverentiam exhibentes, illam desiderio et devotioni populorum studio pletatis abtulimus.

Aderat ibidem supereminens et sublimus præsentia illustris Regis Francorum Ludovici cum proceribus et optimatibus **Palatina** dignitatis maxima consistente frequentià vulgi.

Ob insigne igitur gratiæ cœlestis, illud videlicet indumentum quo sese humanata induere sapientià dignata fuit : et ob sanctissimam proscriptorum Patrum præsentiam... Actum est anno Verb[i] Incarnati MCLVI.

La sainte Tunique de Notre-Seigneur Jésus-Christ, par **Guérin**, p. 375.

Vie de Saint Adjuteur, moine de Tiron, par HUGUES D'AMIENS.

VITA SANCTI ADJUTORIS MONACHI TIRONENSIS AUCTORE « HUGONE », ARCHIEPISCOPO ROTOMAGENSI, HUJUS NOMINIS TERTIO, IPSI ADJUTORI CO.EVO.

Dilectissimis et méritis venerandis totoque sinu pectoris amplectendis in Christo fratribus cœnobitis monasterii Tironensis in Pertico, HUGO, Sanctæ Rotomagensis ecclesiæ indignus archiepiscopus, Salutem et sinceræ dilectionis affectum.

Magnæ caritatis atque dulcedinis vim protulistis, et voto sollicito ut nascentiam et originem loci vestris B. Mariæ Magdalenes super Secanam magnis prodigiis et quam plurimis admirandis fulgentis miraculis, simulque miracula ipsa in laudem Ecclesiæ certificationem que fidei catholicæ monimentis perpetuis traderemus. Et quidem precibus vestris, quin ob sui merita dignis non ausim jussibus non obaudire; nihil etiam dignius litterarum

apicibus commendari putans, quam gloriosissimorum sanctorum
gesta, eorum præcipùe qui tam digni fuerunt, ut Dominum nostrum Iesum Christum videre, palpare, cum ipso conversari, salu-
bria ejus monita audire meruerunt. Quis putet aliquem in impe-
trandis precibus tam promtum tamque audiendum esse, quam
eum qui Domino tam proximus, ut actum est, fuerit? Igitur ad
promissum veniamus.

In illo tempore quo fulgens in rota sæculi catholica fides Nor-
mannica diffundebatur in tellure, gloriosus vir et dignissimus
Adjutor re et nomine hanc sæculi profectus est in lucem, cujus
gloriosa vita et vigorem sui nominis exprimit et gratiam magnæ
salutis, quia dum Adjutor diversa superavit vitæ hujus pericula,
meritis mundana vicit cuncta impedimenta. Sicut enim in apos-
tolico fundamento constat Ecclesia, ut à Christo firma petra
Petrus actor insuperabilis status est : ita triumphatoris æterni
Adjutor duplici militia miles efficitur. Eum autem martyrum et
confessorum gemina dote resplenduisse non parva documenta
produnt, cujus nimirum gesta vel partim necessario describuntur,
ne fama tanti viri quandoque dubietatis nebula fuscaretur. Et
quidem satis est ad ejus gloriam quod Christum, cui placere quæ-
sivit, unicum habet in excelso. Fuit autem natus in urbe quæ
Vernonum dicitur, patre Iohanne ipsius loci temporali Domino,
matre vero Rosimunda de Blarne, ipsius Johannis consorte, certe,
ut novimus cum in minoribus essemus, Deo devotissimis et sanc-
tissimis personis; nobilis quidem genere, sed nobilior fide : sæculi
dignitate inter suos clarus, sed divinorum munerum gracia præ-
cipuus. Hujus infantia viri quantus in futurum esse deberet, satis
prœtendebat. Ita enim vigiliis, jejuniis et orationibus assiduis eo
tempore, quo assolet hujus sæculi ætas lascivire, corpus suum
macerabat : ut jam carnibus consumtis, pellis ossibus pene adhæ-
rere videretur. Crescente vero ætate, gratiæ divinæ providentia
erga illum omnium bonorum affectus crescebat. Erat enim forma
speciosus, corpore castus, mente devotus, affabilis eloquio, ama-
bilis aspectu.

Ea tempestate passagio terræ sanctæ pene omnes christicolæ

vacabant : in cujus expeditione, etiam ipse gloriosus vir Adjutor una cum ferme ducentis armatis cruce armatus erat, unde contigit ut quadam die, cum parvulo loco quodam in territorio Antiocheno, qui *Jambuit* dicitur, abiret, ipse et comitatus suus prædictus in insidiis Ismaelitarum plusquam mille et quingentorum incideret. Circumvallatus igitur ab eis, cum videret suos fugam petere, quam tamen habere non poterant, videns tantœ multitudini tam paucos subsistere non valere, ad quæ illius erant assueta arma humo prostratus, orationem simul et votum fudit, dicens : Voveo tibi, beatissima Maria Magdalena, quod si mihi victoriam justantis belli contuleris, domum meam de Monte cum appenditiis ejus ad tibi deserviendum in monasterio Tironensi in Pertico et in ipso loco monachis ipsis Tironensibus dabo capellam quam in tui honorem quam cito ad partes regressus fuero in ipso loco construi faciam, et de meis facultatibus condotabo. Et repente tarde quidem, nihil tamen nostris agentibus, sed de salute desperantibus, in fidei hostes irrupit : ita ut omnes hinc atque illiuc ut eumque poterant diffugerent. Adjutor vero adjutorium sibi cernens desuper advenisse, sumtis cum suis viribus, non gnaviter super hostes exeruit gladium. Mille enim et eo amplius non nostrorum dextris, sed B. Mariæ Magdalenæ juvamine, in eo certamine cæsi fuerunt, ceteri autem fuga evaserunt.

Peracta igitur victoria, in triumpho vir sanctus Adjutor lætabatur in Christo, eo quod in tantæ calamitatis periculo nullus ex suis cecidisset. Poterat hoc ille agere, qui Pharaone submerso in gurgite, Israeliticum salvavit populum nemine pereunte. Prostrata igitur acerba barbarie, gloriosus vir Adjutor gratias agens Altissimo canere cœpit : O Deo devotissimi fratres mei Monachi Tironenses, qui assidue Deum pro me exoratis. O beatissima Maria Magdalenes, quom etiam apud Deum commendatum haberes : O altissime Deus, in cujus manu cuncta sunt posita, quas tibi gratias ego miser pro tantis beneficiis referre valebo ? Quas tibi laudes peccator ego depromam ? Dextera tua, Domine, magnificata est in fortitudine, Dextera tua percussit inimicos, et in multitudine gloriæ tuæ deposuisti adversarios nostros. Hæc autem scivimus per inclytos milites Heliodorum de Blarru, Odonem de Porto-Mortuo, Johannes de Breheval, Anselmum de Cantamerula, Widonem de Calvomonte, Petrum de Curtiniaco, Richardum de Haricuria, Henricum de Pratellis, et quam plurimos alios, qui ipsi negotio et certamini interfuerunt.

Sed famosissimum et admirandissimum miraculum quomodo ab hostibus nostræ fidei captus et dirissimis carceribus mancipatus, et strictissimis loricis et catenis ferreis vinctus liberatus extitit, dignum non ducimus ut omittamus. In expeditione siquidem prædicta Jerosolymitana, cum jam annis decem et septem, quod possi fecerant, ipse vacasset. Contingit bellorum insperatis fortunis, et secreto Dei arbitrio, et forsan quod votum suum, quod supra præmisimus, nimis differebat adimplere, ut ipse gloriosus vir Adjutor à sæpedictis inimicis crucis Christi captus fuerit : Cumque ab ipsis perfidis Saracenis loris compeditus fuisset, et catenis dirissimis, et aliis exquisitis omnibus pœnis durissime attritus ; et immanissimis tormentis, ut Christum et ejus fidem abnegaret, afflictus fuisset ; et in fide perseverans cum Salvatoris nostræ clementiæ, et piæ matris ejus, ac B. Mariæ Magdalenes, almi gloriosique et Deo devotissimi Bernardi olim vestrum et vestri monasterii Tironensis Patris, precibus sedulus orator se commandaret, et eorum adjutorium jugiter flagitaret ; tandem subactis plurimis temporum curriculis, cum suum athletam Deus fortissimum conspexisset, ejus miseriis misericors compassus est. Nocte enim quadam eum aliquantulæ requiei se dedisset, vidit in somnis, immo potius vivifice B. Mariam Magdalenam à dextra, et gloriosum Bernardum à læva eum tenentes et levantes, ac cursu præpopero eum ducentes, qui cum vinculis quibus vinculatus erat, solutum tamen ab eis reliquerunt. O mira res, et partibus his inauditum, sed percelebre miraculum, et ut diligentissimis per nos factis informationibus cum Petro de Curtiniaco, Henrico de Pratellis, Andrea de Feritate, Rofredo de Puteaco, Odone de Porto-Mortuo, et pluribus aliis, qui eum die ipsam noctem præcedente viderant, et cum ipso comederant, et loqunti fuerant, reperimus certissimum.

Excitatus igitur à somno, ut vidit se à vinculis absolutum, et à perfidis Ismaelitis liberatum in eo quo præmisimus loco esse, altissimas mente et ore Altissimo depromens voces, ad vos Willelmum venerabilem abbatem monasterii vestri Tironensis cellerimè mittens, et vices vestras deposcens, veterem hominem cum sæculari militia se exuens, novum hominem, habitum videlicet sacræ vestræ religionis Tironensis in eodem loco assumsit : se et locum ipsum cum ejus terris, vineis, pratis, pascuis, nemoribus, decimis et reditibus et pertinentiis universis; et sua ubilibet consistentia bona ipsi vestro Tironensi ad opus victualium et necessitatum per abbatem Tironensem ordinandos et ordinanda, distribuendos et distribuenda tribuans et donans, gratias agens Deo et dicens : A finibus terræ ad te clamavi, dum anxiaretur cor meum in petra exaltasti me. Deduxisti me quia factus es spes mea, turris fortitudinis à facie inimici : inhabitabo in tabernaculo tuo in sæcula, protegar in velamento alarum tuarum, quoniam tu Deus exaudisti orationem meam, dedisti hereditatem timentibus nomen tuum.

Ædificata est ergo capella, quam nos demum cum tribus altaribus dedicavimus, et altaria consecravimus : majus altare in honorem Domini nostri Jesu-Christi et B. Mariæ Magdalenes ejus apostolæ consecrantes.

Postquam verò sæculum relinquens, religionem vestram monachus factus ingressus est, adeo tam sanctam vitam et arduam, ut novimus, duxit, ut præter panem et aquam vel oleum, sale condita nulla sumeret cibaria, nisi forte festivi dici amor, seu solemnitas, vel magnorum supervenientium virorum hospitalitas eum amplius sumere coegerint. Aspectus autem non solùm feminarum, sed etiam virorum a sua præsentia removebat, ut ab hominibus summotus solum spectaret adventus angelicos, et cresceret in divinitate quod deerat in homine. Lectulum a monachatu nunquam habuit, lectaria nescivit, in pluma caput nunquam reclinavit; sed veste tantummodo quo die usus erat, nocte contentus est. Pro molli autem lana hirsuto cilicio induebatur, ut inter horas soporis non esset requies corporis, et mutato ordine adhuc post peractum diem nox succederet in labore. Vestis superior tam vilis erat et despictabilis, ut cuculla quæ habitualis erat et modici seu nullius pretii vestis, alterius comparatione, pannus aureus esset. Eratque diurnatis oratio et nocturnalis quies in locello parvo retro altare capellæ, quam, ut prædiximus, ipsius precibus dedicavimus. Ibi continui singultus et lacrymæ, ibi assiduæ vigiliæ et orationes, ibi cotidianum jejunium : nescires cum alibi quærere, nullam alibi recipere, corporis refocillationem. Heu me miserum peccatorem : Interrogatus persæpius à nobis cur tam se vilesceret, et non aliquantulum secundum sui sanguinis statum se gereret, aut saltem alio in loco quam in illo corpus recrearet ; citò respondit : Nimis olim fuit recreatum corpus meum ad sæculi statum ; nunc instat ut reddat quæ sumsit nimis. Sed cùm de loco illo nulla responsa dederit, aliquid in eodem divini esse certè speramus ; et hac de re quamdiu in hac fragili vita degemus, locellum ipsum accedimus, et orationes ac preces in eo fundimus, aliquid divinæ inspirationis, et multum devotionis erga Deum nobis plus evenisse seu accrevisse perspicimus. Humus in ipso locello lectum ministrabat ; et ubi caput reclinabat, terra aliquantulum prominens pulvinar concedebat.

Vidimus plures febricantes et alios infirmos ad ipsum stratum venire, et in ipso dormientes sanos et incolumes ad propria remeare : alios autem si non statim, saltem paulo post tempore sanitatem recuperasse. Lectum tamen in camera sua satis honorificum habebat, qui non, nisi ut mundanus sicut ceteri videretur, sibi serviebat. Inter quæ tempora, reddidit surdis auditum, aliquando que multimodis languentibus reddita sanitate, ut de ceteris, tamquam ad plenum de eis non certiorati taceamus : Immo quod sub obtentu B. Mariæ Magdalenes in ipsa capella actum est, quodque plurium fide dignorum testimonio novimus referemus.

Quadam enim die dum cum matre sua Rosimunda prædicta, et aliis quam plurimis hominibus in capella ipsa existeret, super-venit dæmoniacus quidam (Hilgoldus Ruffi nominabatur) gladium evaginatum tenens, quique ex eo multos in ipsis temporibus viros et mulieres vulneraverat : cumque ipse dæmoniacus hac et illac vagaretur, divertit ad ipsam capellam, ubi Adjutor sæpenominatus et Rosimunda mater ejus ac dicti homines consistebant : et eam ingrediens, homines retro altare fugere præ timore coëgit : sed ei occurens Adjutor venerabundus ait : O Domina mi B. Maria Magdalene, et hic licet per dæmonem adductus, ad hanc tamen capellam tuam adveniens, non sentiet aliquid de beneficiis tuis ? Illico autem ut hæc Adjutor verba personuit, dæmon ab ipso Hilgodo cum magno rugitu recessit ; ipse Hilgodus genua humo flectens, omnipotenti Deo et B. Mariæ Magdalenes de reddita incolumitate gratias egit. Quæ nos ab ipso Hilgodo, et aliis qui præsentes erant, per debitam informationem certissima novimus.

Nec prætereundum est aliud item famosissimum et multistupen·dum miraculum, quod nobis præsentibus sub oculis multorum hominum, beata, ut tenemus, instante Maria Magdalenes, peractum est. Erat prope locum ipsum B. Magdalenes prædictum in flumine Sequanæ vorago quædam aquarum, quæ transeuntes nautas voraginem ipsam ignorantes ita dehiscebat, ut nec mercium vel aliorum suppellectilium, nec hominum, immo nec navium ipsarum quicquam ullo umquam tempore vel rediet ; et ita retroactis ab ævo temporibus plures homines periclitati fuerant, ac naves, et alia bono submersa. Quod dum semel, post quam in ipso loco sumto vestræ religionis habitu resedit, accidisset ; accersiri nos dignum duxit, ut tantæ calamitati ope vel concilio succurreremus. Celebrata igitur per nos in ipso loco missa de Spiritu sancto, ad ipsam voraginem, non sine magnis lachrymis et lamentis, nos et venerandus Adjutor naviculam ascendentes, properavimus. Nos verò, quem, quod absorberemur a voragine, timor tenebat pavidum, ipsi Adjutori suggerabamus ne huic nos subjiceremus discrimini et fortunæ, cum ille : Potens est Dominus meritis B. Mariæ Magdalene liberare nos in præsenti et pro in futurum populum, et hac die coram omnibus exercere virtutes. Sub confidentia igitur Dei et B. Mariæ Magdalenes et securitate Beati vir pariter ad locum voraginis protendentes, cùm jam nos ad voraginem fluminis impetus attraheret, Benedic Domine Præsul, aìt nobis, et signum crucis ede, aspersoriumque aquæ benedictæ in locum projice voraginis : quæ illico complesimus,

Ipse aliquando de ferris à quibus B. Mariæ Magdelenes et sancti
Bernardi precibus liberatus fuerat, in ipsum locum projecit : dicens
sic : Potest Dominus meritis B. Mariæ Magdalenes et beatissimi
Bernardi liberare populum suum, sicut me eorum precibus libe-
ravit. His dictis et factis, subito vorago illa quæ abyssi profunda
petebat, facta est aquarum grata planities, cunctesque de super
huc et illuc nos et ceteri qui à remotis steterant, nautæ, stupore
mentis attoniti, gratulabundi tamen et gaudentes ad propria
remeavimus, nullus que ex post suffragante gratia divina et
B. Maria Magdalene, ibi periclitatus est, nec vorago amplius
visa.

Possemus si vellemus alia multimoda in ipso loco, ut à quam-
plurimis fide dignis audivimus, meritis et precibus beatæ Mariæ
Magdalenes tam vivente ipso venerabili Adjutore, quàm post ejus
decessum patrata miracula narrare ; sed ea tantum inserimus, quæ
vel nos ipsi vidimus, vel plurimorum fide dignorum attestatione
certissima novimus. Et quia in laudem et exaltationem B. Mariæ
Magdalenes multi tam evangelistarum quam aliorum sanctorum
prodiere libri ; ideo que nec ad ipsius exaltationem dignus est
sermo noster. Ideo venerabili nostro Adjutori, cum in majori parte
principia hujus paginæ dedimus et media, et de quo ut plurimum
per vos et alios requisiti sumus, finis paginæ dabitur.

Laudent alii expulsorem dœmonum, curatorem cadaverum, cete-
risque miraculis pollentem : nos Adjutoris nostri præmia patientiæ
laudabimus, virtutem Dei, contentum rerum, post hæc animarum
lucrum, restaurationem cœnobiorum, vestitum cibumque monachorum, pacem ecclesiarum concordiam, regum et principum,
custodiam viarum, omnium instantiam mandatorum, perseveran-
tiam vigiliarum et orationum, respectus pauperum, correptionem
juvenum, honorem senum, emendationem morum, amorem vir-
ginum, consolationem continentium : misericordiam miserorum,
intemeratam observantiam regularum et mandatorum, ac postre-
mum specimem omnium virtutum.

Appropinquante, demum vitæ suœ fine, cum resolutionem sui
corporis imminere cognosceret, nos et Willelmum abbatem suum

Tironensem ad se duxit evocandos : ad quem nos prædicti cum
pluribus aliis flentes et gementes convenimus : cujus auditis de
suo fine verbis, interrogavimus eum : Frater Adjutor, ubi sepultu-
ram corporis 'ui prædestinam habes ? Ad hæc vir Dei repondit :
in hac capellula, si placuerit Domino abbati meo. Erat autem vir
ipse venerandus humi decubans in lectulo illo, de quo supra scrip-
simus, retro B. Mariæ Magdalenes altare, in quo divinis sacramentis munitus, indutus ut semper erat, secundo Calendas Maii
migravit ad Dominum. Et licet naturali dolore contristati simus ;
gaudebamus tamen, quia tantum ac talem apud Deum pro nobis
præmiserimus patronum et adjutorem. Triumphet spirituali tri-
pudio Pontifex, sacerdotes stolas splendentes exaltent justitiæ,
monachi beatorum lætentur operum fortitudine, ac cincti virtutum
decore, omnisque ordo Ecclesiasticus omnipotenti Deo pia reboet
carmina, laica turba cum sexu femineo alternatim, et provocent
juvenes et virgines, senes cum junioribus dicamus omnes prece
supplici sanctissima Maria Magdalenes, et tu sancte vir Adjutor
succurite nobis.

E. Martène et U. Durand : *Thesaurus anecdotorum*, t. V, col. 1011.

Les sept livres des « Dialogi de Summo Bono, » l'une des œuvres capitales de
Hugues d'Amiens, archevêque de Rouen, sont beaucoup trop longs pour être
reproduits ici. Nous nous bornons pour ce motif à reproduire les en-tête des
chapitres de cette œuvre, publiée par D. Martène dans ses « Anecdota ».
Ils intéressent du reste beaucoup plus le théologien que le philosophe.

HUGONIS, archiepisco Rothomagensis, dialogorum seu quæs-
tionum theologicarum ex duobus Mˢˢ uno Colbertino, altero Rotho-
magensi, domini Grebovaldi.

Liber I incipit : *De summo Bono.*

Incipit secundus : *Summa caritas, quæ Deus est.*

Incipit tertius : *Æterna Dei sapientia.*

Incipit liber quartus : *Elationis et humilitatis oppositio.*

Incipit quintus : *De malis quàm bene agat Deus.*
Incipit sextus : *Reparator humani generis.*
Incipit liber septimus : *Caritatis elogium.*

E. Martène et U. Durand : *Thesaurus novus Anecdotorum.* Tomus
Quintus. Col. 897-1000.

PREUVE IV

Année 1146.

Aleaume d'Amiens, *prince et chatelain d'Amiens, voulant racheter ses excès
envers l'Église d'Amiens lui avait accordé, de concert avec* Guy d'Amiens,
son père, et Mathilde de Boves, *sa mère, de pêcher une fois l'an dans les
moulins de la chatellenie et la moitié de son droit exclusif de vendre du vin
pendant un mois. Le chapitre pouvait par conséquent durant une quinzaine
exercer le commerce du vin et suspendre toute concurrence. Cette concession
complétée par le don des bois de Franqueville et de Forest, fut ratifié, en
1146, par Thierry, évêque d'Amiens, en présence de Robert, comte d'Amiens,
oncle d'Aleaume d'Amiens.*

De Banno vini et nocturna.

In nomine patris et filii et spiritus sancti. Ego Théodoricus Dei
gratia, Ambianensis episcopus, tam presentibus quam futuris in
Christo fidelibus notum facimus quod Alelmus de Ambianis
cum ab ecclesia Ambianensi, propter rapinas quas adversus
exereuerat, diu excommunicatus fuisset, tandem ipso et parentes
ejus Guido et Mathildis, ante nostram constituti presentiam
pro absolutione illium, Ambianensi ecclesiæ annuam piscium captu-
ram, que vulgari nomine appellatur nocturna, et dimidium banni
per xv dies, circiter festum B. Johannis totumque pratum de
Francavilla et medietem prati de Forest, etc., perpetuo jure donavi
et donationem illam fide et sacramento firmaverat annuente hoc
Roberto, comite Ambian., de cujus feodo prœtaxata pendebant, etc

Ut igitur res ista in posterum firma et illibata permaneat, etc...
S. Theobaldi, abbatis S. Martini. S. Walteri abb. S. Acceoli. S. Ful-
conis abbatis. S. Ioannis. S. Walteri presbyteri de Flessicort. S. Ma-
gistri Rainerii de Pinconio. S. Rogeri Castellani de Perona. S. Radul-
phi Castellani de Nigella. S. Adam de Laigny. S. Lamberti de
Heilly. S. Gilonis de Clara. S. Arnulphi Buscherddi. S. Joannis de
Cruce. S. Huberti Telon. S. Bernardi de Pinconio. S. Guidonis
monachi. Actum anno ab Incarnat. Dom. MCXLVI, indict. VIIII.

Cartulaire 1ᵉʳ du chapitre d'Amiens, fol. 32, Archives dép. de la Somme.—
Histoire de l'état de la ville d'Amiens et de ses comtes... par Charles du
Fresne, sieur Du Cange... Ouvrage inédit. — Amiens, 1840, in-8. pages
289-292.

Année 1146.

Résumé de l'acte de libéralité ci-dessus par Dom Villevieille [1].

ALEAUME D'AMIENS, ayant longtemps été excommunié pour
rapines et violences qu'il avoit exercées envers l'église d'Amiens,
GUY ET MACHAUT, ses parents, firent la paix en donnant à ladite
église la pêche de nuit qui se faisoit pendant quinze jours vers la
Saint-Jean, le prey de Francauville, la moitié du prey de Forest
et la terre de Caisnoy, du consentement de *Robert, comte d'Amiens*,
seigneur du fief, en présence de Raoul, chatelain de Neelle, Roger,
chatelain de Péronne, Adam de Cagny, Lambert de Hilly, Gilles de
Clary, Jean de La Croix, Bernard de Pinquegny, etc., l'an 1146,
Indiction 8.

Trésor généalogique de Dom Villevieille, publié par Henri et Alphonse
Passier, t. I, p. 353.

---

1. Adrian de La Morlière a également relaté cette donation dans les *Antiquitez historiques et choses les plus remarquables de la ville d'Amiens*.

ANNÉE 1150.

Extrait du Cartulaire de Saint-Lucien de Beauvais que nous empruntons à Dom Villevieille pour ne pas abuser des textes latins. On y voit qu'ALEAUME D'AMIENS eut pour femme ADE dont le nom de famille est inconnu.

ALEAUME D'AMIENS, sire de Flixecourt, fit un accord avec l'abbaye de Saint-Lucien touchant tous les dons que GUY, son père, avoit fait à lad. abbaye, au château de Flixecourt, et remit entre les mains de Thierry, évêque d'Amiens, pour Pierre, abbé de S¹-Lucien, avec le consentement d'ADE sa femme, de Gilbert Molinier « Moleudinarii », et d'AUSCHER DE VINACOURT, les antelages de Flixécourt, de Bethancourt, de Varennes, de Vinacourt, de Flaissières, etc., avec les dixmes et divers droits, etc., en présence d'Enguerran, frère de Girard de Péquigny, vers l'an 1150. (*Cartul. de l'abbaye de Saint-Lucien de Beauvais, fol.* 149.)

Trésor généalogique de Dom Villevieille, publié par Henri et Alphonse Passier, t. I, p. 353.

ANNÉE 1150.

Autre extrait relatif aux susdites libéralités d'Aleaume d'Amiens.

ALEAUME, seigneur de Flixecourt ; du consentement d'ADE, sa femme, confirme l'abbaye de Saint-Lucien de Beauvais dans la possession de l'église de Flixecourt ; il accorde de nouvelles faveurs aux moines et leur cède les droits qui lui appartiennent à Bettencourt, à Pernois, à Havernas, et dans diverses communes.

Recueil de documents inédits concernant la Picardie, publiés par Victor de Beauvillé, t. I, p. 1.

Année 1151.

*Charte constatant qu'*Aleaume d'Amiens, *quatrième prince d'Amiens, avait pour auteurs* Guy d'Amiens *et* Mathilde (de Boves), *pour oncles Robert, comte d'Amiens, et autre* Aleaume d'Amiens, *enfin pour sœurs* Flandrine, Mélisende *et* Mathilde d'Amiens. *Dans cet acte, émanant d'Aleaume d'Amiens et scellé de son sceau, celui-ci rappelle qu'il fit une dotation à l'abbaye de Saint-Jean d'Amiens au moment de son départ pour la seconde croisade, c'est-à-dire en* 1146.

Ego Alermus [1], Flecⅰscortis et Ambianis *civitatis Princeps quartus*, recognosco et ad posterorum meorum memoriam conscribi facio, et ut in perpetuum maneat sigilli mei impressione confirmo, quia in anno, quo Jerosolymam cum exercitu Francorum profecturus eram [2], ego et sorores meæ Flandria, Melissendis et Mathildis laudavimus et concessimus donationes quas Uvido (Guido s'écrit ainsi dans tous les anciens titres), pater meus, et Mathildis mater mea et parentes nostri et homines eorum, pro anima Alermi, avunculi mei, et pro animabus suis longo ante tempore donaverant ecclesiæ S. Joan. Bapt. Amb. . . . . Actum hoc anno Incarn. Verbi 1151, regnante in Gallia glorioso rege Ludovico ; Ambiani in domino Theodorici épiscopi, *et ont sobbsigné,* Theodoricus Ambianensis, *Robertus comes Ambianensis,* avunculus meus, et plures alii.

Cartulaire de l'abbaye de Saint-Jean d'Amiens. — *Les Antiquitez de la ville d'Amiens,* par A de La Morlière, p. 57. — Fonds du Cange, supplément français nᵒ 1203 ; Bibliothèque Nationale. Cabinet des titres.

---

1 Les chartes du Chapitre d'Amiens le nomment *Alelmus* et celles du prieuré de Flixecourt *Adelelmus.*

2. Ce fut vers 1146, comme il est attesté par la charte précédente, résumée aussi dans les *Monographies Picardes,* Flixecourt, par l'abbé Jumel, p. 49, et dans le *Nécrologe de l'Eglise d'Amiens,* par l'abbé Roze, p. 178.

Résumé de la susdite charte par Dom Villevieille.

THIERRY D'AMIENS, et *Robert, comte d'Amiens*, oncle d'ALERME, *seigneur de Flixecourt*, quatrième prince de la ville d'Amiens, souscrivirent une charte de l'an 1151, Louis régnant en France, par laquelle ledit Alerme, avant son départ avec l'armée de France pour la Terre sainte, ratifia et approuva du consentement de FLANDRINE, MÉLISENDE et MAHAUT, ses sœurs, les donations que GUY, son père, et MAHAUT, sa mère, avoient faites à l'abbaye de Saint-Jean d'Amiens pour l'âme d'ALERME, son oncle.

Trésor généalogique de D. Villevieille, t. I, p. 354.

PREUVE V

DE 1161 A 1185.

Extraits de la charte de Philippe d'Alsace [1], *réglant et déterminant les droits particuliers et respectifs de chacun des quatre princes terriens qui détenaient encore la puissance féodale dans Amiens et la banlieue. Nous détachons préférablement les articles se rapportant aux prérogatives du chatelain, c'est-à-dire d'*ALEAUME D'AMIENS, *sire de Vignacourt.*

Philippes, nobilis quens de Flandre.... comme chascuns prinches terriens doit mettre peine à tenir et à garder toutes droiturières

---

1. De Court, auteur d'une histoire manuscrite d'Amiens, avait eu en mains une copie de la charte de Philippe d'Alsace, outre celle dont nous allons reproduire en partie le texte d'après Augustin Thierry. De Court fixe la date de la transaction, passée entre le comte d'Amiens et les seigneurs paréagers, à l'année 1168, Augustin Thierry fait à ce sujet la réflexion suivante : « Cet auteur (De Court) avait eu sous les yeux un *Cartulaire de l'évêché d'Amiens*, aujourd'hui perdu, dans lequel la charte du comte Philippe d'Alsace était souscrite par les parties intéressées, savoir : l'évêque Robert, le vidame Gérard et le *châtelain Aleaume*. L'épiscopat de Robert s'étend de 1164 à 1170, ce qui a sans doute fait conclure à De Court que la transaction avait dû avoir lieu vers 1168. » — Voy. DE COURT, *Mémoires pour servir à l'Histoire d'Amiens*, t. I, p. 229 et t. II, pp. 376, 490 et 529 ; Bibl. Nat. Collect. de Dom Grenier, 1er paquet.

ustiches, et les sienes et les autruy regnablement ; et pour che, sachent tous chil qui sont et qui a venir sont, que comme controversïe eust été par plusieurs fois mute entre nous et l'evesque d'Amiens et le vidame et le *sire de Vinacort*, castelain, en nostre quemuigne de la chité d'Amiens, ch'est à savoir des rentes et des tonlieus et des coustumes et des droitures que les marchandises c'on vent et acate en la chité d'Amiens (doivent) ; et nous, pour oster le controversie, et pour le bien et pour le pourfit du pays, fesimes faire diligente inquisition, par bones gens créaules et par la provanche des anchiens escrits des chartes et des monumens de nos anchiseurs, qui tinrent le comté d'Amiens devant nous ; et, pour che que on ne l'oubliast par escoulourgement de tans, nous le fesimes mettre en chest présent escrit, ques droitures et ques tonlieus et ques coustumes les marchandises c'on vent et acate en le chité d'Amiens doivent, tonlieu ou payage ou quelconques coustumes que che choient.

Du pain.

Quiconque fache pain à vendre ou vent en la chitté, il doit ii sols l'an, ou xxviii denrées de pain, ou cascune semaine une obole pour le loi de boulens, de la coustume de boulens.

Du forage des harens et des pissons.

Chacun milliers de hérens doit ii deniers de tonlieu et un obole de forage, et chele obole de forage est au vidame et au SIRE DE VINACOURT.

Coustume du ban de vin.

Comme che soit, chertaine et véritable cose qu'il solait estre accoustumé en le chité d'Amiens jadis anchiennement, que nul ne pouvoit vendre vin en le chité d'Amiens, tant comme liban de li quinzaine, que li vesques faisoit vendre ses vins à broque, duroit, et LI SIRE DE VINACOURT y avoit aprèsquinze jourscontinuellement, eu l'an autretelle seigneurie de vendre ses vins à broq, comme li

vesgues avoit, chy comme il est dessus dict ; et comme chelle coustume estoit grief et contrarieuse à la chité, comme controversie en
fut sur che mute, et le parefin, livesque et le sire de Vinacourt, par
l'assentement du comte, de l'église, du maieur et des eschevins de
la commugne, firent compromission et quittèrent à la commugne et
à le chité, hiretaulement et à toujours, leur quinzaine de leur fran-
quise et de leur seigneurie qu'ils avoient adonc en le chité d'Amiens,
de vendre leur vin à brocque, chy comme il est devant dict.

Lesquelles teneures de le chité d'Amiens sont frankes.

Toutes les maisons et toutes les teneures c'on tient des chers de
le tour du Castelet des Vergiaus, et toutes les teneurs c'on tient des
chens c'on claime fros le conte, et toutes les teneurs des chens des
maisiaus, et li chens des prés le conte, et toutes les frankes teneures
le vesque et de le trésorie et des autres frankes teneures, si comme
les teneures du fief le SIRE DE VINACORT et les autres franques teneures, si comme les frankes teneures c'on tient du fief le vesque,
c'on claim fief de Heilli, que li sire de Heilli tient du vesque, et
toutes les autres frankes teneures c'on tient des devant dis fiefs,
sont quits et francs et franc chil qui y mainent de leur œchieu, si
comme de le coustume du toreillage, cambage.....

A cui li chens de frankes teneures sont.

Ch'est à savoir que tout li chens de le tour du Castelet de Vergiaus et li chens des prés le conte sont tous au conte, sans part
d'autrui. Et li chens des fros le conte et li chens des maisiaus sont
au conte et au vesque et au vidame et au SIRE DE VINACORT, au-
tretant à l'un comme à l'autre ; mès en le partie le conte, reprent
et à li vidames le quart ; en le partie le conte a de rekief.... Li chens
que on claime de le Carnée et li chens du Duraume sont au sire de
Vinacort, castelain, sans part d'autrui.

De le coustume des Canges.

Li SIRES DE VINACORT, castelains, a et prent de coustume,
cascun an, en le chité d'Amiens, à cascun taule à cangeur de

monnoies, une pregnée de deniers, de le monnoie qui keurt en le chité, là où on acate et vent en le chité. Et si prent li sires de Vinacort, cascun an, XX sols à le prévosté et le visconté le conte, à Grand-Pont.

Bibl. Nat., Mss. Du Cange, Supp. franç. 1225. D. p. 125. — Note du greffier Delesseau, conservée aux Archives de l'Hotel-de-Ville d'Amiens.— Du Cange . *Glossiarium mediæ et infimæ latinitatis.* — Augustin Thierry : *Recueil des monuments inédits de l'histoire du Tiers-État,* t. I, p. 74 et suiv.

PREUVE VI

Année 1178.

Mentions diverses de l'alliance de Flandrine d'Amiens, fille de Guy d'Amiens, avec Germond II de Picquigny, vidame d'Amiens, en 1178.

J'ay fait tout maintenant mention, à propos de Guermond de Picquigny, vidame d'Amiens, premier du nom, de ALERMUS ou ALERMUS DE AMBIANIS le plus ancien que l'on puisse trouver de nos chastelains, comme ledit Guermond estoit fils du plus ancien que l'on trouve de nos vidames, le petit fils duquel mesmement GUERMOND II, espousa FLANDRINE, petite fille dudit ADAM ou ALEAUME D'AMIENS.

Recueil de plusieurs nobles et illustres Maisons du diocèse d'Amiens, par A. de La Morlière, Amiens, 1630. In-4° p. 31.

FLANDRINE D'AMIENS, alliée à GERMOND II DE PICQUIGNY, vidame d'Amiens, vivant en 1178.

Recherches généalogiques sur les comtés de Ponthieu, etc., par de La Gorgue-Rosny, t. I, p. 31-32.

PREUVE VII

ANNÉE 1184.

PIERRE D'AMIENS, *seigneur de Vignacourt, fut le fondateur de l'hospice l'Hôtel-Dieu ou de Saint-Jean d'Amiens.*

Messire PIERRE D'AMIENS, seigneur de Vinacourt, l'an 1184, fonda l'hospice de Saint-Jean dans la place où est maintenant l'église Saint-Firmin, confesseur, sur la rivière Hocquet. Au consentement de l'evesque Thibault, il y donna le fief de Regnaval, mais comme les immondices provenant dudit hospital devoient passer tout au travers de la ville, ce qui auroit causé une très mauvaise odeur, on l'a placé dans l'endroit où il se trouve maintenant...

Recueil de documents inédits concernant la Picardie, publié par Victor de Beauvillé, t. 1er, p. 295.

PREUVE VIII

CALENDES DE JANVIER 1178.

DREUX *et* PIERRE D'AMIENS, *frères, furent présents à une cession de dime de Hugues d'Auxy.*

DREUX D'AMIENS et PIERRE, son frère, souscrivirent la charte donnée à Auxy, le jour des Calendes de janvier 1178, par laquelle Hugues d'Auxy, confirma comme seigneur du fief la donation du tiers des dixmes de Tum, faite au prieuré de Biencourt par Henri de Tum. (*Archives de l'abbage de Marmoutier, prieuré de Biencourt, chap. Ier liv. Ier.*)

Trésor généalogique de Dom Villevieille, publié par Henri et Alphonse Passier, t. I, p. 354.

ANNÉE 1180.

DREUX D'AMIENS, *seigneur du château de Flixecourt, est déclaré fils d'*ALEAUME D'AMIENS *dans le Cartulaire de l'abbaye de Saint-Lucien de Beauvais, analysé par D. Villevieille.*

DREUX D'AMIENS, seigneur du château de Flexicourt, accorda aux religieux du prieuré de Flexicourt la liberté de toutes les terres qu'ils avoient possédées depuis le vivant d'ALEAUME, son père, jusqu'à lui, sauf son terrage, et reçut en gratification desdits religieux la somme de 10 livres monnoye d'Amiens, vers l'an 1180. (*Cartul. de l'abbaye de Saint-Lucien de Beauvais.*)

Trésor généalogique de Dom Villevieille, publié par Henri et Alphonse Passier, t. I, p. 354.

Autres mentions de DREUX D'AMIENS *et de ses hoirs.*

ANNÉE 1183.

DREUX D'AMIENS, seigneur de Flexicourt, Canaples, vivant en 1193, marié à MARGUERITTE, crue sœur de Hugues, comte de Saint-Pol, père de THIBAUT, seigneur de Canaples et Outrebois, vivant en 1220, 1250, marié à AÉLIS, d'où JEANNE, dame de Lorsignol, Talmas, Buire-au-Bois, femme de GILLES II, BARON DE MAILLY, Adinfer, etc., qui se croisa avec saint Louis.

Recherches généalogiques sur les comtés de Ponthieu, etc., par de La Gorgue-Rosny, t. I, p. 31-32.

ANNÉE 1190.

DREUX D'AMIENS et MARGUERITE, sa femme, vivant vers 1190, PIERRE, RENAUD et THIBAUT, leurs enfans, juin 1200; led. Renaud, seigneur de Vignacourt en 1216.

Recherches généalogiques sur les comtés de Ponthieu, etc., par de La Gorgue-Rosny, t. I, p. 31-32.

Année 1190.

Constatation du mariage de Dreux d'Amiens *avec* Marguerite *de Saint-Pol, sœur de Hugues, comte de Saint-Pol. C'est pour ce motif que Villehardouin* [1] *dans son « histoire de la conquéte de Constantinople » désigne toujours* Pierre d'Amiens, *fils de* Dreux, *comme neveu du comte de Saint-Pol.*

Dreux d'Amiens et Margueritte, sa femme, garantissent un accord fait entre Eustache, leur vassal, et Gérard de Bécloy, chanoine d'Amiens, au sujet de la dixme de Vinacourt, vers l'an 1190; il porte bandé. (*Arch. de l'abbaye du Gard, cotté L, ij, Vinacourt.*)

Trésor généalogique de Dom Villevieille, publié par Henri et Alphonse Passier, in-4, t. I, p. 355.

Année 1183.

Dreux d'Amiens, *qui avait violenté et rançonné les hommes de Vaulx, indemnisa l'église d'Amiens, dont les victimes étaient les sujets, en lui accordant la troisième partie de la dime de Savières et de plus 650 livres. On remarque au nombre des vavasseurs un* Laurent de Vignacourt *et un* Pierre de Canaples *qui devaient être aussi des d'Amiens.*

Messire Dreux d'Amiens donna à l'église d'Amiens en réparation des dommages qu'il avoit fait aux h[es] de Vaulx, le tiers de la dixme de Savières et la somme de 650 livres; et par l'accord il fut statué que, s'il arrivoit quelques difficultés entre les vavasseurs des lieux compris en ladite cession et les chanoines, elles seroient terminées par l'évêque : les vavasseurs sont : Valleran du Metz, Jean de Choisy, Aleaume de Grancourt, Arnoul d'Artois, Alolde de Hesdincourt, Hugues de Vaulx, Adam de Choisy, Laurent de Vinacourt, Gilles de Clary, etc.; il donna pour pleiges de cet

1. Voir plus haut pages 53 et 102 les extraits de Villehardouin se rapportant à Pierre d'Amiens fils aîné de Dreux et neveu du comte de St-Pol, *niers le cuens Huc de St-Pol.*

accord : Simon d'Ally, Bernard de Maroil, PIERRE DE CANAPPES, Alleaume et Hugues de Fontaines, Foulques de Kayeu, Bernard de Bertancles et Valleran de Metz, l'an 1183. (*Cartul.* 1er *du chap. d'Amiens, fol.* 25, v°.)

Trésor généalogique de Dom Villevieille, publié par Henri et Alphonse Passier, t. I, p. 354-355.

PREUVE IX

Vers 1183.

DREUX D'AMIENS *est signalé dans le « Roman de l'Histoire de Foulques de Crète » comme l'un des trouvères les plus distingués de son temps.*

En fait de poésie de chanteurs, de conteurs et de jongleurs ou menestrels, la Picardie ne le cédait pas à la Provence à qui l'on donne la gloire de la naissance des troubadours ou trouvères. Gantez de Marseille, dit dans sa 27e lettre, que les Picards étaient estimés pour leur composition qui approchait beaucoup de celle de Provence. Les Picards avaient aussi leurs plaids et gieux d'amour, c'est-à-dire des assemblées de gentilshommes et de dames qui s'exerçaient à la courtoisie et à la gentillesse. La plus grande partie des pastourels de Froissart roulent sur des prix proposés en divers lieux de la Picardie et de la Flandre à la plus belle bergère du canton, ou au berger qui chantera le mieux les amours. Dès le XIIe siècle, le roman de l'histoire de Foulques de Crète donne à DREUX D'AMIENS un rang distingué dans ces assemblées galantes :

> Droes Damiens de parler en savance
> Bacheler fut et de bonne science.

Introduction à l'histoire générale de la province de Picardie, par Dom Grenier, p. 50.

22 JUILLET 1191.

DREUX D'AMIENS, *croisé, baron de Vignacourt et de Flixecourt, qui avait accompagné Philippe-Auguste à la troisième Croisade se trouvait à Saint-Jean-d'Acre en 1191 lorsque éclata la querelle entre le souverain de France et Richard Cœur-de-Lion. Dreux d'Amiens, qui était dans l'entourage intime de Philippe-Auguste, fut député par son maître, avec Hugues, duc de Bourgogne, et Robert, évêque de Beauvais, vers le roi d'Angleterre pour obtenir l'assentiment de celui-ci au retour du monarque français dans ses états. Voici la relation de l'entrevue et de l'entretien de Richard Cœur-de-Lion avec les ambassadeurs de son rival dont était Dreux d'Amiens.*

Die vicesimo-primo mensis Julii, Richardus Rex Angliæ intravit in civitatem Acræ, et habitavit in palatio Regis quod eum contingebat quando civitas partita fuit inter illum et Regem Franciæ ; eodemque die introduxit ad se in palatium uxorem suam Reginam Angliæ, et Siciliæ Reginam sororem suam, et filiam Imperatoris de Cypra.

Die mensis julii vicesimo-secundo, in festo sanctæ Mariæ-Magdalenæ, cùm Rex esset in palatio et principes exercitûs sui convenissent coram eo ad audiendum præceptum ejus, venerunt ad eum ex parte Regis Franciæ Robertus Bellovacensis, episcopus, et Hugo Dux Burgundiæ, et DROGO DE AMIENS, et Willelmus de Merlon, et cùm steterunt coram Ruge et salutassent ex parte Regis Franciæ, promperunt in fletu, ita quòd unum solum verbum proferre non potuerunt ; quibus flentibus, cæteri prorumpebant in fletum propter motum animi quem viderant in eis. Cùmque perstabant in fletu, Rex Angliæ conversus ad eos dixit : « Nolite flere; scio quid petituri estis. Dominus quìdem vester Rex Franciæ desirat repatriare, et venistis ex parte ejus ut habeat inde consilium à me et licentiam redeundi. » Tunc illi, vultu demisso : « Domine, inquiunt, vos nostis omnia, et nos ex parte ejus ad vos venimus pro licentia et conslio vestro, ut possit redire. Dicit enim, nisi celeriùs à terra ista récesserit morietur. » Quibus Rex Angliæ res-

pondit : « Dedecus est opprobium sempiternum illi et regno
« Franciæ si, imperfecto negotio pro quo venit, recesserit, et per
« consilium meum hinc non recedet; at, si oportet eum mori vel
« in patriam suam ire, liceat ei facere quod velit et quod sibi et
« suis commodius videtur. »

Die vicesimo-tertio mensis julii, cùm divulgatum esset per exercitum quòd Rex Franciæ recederet, venerunt ad eum principes
exercitûs sui, et postulaverunt ne ita imprudenter à servitio Dei
recederet, sed ut respiceret actus prædecessorum suorum, et dignitatem Regis Francorum custodiret illæsam. Consensit tunc consilio
fidelium suorum; et quærens occasionem remandi, iterùm postu-
lavit a Rege Angliæ medietatem insulæ Cypræ : sed nihil impe-
travit, et exinde orta est discordia magna inter eos; tamen, per
consilium sapientum virorum, utriusque quievit indignatio et facti
sunt amici.

Die vicesimo-sexto mensis julii, per consilium Regis Franciæ,
venit Conradus, marchio, et procidit ad pedes Regis Angliæ, veniam
petens et accipiens; odio enim illum habebat Rex Angliæ propter
Gwidonem Regem Jerusalem. In crastino, scilicet die vicesimà sep-
timà mensis julii, convenerunt Reges in unum locum, et Gwido de
Lusinan[1] et Conradus marchio cum illis, cunctisque residentibus et
facto silentio, idem Conradus petiit sibi regnum Jerosolymitanum de
jure uxoris suæ (sororis Sybyllæ), quæ sine prole decessit. Guido de
Lusinan petebat idem regnum sicut ille Rex inde extiterat, et in
nullo deliquerat quare illud deberet amittere; et uterque illorum
posuit se in judicio et consilio Regum Franciæ et Angliæ, et archie-
piscoporum et præsulum, et comitum et Baronum exercitûs, facta
que est pax et finalis concordia inter illos consilio et judicio prædic-
torum Regum et totius exercitûs, in hunc modum.

Recueil des Historiens des Gaules et de la France, tome XVII. Ex Bene-
dicti Petroburgensis Abbatis, vita et gestis Henrici II, Angliæ Regis, p.
525 et 526.

1. Voir branche des seigneurs du Plaissié en Chypre, page 256 de ce volume.

AVANT ET APRÈS 1212.

DREUX D'AMIENS *est dit « comte d'Amiens » dans « le Nécrologe de l'église d'Amiens, « par l'abbé Roze ; il est également désigné comme époux de* MARGUERITE (DE SAINT-POL) *et père de* PIERRE *et de* REGNAUL D'AMIENS : *ce dernier à son tour est déclaré époux de* MATHILDE, *père de* MARGUERITE *et d'*ADELINE, *frère de* THIBAULT, ALEAUME *et* BERNARD D'AMIENS.

REGILNADUS DE AMBIANIS, PIERRE, fils aîné de DREUX, *comte d'Amiens*, et de MARGUERITE, étant mort en 1202, au voyage de Constantinople, Renaud, son frère, dont il est ici question, qui était chanoine d'Amiens, recueillit sa succession du consentement de MATHILDE, son épouse, de celui de ses filles MARGUERITE et ADÉLINE, de ses frères THIBAULT, ALÉAUME et BERNARD ; il fonda en 1216 le chapitre de Vignacourt. Il est nommé dans le Cartulaire, en 1219 et 1221, avec le titre de seigneur DE VINARDICURTIS. Au moment où MATHILDE, sa femme, alloit être confiée à la terre, il donna 50 sols de cens à lui appartenant sur Mirovaut (Mirvaux), pour être distribués aux chanoines à l'anniversaire de la défunte; il ajoute 50 sols sur les mêmes propriétés pour son propre anniversaire.

Nécrologe de l'Église d'Amiens, par M. l'abbé Roze, p. 181-182.

ANNÉE 1195.

Odon de Crécy institue un service pour l'âme de DREUX *et de* MARGUERITE (DE SAINT-POL), *sa femme, bienfaiteurs du monastère de Saint-Fritz.*

Odo de Crécy (abbé de Saint-Jean d'Amiens) transegit cum monasterio santi Frisciani 1194, missam quotidianam spopondit anno 1195 pro DROGONE DE AMBIANIS et MARGARITA, uxore sue, qui territorium de Gressieu eis concesserant.

Gallia Christiana, t. X, col. 195.

PREUVE X

Aout 1195.

Il appert encore de cet extrait du Cartulaire de la ville d'Amiens par D. Vil-
levieille que Pierre d'Amiens, *sire de Vignacourt et de Flexicourt, était*
frère de Regnault, Thibault *et* Aleaume d'Amiens.

Pierre d'Amiens donne à cens à son amé Hugues de Pincquegny, en récompense de ses services, une masure située à Amiens en
Castillon, du consentement de Renaud, Thibaut et Aleaume,
ses frères, en présence de Robert de Pincquegny, Barthelemy de
Roye, Geoffroy et Simon de « Pontisara, » Jean de Tesny et Pierre
d'Yseu, au mois d'août 1195. *(Cartul. de l'hôtel de ville d'Amiens,*
fol. 138.)

Trésor généalogique de Dom Villevieille, publié par Henri et Alphonse Passier, t. I, p. 355.

Année 1199.

Pierre d'Amiens, *seigneur de Flixecourt et de Vignacourt, confirme les bien-*
faits dont son père Dreux d'Amiens *a gratifié l'Hôtel-Dieu d'Amiens et*
la concession du champ de Buclinant, accomplie autrefois par son oncle
Pierre d'Amiens, *dit* Pierre de Vignacourt.

Pierre d'Amiens ratifia la charte par laquelle Dreux
d'Amiens, et père, avoit confirmé toutes les donations et concessions qu'il avoit faites à l'Hôtel-Dieu d'Amiens, et notamment la
donation du champ appellé Buclinant, faite par Pierre de Vinacourt, l'an 1199. *(Arch. de l'Hôtel-Dieu d'Amiens, sac. Re-*
nauval.)

Trésor généalogique de Dom Villevieille, publié par Henri et Alphonse Passier, t. I, p. 355.

Juin 1200.

Charte rcueillie par D. Villevieille dans ses glanures à travers les archives de l'Abbaye du Gard et émanant de PIERRE D'AMIENS où l'on voit que celui-ci avait pour mère MARGUERITE (DE SAINT-POL.) et pour frères REGNAULT et THIBAULT d'AMIENS.

PIERRE d'AMIENS accorda à l'abbaye du Gard, du consentement de MARGUERITE, sa mère, de REGNAUT et THIBAUT, ses frères, le droit de paturage dans toute sa terre de Vinacourt, en présence d'Enguerran, vidame de Penquigny, Hugues de Fontaine, Hugues de Vilers, Engueran d'Hedincourt, Garin de Becloy, Pierre de Failoiel, etc., au mois de juin 1200. Il porte « trois chevrons vairés. » (*Arch. de l'Abbaye du Gard,* Yscu, 74.)

Trésor généalogique de Dom Villevieille, publié par Henri et Alphonse Passier, t. I, p. 356.

PREUVE XI

DE 1204 A 1211.

PIERRE D'AMIENS *figure sur l'état officiel*[1] *des comtes et des barons qui devaient l'hommage et le service militaire à Philippe-Auguste ainsi qu'il appert de l'extrait ci-après.*

PRŒLATI BARONES ET COMMUNIÆ REGNI FRANCIÆ.
346. *Archiepiscopi et episcopi regni Franciæ.*
Lugdunensis. — Bituricensis. — Remensis. — Turonensis. — Senonensis. — Rothomagensis. — Burdegalensis non est.   . . .

. . . .

347. *Abbates (Regales).*
Abbas Sancti Dyonisii. — Abbas Sancti Germani. — Abbas

1. Tiré des anciens registres de Philippe-Auguste.

Sanctæ Genovefœ. — Abbas Ferreriarum. — Abbas Sancti Bene-
dicti . . . .

. . . .

348. *Duces et Comites*.

Dùx Brìtanniæ. — Dux Burgundiæ. — Comes Sancti Ægìdìi. —
Comes Flandrìæ. — Comes Trecensis. — Comes Foresii. — Comes
Alvernensis. — Comes Nivernensis. — Comes Blesensis. — Comes
Sancti Pauli.

349. *Barones* [1].

Delfinus de Alvernia. — Guìdo de Domna Pietra. — Guichardus
de Bellijoco. — Iterus de Tociaco. — Archembaudus de Solia-
co. — Odo de Dolìs. — Dominus Castri Radulfi. — Dominus
Montis Falconis. — Dominus Virsonis. — Dominus Sancti
Aniani. — Dominus Exolduni. — Vicecomes Sanctæ Suzannæ. —
Guillelmus de Rupìbus. — Robert de Perronaio. — Juhellus de
Meduana. — Amalricus de Credone. — Guido de Laval. — Vicecomes
Thoarcensis. — Guillelmus de Malleone. — Gaufrìdus de Lizignen. —
Gaufridus de Castro Eraudì. — Dominus Castelli. — Dominus Mon-
tis Fortis Amalrici. — Dominus Montis Maurenciaci. — Dominus de
Rupe. — Dominus Livrìaci et Novi Mercati. — Dominus Nigellæ. —
Dominus Cociaci. — Dominus Sancti Vualerici. — Vicedominus
Pinqueigniaci. — PETRUS AMBIANENSIS. — Rogerus de Roseto.
— Advocatus Betunæ. — Buticularius Silvanectensis. — Balduìnus
de Albìgnelo. — Aymardus de Pictavia. — Bernardus de Anduisia.
— Vicecomes turenæ. — Guillelmus de Monte Pessulano. — Fulco
Paganelli. — Constabulariüs Normanniæ. — Rodulfus Tesson. —
Dominus de Orbec, et Longæ Villæ. — Dominus Osiaci. — Viceco-
mes Castri Duni. — Vicecomes Lemovicensis. — Vicecomes
Brociæ. — Archembaudus de Conbort. — Nevelon de Vantador.
— Gaufridus Martiano. — Renaudus de Pontibus. — Gifardus
de Didonne. — Gaufridus de Rancon. — Gaufridus de Taunaio.
— Haymericus de Roca Forti. — Guilelmus Mainguot. — Guilelmus
de Manscio. — Vicecomes de Cona. — Poncius de Mirebel. —
Dominus de Alto Forti.

1. Barones Regni Franciæ.

Milites Pontivi.

Comes Pontivi, Thomas de Santo-Valerico, Gauterus de Feritate, RENALDUS DE AMBIANIS... Rogo de Bauchain, THEOBALDUS DE AMBIANIS, Hugo de Auxi.

Milites comitatus Sancti-Pauli.

Comes Sancti-Pauli, Hugo Tacon, Gilbert d'Avredogn, Balduinus de Crequy, Balduinus de Pas.

Scripta de feodis ad regem spectantibus et de militibus ad exercitum vocandis e Philippi-Augusti regestis excerpta. — *Recueil des historiens de Gaules et de la France*, t. XXIII, p. 682-683.

PREUVE XII

BERNARD D'AMIENS, SEIGNEUR DE REGNAUVILLE ET D'ESTRÉES.

AVRIL 1224.

BERNARD D'AMIENS *apparaît comme seigneur de Regnauville en compagnie de ses frères* THIBAULT, *sire de Canaples, et* ALEAUME, *sire de l'Étoile, dans une vente consentie par* REGNAULT D'AMIENS, *sire de Vignacourt, au profit de l'évêque d'Amiens et relative à la moitié de la terre de Mirorant ou Mirevaux. Au même acte concoururent par leur acquiescement* MAHAUT, *femme de Regnault d'Amiens,* JEAN, *son hoir,* MARGUERITE, ADELINE *et* BÉATRIX, *ses filles.*

REGNAUD D'AMIENS, chevalier, sire de Vinacourt, vendit à l'évêque d'Amiens la moitié de la terre de Mirovant, qu'il tenoit dudit évêque et y fit consentir MAHAUT sa femme, JEAN son héritier, MARGUERITE, ADELINE et BÉATRIX ses filles, THIBAUT, sire de Canapes, ALEAUME, sire de l'Etoile, et BERNARD, sire de Regnauville, ses frères, au mois d'avril 1224. (*Cartul. de l'évêché d'Amiens, coté G, fol. 89 v°.*)

Trésor généalogique de Dom Villevieille, publié par Henri et Alphonse Passier, t. I, p. 359.

MAI 1226.

Sceau de BERNARD D'AMIENS, *seigneur de Regnauville, attaché à une confirmation de vente forestière.*

AMIENS (BERNARD D')
Seigneur de Renauville, chevalier, 1226.

Sceau rond, de 58 mill. Arch. de la Somme, Saint-Jean d'Amiens.

Type équestre; le bouclier portant *Trois chevrons de vair, brisé d'un vivré en chef.*

(SIGILLUM BERNARDI AMBIANENSIS.)

Contre-sceau, *Écu à trois chevrons de vair* (Amiens), *brisé d'un vivré en chef.*

(SECRETUM BERNARDI AMBIANENSIS.)

Ratification de la vente d'un bois sis à Hornast. — **Mai 1226.**

Inventaire des Sceaux de l'Artois et de la Picardie, par G. Demay, 2ᵉ partie, p. 13, nᵒ 87.

OCTOBRE 1238.

BERNARD D'AMIENS *est choisi comme arbitre par le comte de Ponthieu et la comtesse de Dreux pour régler un différend devant le roi de France.*

Le comte de Ponthieu et la comtesse de Dreux compromirent de tous leurs différens devant le roy de France de s'en tenir à la décision d'arbitres par eux élus sçavoir: par le comte, de Messire BERNARD D'AMIENS, chev., et par la comtesse de Mᵉˢ Simon de Hons, chevalier, et au cas qu'ils ne puissent s'accorder ils en nommeront deux autres sçavoir : Mre Guillaume de Vailly, chev., pour le comte, et Mre Hugues de Fresseguilco pour la comtesse. Le roy leur donna en outre Mre Regnaut de Triecoc, chev., pour tiers arbitre, au mois d'octobre 1238. (*Bureau des finances d'Amiens. Cartulaire du Ponthieu, n° 186, fol. 216, v°.*)

Trésor généalogique de Dom Villevieille, publié par Henri et Alphonse Passier, in-4, t. I, p. 360.

JUILLET 1239.

Bernard d'Amiens *est appelé « cousin » par Simon, comte de Ponthieu.*

Simon, comte de Ponthieu, donna à son *cher cousin,* Messire Bernard d'Amiens, chevalier, seigneur de « Stratis » une rente, héréditaire en ligne directe et légitime, de 60 l. sur la cité du Crotoy, au mois de juillet 1239. (*Bureau des finances d'Amiens. Cartul. du Ponthieu, n° 186, fol. 146, v°.*)

Trésor généalogique de Dom Villevieille, publié par Henri et Alphonse Passier, t. I, p. 360.

NOVEMBRE 1244.

Bernard d'Amiens *est indiqué comme possesseur du fief de Regnauville dans une vente du mois de novembre 1244 faite par Mathieu, comte de Ponthieu, et la comtesse Marie, sa femme, à Robert, comte d'Artois ; ce dernier acquit ainsi les hommages précédemment dus au comte de Ponthieu par* Jean d'Amiens *pour la terre de Buyres, par* Thibault d'Amiens, *co-seigneur du même fief, par* Bernard d'Amiens, *pour Regnauville.*

1244. Actum apud Argentolium (Argenteuil, anno Domini MCCXLIV, mense novembris). — Lettres par lesquelles, Mathieu, comte de Ponthieu, et la comtesse Marie, sa femme, vendent à Robert, comte d'Artois, pour la somme de 2,000 livres parisis, les

fiefs et hommages que tiennent d'eux le comte de St-Pol et le
vicomte de Pont-de-Remi, dans lesquels est l'hommage du seigneur
de Wavans pour ce qui est tenu d'eux ; le seigneur d'Auxi, JEAN
D'AMIENS, chevalier, pour sa terre de Buires et la forêt de Greast ;
THIBAUT D'AMIENS, chevalier, pour un fief à Buires ; BERNARD
D'AMIENS, chevalier, pour Regnauville, Hugues Kierct, chevalier,
pour Dourier ; l'hommage de Rocay-Fay, près Buires, Guillaume
de Boubiereh,' pour Tun et Villecourt, dans lequel est le fief de
Jean de Baardes ; l'hommage de Ty, dans lequel il y a deux vassaux;
Henri de Ghisnes, pour le fief qui lui appatient à Yvregny, du côté
de sa femme, Mathieu de Roye, pour un fief que Willaume de Villa-
Roya tient de lui à Ivregny, Hugues de Caumont, chevalier, pour
un fief à Tolent, depuis le milieu de la rivière d'Authie, vers
Hesdin, et autres terres du comté d'Artois. Il est mentionné dans
lesdites lettres qu'une somme de 500 livres parisis a été payée pour
le quit de la vente [1].

*Inventaire analytique et chronologique des Archives de la Chambre des
comptes, à Lille, in-4, t. I, 329-330.*

MAI 1248.

BERNARD D'AMIENS, *seigneur de Regnauville, tenait le fief de Dourier en* 1248.

Les hommages de Messire JEAN D'AMIENS, chevalier, de
THIBAUD D'AMIENS, chevalier pour Buires, et celui de BER-
NARD D'AMIENS, chevalier pour Dourier, sont du nombre de ceux
que Mathieu, comte du Ponthieu, et la comtesse Marie sa femme

1. L'original de cette charte, résumée par D. Villevieille et reproduite par
Duchesne, dans les *Preuves* de son *Histoire de la Maison de Montmorency*,
p. 103, se trouve à la Chambre des Comptes de Lille, dans le premier cartou
d'Artois, pièce 20. Registre des Chartes XVIII. 97. Chapitre de Ferri de Locres,
483.

vendirent à Robert comte d'Artois au mois de may 1248. (*Bureau des finances d'Amiens. Cartul. du Ponthieu, n° 186, fol. 120, v°.*)

Trésor généalogique de Dom Viellevielle, publié par Henri et Alphonse Passier, t. I, p. 363.

PREUVE XIII

JUILLET 1251.

BERNARD D'AMIENS *institua, avant de mourir, une chapellenie à Estrées. Cette fondation fut reconnue et complétée, après son décès, par* MARIE, *dame d'Estrées, veuve du dit Bernard ainsi que par* THIBAULT D'AMIENS, *frère et héritier de celui-ci.*

BERNARD D'AMIENS, chevalier, seigneur d'Estrées, ayant fondé avant son décès une chapellenie à Estrées, Messire THIBAUT D'AMIENS, chevalier, héritier et successeur dudit chevalier, et Madame MARIE, veuve dudit feu Bernard, assignèrent une rente de 100ˢ à ladite chapelle sur la terre d'Estrées, au mois de juillet 1251. (*Cartul. de l'évêché d'Amiens, coté C, fol. 83.*)

Thibaut d'Amiens, chevalier, et Marie, Dame d'Estrées, veuve de feu Messire Bernard d'Amiens, chevalier, seigneur d'Estrées, ratifient la fondation de la chapellenie ordonnée à Estrées par ledit feu Bernard et la dotent de 100 sols de rente sur la censive d'Estrées, d'un autre muid de bled sur le moulin de La Broye, et d'un autre muid bled de rente sur la terre d'Estrées avec une maison audit lieu et enfin déclarent que la présentation en appartiendra au seigneur d'Estrées, mais que si ledit seigneur retarde plus de quarante jours après le décès du dernier titulaire d'y nommer, l'évêque d'Amiens la conférera de plein droit au mois de juillet 1251. Le sceau de ladite Dame existe; elle y est debout, tenant une fleur de lys de la main gauche, et de l'autre un oiseau avec cette légende:

S. MARIE DE STRATIS ; et au contre scel : « un écu chargé de deux chevrons au chef chargé d'une fasce vivrée. » (*Arch. de l'évêché d'Amiens.*)

Trésor généalogique de Dom Villevieille, publié par Henri et Alphonse Passier, t. I. p. 364.

PREUVES XIV ET XV

1217-1225.

Extraits divers relatifs à Messire ALEAUME D'AMIENS, *chevalier, seigneur de l'Étoile.*

ALEAUME D'AMIENS, seigneur de l'Étoile, fait un accord avec les maire et échevins d'Amiens, par lequel lesdits maire et échevins s'engagent à élargir la porte de l'Étoile pour faciliter la navigation, à condition que ledit seigneur et ses hoirs seront tenus de l'entretenir, au mois de janvier 1217. (Cartul. A, de l'Hôtel de ville d'Amiens, fol. 167.)

Trésor généalogique de Dom Villevieille, publié par Henri et Alphonse Passier, t. I, p. 358.

DÉCEMBRE 1224.

Pierre de Milly, chevalier, choisit Messire ALEAUME D'AMIENS, chevalier, pour l'un des arbitres du différent qu'il avoit avec l'évêque de Beauvais au sujet du travers du chemin de Savegnies, au mois de décembre 1224. (Arch. de l'évêché de Beauvais ; boîte 38°, Savegnies.)

Même source que ci-dessus, p. 359.

Février 1224.

ALEAUME D'AMIENS, chevalier, seigneur de Lestoile, fait une déclaration à Louis, roi de France, relative aux chevaliers et hommes liges du bailliage d'Amiens, au mois de février 1224.

Recherches sur les comtés de Ponthieu, par de La Gorgue Rosny, t. I, p. 31.

Lettre adressée à Louis VIII par ALEAUME D'AMIENS, *seigneur de l'Étoile, au sujet des procédures usitées à Amiens contre les débiteurs.*

Litteræ ALERMI DE AMBIANIS, militis, domini de Stella, ejusdem argumenti et ipsissimis verbis constantes. « Actum anno gratie Mᵒ CCᵒ vicesimo quarto, mense februarii.

Archives Nationales, J. 231. Amiens, nᵒ 3. Original scellé. — *Layettes du trésor des chartes,* par M. Alexandre Teulet, t. II, p. 49, nᵒ 1698.

Sceau d'Aleaume d'Amiens appendu sur simple queue à la charte susdite.

Fragment de sceau rond de 58 millim. Cire blanche.
Équestre. Sur le bouclier, deux bandes.
(SIGILLUM ALERMI DE AMBIANIS.)

Contre-sceau.
Ecu indistinct.

Archives Nationales, J. 231, n° 1.

MAI 1200.

THOMAS D'AMIENS *autorise son frère aîné* PIERRE *à réintégrer les dames de Moreaucourt dans la terre de Belleval, englobée dans celle de Canaples, et induement accaparée.*

PIERRE D'AMIENS, étant alors détenu dans son lit par la maladie, donna aux Dames de Moraucourt, pour la rémission de ses péchés, un muid de bled de rente sur le moulin de l'Étoile et leur restitua la terre de Belleval, au territoire de Canaples, qu'il leur avoit retenue injustement, en présence et du consentement de THOMAS, son frère, de Pierre de Faloiel, Pierre Libailes et autres, l'an 1200, au mois de may, le 7ᵉ des calendes de juin. (Archives des Dames de Moraucourt, à Amiens, Belleval.)

Trésor généalogique de Dom Villevieille, publié par Henri et Alphonse Passier, t. I, p. 356.

Plusieurs généalogistes ont erré au sujet de l'identité de JEANNE D'AMIENS, *dame de Talmas et de Lorsignol, femme de* GILLES II, *seigneur de Mailly ; le P. Anselme seul a été dans la vérité en la donnant comme fille de Thomas d'Amiens, fils puîné de* DREUX D'AMIENS.

GILLES II du nom, chevalier, seigneur de Mailly, d'Acheu, de Ploich, d'Andinfer, etc., succéda à son père après la mort de Nicolas et Hugues ses deux frères aînez. Il fit son acte de feauté au roi l'an 1252; est nommé avec sa femme dans un titre des Registres d'Amiens de l'année 1260 et paya, en 1268, à Gautier Bardin, bailly d'Amiens, les droits pour la chatellenie de Beauchesne dans

le bailliage d'Amiens. Il accompagna le roi S. Louis au voyage de
Tunis en 1269 suivant l'*Histoire de Joinville* par M. du Cange, p.
288, et mena avec lui quatorze autres chevaliers et trois bannières
et eut deux mille écus de pension...

Femme, JEANNE D'AMIENS, dame de Talmas, de l'Orsignol et
de Buire-aux-Bois, fille de THOMAS D'AMIENS, seigneur de Wina-
court et de Canaples.

1. Jean I du nom, seigneur de Mailly, qui suit.
2. Antoine de Mailly, seigneur de l'Orsignol,
3. Gilles de Mailly, seigneur d'Autheuille.
4. Jean de Mailly, seigneur de Nedon.

Histoire des grands officiers de la Couronne, par le Père Anselme, t. VIII,
p. 628.

PREUVE XVI

1200-1202.

REGNAULT D'AMIENS cède à la commune d'Amiens l'emplacement sur lequel s'é-
levait la forteresse de Castillon, dans laquelle Adam, chatelain d'Amiens,
son ancêtre, avait, en 1115, lutté contre la population qui s'était soulevée
pour son affranchissement.

REGNAULT D'AMIENS donna à la commune de la ville d'Amiens
une place vuide, située en Castillon, sous un certain cens, du consentement de THIBAUT, ALEAUME et BERNARD D'AMIENS ses
frères, et de MAHAUT, sa femme, au mois de fév. 1200. (Cartul.
de l'hôtel de ville d'Amiens, fol. 155.)

REGNAULT D'AMIENS, chevalier, souscrivit la charte par laquelle
Guillaume, comte de Ponthieu, accorda la faculté à la ville de Montreuil de faire de la tourbe au franc marais, toutes fois qu'elle

le voudra, en janvier 1202. (*Cartul. de la ville de Montreuil-sur-Mer*, fol. 41.)

Trésor généalogique de Dom Villevieille, publié par Henri et Alphonse Passier, t. I, p. 356.

AVRIL 1209.

REGNAULT D'AMIENS *garantit au roi de France que Hugues de Melannoi lui sera loyal serviteur et le défendra contre tous ses ennemis excepté contre la dame de Lylers et les héritiers légitimes du comté de Flandre.*

Securitas facta domino Regi a RENALDO DE AMBIANIS pro Hugone de Malo-alneto.

Ego RENALDUS DE AMBIANIS notum facio universis presentes litteras inspecturis quod Hugo de Malo-alneto miles karissimo domino Philippo, illustri Francie regi creautavit et super sacrosancta juravit quod ipse et heredes sui, ad magnam vim et ad parvam, erunt eidem et heredibus ejus fideliter auxilium de domo sua de Malo-alneto, contra omnes homines preterequam contra dominam de Lylers et contra rectos heredes Flandrie, si forte dominus rex adversus eos guerram haberet in capite... Actum Meleduni anno M° cc° nono, mense aprili.

Trésor des chartes, Securitates, n° 18 J. 394, original scellé du sceau ci-contre. — *Layettes du Trésor des chartes*, par M. Alexandre Teulet, t. I, p. 330, n° 871 [1].

1. M. Léopold Delisle a également résumé cette charte dans son *catalogue des actes de Philippe-Auguste*. Paris, Durand, 1856, in-8, p. 263.

SCEAU APPENDU A LA CAUTION CI-DESSUS.

SIGILLUM RENALDI DE AMBIANIS

(1209).

Fragment de sceau rond, de 65 mill. — Arch. Nat. J. 394, n° 18.
Équestre, le bouclier aux armes.

CONTRE-SCEAU

Écu à trois chevrons de vair.
(SECRETEM MEUM MICHI.)

JUILLET 1210.

D'après les Archives des dames de Moreaucourt, THOMAS D'AMIENS *était frère
d'*ALEAUME *et de* BERNARD D'AMIENS.

REGNAUD d'AMIENS donna aux dames de Moreaucourt, du consentement de THOMAS, ALEAUME et BERNARD ses frères, pour

l'anniversaire de ses père et mère, toute la dixme de ses moulins de Flexicourt en présence de vénérable Dame Lorette de Fontaines, de Messire Hugues son fils, de Messire Henry de Fontaines, d'Aleaume et Gauthier Caperons, au mois de juillet 1210, vidimé avec d'autres chartes en 1456. (Arch. des Dames de Moraucourt, à Amiens.)

Trésor généalogique de Dom Villevieille, publié par Henri et Alphonse Passier, t. I, p. 357.

PREUVE XVII

Aout 1210.

Modèle d'hommage rendu par REGNAULT D'AMIENS, *seigneur de Vignacourt, à Enguerrand, seigneur de Picquigny, comme vidame d'Amiens. Le premier est tenu de servir le second en armes et gratuitement pendant un mois et demi sur la terre de Picquigny, et aux dépens du dit Enguerrand s'il fait des chevauchées en dehors de ce grand fief. En retour de ce devoir féodal, les habitants de la chaussée de Picquigny sont corvéables annuellement du seigneur de Vignacourt et dans l'obligation de le transporter à Amiens ou à Vignacourt.*

Item, une lettre en parchemin donnée de Ingeranus, seigneur de Pinquegny, dactée de l'an mil IIe et dix au mois d'aoust, faisant mention que le *seigneur de Vinacourt* doit service en armes au seigneur de Pinquegny l'espace de six sepmaynes au lieu de Pinquegny, sans femme, à ses despens, s'il a affaires de guerre, et sy le veut mener oultre qui ne peut revenir ce jour à Pinquegny, reste aux despens dudit seigneur le vidame. Et se ledit seigneur le vidame fait sa feste audit Pinquegny et qu'il y soit semoult, ledit seigneur de Vinacourt est tenu lui et sa femme faire huit jours service audit Pinquegny à ses despens, et, moiennant ce, les habitants de le Cauchie de Pinquegny doyvent chascun an corvées au seigneur dudit Vinacourt, assavoir à gaqueres (jachères) et remises sus et aux avaines, et sy doyvent une fois en l'an méner à Amiens ou à Vina-court. Icelle lettre cottée au dos NN.

Recueil de documents inédits concernant la Picardie, publiés par Victor de Beauvillé, t. III, p. 282-288.

Année 1210.

Aveu en latin de Regnault d'Amiens, *seigneur de Vignacourt, à Enguerrand seigneur de Piquigny, de la même année (1210).*

Ego, Reginaldus de Ambianis, et hæredes mei debemus Ingerranno, domino de Pinchonio, vicedomino Ambian. cujus homo ligius sum, sex hebdomadas de servitio apud Pinconium cum armis, sine uxore, ad custum meum, si negotium habuerit de guerra. Et si extra Pinchonium me ducere voluerit, ita quod non possim ipsa die remeare ad prædictum Pinconium, ad custum suum ire teneor. Completis autem 6 hebdomadis, plenum servitium illi debebo ad custum suum, sicut liberi homines sui, etc. [1]

Les Établissements de Saint-Louis, publiés par Paul Viollet, t. III, p. 339. Notes du livre Ier, chap. LVII.

Année 1210 et 1211.

Extraits relatifs à divers amortissements ou concessions féodales se rapportant à Regnault d'Amiens.

Garin de Bécloy, chevalier, du consentement de Hugues, son fils, amortit le tiers de la grosse dixme de Bécloy vendu à l'abbaye du

---

1. L'acte de vasselage de Regnault d'Amiens, seigneur de Vignacourt, envers Enguerrand, sir de Picquigny, vidame d'Amiens, a été également recueilli et traduit par D. Villevieille qui l'avait tiré du *Cartulaire de Picquigny,* folio 60 conservé autrefois dans les Archives de l'abbaye de Corbie.

Gard par Malvieu d'Yseu, chev., et déclara que ladite abbaye pren-
droit en conséquence le 6ᵉ du fief, qu'il tenoit du vidame d'Amiens,
et le tiers de celuy qu'il tenoit de Messire REGNAULT d'AMIENS,
l'an 1210. (Arch. de l'abbaye du Gard, Bécloy, G.)

REGNAULT, SIRE d'AMIENS, donna au chapitre de Foulloy le
tiers qu'il avoit dans la dixme de Valhuon au mois d'avril 1211, le
siège vacant. (Cartulaire du Chapitre de Foulloy, fol 38.)

REGNAULT d'AMIENS amortit un muid de bled sur les moulins
de Flexicourt, que Aleaume Caperons avoit donné à l'église de
Moraucourt, à prendre chacun an sur les quatre muids qu'il avoit
droit de prendre sur ses moulins, à condition que Ade, sa sœur,
jouiroit sa vie durant de la moitié dudit muid, l'an 1211. Vidimé
avec d'autres chartes en 1456. (Archives des Dames de Moraucourt.)

Trésor généalogique de Dom Villevieille, publié par Henri et Alphonse
Passier, t. I, p. 357 et 358.

SEPTEMBRE 1211.

REGNAULT D'AMIENS *se porte garant du serment d'Enguerrand, vidame de*
Picquigny, qui venait de promettre à Philippe-Auguste de rester son homme
lige et son champion dévoué et de ne favoriser en rien les entreprises du
comte de Boulogne, de l'empereur Othon et du roi d'Angleterre, adversaires
du souverain français.

1211. — Sept. Apud Arenas (Airaines.) a. 1211. m. sept. — Enguerrand, vicomte de Picquigny, promet de servir fidèlement Philippe-Auguste et de n'aider ni le comte de Boulogne ni l'empereur
Othon, ni le roi d'Angleterre. Il donne pour cautions de sa promesse Th. de Saint-Valeri et RENAUD d'AMIENS.

Orig. — *Trésor des chartes.* Hommages nᵒ 45. J. 622. — *Catalogue des*
Actes de Philippe-Auguste, par Léopold Delisle. Paris, Durand, 1856, in-8,
p. 299.

REGNAULT D'AMIENS *s'engage vis-à-vis de Philippe-Auguste à demeurer son loyal partisan et à ne fournir aucun subside ou renfort à ses ennemis le comte de Boulogne, le roi d'Angleterre et Othon, empereur d'Allemagne.*

1211. — Octobre. Apud Sanctum Rich. in Pontivo. a. 1211. m. oct. — RENAUD D'AMIENS promet de servir Philippe-Auguste et de n'aider ni le comte de Boulogne, ni l'empereur Othon, ni le roi d'Angleterre. Il donne pour caution de sa promesse son seigneur, le vidame de Picquigny.

Orig. — *Trésor des Chartes.* Hommages 11, n° 3. J. 622. — *Catalogue des Actes de Philippe-Auguste,* par Léopold Delisle. Paris, Durand, 1856, in-8, p. 290.

PREUVE XVIII

COMMENCEMENT DU XIIIe SIÈCLE.

REGNAULT D'AMIENS, *qualifié châtelain et seigneur de Vignacourt et de Flexi-court, fonda la maladrerie et le Chapitre de Vignacourt avec l'assistance de sa femme* MATHILDE, *de ses filles* MARGUERITE *et* ADELINE, *et de ses frères,* ALEAUME, THIBAULT *et* BERNARD D'AMIENS. *La charte le proclame « vir nobilis genere sed nobilior moribus ».*

MALADRERIE.

L'établissement de la Maladrerie à Vignacourt remonte au commencement du XIIIe siècle et a pour principal fondateur Renault d'Amiens, seigneur du lieu, qui, en cette circonstance, prêta son concours à l'échevinage en donnant une grande quantité de terres pour le soulagement des malades et le salut de son âme.

CHAPITRE DE SAINT-FIRMIN DE VIGNACOURT.

Au commencement du XIIIe siècle RENAULT d'AMIENS, châtelain et seigneur de Vignacourt, Flixecourt, etc., forma le dessein de fonder à Vignacourt un Chapitre. Il s'adressa pour cet effet à Evrard de Foulloy, qui pour lors était évêque d'Amiens et dont l'autorité était nécessaire pour former cet établissement. Evrard de Foulloy entra dans les vues de Renault et lui octroya une charte de fondation qui porte la date du mois d'octobre 1216.

Dans cette charte Renault, du consentement de Mathilde sa femme, de ses héritiers Marguerite et Adeline ses filles, de ses frères Thibault et Bernard ; et de la volonté de Enguerran de Picquigny, vidame d'Amiens, fait don aux chanoines de Vignacourt : 1° de 12 maisons voisines du château pour y loger les chanoines; 2° de la dîme de tous ses biens à perpétuité; 3° de 60 livres parisis de rente; 4° de 18 muids de blé et autant d'avoine; 5° de 200 chapons et autres revenus, le tout à prendre sur les terres de Vignacourt, Flichecourt et Flesselles ; 6° des dîmes de ses foins et bois; des dîmes sur les terres des mêmes bois s'ils venaient à être défrichés et labourés.

Il déclare, en outre, faire cette fondation en l'honneur de la Sainte Vierge et de Saint-Firmin martyr, pour le salut de son âme et de celle de ses prédécesseurs : «Ego Reginaldus de Ambianis, pro salute animæ et antecessorum meorum nomine, decima omnium bonorum meorum in eleemosinam perpetuam per manus RR. Patris et Domini mei Evrardi, Ambianensis episcopus, canonicis apud Vinardicuriam villam meam in ecclesia parochiali ejusdem villæ, assensu et voluntate MATHILDIS uxoris meæ et heredum meorum MARGARITE et ADELINÆ, necnon et fratrum meorum ALELMI, THEOBALDI et BERNARDI et Domini mei Ingelranni è Pinchonio vicedomini Ambianensis dedi et concessi... etc., etc...

Renault d'Amiens, fondateur du Chapitre de Vignacourt était chanoine de la cathédrale en 1200 ainsi qu'on peut le constater par l'Obituaire du Chapitre, lorsque son frère PIERRE mourut à Constantinople. Il quitta alors son canonicat pour prendre possession de l'héritage de son frère et épouser Mathilde. Comme il était très pieux et d'une gran de noblesse, « vir nobilis genere sed nobilior moribus, » il se distingua par de grandes largesses et surtout par la fondation du Chapitre de Vignacourt, ainsi qu'on vient de le constater.

La fondation fut confirmée par ordonnance de l'évêque Evrard de Foulloy, en date du mois de décembre de la même année. Cet évêque, en acceptant la donation faite par Renault, donne aux chanoines l'église même de Saint-Firmin de Vignacourt, dont il avait le patronage, avec tous les droits paroissiaux, « ipsam ecclesiam in qua jus patronatus habemus cum omni jure parochiali eisdem canonicis absolutam et liberam concedentis. »

Ensuite du consentement de Renault il assigne treize prébendes canoniales dont deux pour le doyen du Chapitre.

Monographies picardes, 2ᵉ série. Vignacourt, par l'abbé Ed. Jumel, p. 35 et suiv.

PREUVE XIX

Année 1213.

L'extrait ci-dessous des archives des dames de Moreaucourt fait par D. Villevieille, rapporte que REGNAULT D'AMIENS *avait eu de* MAHAUT *ou* MATHILDE, *sa femme, un fils portant le nom de* DREUX.

REGNAULT D'AMIENS donna aux Dames de Moraucourt du consentement de MAHAULT, sa femme, et de DREUX, son fils, trois muids d'avoine de rente sur sa censive de Flexicourt, pour faire de la cervoise, l'an 1213 ; vidimé avec plusieurs autres chartes

en 1456. (Archives des Dames de Moraucourt à Amiens, Moraucourt.)

Trésor généalogique de Dom Villevieille, publié par Henri et Alphonse Passier, t. Ier, p. 357

Article d'un ancien vidimus d'où il résulte que REGNAULT D'AMIENS *accorda le
franchises aux manants et habitants de Flixecourt et qu'il offrit une rente
annuelle d'un muid de blé à percevoir sur les moulins de La Broye.*

Item ung vidimus, faict soubz le scel aux causes de la ville Dom-
marcq-Les-Ponthieu, en dacte du 29e jour de juing de l'an 1399,
d'une lettre donnée par REGNAULT D'AMIENS, sire de Flixecourt,
par laquelle appert qu'il a donné aucuns priviléges aux manans et
habitans. Icelle lettre cottée au dos LL.

Recueil de documents inédits concernant la Picardie, publiés par Victor de
Beauvillé, t. III, p. 238-289.

LABROYE.

Item, ung vidimus en parchemin donné de frère Loys de
Velehran, prieur de Moiret et de Saint-Pol et grant prieur et official
de Viezelay et garde du scel de la cour séculière de Monseigneur
Pierre de Balsac, abbé de ce mesme lieu, dactée du 18e jour de may,
l'an mil IIII^c IIII^{xx} XII, signé Hovart, G. Hannorois, par lequel il
appert que le prieur de l'église de Marie-Madalaine de Vergoloy a
ung bois que REGNAULT D'AMIENS, seigneur de Vinacourt, a
donné à ladite église, avec ung muid de blé qui se prend chascun
an sus les molins de Labroye.

Icelle lettre cottée au dos G. XV.

Recueil de documents inédits concernant la Picardie, publiés par Victor de
Beauvillé, t. III, p. 315.

ANNÉE 1215.

REGNAULT D'AMIENS *prend la qualité de seigneur terrien.*

Ce terme de fief qui se dit du seigneur et du juge a moins de rapport avec « cesarien, » d'où Cujas et Pasquier le font venir, qu'avec
« souverain » dont il se forme en ne prononçant pas le premier *v*
comme *ov*, et en changeant le second en *s*; il signifie le seigneur
primitif et dominant que les auteurs nomment principal, majeur,
capital, arrière seigneur. Mais dans les archives de Saint-Acheul, il
a encore ces quatre noms ; terrien, foncier, supérieur et souverain.

RENAUT D'AMIENS, seigneur de Vinacourt, et Pierre, chevalier,
seigneur de Jumelles, ratifient l'un, le traité d'une partie du fief de
Huy, l'an 1215, l'autre, la donation de la dixme sur trois journaux
et demi à Eschainvilliers, l'an 1254,, prennent la qualité de *seigneur terrien* [1].

Recueil de documents inédits concernant la Picardie, publiés par Victor de
Beauvillé, t. Iᵉʳ, p. 445.

PREUVE XX

OCTOBRE 1216.

Autre titre constatant que REGNAULD D'AMIENS *était marié à* MAHAUT *ou* MA-
THILDE *et qu'il avait pour frères* THIBAULT, ALEAUME *et* BERNARD.

REGNAUD D'AMIENS, du consentement de MAHAUT, sa femme,
de MARGUERITTE et ADELUYE, ses héritières, de THIBAULT,
ALEAUME ET BERNARD, ses frères, et de son seigneur Enguerran

1. Tamquam dominus terrenus. (Cartul., fol. CXXIX vᵒ et CXLI.)

de Pinkegny, vidame d'Amiens, donna aux chanoines par luy fondés en l'église de Vinacourt, pour leur tenir lieu de la dixme de tous ses biens, 60 livres parisis et 18 muids de bled chacun an sur ses péages, censives, moulins, etc., de Vinacourt, Flessères et de Flixecourt, avec la dixme de ses preys et de la rente de ses bois, ainsi que de ses essarts, au mois d'octobre 1216. (Cartul. de l'évêché d'Amiens, cotté G, fol. 82.)

Trésor généalogique de Dom Villevieille, publié par Henri et Alphonse Passier, t. Ier, p. 357-358.

Juin 1213.

Regnault d'Amiens confirme une rente faite à un chanoine d'Amiens et transférée par l'évêque d'Amiens au Chapitre de Vignacourt.

REGNAUD D'AMIENS ratifie l'acte par lequel Robert de Raineval, chev., vendit à un chanoine d'Amiens toute la dixme qu'il tenoit en fief Regnaut à Raineval, du consentement d'Emeline, sa femme, Bernard, Henry, Jean et autre Jean et Elisabeth leurs enfans, et l'évêque d'Amiens donne ladite dixme au Chapitre de Vinacourt, au mois de juin 1218. (Cartul. de l'évêché d'Amiens, cotté G. fol. 91 v.)

Trésor généalogique de Dom Villevieille, publié par Henri et Alphonse Passier, t. Ier, p. 358.

Année 1219.

Extraits du Cartulaire du Chapitre d'Amiens et des Archives des dames de Moreaucourt, attestant que Regnault d'Amiens, sire de Vignacourt, s'était allié à Mahaut et qu'il avait pour frères Thibault d'Amiens, seigneur de Canaples, Aleaume et Bernard d'Amiens.

REGNAUT D'AMIENS, sire de Vinacourt, et MAHAUT, sa femme, engagèrent au Chapitre d'Amiens pour la somme de 400 l. parisis, les deux parts de la dixme d'Haudinval, et le tiers de la dixme de 50 journaux de terre au territoire de Roiencourt, que Jean d'Ambreville, sa femme, et Raoul, leur fils, et Ermechius, Monio et Marie, ses enfans, et Regnaut de Savières tenoient de luy en fief, au mois de may 1219. (Cartul. 1ᵉʳ du Chap. d'Amiens, fol. 192.)

REGNAULT D'AMIENS, sire de Vinacourt, donna à l'église de Moraucourt, du consentement de sa mère, de THIBAUD DE CANAPES, ALEAUME et BERNARD, ses frères, chevaliers, le marais situé entre le vieux et nouveau fossé oü passoient les navires, l'an 1219. (Arch. des Dames de Moraucourt à Amiens, Moraucourt.)

Trésor généalogique de Dom Villevieille, publié par Henri et Alphonse Passier, in-4°, t. Iᵉʳ, p. 358.

PREUVE XXI

JANVIER 1225.

REGNAULT D'AMIENS, baron de Flixecourt et de Vignacourt, figure parmi les barons qui conseillèrent à Louis VIII dit le Lion de reprendre les hostilités contre les hérétiques Albigeois et qui lui promirent leur concours pour cette expédition.

Literas quibus Franciæ Barones Regi assensum prebuerunt, et auxilium spoponderunt, descripsit ex chartophylacio regio D. Vais-sette, inter instrum. T. III, *Hist. Occitanæ*, p. 300 :

« Philippus Comes Boloniæ et Clarimontis, Comes Petrus Britan-
« niæ, comes Robertus Drocarum, Comes Carnotensis (Joannes
« d'Oisi) comes Sancti Pauli (Guido de Castellione), Comes Cociaci
« (Joannes), Comes Vindocinensis (Joannes de Montorio), Mattheus
« de Montemorenciaco Franciæ constabularius, Robertus de Corte-
« naio buticularius Franciæ, Ingerannus de Cociaco, Senescallus

« Andegavensis (Amalricus de Credonio), Joannes de Nigella,
« vicecomes Sanctæ Suzannæ (et Bellimontis Rodulfus III), viceco·
« mes Castriduni (Gaufridus), Savaricus de Maloleone, Thomas
« de Cociaco, Robertus de Cociaco, Galterius de Joviniaco, Gal·
« terius de Rinello, Henricus de Soliaco, Philippus de Nantollio,
« Stephanus de Sacro-Cæsare, Renatus de Monte-falcone, Guido
« de Rupe, RENATUS DE AMBIANIS, Robertus de Pissiaco,
« Bocardus de Malliaco, Florentius de Hangest [1], omnibus ad
« quos literæ, præsentes pervenerint, salutem in Domino : Noveri-
« tis quod, propter amorem Jesu-Christi et fidei Christianæ, nec
« non et honorem carissimi Domini nostri Ludovici, Regis Fran-
« corum illustris, et regni, laudamus ei et consulimus ut negotium
« terræ Albigensis sibi assumat, et promittimus, super fidem quam
« ei debemus, quod nos juvabimus eum bona fide, sicut dominum
« nostrum ligium, usque ad ipsius negotii consummationem, vel
« quamdiu in eodem negotio laborabit. Datum Parisiis, anno Do-
« mini MCCXXV, mense januario. » Subjiciuntur ibidem Romani
Cardinalis et episcoporum literæ ; quibus pecuniarum subsidia et
incitamenta alia in eam expeditionem Regi pollicentur.

Ex chronico Turonensi auctore anonymo. S. Martini Turon, canonico.
(Recueil des Historiens des Gaules et de la France, t. XVIII. p. 312, note 6.)

PREUVE XXII

MAI 1226.

REGNAULT D'AMIENS, *seigneur de Flixecourt, donne, dans les lettres qui sui-*
vent, au prieur de Flixecourt, un bois de 60 journaux et ne réserve pour
lui que les garennes.

Ego RENALDUS DE AMBIANIS, Dominus de Flexicurt, omnibus præsentibus pariter et futuris præsentem paginam inspecturis,

1. Voir plus haut à la fin de la page 56 la citation de D. Grenier à ce sujet.

notum facio quod cum nemus meum de Flixecourt, quod Vas-
chier vulgariter appellatur, adducerem ad terram arabilem et cul-
turam et traderem meis hominibus ad sartandum, Abbati et
Monachi Sancti-Luciani Belvacencis, qui in nemore prædicto ad
opus domûs de Flixecourt ædificandum et ardendum usuarium
suum habebant ut multis retrò, temporibus habuerunt, contrà
me moverunt super hoc quæstionem super qua quæstione convenimus amicabiliter et composuimus hoc modo. In escangium et
recompensationem illius usuarii, assensu uxoris meæ et liberorum
meorum, assignans eis in eodem nemore sexagenta jornalia nemo-
ris certis metis et finibus designata ad arendum, adducendum in
perpetuum et suam voluntatem penitus libere faciendam cum
omni justitia de levandis, secundum legem nemorum patriæ foris
facis, salva tamen varenna mea. Præterea pro piscatione quam
in aquis meis de Flixecourt in vigilia et die beati Leodegarii
martyris habebant et longis ante temporibus habuerunt, et pro
injuria qua antecessores mei fecisse de quibusdam hospitibus dicebatur, triginta solidis parisiensis, ego et heredes mei tenemur
eis solvere in perpetuum annuatim in eadem vigilia lege et con-
suetudine sensuali. Quod ut pactum et firmum permaneat præsentes litteras sigillo meo feci communiri, anno gratia millesimo
ducentesimo vigesimo septo, mense maio, et sigillatum sigillo
ejusdem Domini cum duplici cauda serica rubea et viridi.

Premier titre du bois de Flixecourt de l'an 1226. *Cartulaire de Flixecourt.*
Reg. in-4°, fol. I. Archives départementales de la Somme.

Résumé de l'acte ci-dessus par D. Villevieille.

RENAUD D'AMIENS, sire de Frésicourt, sa femme et ses
enfans, donnèrent à l'abbaye de Saint-Lucien, en echange de
l'usage qu'elle avoit dans le bois de Frésicourt, appelé Waschiez,
qu'il avoit donné à éparter à ses sujets, soixante journaux de

bois audit lieu, au mois de may 1226. — (Archives de l'abbaye de Saint-Lucien de Beauvais, Flixécourt.)

Trésor généalogique de Dom Villevieille, publié par Henri et Alphonse Passier, t. Ier, p. 359.

Lettres se rapportant aussi à la reprise de bois de Waschiez par REGNAULT D'AMIENS *qui donne aux chanoines de Flixecourt, relevant de Saint-Lucien de Beauvais, en compensation* 60 *journaux de forêt sur un autre point de ses possessions.*

Item, un vidimus d'une lettre en parchemin donnée de REGNALDUS DE AMBIANIS, seigneur de Flixecourt, faicte soulz le seel de la baillie de Senlis, estably en la prevosté d'Angy, dactée de l'an 1494, le 24e jour de septembre, signé P. de Rochefort et J. Le Maçon, de 60 journaulx de boys avec la justice, baillés par eschange au Prieur de Flixecourt, estant de l'abbaye de Saint-Lucien les Beauvais, à autre chose qu'il avoit sus la forest de Vinacourt, sauf la garenne que ledit seigneur de Flixicourt y a retenu, et pour les X^s parisis que ledit prieur y devoit avoir... Icelle lettre cottée au dos EEE.

Recueil de documents inédits concernant la Picardie, publiés par Victor de Beauvillé, t. III, p. 282-288.

Accord conclu entre Richard de Gerberoy, évêque d'Amiens et REGNAULT D'AMIENS, *seigneur de Vignacourt, au sujet du cierge de cinquante livres que ce dernier devait offrir, chaque année, le jour de la fête de saint Firmin le Martyr.*

Richard par la grace de Dieu, veskes d'Amiens, à tous chieus ki ches lettres verront salut en Nostre Seigneur. Comme : controversie

fust muste seur chou que honerable home RENAUT D'AMIENS [1],
chevaliers, disoit que li chieges ki devoit avoir, à la Saint Firmin
markié anuel, ne devoit estre que de L livres pesant de chire, etc....

Recueil de documents inédits concernant la Picardie, publiés par Victor de
Beauvillé, t. IV, p. 35.

ANNÉE 1227.

La date de la mort de REGNAULT D'AMIENS *qui n'est point dans l'obituaire cité
page 118 l'est dans un vieux mémoire du XVIe siècle dont nous détachons les
lignes ci-après.*

Messire REGNAULT D'AMYENS fonda le prébendier de Saint
Fremin de Vinacourt, au mois d'octobre 1216, avec l'assistance et
concours de la dame MATHILDE, son épouse, de ses enfants, de ses
frères, THIBAULT, ALLYAUME et BERNARD, ainsi que cela est
attesté par le cartulaire du dit prébendier. Il mourut en l'an 1227
et fut enseveli avec la dame Mathilde, son épouse, en l'église collégiale de Saint Fremin de Vinacourt [2].

Généalogie de ceulx qui portent le nom et les armes d'Amyens. Mst. du
XVIe siècle. Archives du château de Ranchicourt.

---

1. RENAULT D'AMIENS, seigneur de Vinacourt, et de Flicheconrt eut différend
avec Richard, évêque d'Amiens dont voici le sujet. Il prétendait que le cierge
qu'il offrait tous les ans, comme seigneur de Vinacourt le 25 de septembre jour
de la fête de saint Firmin, martyr, fut allumé et qu'il brûla dès le commencement de la messe jusqu'à l'offertoire...
2. Voir plus haut note 2 de la page 118.

PREUVE XXIII

NOVEMBRE 1227.

JEAN D'AMIENS, *seigneur de Vignacourt, avait perdu sa femme* AGNÈS D'AUBIGNY *en 1227, époque où il institua, pour honorer sa mémoire, une rente de cent sols parisis, destinés à l'entretien d'une lampe perpétuelle dans l'église des dames de Moreaucourt.*

JEAN D'AMIENS, chevalier, sire de Vinacourt, donna aux Dames de Moreaucourt pour le salut de l'âme de feue AGNÈS sa femme, 100ˢ parisis de rente sur son four de Flessicourt, desquels il voulut qu'on employât 40ˢ pour entretenir une lampe perpétuelle, au mois de nov. 1227. (Arch. des Dames de Moraucourt à Amiens, Moraucourt.)

Trésor généalogique par D. Villevieille. Edition Passier, t. I, p. 362.

FÉVRIER 1234.

Les échevins de Vignacourt avaient entrepris de prélever des redevances roturières sur l'abbaye féminine de Berteaucourt; les religieuses se pourvurent devant l'official d'Amiens qui les déclara exemptes de tout tribut de ce genre à l'égard de JEAN D'AMIENS, *seigneur de Vignacourt, et des échevins du même lieu.*

Magister Ricardus, de Sancta Fide dictus, Ambianensis canonicus et officialis, omnibus presentes litteras inspecturis, in Domino salutem. Noverit universitas vestra, quod, cum ecclesia de Bertodicurte traxisset in causam coram nobis scabinos de Vinacort, super hoc quod ipsi petebant, ut dicebatur, tallias et exactiones indebitas a tenentibus ejusdem ecclesie, pro terris quas de ipsa ecclesia tene-

bant, unde petebat dicta ecclesia ut nos dictos scabinos compellere-
mus ad eum quod tenentes sui ab hujus modi talliis et exactionibus
immunes remanerent; lite super hoc solemniter contestata, recepto
a partibus de calompnia juramento, testibus quos dicta ecclesia
preducere voluit coram nobis ad intentionem suam probandam di-
ligenter examinatis, post prestitum juramentum, depositionibus
eorum publicatis, facta que partibus copis earumdem, et omnibus
rite actis, nos attendentes procuratorem dictorum scabinorum con-
fessum fuisse, terras pro quibus ipsi scabini a tenentibus dicte
ecclesie tallias hujusmodi exigebant, nec JOANNI DE AMBIANIS,
domino ejusdem ville, nec ipsis scabinis in aliquo esse subjectas,
cum ecclesia, tam per confessionem partis adverse quam per testes
quos produxerat, intentionem suam sufficienter probavisset, de
bonorum virorum et juris peritorum consilio, tenente dicte ecclesie,
ab hujus modi taliis et exactionibus pro sententiam definitivam
immunes esse decernentes, dictos scabinos, ne a predictis tenentibus tallias seu exactiones indebitas exigent pro terris quas de dicta
ecclesia tenent, eadem sententia duximus condemnandos, questio-
nem expansarum penes nos reservantes. In cujus rei testimonium,
presentes litteras confici fecimus, et sigillo curie Ambianensis roborari. Actum anno Domini 1233, mense februario.

Coll. D. Grenier, XIVᵉ paq., nᵒ 5, fol. 59, vᵒ. — Il existe aussi une traduction de l'acte, ibid. p. 166. Bibl. Nat. Cabinet des titres.

NOVEMBRE 1235.

Accord intervenu entre les religieuses de Berteaucourt, d'une part, et JEAN
D'AMIENS, seigneur de Vignacourt, et les échevins de ce lieu, d'autre ; ces
derniers renoncent pour l'avenir à toute perception de taille sur les dites da-
mes. Ce compromis fut rédigé par l'official d'Amiens et signé devant lui par
les intéressés.

Maître Ricard de Saucte-Foy, chanoine official d'Amiens à tous
ceux qui ces présentes lettres verront, salut. Sachez que l'abbesse

et le couvent de Berteaucourt ayant mis en cause devant nous, les échevins de Vignacourt, en disant contre eux qu'injustement ils exigeaient tailles de certaines terres que quelques particuliers demeurant à Vignacourt tenoient desdites abbesses et couvent. Enfin après plusieurs débats, l'abbesse et couvent d'une part et lesdits eschevins de l'autre sont convenus devant nous de cette sorte : que lesdits eschevins, lorsqu'ils lèveront lesdites tailles de ces particuliers, qui occupent lesdites terres ou parties d'icelles, ne feront aucune mention des terres devant dites; et il est assavoir que, si lesdites terres ou parties d'icelles sont venues au domaine desdites abbesses et couvent, JEAN D'AMIENS, seigneur de Vinacourt (1), ny les dits eschevins, ne pourront à l'avenir demander aucunes tailles pour raison des dites terres; mais s'il arrivoit que ceux qui occupent ces terres habitassent hors le village de Vinacourt et la seigneurie dudit Jean d'Amiens, ledit Jean, ni les eschevins ne pourroient prétendre aucunes tailles des détenteurs d'icelles terres, et Jean d'Autan, échevin de Vignacourt et les autres eschevins pour le temps présent, ont juré devant nous, dans le même village, que dorénavant ils garderoient inviolablement cet accord.

En témoignage de laquelle nous avons délivré ces présentes lettres qui ont été faites avec le scel de l'officialité d'Amiens, aux dites abbesses et couvent. Fait à Amiens, l'an du Seigneur 1235, au mois de novembre.

Coll. D. Grenier, XIVᵉ paq. Art. 5, p. 105. Bibliothèque Nationale. Cab. des titres. — *Augustin* THIERRY : *Recueil des Monuments inédits de l'Histoire du Tiers-Etat*, t. III, p. 655.

1. Le bourg de Vignacourt, *Vinacurst* (1096), *Vinacurt* (1101. *Vinardi curia Vinardi curtis, Vinacuria, Vignaucourt*, est situé dans l'arrondissement d'Amiens et dans le canton de Picquigny, sur la droite de la chaussée romaine dont les vestiges subsistent entre Amiens et Boulogne-sur-Mer; il compte aujourd'hui 3,790 habitants. Si l'on s'en rapporte à une tradition reproduite par la plupart des historiens de la Picardie, Garamon (Gormund), chef de l'armée normande qui fut vaincue à Saucourt en Vimeu par Louis III, y fut enterré en 881. » (AUGUSTIN THIERRY : *Hist. du Tiers-État*, t. III, p. 652).

DÉCEMBRE 1240.

JEAN D'AMIENS, *seigneur de Vignacourt, s'engage envers la corporation des marchands de l'eau de la Somme à maintenir en bon état le pont de l'Etoile et à laisser un libre passage aux bateaux chargés ou non chargés. Il promet en outre de dédommager les nautes qui se trouveraient lésés par suite d'un empêchement quelconque de la navigation sur ce point, et de fournir l'indemnité sur simple réquisition du mayeur, c'est-à-dire sans recourir à l'intervention de la justice.*

Ego, JOHANNE DE AMBIANIS, miles, dom. de Vinacourt, omnibus presentibus pariter et futuris præsentes litteras inspecturis, notum facio quod, cum controversia mota esset et diu verteretur inter Me ex una parte, et mercatores aquæ ex altera de ponte de Stella, per quem naves transeunt, videlicet de altudine, longitudine et de statu ejusdem pontis ; tandem de bonorum et prudentium virorum concilio, super ea composuimus in hinc modum : Quod Ego, teneor ad custus et sumptus meos et heredum meorum, dictum pontem de Stella, in tali statu altitudinis, longitudinis et totius rei ad utilitatem dictorum mercatorum pertinentis tenere. Ego et heredes mei in perpetuum, fide interposita et per abandonum omnium rerum mearum ; ita quod omnes naves per aquam Summe transeuntes possent ire et redire vacue et plene in perpetuum per dictum pontem de Stella, sine aliquo obstaculo, periculo et impedimento, salvo et secure ; ita quod, si dicti mercatores, occasione dicti pontis per defectum meum vel heredum meorum, custus aliquos apposuerint sive dampna aliqua in curerint. Ego custus omnes et dampna omnia dictorum mercatorum teneor eisdem mercatoribus, fide interposita et per abandonum omnium rerum mearum, per solum dictum Majoris escabinorum sine amplius et contrario dicere vel facere, plenarie restaurare. Et ad hœc omnia proenotata firmiter et fideliter in perpetuum observanda me et meos obligavi heredes. Et ut hœc omnia supradicta firma, stabilia et rata perpetuis permancant temporibus, præsentes litteras, sigilli mei munimime roboratas, prœdictis mercatoribus tradidi in testimonium veritatis et munimen.

Actum anno Domini millesimo ducentesimo quadragesimo mense decembri.

Arch.de l'Hôtel-de-Ville d'Amiens. Registre aux chartes coté E, fol. 17 r°. — Bibl. Nat. Collect. D. Grenier, XVᵉ paq. n° 2, p. 190. — *Monographies Picardes,* 2ᵉ série. Vignacourt, par l'abbé Ed. Jumel, p. 76-79.

PREUVE XXIV

Année 1240 et après.

Mentions diverses de l'alliance de JEAN D'AMIENS *avec* AGNÈS D'AUBIGNY.

JEAN D'AMIENS, chevalier, seigneur de Vignacourt en 1240, allié à AGNÈZ D'AUBIGNY, d'où DREUX, seigneur de Vignacourt, 1256. (Cartul. d'Aubigny.)

Recherches généalogiques sur les comtés de Ponthieu, etc., par de **La Gorgue-Rosny,** t. I, p. 31-32.

Décembre 1242.

Charte établissant que JEAN D'AMIENS *avait pour femme* AGNÈS D'AUBIGNY *et pour belle-sœur, Isabelle d'Aubigny, dame de La Lake.*

1242. Actum apud Diolendium (Doulens), anno Domini 1242. — JEAN D'AMIENS, seigneur de Vinacourt, chevalier, et AGNÈS sa femme, déclarent qu'à leur prière, Robert, comte d'Artois, a reçu pour femme (in feminam) Isabelle, sœur d'Agnès, à cause de la ville de La Lake et des appartenances.

Archives dép. du Nord, 1ᵉʳ Carton d'Artois, pièce 77. *Inventaire analytique des Archives de la Chambre des Comptes,* à Lille, t. I, p. 310.

MARS 1244.

JEAN D'AMIENS se confesse vassal de Gérard, sire de Picquigny, vidame d'Amiens.

JEAN D'AMIENS, sire de Vinacourt, reconnoit être homme lige de Gérard, sire de Pequigny, vidame d'Amiens, et être tenu de le servir à ses dépens et sans femme, pendant six semaines à Pequigny, etc., au mois de mars 1244. (Archives de l'abbaye de Corbie, Cartul. de Pequigny, fol. 60)

Trésor généalogique de Dom Villevieille, publié par Henri et Alphonse Passier, t. I, p. 361.

PREUVE XXV

SEPTEMBRE 1244.

Mention D'AGNÈS (*d'*AUBIGNY) *comme femme de* JEAN D'AMIENS, *d'abord seineur d'Orville, près d'Hesdin.*

JEAN D'AMIENS, chevallier, seigneur d'Horreville, et Agnès, sa femme, firent un accord avec la commune de la ville d'Hesding par lequel fut réglé le droit de travers que les habitans dudit Hesdin leur payeroient pour les marchandises qu'ils porteroient dans les limites de leur terre de Beaucaisne, au mois de sept. 1244. (Arch. de l'Hôtel-de-Ville d'Hesding, livre rouge, fol. 92, v°.)

Trésor généalogique de Dom Villevieille, publié par Henri et Alphonse Passier, t. I, p. 361.

Décembre 1244.

D'après un sceau décrit par D. Villerieille et appliqué à un amortissement de l'an 1244, JEAN D'AMIENS, portait « trois chevrons rairés ».

JEAN D'AMIENS, sire de Vinacourt, amortit douze journaux de terre, assis près Embreville, que Guillaume d'Embreville, son vassal, avoit vendu à l'abbaye du Lieu-Dieu, au mois de décembre 1244. Il porte : *Trois chevrons rairés.* (Arch. de l'abbaye du Lieu-Dieu, tir. 35e, mélang.)

Juillet 1245.

Lettre de JEAN D'AMIENS rappelant qu'il a vendu aux bourgeois d'Amiens les marais de Saint-Ouen et de Flixecourt.

Item une lettre en parchemin, donnée de JEHAN D'AMIENS, chevalier, sire de Vinacourt, datée de l'an 1245 au moys de juillet, faisant mention d'une vendition que ledit seigneur de Vinacourt fist aux bourgeois et autres du marais qui siet entre Saint-Huin et Flixecourt. Icelle lettre cottée au dos JJJ.

Recueil de documents inédits concernant la Picardie, publiés par V. de Beauvillé, t. III, p. 288-289.

Mai 1246.

Echange de JEAN D'AMIENS, seigneur de Vignacourt, avec le prieur de Biencourt approuvé par sa femme AGNÈS D'AUBIGNY.

JEAN D'AMIENS, chevalier, seigneur de Vinacourt et de La Broye, fit un échange avec le prieur de Biencourt de l'ordre de Marmoutier, du consentement d'AGNÈS, sa femme, et de son héritier par lequel il donna audit prieur, au lieu de l'usage qu'il avoit dans la forêt de Graast, près de La Broye, une pièce de bois en ladite forêt, avec les amendes et le droit de chasse à toutes les bêtes, ladite pièce située au-dessus de la ville de Biencourt, par acte passé au mois de may 1246. (Arch. de l'abbaye de Marmoutier, prieuré de Biencourt, chap. I, E. 1e.)

Trésor généalogique de Dom Villevieille, publié par H. et Alphonse Passier, t. I, p. 362.

Année 1248.

D'après les « Observations sur l'Histoire de Joinville, » citées par Adrian de La Morlière, JEAN D'AMIENS, *s'embarqua avec saint Louis à Aigues-Mortes et prit part à la septième Croisade.*

De son dit mariage proceda, sans les filles sus mentionnées, JEAN D'AMIENS, seigneur de Vinacourt, Flexicourt, La Broye, qui l'an 1245 ou 40, sous l'evesque Arnoult, du consentement de sa femme Agnès et de ses fils, Hugues et Dreux, donna encore aux chanoines de Vinacourt sept livres de rente sur le travers dudit lieu, et l'an 1248 aumosna pareillement de ses biens aux filles religieuses du prieuré de Moreaucourt avec Pierre d'Amiens, seigneur de l'Estoile, auquel an, se disent les Observations sur l'histoire du seigneur de Joinville, il fit le voyage de Levant avec le roy S. Louys.

Recueil de plusieurs nobles et illustres Maisons du diocèse d'Amiens, par M. Adrian de La Morlière. Amiens 1630, in-4, p. 34.

Autre mention de JEAN D'AMIENS comme croisé.

En 1248, JEAN D'AMIENS fit quelques donations à l'abbaye de Moreaucourt. La même année, il partit pour aller rejoindre saint Louis en Terre Sainte, ainsi que l'atteste Joinville.

Monographies Picardes, par l'abbé Jumel, Flixecourt, p. 90.

24

M. Denis de Thézan [1] *dans son « Relevé des chevaliers croisés, » cite plusieurs membres de la race des d'Amiens et entr'autres* JEAN D'AMIENS, *seigneur de Vignacourt, comme ayant suivi saint Louis en 1248 et ayant combattu à ses côtés en Egypte.*

AMIENS (SIMON D'). Picardie. *Assises de Jérusalem.* 1096.

AMIENS (DROGON D'). *Chroniques de Brompton.* 1190.

AMIENS (PIERRE D'). Seigneur de Vignacourt. Picardie. *Villehardouin.* 1201.

AMIENS (JEAN D'). Picardie. *D. Grenier.* 1248.

AMIENS (NICOLAS D'). Templier. *Gaginières; Michelet.* 1307.

AMIENS [2] (PIERRE D'). *Recueil des Hist. des Croisades.* 1272.

Revue d'Aquitaine, 1865, t. IX, p. 596.

PREUVE XXVI

ANNÉE 1248.

Déclarations de Robert de Blangy et de Guillerme de Beauval, vassaux
de JEAN D'AMIENS.

Il y eut un arbitrage au mois de may 1248 qui décida que la moitié de la terre, appartenante à Robert de Blangy, seroit de l'hommage de Messire JEAN D'AMIENS, chevalier, sire de Vinacourt, et que l'autre moitié seroit de l'hommage du vidame d'Amiens. (Arch. de l'abbaye de Corbie, Cartul. de Péquigny, fol. 45 v°.)

---

1. M. Denis de Thézan, ayant indiqué la source de D. Grenier, il devient inutile pour nous de la transcrire ici.

2. *Amineis* est la forme grecque du nom d'Amiens, car Pierre d'Amineis, comme on le verra plus loin, appartenait à la branche des d'Amiens, seigneurs du Plaissié, implantée, pendant les Croisades, dans le royaume de Chypre, où l'on parlait grec.

Guillerme de Beauval déclara, par lettres passées au mois de may 1248, qu'il tiendroit dorénavant en fief de Robert de Blangy et en arrière-fief de JEAN D'AMIENS, seigneur de Vinacourt, tous les héritages qu'il possédoit à Flessières. (Cartul. de la baronnie de Péquigny.)

Trésor généalogique de Dom Villevieille, publié par Henri et Alphonse Passier, t. I, p. 363.

AOUT 1248.

Description d'un sceau de JEAN D'AMIENS *appendu à une charte d'août 1248 en faveur des dames de Moreaucourt dont il a été question page 123.*

AMIENS (JEAN D')

Chevalier. — 1248.

Sceau rond de 48 mill. — Arch. de la Somme,

Abbaye de Moreaucourt.

Écu chevronné de vair et de... de six pièces[1].

(..... DE AMBIANIS.)

Acquisition de rente sur le moulin de

Flixecourt. — Août 1248.

Inventaire des sceaux de Picardie, par G. Demay, p. 13, n° 89.

PREUVE XXVII

ANNÉE 1248.

JEAN D'AMIENS *déclare avoir reçu l'anneau d'or qui lui est dû par chaque nouvel abbé de Saint-Riquier et que les moines et les gens à leur service dans l'hôtel de Noyelles ont la faculté d'introduire leurs chiens et leurs troupeaux dans la garenne qui s'étend jusqu'à La Broye.*

JEAN d'AMIENS, chev., seigneur de Vinacourt, reconnoit qu'il a reçu de l'abbé de Saint-Riquier un anneau d'or, que chaque abbé est

1. Les armes de Jean d'Amiens se distinguent de celles de sa race par quelques signes additionnels et particuliers.

tenu de donner à son avènement à luy et à ses successeurs, moyennant l'hommage et à la charge de venir deffendre en personne lad.
abbaye contre tous, excepté le roy, le comte de Ponthieu et le
vidame de Pecquigny, l'an 1248. (Arch. de l'abbaye de Saint-Riquier, Liv. rouge, fol. 179.)

JEAN D'AMIENS, chevalier, seigneur de Vinacourt, reconnoit
que l'abbaye de Saint-Riquier et les gens de son hôtel de Noyères
peuvent mener leurs chiens et bétail dans la garenne qui va jusqu'à La Broye, au mois d'août 1248. (Cartul. de l'abbaye de Saint-
Riquier, fol. 295, v°.)

Trésor généalogique de Dom Villevieille, publié par Henri et Alphonse
Passier, t. I, p. 362-363.

ANNÉE 1248.

Hommage à l'abbé de Saint-Riquier par JEAN D'AMIENS, *chevalier, seigneur de*
Vinacourt, homme lige de l'abbaye de Saint-Riquier. M. E. Prarond donne
cette lettre comme un modèle d'hommage en ce temps sous le rapport de la
forme.

Universis præsentes litteras inspecturis JOANNES DE AMBIANIS,
miles, dominus de Vinacourt, salutem in domino. Noverint universi
quod religiosus vir Galterus, abbas divina miseratione Sancti Richarii in Pontivo, dominus meus ligius unum anulum aureum
mihi persolvit, et ego et hæredes mei post me, ratione illius
annuli et nomine servitii, tenemur venire et morari propriâ per-
sonnâ in auxilium, defensionem et munimen monasterii S. Richarii in Pontivo, cum necesse fuerit, et ad hoc fuerimus vocati,
contra omnes, excepto domino illustrissimo Rege Francorum et ex-
ceptis nobilibus comite Pontivesi et vice domino Pinchonensi. Ego
vero dictus Joannes, hæredes mei post me, tenemur facere homagium omnibus abbatibus Sancti Richarii quotiescumque fuerint de
novo in monasterio S. Richarii instituti. Et ipsi post homagium
factum, mihi, vel heredibus meis post me, unum anulum aurum

solvere tenebuntur. Nec ego vel hæredes mei post me poterimus causari de pretio annuli, nec eumdem, cujuscumque pretii sit vel valoris dummodo sit aureus, poterimus recusare. In cujus rei testimonium et munimen præsentes litteras sigilli nostre munimine fecimus roborari. — Datum anno gratie M° CC° XL° octavo. —

Livre rouge de Saint-Riquier, fol. 170. — *Histoire de cinq villes... Saint-Riquier et les cantons voisins*, par Ernest Prarond, t. 1, 4ᵉ partie, p. 181-182.

Année 1248.

Les marais de l'Etoile étaient échus à JEAN D'AMIENS *par suite de l'héritage de son oncle* ALEAUME D'AMIENS, *sire de l'Etoile.*

JEAN D'AMIENS, chev., sire de Vinacourt, avoue tenir en fief du sire de Pequigny les marais de l'Etoile et tout ce qui lui est échu de la succession de feu Monseigneur ALEAUME, son oncle, au mois d'août 1248. (Arch. de l'abbaye de Corbie, Cartul. de Pequigny, fol. 58 v°.)

Septembre 1248.

Robert de Villes donne aux dames de Moreaucourt une rente assise sur le travers de JEAN D'AMIENS, *à Vignacourt.*

Robert de Villes, chevalier, donna aux Dames de Moreaucourt 100ˢ parisis, à prendre chacun an, en une rente de dix livres parisis, qu'il prenoit sur le travers de Messire JEAN D'AMIENS, chevalier, sire de Vinacourt, au mois de septembre 1248. (Arch. des Dames de Moreaucourt à Amiens, Moreaucourt.)

Mai 1249.

Amortissement par Jean d'Amiens *d'une rente constituée par* Jean de Villes *aux religieuses de Moreaucourt sur le cens d'avoine de Flixecourt.*

Jean d'Amiens, chevalier, sire de Vinacourt, amortit un muid d'avoine de rente sur les cens d'avoine de Flexicourt, que Jean chevalier, sire de Villes et Madame Anne, sa femme, avoient donné aux dames de Moreaucourt, au mois de may 1249. Vidimé avec d'autres chartes en 1456. (Arch. des Dames de Moreaucourt à Amiens, Moreaucourt.)

Trésor généalogique de Dom Villevieille, publié par Henri et Alphonse Passier, t. I, p. 362-363-364.

PREUVE XXVIII

Actes relatifs a Dreux d'Amiens, seigneur de Vignacourt, etc.

Juin 1248.

Dreux d'Amiens *avait volontairement offert l'hommage de ses fiefs du comté de Ponthieu à l'abbaye de Saint-Riquier.*

L'abbé de Saint-Riquier fit un accord avec le comte de Ponthieu touchant certains hommages sçavoir : celuy de Damoiselle Eve de Lannoy et celui de Messire Jean de Guessard qui demeuraient audit comté ; lesdits hommages avoient été donnés par messire Drieux d'Amiens, chevalier, sire de Vinacourt, à l'abbaye de Saint-Riquier, avec ceux de Jean Legrand, Thomas de Bours, Damoiselle Marie de Manne, sœur de Maillard de Guessard, Jean de Famechon et Huon de Legone, lesquels il tenoit de ladite abbaye pour réparation des torts qu'il avoit fait à icelle, et pour fonder un anniversaire pour ses père et mère, le sien et celui de sa femme après leur mort, au mois de juin 1248. (Bureau des finances d'Amiens, Cartul. de Ponthieu, n° 186, fol. 188.)

Trésor généalogique de Dom Villevieille, publié par Henri et Alphonse Passier, t. I, p. 363.

ANNÉE 1259.

Les gens d'Orville, l'un des fiefs de DREUX D'AMIENS, *ayant été arrachés de leurs habitations et emmenés hors du territoire,* DREUX D'AMIENS *poursuivit Michel de Croc le ravisseur devant le Parlement de Paris et obtint un arrêt en sa faveur.*

Arrêt pour Messire DREUX D'AMIENS (de Ambiano) contre messire Michel « de Croc », chevalier.

Les gens de Dreux d'Amiens avaient arrêté et mis en prison Michel de Croc, au moment où il emmenait des hommes d'Orville (de Orevilla) dans un autre endroit, « apud Oregnillam de quadam recordatione ad quam se appodiaverat ». Il avait refusé d'amender son tort ou de donner des pleiges.

Actes du Parlement de Paris, par M. Boutaric, t. I, p. 25, n° 299 — Olim, t. I, f° 10 v°.

ANNÉES 1265, 1266, 1268.

Extraits de D. Villevieille relatifs à divers amortissements effectués par DREUX D'AMIENS.

Monseigneur DRIENON D'AMIENS, chevalier, sire de Vinacourt, amortit, comme seigneur du fief Renauval avec le manoir et 120 journaux de terre audit lieu, vendus à l'Hôtel-Dieu d'Amiens, pour la somme de 600 l. parisis par Renaud de Renauval, seigneur dudit lieu au mois d'avril 1265. (Arch. de l'Hôtel-Dieu d'Amiens, sac Renauval.)

Monseigneur DRIENON D'AMIENS, chev., sire de Vinacourt, comme chef seigneur, et Enguerran de Maiencourt, éc., comme seigneur direct, amortirent dix journaux de terre assis à Renauval donnés à l'Hôtel-Dieu d'Amiens par Wibert-Le-Franc, au mois de déc. 1266. (Arch. de l'Hôtel-d'Amiens, sac Renauval.)

DREUX D'AMIENS, sire de Vinacourt, amortit comme seigneur du fief quatre journaux de terre assis au territoire de Renauval, vendus à l'Hôtel-Dieu d'Amiens par Bernard de Renauval, son homme, du consentement de Renaud, fils aîné de Walès, sire de Bertangle, qui l'avait amorti comme seigneur, avec garantie contre Messire Dreux d'Amiens, dix journaux de terre assis au territoire de Renauval, acquis par l'Hôtel-Dieu d'Amiens, au mois d'avril 1268. (Archives de l'Hôtel-Dieu d'Amiens, sac Renauval.)

Trésor généalogique de Dom Villevieille, publié par Henri et Alphonse Passier, t. I, p. 365-366.

1268 1270.

DREUX D'AMIENS *reconnait que lui et son cousin* PIERRE D'AMIENS *tiennent divers fiefs de l'abbaye de Saint-Riquier.*

DREUX D'AMIENS, chevalier, sire de Vinacourt, consent que PIERRE D'AMIENS, chevalier, seigneur de Canaples, son homme, tienne, sans moyen de l'abbaye de Saint-Riquier, les étalages et le 6e marché de Saint-Riquier, au mois de janvier 1268.

DREUX D'AMIENS, seigneur de Vinacourt et de La Broye, reconnoit que les terres que Pierre de Moriancourt tient en Campvineman les terres de Henry Mellet, au même lieu, celles de Monseigneur Henry de Monflers à Rosianflos, et audit Campvineman celle de Jean

Le Messagier, et d'Aleaume, son frère, sont des fiefs de l'Etoile tenus de l'abbaye de Saint-Riquier, au moins d'avril 1270.

Trésor généalogique de Dom Villevieille, publié par Henri et Alphonse Passier, t. I, p. 366-367.

Juin 1269.

DREUX D'AMIENS, *chevalier, seigneur de Vignacourt, avait gratifié sept années auparavant son fidèle ami, Monseigneur Pierre de Sens, chevalier du roi de France, d'une rente annuelle de dix livres. Cette donation, étant purement verbale, fut, en 1269, convertie en acte écrit*[1].

1269. Ce fut fait en l'an de l'Incarnation N. S. 1269 au mois de juing; DREUX D'AMIENS, chevalier, sire de Vignacourt, reconnoit avoir donné il y a sept ans, à son ami Monseigneur Pierre de Sans, chevalier du roi de France, et à ses hoirs, à toujours, une rente annuelle de dix livres, à recevoir sur son travers d'Aubigny, et dont il lui a fait hommage; mais qu'il ne lui en donna pas de lettres, parce qu'il n'avait pas alors de scel à lui, et à présent il lui confirme ce don par ces lettres scellées de son scel, et prie le comte d'Artois, dont il tient le travers d'Aubigny en fief, de confirmer cette donation.

Inventaire analytique des archives de la Chambre des Comptes de Lille, t. II, p. 621.

Année 1270.

DREUX D'AMIENS *transmet par anticipation à sa fille* AGNÈS, *dame de La Broye, ses droits juridictionnels sur la communauté de Vignacourt.*

En 1270, DREUX D'AMIENS, seigneur de Vinacourt, dispose par testament en faveur d'AGNÈS sa fille, à qui la terre de Labroye en

---

1. Cet acte est également analysé dans le *Trésor généalogique* de D. Villevieille, t. I, de l'édition Passier, p. 366. L'original est conservé aux Archives du département du Nord, carton d'Artois, pièce 197.

Ponthieu appartenait, et de Jean de Varennes, son gendre, de toute la justice qu'il avait sur les mayeurs et eschevins et la communauté de Vinacourt. (Inventaire des titres de la baronie de Picquigny, Arch. départ.)

Monographies Picardes, 2ᵉ série, Vignacourt, par l'abbé Ed. Jumel, p. 35 et suiv.

PREUVE XXIX

Année 1271.

Dreux d'Amiens, *chevalier, sire de Vignacourt, s'étant engagé vis-à-vis de sa femme, Blanche de Faloël, à construire une chapellenie au château de Vignacourt, avait exécuté sa promesse, et constitué une rente pour son entretien et la célébration des offices* [1].

Dreux d'Amiens est rapporté avec sa femme dans une charte, du vendredi après le jour des Ames 1271, de Jean, vidame d'Amiens, sieur de Picquigny, portant que ledit noble homme Messire Dreux d'Amiens, chevalier, seigneur de Vinacourt, son homme, s'étant obligé, à la prière de noble Dame Blanche de la Failloel, alors sa femme, en la maladie dont elle est morte, de fonder une chapelle en l'église de Vinacourt, pour l'âme de ladite Blanche et des prédécesseurs dudit Dreux, à laquelle fondation il avoit attaché une rente dont il avoit pourvu Monseigneur Milou le Merchier, son chap. et prêtre, ledit vidame assure ladite rente audit chapelain .

Trésor généalogique, par Dom Caffiaux, t. I, p. 121-127.

---

1. Cette charte existe dans le Cartulaire de l'évêché d'Amiens, coté C, fol, 118, vᵒ ; elle a été également recueillie par D. Villevieille, dans son *Trésor généalogique*, t. I, p. 367.

Novembre 1271.

DREUX D'AMIENS *était co-seigneur de Doures.*

Baudoin Buridan, seigneur de Doures, comme premier seigneur, et DRIEUX D'AMIENS, comme second seigneur du fief, amortirent trois journaux de terre assis au territoire de Moliens, vendus au chapitre de Foulloy par Hüe de Pierregort, chev., au mois de nov. 1271. (Cartul. 1ᵉʳ du chap. de Foulloy, fol. 75 et 77.)

Trésor généalogique de Dom Villevieille, publié par H. et Alph. Passier, t. I, p. 367.

Janvier 1274.

DREUX D'AMIENS, *sire de Vignacourt, confesse devoir, comme vassal, à Jean de Picquigny, vidame d'Amiens, le service militaire et gratuit pendant six semaines dans l'intérieur du territoire de Picquigny et aux frais du vidame, s'il opère en dehors.*

DREUX D'AMIENS, sire de Vinacourt, se reconnoit homme lige de Jean, sire de Pequigny, vidame d'Amiens, et être tenu de le servir en armes à ses frais pendant six semaines dans Pequigny, et aux frais dud. vidame, si ledit vidame le conduit hors dudit Pequigny en sorte qu'ils ne puissent y revenir dans le jour, et qu'il est tenu de refaire le pont appelé le pont forain à Pequigny à ses frais quant le cas y echeoit, etc., au mois de janvier 1274. (Arch. de l'abb. de Corbie, Cartul. de Pequigny, fol. 63, v°.)

Trésor généalogique de Dom Villevieille, publié par Henri et Alphonse Passier, t. I, p. 367.

Mars 1274.

Restitution à l'abbaye de Saint Riquier par Dreux d'Amiens *de tous les fiefs et arrière-fiefs qui relevaient de ce monastère et qui s'étendaient de la maladrerie de Wirench jusqu'à l'Authie.*

Nous avons parcouru cette chaussée depuis Donqueur jusqu'à Hansy. Elle est très droite et très tapissée de verdure. Elle est rompue absolument dans la vallée d'Hansy. De là elle va gagner Yvrench, autrefois Wivrench. On voit par une charte du mois de mars 1274, que Dreux d'Amiens, seigneur de Vinacourt, rendit à l'abbé de Saint-Riquier, en réparation des torts qu'il avait faits à cette abbaye, les fiefs et arrière-fiefs avec les droits de garenne qu'il tenait d'elle, depuis la maladrerie de Wirench jusqu'à l'Authie, en allant, selon la cauchie Brunehaut, jusqu'au chemin qui mène de Labroye à Auberville. La même chose se trouve dans une transaction passée le dernier décembre 1300.

Introduction à l'histoire générale de la province de Picardie, par Dom Grenier, p. 443. — Cartulaire de Saint-Riquier, note A, fol. 295.

PREUVE XXX

Décembre 1274.

Dreux d'Amiens, *sire de Vignacourt et de Flixecourt, transporte par contrat de vente moyennant le prix de 2800 livres à Philippe le Hardi, roi de France, les prééminences et rentes féodales qu'il tenait des anciens chatelains et princes d'Amiens, ses ancêtres. Cette importante cession faite à la couronne comprenait le manoir de Duraume, les fiefs qui en relevaient au dedans et au dehors, le pouvoir judiciaire, le haut domaine, la seigneurie de la burnée et une infinité de droits seigneuriaux et fiscaux, tels que le quayage, le travers, le tonlieu, etc. Cet acte fut approuvé par Jeanne de Picquigny, seconde femme de Dreux d'Amiens.*

Nos Droco de Ambianis, miles, dominus Vinacurtis, notum facimus universis tam presentibus quam futuris, quod nos mane-

rium nostrum Ambianis situm cum suis pertinenciis, quod manerium dicitur en Dureaume, et omnia ea, que, excepta domo nostra
Ambianensi, quam a venerabilibus viris decano et capitulo Ambianensibus tenemus in villa Ambianensi, habemur in homagiis, scilicet : homagiis Jacobi de Hangart, Symonis de Croy, Johannis de
Cruce, Firmini Molendinarii, Stephani Molendinarii, Aelipdis Bote,
Johannis Godris et Johannis Waus de Cuer, nec non censibus et
redditibus quibuscumque, justicia, dominio, coagio, traverso cum
quodam redditu sito in campis, extra Ambianis, qui dicitur Carru-
cata, se etiam in pratagiis, mariscis seu herbagiis. Que omnia ab
excellentesimo domino nostro Philippo, Dei gratia rege Francorum
illustrissimo, tenemus, et omnes alias res, quocumque nomine
censeantur, quas Ambianis habemus et ab eodem domino rege in
feodum et homagium ligium vel alias tenemus, eidem domino regi
vendidimus et nomine venditionis concessimus, ac ipsi et ejus heredibus sive successoribus imperpetuum quitavimus, pro duobus mi-
libus et octogentis libris Parisiensibus nobis quitis et pro dicto
domino rege nobis integre persolutis, in pecunia numerata. Quod
manerium cum omnibus rebus predictis venditis, tenemur et promittimus dicto domino regi et ejus heredibus seu successoribus,
garantizare et defendere, ad usus et consuetudines patrie, contra
omnes, ac insuper procurare, quod carissima uxor nostra JOHANNA
quitabit quicquid ratione dotalicii posset reclamare in predictis. In
cujus rei testimonium, robur perpetuum et munimen, dicto domino
regi dedimus presentes litteras sigilli nostri munimine roboratas.
Actum apud Fontem Bleaudi, anno Domini millesimo ducentesimo
septuagesimo quarto, mense decembris [1].

Archives du royaume. Trésor des chartes, J 229 A pièce 19, original en
parchemin scellé sur lacs de soie rouge du sceau de Dreux d'Amiens. —
Augustin Thierry : *Recueil des Monuments inédits de l'Histoire du Tiers
Etat*, t. I, note 2 de la page 281.

1. Cet acte en parchemin est scellé sur lacs de soie rouge du sceau équestre
de *Dreux d'Amiens* que nous avons reproduit avec son contre-sceau page 131.

PREUVE XXXI

JANVIER 1274.

DREUX D'AMIENS *réitère au sire de Picquigny l'aveu fait antérieurement par son père* JEAN *à raison des marais de l'Etoile.*

DREUX D'AMIENS, chevalier, sire de Vinacourt, ratifie l'hommage fait au sire de Péquigny, en 1248, par noble homme son seigneur et père Monseigneur JEAN D'AMIENS, seigneur de Vinacourt, chevalier, pour raison de tous les marais de l'Etoile, au mois de janvier 1274. (*Arch. de l'abb. de Corbie, Cart. de Pequigny, fol.* 64, *v°* 2.)

Trésor généalogique de Dom Villevieille, publié par Henri et Alphonse Passier, t. Ier, p. 368.

JUIN 1275.

DREUX D'AMIENS, *chevalier, seigneur de Vignacourt, autorise le seigneur de Boufflers et ses sujets à traverser la rivière de l'Authie sur une passerelle sans aucun péage.*

Item, ung double en papier donné de Drieu d'Amiens, chevalier, seigneur de Vinacourt, non signé, en dacte du moys de juin mil II LXXV, par lequel appert que ledict DRIEU D'AMIENS, a donné, comme seigneur de Labroye, permission au seigneur de Bouffler et à ses subjectz de pouvoir passer et repasser et avec bateau la ryvière d'Authie, et de aller pasturer en la garenne dudit seigneur de Labroye et sy a afranqui les subjectz de Bouffler du travers dudict Labroye. Icelui double cotté au dos G. XXXVII.

Recueil de documents inédits concernant la Picardie, publiés par V. de Beauvillé, t. III, p. 319.

1275 ET APRÈS.

Actes divers, émanant de DREUX D'AMIENS, *sire de Vignacourt, ou auxquels il s'associe.*

Jean de Néelle, comte de Ponthieu, de Montreuil et d'Aumalle, et Jeanne, reine de Castille et de Léon, sa femme, ratifient au mois d'août 1275, la charte par laquelle DRIEUX D'AMIENS restitue à l'abbaye de Saint-Riquier les fiefs de Guechart. (Cartul. de l'abb. de Saint-Riquier, fol. 296, v°.)

Trésor généalogique de Dom Villevieille, publié par Henri et Alphonse Passier, t. I, p. 368.

ANNÉE 1278.

Lettres desquelles il appert que DREUX D'AMIENS *concéda, sous la condition de la taille, diverses immunités à l'échevinage de Vignacourt.*

Item, une lettre en parchemin donnée de DRIEUX D'AMIENS, chevalier, sire de Vinacourt, en date de l'an 1278, par laquelle appert que ledit seigneur de Vinacourt a donné aux eschevins dudit Vinacourt des privileges, moiennant certaine taille qu'ils doyvent chascun an. Icelle lettre cottée au dos SS.

Recueil de documents inédits concernant la Picardie, par V. de Beauvillé, t. III, p. 282-288.

Messire DREUX D'AMIENS, chevalier, seigneur de Vinacourt, déclare qu'après avoir bien examiné il a trouvé que Jean de Savières, son homme lige, devoit avoir justice et seigneurie viscomtière dans son fief, au mois de sept. 1278. (Arch. de l'Hôtel-Dieu d'Amiens, sac Savières.)

DREUX D'AMIENS, chevalier, sire de Vinacourt, vendit au roy
d'Angleterre, comte de Ponthieu, deux hommages qui luy étoient
dûs par Jeanne, damoiselle et dame de Fontaine-sur-Somme, fille
de feu Mᵍʳ Henri de Fontaines, et par Thomas d'Ambreville, le
lundy après l'octave de la St-Martin 1279. (Bur. des fin. d'Amiens.
— Cartul. de Ponthieu, nº 186, p. 133.)

DREUX dit D'AMIENS, chevalier, sire de Vinacourt, donna à
l'évêque d'Amiens le droit de patronage qu'il avoit sur toutes les
chapellenies et prebendes de l'église de Vinacourt, le mardy après
la Pentecôte 1279. (Cartul. de l'évêché d'Amiens, cotte G, fol. 79.)

Mʳᵉ DREUX D'AMIENS, chevalier, sire de Vinacourt, donna à
l'évêque d'Amiens le patronage de ses chapellenies de Vinacourt,
au mois de may 1279. (Cartul. de l'évêché d'Amiens, cotté C,
fol. 131.)

DRIEUX D'AMIENS, chevalier, sire de Vinacourt, exempta de
tout droit de péage sur ses terres les habitants de la ville de
Montreuil, au mois de mars 1279. (Cartul. de la ville de Montreuil-
sur-Mer, fol. 45.)

Trésor généalogique de Dom Villevieille, publié par Henri et Alphonse
Passier, t. I, p. 369.

Jean, vidame d'Amiens, sire de Picquigny, ratifia, comme seigneur dominant, la vente faite aux frères prêcheurs d'Amiens par
noble son cher amy DRIEUX D'AMIENS, chevalier, sire de Vinacourt, de douze journaux de bois, assis à Pierre-Elevée, derrière la
ville de Vinacourt, au mois de mars 1279. (Cartul. de l'évêché
d'Amiens, fol. 104, vº.)

DREUX D'AMIENS, chevalier, sire de Vinacourt, donna à son
cher cousin, PIERRON D'AMIENS, chevalier, seigneur de Canappes,
pour services rendus et pour ce qu'il luy devoit asseoir, tout

l'hommage que luy devoit Maitre Robert de le Porte de Flessicourt, au mois de nov. 1279. (Bureau des fin. d'Amiens. — Cartul. de Ponthieu, n° 186, fol. 136.)

Trésor généalogique de Dom Villevieille, publié par H. et Alphonse Passier, t. I, p. 369.

Monseigneur DRIEUX D'AMIENS, chevalier, sire de Vinacourt, comme premier seigneur et le vidame d'Amiens comme seigneur dominant, amortirent trois journaux de terre, assis au territoire de Flancourt-en-Val entre Pierregot et Oussonville, vendus au chapitre du Foulloy par Monseigneur Huon de Pierregot, chevalier, au mois de juillet 1280. (Cartul. du chap. du Foulloy, fol. 74.)

DREUX D'AMIENS, chevalier, sire de Vinacourt, vend à l'évêque d'Amiens et à ses successeurs les hommages qu'il tenoit dudit évêque, sçavoir l'hommage de Ligny, l'hommage de Rolepot, que Messire Baudouin de Bétencourt, chevalier, tenoit de luy à cause de sa femme, fille et héritière de feu messire Rondole de Rolepot, chev., l'hommage de Rebrennes, que Madame Aelips, veuve de Messire Jean de Lehecourt, chev., tenoit de luy, et l'hommage de Heupy, tenu par les hoirs de Gauthier de Beleste, écuyer, moyennant la somme de 200 l. tournois, le jeudy après la St-Michel 1280. (Cartul. de l'évêché d'Amiens, cotté G. fol. 79 v°.)

Trésor généalogique de Dom Villevieille, publié par H. et Alphonse Passier, t. I, p. 370.

PREUVE XXXII

SEPTEMBRE 1279.

DREUX D'AMIENS, *dans une lettre portant la date ci-dessus, rapporte que* PIERRE D'AMIENS, *chevalier, seigneur de Canaples, et sa femme, ont fait une vente terrienne à Bernard Gaude.*

Item une lettre en parchemin donnée de DRIEUX D'AMIENS, seigneur de Vinacourt, dactée du mois de septembre 1279, faisant mention comment Monseigneur PIERRE D'AMIENS, chevalier, seigneur de Canaples, et sa femme, ont vendu à Bernard Gaude, Poirée et autres, 40 journaulx de terre, tenus en fief de Monseigneur Héron de Nouvyon, séant au terroir de Vinacourt. Icelle cottée au dos VV.

Recueil de documents inédits concernant la Picardie, par V. de Beauvillé, t. III, p. 282-288.

OCTOBRE 1276.

L'usage d'offrir annuellement, pendant le saint Office, célébré le jour de la fête de saint Firmin le martyr, un cierge de 50 livres au grand autel de la cathédrale d'Amiens, fut ratifié par DREUX D'AMIENS, qui recommanda en outre à ses successeurs de continuer cette pieuse coutume.

Par un titre du mois d'octobre 1279, DREUX D'AMIENS confirme comme seigneur de Vignacourt, non seulement l'offrande d'un cierge du poids de 50 livres, qui se faisait tous les ans à la messe dans la cathédrale le jour de la fête de Saint-Firmin le Martyr; il déclare en outre qu'il veut et entend que cette louable et pieuse coutume soit observée à l'avenir par ses successeurs, seigneurs de Vignacourt.

Dreux de Vignacourt étant mort sans enfants mâles, la seigneurie tomba dans la Maison de Varennes.

Monographies picardes, 2ᵉ série. Vignacourt, par l'abbé Ed. Jumel, p. 76-79.

1279-1280.

Les premiers seigneurs de Vignacourt et de Flixecourt avaient réservé la faculté de présenter les candidats aux prébendes existant dans leurs châtellenies. DREUX D'AMIENS, de concert avec sa femme JEANNE et sa fille aînée, mariée à Jean de Varennes, transporta son privilège à l'évêque d'Amiens et ratifia son désistement en 1280.

Dans le principe, les seigneurs s'étaient réservé le droit de présentation à ces prébendes. Mais au mois de mai 1279, le mardi

après la Pentecôte, Dreux d'Amiens, chevalier, seigneur de Vignacourt, du consentement de sa femme Jeanne, de sa fille aînée de
Labroye (de Arbored) et de son mari Jean de Varennes, chevalier,
cède à l'évêque tous ses droits de présentation aux prébendes dont
celui-ci avait la collation, ce qu'il confirma au mois d'octobre 1280.
(Titres de l'évêché, XV, 2. — *Galla Christiana*, X, 1187, D. —
Darsy, *Bénéf. de l'église d'Amiens*, 1.)

Monographies picardes, 2ᵉ série. Vignacourt, par l'abbé Ed. Jumel, p. 35
et suiv.

Février 1281.

Dreux d'Amiens[1] *ayant transporté aux évêques d'Amiens son droit de présentation à la cure de Vignacourt, cette cession fut consacrée par une bulle du
pape Martin V.*

Paroisse de Vignacourt

D'après une bulle, éditée le 16 des calendes de février 1281, le
pape Martin V confirma à Guillaume de Mâcon, évêque d'Amiens,
et à ses successeurs le droit de patronage de la cure et certains
autres droits, qui leur auraient été concédés par Dreux d'Amiens,
seigneur de Vignacourt, suivant la teneur même de la bulle : « Jus
patronatus ecclesie Vinacurtensis ac etiam nonnulla jura alia qua
obtinere dicebatur in eadem ecclesia » (Arch. départementales.)

Monographies picardes, 2ᵉ série. Vignacourt, par l'abbé Ed. Jumel, p. 35
et suiv.

---

1. Le P. Daire en son *Histoire de la ville d'Amiens*, t. I, p. 37, dit que Dreux
avait un frère du nom de Hugues :

« Jean d'Amiens, seigneur de Vignacourt, Flixecourt, La Broye et autres
lieux, épousa Agnès qui lui donna Hugues, Dreux et Bernard. Hugues décéda
sans enfants. »

PREUVE XXXIII

Octobre 1280.

DREUX D'AMIENS, chevalier et seigneur de Vinacourt, du consentement de N. Dame JEANNE, sa femme, d'AGNÈS, leur fille et héritière, dame de La Broye, et Jean de Varennes, chevalier, leur gendre, donna à l'évêque d'Amiens le droit de patronage et de collation des prébendes et autres bénéfices qu'il avoit en l'église de Vinacourt, le jeudy après la St-Michel, au mois d'octobre 1280. (Archives de l'évêché d'Amiens.)

Trésor généalogique de Dom Villevieille, publié par Henri et Alphonse Passier, t. I, p. 370.

Mai 1281.

DREUX D'AMIENS *abandonne à sa fille* AGNÈS *toutes les terres mouvantes du vidame d'Amiens et dépendances de ses chatellenies de Vignacourt et de Flixecourt.*

Item, une lettre en parchemin donnée de DRIEUX d'Amiens, sire de Vinacourt, dactée du mois de may l'an 1281, par laquelle il appert qu'il a donné à AGNÈS, sa fille, tout ce qu'il tenoit de Monseigneur le vidame d'Amiens, situé à Vinacourt et à Flixecourt, dont il s'est dessaisy. Icelle lettre cottée au dos ZZ.

Recueil de documents inédits concernant la Picardie, publiés par V. de Beauvillé, t. III, p. 282-283.

Année 1282.

Les actes ci-dessous établissent que JEAN DE VARENNES *avait épousé* AGNÈS D'AMIENS, *dame de La Broye, et fille de* DREUX D'AMIENS, *sire de Vignacourt.*

JEAN DE VARENNES, chevalier, et AGNÈS, dame de La Broye, sa femme, ratifièrent les lettres du mois de juillet 1280, par lesquelles Monseigneur Drienon d'Amiens, chevalier, seigneur de Vinacourt, leur père, avoit fait foy et hommage lige au sire de Pequigny pour raison de sa terre et seigneurie de Vinacourt, et entrent en l'hommage du sire de Péquigny pour raison de 700 livrées de terre qui leur ont été assignées sur Vinacourt, 600 l. sur la terre de Flexicourt, les marais de l'Etoile, le château de Vinacourt et le fief que tenait Mre Baudouin Buridan de Dours, l'an 1282. (Arch. de l'abbaye de Corbie, Cart. de Pequigny, fol. 64, 2°, v°.)

Trésor généalogique de Dom Villevieille, publié par Henri et Alphonse Passier, t. I, p. 370.

PREUVE XXXIV

Année 1281.

Constatation du mariage de Monseigneur Jean de Varennes, *fils d'autre* Jean de Varennes *et d'*Agnès d'Amiens, *dame de* La Broye, *avec* Jeanne de Picquigny, *fille de Jean, vidame d'Amiens.*

Item, une lettre en parchemin, donnée de Jehan vidame d'Amiens, dactée de l'an mil IIe IIII^xx et ung, ès moys de..... faisant mencion du mariage de l'aisnée fille dudict vidame au fils aisné de Monseigneur Jehan de Warennes et Madame Agnès de Labroye, sa femme, par lequel traicté ledict seigneur donna la terre de Saint-Huyn (Saint-Ouen) qu'il avoit achepté de Drieu d'Amiens, pour sortir la dette de sa dicte fille. Icelle lettre cottée au dos A lix.

Recueil de documents inédits concernant la Picardie, par V. de Beauvillé, t. III, p. 282-288.

Les chanoines de Vignacourt avaient obtenu divers privilèges de DREUX
D'AMIENS, *sire de Vignacourt, comme on peut le voir par un « vidimus »
de l'an 1484, postérieur à Dreux d'Amiens de plus de deux siècles et émanant de l'official d'Amiens.*

Item, ung vidimus en parchemin donné de l'official d'Amiens,
dacté de l'an mil IIII^c IIII et quatre, en jour de samedy apres les
festes Saint Pasques, d'une lettre de DRIEUX D'AMIENS, sire de
Vinacourt, faisant mencion de franchises que les chanoines de
Vinacourt ont ès maisons de leurs cloistres à Vinacourt, sauf que
ledit seigneur a retenu la justice avant et à l'entour desdites maisons
et dehors. Icelluy vidimus cotté HH.

Recueil de documents inédits concernant la Picardie, publiés par V. de
Beauvillé, t. III, p. 282-288.

NOVEMBRE 1285.

DREUX D'AMIENS, *sire de Vignacourt, aliéna à Guillaume, évêque d'Amiens,
moyennant le prix de 350 livres, la domination féodale qu'il exerçait dans
la juridiction de Pierregot.*

En 1285, DREUX D'AMIENS, seigneur de Vignacourt, vend à
Guillaume, évêque d'Amiens, toute la seigneurie qu'il possède à
Pierregot pour la somme de 350 livres. Il parait, par un titre du
mois de novembre 1285 qui est conservé dans les Archives du
Chapitre, qu'il confirme à ce Chapitre l'amortissement des maisons des doyens et chanoines pour le nombre de 12 selon la fondation.

Monographies picardes, 2° série. Vignacourt, par l'abbé Ed. Jumel, pages
76-79.

PREUVE XXXV

Mars 1292.

Lettres émanant de Guillaume de Hangest, bailli d'Amiens, où l'on voit que messire DREUX D'AMIENS *donne à son petit-fils* JEAN DE VARENNES, *à l'occasion de son mariage avec* JEANNE DE PICQUIGNY, *tout ce qu'il tient du vidame d'Amiens, père de celle-ci. L'union de* MAROYE D'AMIENS, *fille de Dreux d'Amiens, avec* THIBAULT DU PONT DE RÉMY, *est également rapportée dans ces lettres.*

Item, une lettre en parchemin donnée de Guillaume de Hangest, bailly d'Amiens, dactée du premier jour de mars 1292, qui est ung vidimus d'autres lettres par lesquelles appert que DRIEUX D'AMIENS, seigneur de Vinacourt, a donné au traicté du mariage de JEHAN, fils aisné de JEHAN DE WARENNES, chevalier, et de AGNÈS sa femme [1], dame de Labroye, fille dudit Dreux d'Amiens, avec JEHANNE, fille dudit vidame, touquanques il avoit tenu dudit vidame, excepté cinq muis de blé, cinq muis d'avoine à prendre sur le terrage de Vinacourt, et dix livres à prendre sur le taille dudit Vinacourt, que ledit Drieux d'Amiens a donné en mariage de THIBAULT DU PONT DE REMY et de MAROYE, sa fille. Icelle lettre cottée au dos YY.

Recueil de documents inédits concernant la Picardie, par V. de Beauvillé, t. III, p. 282-288.

---

1. De La Morlière qui a été suivi par l'abbé Jumel donne à la femme de Jean de Varennes le prénom de Jeanne, quand elle s'appelait Agnès, comme il appert du titre ci-dessus et de plusieurs autres. Les deux autres filles cadettes de Dreux d'Amiens se nommaient l'une Marguerite et l'autre Maroye comme il est dit ci-après. (*Voir plus haut page* 138.)

PREUVE XXXVI

Mai 1292.

*Lettres de Philippe le Bel qui donne en ferme perpétuelle à l'échevinage et à la
commune d'Amiens la prévôté de cette ville et de la banlieue, avec tous les
revenus, amendes, issues, profits, émoluments, justice et suprématie féodale,
moyennant un cens annuel de 690 livres. Le roi rappelle que la plupart de
ces rentes et prérogatives furent acquises autrefois par son très cher père et
prédécesseur du sire de Vignacourt,* Dreux d'Amiens, *et indique en détail la
nature et la valeur de chacun de ces droits fiscaux et seigneuriaux, ainsi
que l'étendue de la juridiction prévôtale.*

Philippus, Dei gracia Francorum rex, notum facimus universis
tam presentibus quam futuris, quod nos majori et scabinis et com-
munie Ambianensibus, ad firmam perpetuam pensionis inferius
annotate, tradidimus et concessimus preposituram nostram Ambianensem et banleuce civitatis ejusdem, pro se et suis successoribus tenendam et in perpetuum possidendam, videlicet : Omnes
redditus, emendas, exitus et utilitates cum omnibus justiciis et do-
miniis, que ad nos pertinebant rationes prepositure predicte, cum
omnibus eciam illis dreituriis et emolumentis quas prepositus, qui
a nobis habebat eandem ad firmam, sive in custodia percipiebat
aut percipere debebat ibidem. In quibus predictis contenta intel-
ligimus eaque inferius annotantur, videlicet :

Omne jus nobis competens, tam racione domanii quam acquestus facti per genitorem nostrum carissimum a Dracone de Ambianis, milite, *quondam domino de Vinacourt,* vel quacunque
alia causa, in kaasgio et traverso Ambianensi, in teloneo bladi et
aliorum granorum, viezerie, escoherie, baterie, pisces, alleccis,
lane agniculorum, filaterie et omnis generis animalium et pecu-
dum, in foragio vini, in lege seu redibencia pistorum, in focagiis
lignorum per terram et aquam. Item, in theloneo fructus, corio-
rum, ferri, calibis et omnium aliorum metallorum et pinguedinum,

pannorum et telarum. Item, in piscaria nocturna aquarum, semel
in anno; in torelagio cambiariorum seu factorum cervisie et in
cervisia ad quam nobis tenebantur; in censu frocorum regis, in
censibus Maisellorum et vici dicti Versiaux. Item, in eo quod dicta
villa nobis annuatim reddebat pro justicia vici Cantusrane. Item,
in prepositura Magni-Pontis. In justicia catallorum, in emendis,
defectibus, arrestis, negacionibus, cognicionibus dierum, assigna-
cionibus et omnibus aliis justiciis et explectis ad nos spectantibus
et que spectare debebant, ratione justicie catallorum et litterarum,
eo modo quod prepositus firmarius eisdem litteris poterat et debebat uti, novarum dissesinarum, turbacionem, omniumque empedi-
mentorum et novitatum, hoc acto, quod peticionem proprietatis,
vel partis ejusdem, in feodis nobis retinemus. Item, in casticiis,
edificiis super terram et aquam, nec non sub terra, in aqua et extra
aquam, emendis, licenciis, daugeriis. In tencionibus rerum fur-
tivarum vel amissarum sive veris aut falcis. In omnibus melleiis,
forefactis ac emendis excedentibus summam novem librarum, in
quarum medietate ad nos pertinente dicta villa percipiet sexaginta
solidos, ratione prepositure predicte, nobis ipsius medietatis residuo remanente; hoc excepto, quod nichil percipimus aut clama-
mus in emendo decem et octo librarum, in qua, quicumque fora-
neus, non burgensis Ambianensis, si burgensem Ambianensem cum
baculo, custello, lapide, seu alio armorum genere feriat, ut dicitur,
per legem ville tenetur. In omnibus bannis fractis, estracriis seu
derelictis, et invacionibus in quibus villa percipiet sexaginta solidos, sicut hoc noster prepositus firmarius consuevit, nobis residuo
remanente. Item, in falsitate mensurarum et ponderum, que ad nos
solum modo pertinere dicebantur. Item, in custodia parci, in ar-
mando pugiles, in gagiis duelli admittendis, sexaginta solidos villa
percipiet, nobis residuo remanente. Item in cambiis. In custodia et
ebolitura seu ruptura chiminorum. In uno pari calcarium deaura-
torum debito, modo census, et in omni jure quod in premissis
habebamus, ratione Guarucate que fuit prefati Droconis de Ambianis, et in duobus denariis censualibus quos Droco Malerbe nobis
annuatim reddebat, ratione acquestus quem fecit a Petro de Ma-

chello, milite nostro, ac in omnibus aliis ad nos pertinentibus et
que pertinere poterant et debebant ratione domanii, acquestus pre-
dicti, seu quacumque alia causa spectante ad preposituram dictam.

Que ut perpetue stabilitatis robur obtineant, salvo tamen in aliis
jure nostro et jure etiam quolibet alieno, presentes litteras sigilli
nostri fecimus impressione muniri. Actum apud Vicennas, anno
Domini millesimo ducentessimo nonagesimo secundo, mense maii.

Arch. de l'Hôtel de Ville d'Amiens, reg. aux Chartes, coté E, fol. 2 v°
à 3 r°. — Reg. aux Chartes, coté A, fol. 38 r°, et fol. 40 v° à 41 r°. —
L'original de cette pièce existait encore, au XVI° s., dans les Archives de
l'Hôtel de Ville d'Amiens; il est mentionné dans les inventaires de 1458,
1488 et 1581. — Arch. départementales de la Somme, reg. de Chartes du
chap. de N.-D. d'Amiens, coté A, fol. 103 r°.— Bibl. Nat., Coll. de D. Grenier, 1er paquet, n° 2, p. 598, année 1291. — Bibl. de l'Arsenal, titres de
Picardie, m°° n° 332, fol. 195. — DAIRE, *Hist. d'Amiens*, pièces just., t. I,
p. 533. — Augustin Thierry a également reproduit ces lettres de Philippe
le Bel dans son *Recueil des Monuments inédits de l'Histoire du Tiers-Etat*,
t. I, p. 291, 292, 293, 294.

ANNÉE 1302.

Extrait de D. Villevieille se rapportant aussi à la cession de DREUX D'AMIENS
en faveur de Philippe le Bel.

Le Roy Philippe le Bel donne aux maire et échevins de la ville
d'Amiens la prévôté de la ville et de la banlieue d'icelle à ferme
perpétuelle et notamment tous les droits de travers et autres que
le feu Roy son père avoit acquis de feu DREUX D'AMIENS, chevalier, seigneur de Vinacourt, au mois de mai 1302. (Cartul. de
l'Hôtel de Ville d'Amiens, fol. 38.)

Trésor généalogique de Dom Villevieille, publié par Henri et Alphonse
Passier, in-4°, t. I, p. 371.

PREUVE XXXVII

ANNÉE 1296.

Il appert des lettres suivantes que DREUX D'AMIENS, *sire de Flixecourt, constitua à sa fille* MARGUERITE D'AMIENS, *dame de Fieffes, une rente de cinquante livres parisis à percevoir sur les gens de la commune.*

FLIXICOURT.

Item, une lettre donnée des maire et eschevins, dactée de l'an de grace mil deux cens quatre vingts et seize, le moys de mars, le dimanche après le Bouhourdy, par laquelle appert que messire DRIEUX D'AMIENS, seigneur de Flixicourt, a donné à noble dame MARGUERITE D'AMIENS, dame de Fieffes, sa fille, cinquante livres parisis de rente, chascun an, à prendre sur le taille de Flixecourt et communaulté au jour de Toussains. Icelle lettre cottée au dos AA.

Recueil de documents inédits concernant la Picardie, publié par Victor de Beauvillé, t. III, p. 282-283.

PREUVE XXXVIII

ANNÉE 1310.

Extraits divers relatifs à NICOLAS D'AMIENS, *impliqué comme Templier dans le monstrueux procès intenté à son ordre par Philippe le Bel.*

Eisdem die et loco, coram dominis commissariis et domino archidiacono Tridentino superveniente, fuerunt adducti de diocesi Senonensi fratres Egidius de Valencenis presbyter, Cameracensis; Tierricus de Remis, et Johannes Borleta, Travencis diocesis; Constancius de Biceyo Lingonensis, Anricus li Abes Laudunensis ; NICOLAUS DE AMBIANIS, qui respondit velle defendere, prout ordo traditus sibi fuit ; Johannes de Biersi Tornacensis, Johannes de Pruino Senonensis, Johannes de Parisius, Bertrandus de Montinhiaco Laudunensis diocesium. Qui sigillatim et separatim requisiti a dictis dominis commissariis, an vellent ordinum Templi ab hiis que sibi imponebantur defendere, responderunt quod sic. Adjecit tamen Johannes de Bersi : Pro posse. Et pecierunt ecclesiastica sacramenta.

Nomina vero dictorum fratrum in quorum presencia dicti domini commissarii, ut predictum est, aperuerunt dictos articulos et fecerunt eos et dictam commissionem legi, sunt hic, videlicet fratres :

Ranaudus de Bord miles Lemovicensis, Guillelmus de Chambonnet Lemovicensis, Bertrandus de Sartiges Claramontensis, Oddo de Vendach Claramontensis, Petrus de la Colongna Claramontensis. . . . . Henricus de Compendio Suessionensis, Philippus de Marcinio Morinensis, Petrus le Gris Noviomensis, Michael Monsout Ambianensis, Bertrandus de Somorens Ambianensis, Thericus de Remis Cameracensis, Johannes de Nivela Leodiensis, Johannes de Parisius, Constancius de Bice Lingonensis, Henricus de Antinhi Laudunensis, Bertrandus de Montenge Suessionensis, Johannes Berse Tornacensis, Johannes de Pruino Senonensis, NICOLAUS DE AMBIANIS, Nicolaus de Riperia presbyter Lingonensis, Stephanus de Pranedo Eluensis.

Post hec, eadem die Sabati post prandium accessimus ad domum Penne Vayrie in cimiterio vici de Lucumdella, in qua moratur Nicolaus de Falesia, ubi detinebantur XXIII Templarii, videlicet fratres Johannes de Parisius, Egidius de Valencianis, Johannes de Pruino, Johannes de Bersi, Henricus de Hentengentis, Bertrandus de Montinhi, P. Daties, Lucas de Sonayo, Rogerius de Marselles, Hugo Deilli, Johannes de Compendio, Clemens de Turno, Radulphus de Frenoy, Thericus de Remis, Johannes de Nivella, NICOLAUS DE AMBIANIS, Constancius de Bissiaco, P. Propositi, Johannes de Ronzavalle, Oddo le Culherier, Galterus de Villa Sanoir, et

Nicolaus de Boynel. Et petivimus ab eis utrum vellent aliquum ex eis vel ex aliis constituere procuratorem ad defensionem ordinis. Qui responderunt quod nullo modo procuratorem facerent ad hoc, sed placebat eis et gaudebant quod procederetur in negocio bene et juste, confidentes multum de fidelitate dictorum dominorum commissariorum. Protestantur de defendendo ordinem, dicentes quod nolunt ad presens mittere aliquem, sed quilibet vult venire per se ad defensionem ordinis antedicti.

Acta fuerunt hec predictis die et locis, presentibus dicto magistro Arnisio, me Floriamonte Dondedei, et aliis notariis supra ultimo nominatis.

Procès des Templiers, par M. Michelet, t. I, p. 63-64, 96-97; 152-153; dans la Collection des Documents inédits sur l'histoire de France, 1re série, Histoire politique.

PREUVE XXXIX

Mars 1221.

Acte établissant que THIBAUT D'AMIENS, *sire de Canaples et d'Outrebois, avait épousé* BÉATRIX *et servit de caution à Pierre de Milly.*

THIBAUT D'AMIENS, chevalier, donne à l'abbaye de Martin-aux-Gémaux, vingt sols de rente sur les cens de Canapes pour l'anniversaire de feue BÉATRIX, sa femme, jusqu'à ce que le seigneur de Canapes ait payé la somme de vingt livres à ladite église au mois de mars 1221. (Cartul. de l'évêché d'Amiens, cotté H, fol. 88, v°.)

Février 1225.

Messire THIBAUT et ALEAUME D'AMIENS, chevaliers, se constituèrent pleiges d'une obligation de Pierre, sire de Milly, envers l'évêque de Beauvais du mois de février 1225. (Cartul. de l'évêché de Beauvais, fol. 121.)

Trésor généalogique de Dom Villevieille, publié par Henri et Alphonse Passier, in-4°, t. I, p. 359.

JUIN 1229.

Il appert de la charte ci-après que THIBAULT D'AMIENS *était oncle et tuteur de* JEAN D'AMIENS, *sire de Flixecourt et de Vignacourt.*

THIBAUT, chev., sire de Canapes, et tuteur de JEAN D'AMIENS, son neveu, amortit une carrière assise entre Flexicourt et Moraucourt, donnée aux Dames de Moraucourt par Mre Adam de Moraucourt, chev., Madame Agnès sa femme et Pierre leur fis au mois de juin 1226. (Arch. des Dames de Moraucourt, à Amiens, Moraucourt.)

Trésor généalogique de Dom Villevieille, publié par Henri et Alphonse Passier, t. I, p. 360.

DÉCEMBRE 1230.

THIBAUT D'AMIENS, sire de Canapes, promit comme tuteur de Jean d'Amiens son neveu, de lui faire ratifier lorsqu'il serait en âge l'amortissement qu'il avoit fait d'une carrière assise entre Flexicourt et Moraucourt, donnée aux dames de Moraucourt, au mois de déc. 1230. (Arch. des Dames de Moraucourt, à Amiens, Moraucourt.)

Trésor généalogique de Dom Villevielle, publié par Henri et Alphonse Passier, in-4°, t. I, p. 360.

THIBAULT D'AMIENS *se porte garant d'un emprunt de 200 marcs d'argent contracté par sa très chère suzeraine la comtesse Mathilde.*

Paris. 1234-35. Février.
(J. 238. Boulogne. nᵒ 27. Original.)

Litteræ Theobaldi de Ambianis, militis, ejusdem argumenti et formæ, quibus pro karissima domina sua Mathilde comitissa, usque ad ducentas marchas argenti se plegium constituit. — In cujus rei testimonium presentes litteras exinde confectas feci sigilli mei munimine roborare[1]. Actum Parisius, anno Domini Mᵒ CC tricesimo quarto, mense februario.

J. 238 Boulogne I, nᵒ 27 original; Archives Nationales. — *Layettes du Trésor des Chartes,* par A. Teulet, t. II, p. 283, nᵒ 2548.

PREUVE XL

Contrat de vente et quittance de la terre de Fillièvre cédée par THIBAULT D'AMIENS *au comte d'Artois moyennant 1400 livres.*

1238. Actum apud Hisdinium (Hesdin, anno Domini 1238). — THIBAUD D'AMIENS, chevalier, seigneur de Canaples, déclare avoir vendu à Robert, comte d'Artois, frère du roi de France, tout ce qu'il tenait du comte à Filièvre et dans le territoire, du consentement de Pierre, son héritier, et qu'il s'en est déshérité entre les mains de Simon de Villars, bailli du comte dans le château de Hesdin.

Inventaire analytique et chronologique des archives de la Chambre des comptes à Lille, t. I, p. 267. — Premier Carton d'Artois, pièce 46, original aux armes d'Artois.

1. Il existe des traces de sceau sur double queue, mais celui de Thibault d'Amiens est entièrement détruit.

1238. Actum apud gratia 1238, mense decembri. — THIBAUD D'AMIENS, seigneur de Canaples et d'Outrebois, reconnaît avoir reçu du comte d'Artois, 1400 livres pour le prix de la terre de Filièvre qu'il lui a vendue.

Inventaire analytique et chronologique des archives de la Chambre des Comptes à Lille, t. I, p. 267-268. — Premier Carton d'Artois, pièce 37, original aux armes d'Artois.

Novembre 1238.

Sceau de THIBAULT D'AMIENS *attaché à une vente de la terre de Filièvre faite au comte d'Artois.*

AMIENS (THIBAUD D')
Sire de Canaples. — Chevalier. 1238.

Sceau rond de 64 mill. arch. du Pas-de-Calais, les comtes d'Artois.

Type équestre, le bouclier portant *Trois chevrons de vair au franc canton.*

(SIGILLUM THEOBALDI DE AMBIANIS)

Contre-sceau : Écu aux armes de la face. — Sans légende.

Inventaire des Sceaux de l'Artois et de la Picardie, par G. Demay, p. 17, n° 113.

Décembre 1240.

THIBAUT D'AMIENS, *sire de Canaples, avait fait un compromis avec l'échevinage d'Amiens au nom de son neveu et pupille* JEAN D'AMIENS, *sire de Vignacourt, que celui-ci valida à la date ci-dessus.*

JEAN D'AMIENS, chevalier, sire de Vinacourt, ratifia un accord que son cher oncle Messire THIBAUT D'AMIENS, chev., sire de

Canapes avoit fait avec les maires et échevins d'Amiens, au mois de déc. 1240.

Trésor généalogique de Dom Villevieille, publié par Henri et Alphonse Passier, t. I, p. 360-361. — Cartulaire A de l'Hôtel de Ville d'Amiens, fol. 887.

AVRIL 1252.

Sceau de THIBAULT D'AMIENS, *chevalier, sire de Canaples, appendu à l charte de fondation d'une chapelle.*

AMIENS (THIBAUD D')
Seigneur de Canaples, chevalier. — 1252.

Sceau rond d'environ 70 mill. — Arch. de la Somme ; évêché d'Amiens.

Type équestre. Le bouclier portant *Trois chevrons de vair au franc canton fretté?* Légende détruite.

Contre-sceau : Écu à *Trois chevrons de vair...* Légende détruite.

Fondation d'une chapelle à Canaples. Avril 1252.

Inventaire des sceaux de Picardie, par G. Demay, p. 13, n° 90.

PREUVE XLI

MARS 1247.

Amortissement d'une rente en nature par PIERRE D'AMIENS, *sire d'Outrebois, terre dont on retrouvera une partie à la fin du XVII° siècle dans les mains de la branche des d'Amiens, seigneurs de Waringhem, de la Ferté et de Ranchicourt.*

PIERRE D'AMIENS, chevalier, sire d'Outrebois, amortit une rente d'un muid de bled, moitié froment et avoine, sur la dixme d'Outre-

26

bois, donnée aux Dames de Moraucourt par Bourgoin Li Sages, son homme lige d'Outrebois, du consentement de Damoiselle Hersent, sa femme, de Guiffroy, leur fils ainé, et de leurs autres héritiers, au mois de mars 1247.

Trésor généalogique de Dom Villevieille, publié par Henri et Alphonse Passier, t. I, p. 362. — Archives des dames de Moreaucourt à Amiens, Outrebois.

Avril 1250.

Titres démontrant que Thibault d'Amiens *avait pour fils ainé* Pierre d'Amiens, *seigneur d'Outrebois.*

Thibaut d'Amiens, sire de Canapes, et Pierre, son fils ainé, ratifient, comme seigneurs du fief, la vente faite par Cécile la Prevosté de Canapes, du consentement de Bernard, son fils ainé, Hugues, Marie, Ade et Alix ses autres enfans, à l'abbaye de Saint-Martin-aux-Gémeaux des droits qu'elle avoit sur les terres de lad. abbaye, situées à Unvrain et à Canapes, au mois d'avril 1250.

Trésor généalogique de Dom Villevieille, publié par Henri et Alphonse Passier, t. I, p. 364. — Cartulaire de l'évêché d'Amiens, coté H, fol. 107.

Année 1252.

L'évêque d'Amiens confirme la fondation d'une chapelle fondée par N° h° Thibaut d'Amiens, chev., S°r de Canapes, en son château de Canapes, du consentement de Pierre, chev., son fils, seigneur d'Outrebois, et d'Aelis, sa femme, au mois d'avril 1252.

Trésor généalogique de D. Villevieille, publié par H. et A. Passier, t. I, p. 364-365. — Cartulaire de l'évêché d'Amiens, coté C, fol. 84.

AVRIL 1259.

Charte dans laquelle il est question de messire PIERRE D'AMIENS, *sire de Ca-naples, de sa femme* YMANIE *et de* DREUX D'AMIENS, *seigneur de Vigna-court, leur cousin, qui avait sur eux la suprématie féodale.*

DREUX D'AMIENS, chev., sire de Vinacourt, confirma comme seigneur féodal, l'échange par lequel Messire PIERRE, dit d'AMIENS, chevalier, sire de Canapes, son homme céda aux Dames de Moreaucourt 37 journaux de terre et bois sçavoir : 18 journaux de bois appellé la Cherlaude et 10 journaux de terre vers le chemin de Belleval, à Canapes, du consentement de Madame YMANIE, sa femme, pour trente-sept autres journaux situés en un lieu appelé la Couturelle, entre les territoires de Maours et de Havernast, et tenus en terrage de Mre Enguerran de Waregnies, au mois d'avril 1259, le mardy après les Rameaux.

Trésor généalogique de Dom Villevieille, publié par Henri et Alphonse Passier, t. I, p. 365. — Archives des dames de Moreaucourt à Amiens, Belleval.

PREUVE XLII

MARS 1263.

Sceau de PIERRE D'AMIENS, *sire de Canaples, à la suite de la donation de la terre de Mellers.*

AMIENS (PIERRE D')
Sire de Canaples, chevalier, 1263.

Sceau rond de 57 mill. — Archives du Pas-de-Calais; abbaye de Cercamp. Type équestre, le bouclier portant *Trois chevrons au franc canton.*

✝ S. PETRI DE AMBIANIS MILITIS DOMINI DE CANAPES
(*Sigillum Petri de Ambianis, militis, domini de Canapes.*)

Contre-sceau : Ecu aux armes de la face.
(*Sigillum secreti*)
Ratification d'une donation de terre à Mellers. — Mars 1263.

Inventaire des sceaux de l'Artois et de la Picardie, par **M. J. Demay,**
p. 17, n° 111.

Aout 1262.

*Sceau d'*YMANIE, *femme de Pierre d'Amiens, sire de Canaples.*

YMANIE, femme de PIERRE D'AMIENS. 1262.

Sceau ogival de 63 mill. — Archives du Pas-de-Calais, abbaye
de Cercamp.

Dame debout en robe et en manteau vairé, coiffée d'un chapeau
à mentonnière, gantée, un faucon sur le poing.

(SIGILLUM YMANIE, DOMINE DE CANAPES ⟩
Vente d'un fief sis à Ransart. — Août 1262.

Même source que ci-dessus, p. 17, n° 112.

Année 1264.

Des terrains, dépendant de Canaples et aliénés à l'Hôtel-Dieu d'Amiens, furen!
recouvrés moyennant indemnité par PIERRE D'AMIENS, *sire de Canaples.*

PIERRE D'AMIENS, sire de Canapes, chevalier, amortit comme
S⁹ʳ du fief, vingt-quatre journaux de terre assis à Talemas, vendus
à l'Hôtel-Dieu d'Amiens par Messire Guillaume de Taisny, chev.,
son h°, et par Madame Agnès, sa mère, le jour de Saint-Thomas

apôtre, 1263, et Jean, sire de Péquigny, vidame d'Amiens, l'amortit aussi comme suserain en l'an 1264.

Trésor généalogique de Dom Villevieille, publié par Henri et Alphonse Passier, t. I, p. 365. — Archives de l'Hôtel-Dieu d'Amiens, sac Talemas.

JANVIER 1268.

PIERRE D'AMIENS, *seigneur de Canaples, fut mis en pleine possession du droit de tonlieu, d'étalage et du sixième dans le produit du marché de Saint-Riquier et dispensé de toute redevance et de tout devoir envers le dit monastère.*

DREUX D'AMIENS, chevalier, sire de Vinacourt, consentit que PIERRE D'AMIENS, chevalier, son homme, seigneur de Canaples, qui tenoit de luy en fief le tonlieu, les étalages et le 6ᵉ marché de S' Riquier, et dont il faisoit hommage à l'abbaye dudit S' Riquier, tint noblement lesdittes choses sans aucun moyen de lad. abbaye et renonça en conséquence à tout le droit qu'il y avoit, au mois de janvier 1268.

Trésor généalogique de Dom Villevieille, publié par Henri et Alphonse Passier, t. I, p. 386. — Cartulaire de l'abbaye de Saint-Riquier, fol. 56.

PREUVE XLIII

ANNÉES 1268-1269.

Extraits relatifs à PIERRE D'AMIENS, *à* AELIS, *sa sœur,*
mariée à N. DE SÉNARPONT.

L'an 1268 vivait messire PIERRE DAMYENS, qui était seigneur de Canaples et avait une sœur nommée ALIX, dame de Senarpont. Un accord fait entre eux se trouve dans les papiers de la Maison de Créqui, seigneurs dudit Canaples.

Généalogie de ceulx qui portent le nom et les armes d'Amyens, manuscrit du XVIᵉ siècle. Archives du château de Ranchicourt (Pas-de-Calais).

PIERRE D'AMIENS, chev., sire de Canapes et de Outrebois, donne
à Damoiselle AELIPS DE SENARPONT, sa sœur, 40 l. de rente
sur la vicomté de Cressy que le comte de Ponthieu avoit donné à
Messire THIBAUT D'AMIENS, leur père, et ce, en faveur du mariage de ladite Damoiselle, au mois de janv. 1269.

Trésor généalogique de Dom Villevieille, publié par Henri et Alphonse
Passier, t. I, p. 366-367. — Original du bureau des finances d'Amiens.

Messire THIBAUT D'AMIENS, père de PIERRE, chevalier, seigneur de Canappes et d'Outrebois en 1269, et de AÉLIS, femme de
N. DE SÉNARPONT, 1269. (Titres de Ponthieu.)

Recherches généalogiques sur les comtés de Ponthieu, etc., par de La Gorgue-
Rosny, t. I, p. 31-32.

PREUVE XLIV

ANNÉE 1272.

PIERRE D'AMIENS, *chevalier, sire de Canaples, de Hem, d'Hardinval et d'Hau-
ricourt, était, à raison de ces trois dernières terres, en litige avec la
communauté de Doullens. Le Parlement de Paris avait été saisi de l'affaire,
qui se dénoua d'une façon amiable. Pierre d'Amiens renonça, au profit de
l'échevinage local, au pouvoir judiciaire et à toute levée d'impôts attachés à
ses droits de tonlieu, d'octroi, de relief, d'entrée et de sortie.*

Voici venir maintenant PIERRON D'AMIENS, chevalier, sire de
Canaples, seigneur de Hem, d'Hardinval et d'Auricourt. Ce feudataire, mauvais voisin, conteste à la commune de Doullens, la justice sur les trois fiefs ci-dessus saisis en sa banlieue. La querelle
devient irritante, elle va même être portée à la barre du Parlement,
lorsque ce seigneur, mieux inspiré, entre en pourparlers avec le

corps de ville, et offre de lui vendre les trois fiefs avec leurs dépendances. Celui-ci qui, aux termes du diplôme de Philippe IV, a besoin de doter de censives son nouvel Hôtel-Dieu, conclut le marché, mais afin de couper court à toute autre difficulté de même nature dans l'avenir, il fait insérer dans l'acte d'acquisition deux clauses nettes et précises, comme mesures de précaution. Par la première, le vendeur reconnait le maire et les échevins de Doullens seuls juges, à cause de leur banlieue, sur les terres par lui vendues et déclare mal fondé le procès qu'il leur a suscité à ce sujet; la seconde renferme l'obligation qu'il s'impose d'obtenir des seigneurs de Vignacourt et de Courcelles la renonciation à tous droits sur lesdites terres (1272). La saisine en a été délivrée au mois d'octobre de l'année suivante et portait : « En telle manière que il au-
« ront dore en avant en morte main sans hommages, sans serviche,
« et sans toute autre redevanche.... comme coses qui sont toutes
« amorties et mises hors de no juridiction et de no poir. »

Il ne parait pas que le corps de ville ait eu l'intention de conserver la propriété foncière de ces trois fiefs, car on voit que, six ans après, à peine eut-il obtenu la cession des droits étrangers dont ils étaient grevés, entr'autres de ceux de Jehan Bridou, chevalier, seigneur de Herment, qu'il revendit le tout avec réserve de droits de seigneurie. C'est une preuve qu'il ne reculait pas devant les grandes mesures pour assurer l'unité de sa juridiction dans le territoire de la ville et de la banlieue. Le contrat de vente est assez intéressant pour que nous en citions quelques extraits :

« Je maire, esquevins et toute la communauté de Doullens, fai-
« sons à scavoir à tous cheus qui ches presentes verront et orront,
« que nous avons vendu yretaulment et bien loyaument a no bon
« ami Jehan Lostelier de Naours laisné, chensier adonques de nou-
« veau lieu, par loyau vente tout le marqué closement et entière-
« ment que nous acatames à noble homme et sage monseigneur
« PIERRE D'AMIENS, chevalier et seigneur de Canapes, sans les
« trois et demi-liges hommes que sont monségneur le Roy et sans
« le haulte justice et le basse que nous retenons, chest à sçavoir
« deux chens et seze journeux, peu plus, peu moins, que bos que

« terres que nous avions assises en diverses pièches es terroir de
« Hardinval, de Hem et de Douriercourt... Et si li avons vendu
« toutes les ventes, tous les relies, tous les otrois, tous les ton-
« lieus, toutes les issues, toutes les entrées que Messire *Pierre*
« *d'Amiens* y avoit; et si aucun marioit son enfant et il li donnait
« del terre de chef fief il pairoit de chacun journal douze deniers
« de rente... »

Histoire de la ville de Doullens, par M. E. Delgove, p. 351-352.

Année 1272.

L'importance des privilèges et de l'étendue des terres, acquis de Dreux
*d'Amiens par la communauté de Doullens, est indiquée dans un vieux titre
cité par M. Delgove.*

Hôpital de Doullens

Le maïeur et les échevins s'étaient expressément réservé à toujours la haute main dans l'administration de la maison fondée par
eux et le choix de celui qui administrerait sous leurs ordres : « Ita
quod dicta domus esset in perpetuum, sub eorum providentia et
ibi ponerent quando et quam vellent personam... et amoverent. »

C'est l'accomplissement de la seconde condition imposée par le
diplôme de Philippe le Hardi : « Ita quod redditus emant usque ad
sexaginta libras libratas terræ, » qui donna lieu à l'acquisition
par l'échevinage des fiefs de Hem, d'Hardinval et d'Auricourt, qui
appartenaient à Pierre d'Amiens, acquisition importante puisqu'elle comprenait : « Chest à savoir deux chens et seze journeus
« peu plus, peu moins, que bos que terres assises [1]. » La modicité
des ressources de la maison naissante imposa d'abord de chétives
conditions que des donations successives sont venues améliorer.

Histoire de la ville de Doullens, par M. E. Delgove, p. 315.

---

1. Le roi Philippe III confirme cette acquisition par lettres en date de février 1273, dont l'original se trouve aux archives de Doullens.

PREUVE XLV

Mars 1284.

Sceau de Gilles d'Amiens, *sire d'Outrebois, à la suite d'un acte ratifiant plusieurs largesses faites par son père Pierre à l'abbaye Saint-Jean d'Amiens.*

Amiens (Gilles d')
Seigneur d'Outrebois. — 1284.

Sceau rond de 28 mill. Archives de la Somme, Saint-Jean d'Amiens.

Ecu portant *Trois chevrons de vair, au franc canton chargé d'un lion (?) passant.*

(Scel Gilles de Canapes, sire.....)

Confirmation de dons octroyés par Pierre d'Amiens, son père. — Mars 1284.

Inventaire des Sceaux de la Picardie, par G. Demay, p. 13, n° 88.

Extraits de l'Histoire des grands officiers de la Couronne, par le P. Anselme, se rapportant à l'alliance de Marthe d'Amiens, *dame de Canaples, en premier lieu avec* Baudoin IV, sire de Créquy, *et en second avec* Jean de Picquigny. *De cette dernière union naquit Jeanne de Picquigny, dame de Canaples et d'Outrebois, d'abord mariée à Jean de Mailly, seigneur de Talmas, et ensuite à Jean II, sire de Créquy, et troisièmement avec Henri de Beures.*

IX

Beaudouin IV du nom, sire de Créquy et de Fressin, se qualifie seigneur de Beaurain du vivant de son père, et est nommé

en cette qualité dans un titre de l'abbaye de Marmoutier de l'an
1249 et dans un autre de l'abbaye de Verger de l'an 1254.

Femme, Aelis, dame de Heilly et de Rumilly. On lui donne encore deux autres femmes, Ide de Fosseux et MARTHE D'AMIENS [1],
dame de Canaples, qui se remaria à Jean de Picquigny, seigneur de
S. Huin. Il n'eut point d'enfants de ces deux dernières femmes.

XI

Jean II du nom, sire de Créquy et de Fressin, est nommé entre
les seigneurs qui se trouvèrent l'an 1340 à la journée de S. Omer
contre Robert d'Artois, il y combattit avec 5 chevaliers et 32
écuyers de sa compagnie.

Femme, *Jeanne de Picquigny*, dame de Canaples et d'Outrebois,
veuve de *Jean de Mailly*, seigneur de Talmas et de Buire au Bois,
et fille aînée de JEAN DE PICQUIGNY, seigneur de S. Huin, et de
MARTHE D'AMIENS, dame de Canaples. Elle se remaria en 1354
à Henry de Beures, seigneur de Disquemue, avec lequel elle vendit
au roi Charles V, l'an 1367, la terre d'Outrebois, qu'il donna depuis
à l'église de Paris. Elle vivait encore en 1373.

Histoire des grands officiers de la Couronne, par le P. Anselme, généalogie
de la Maison de Créquy, t. VI, p. 780-781.

1220 ET APRÈS.

*Filiation de la branche des d'*AMIENS, *sires de Canaples, d'après*
de La Morlière.

La maison d'Amiens ne laissa pourtant de subsister par le moyen
des autres frères de RENÉ [2], tantost dits, dont THIBAULT

---

1. Les alliances de Marthe d'Amiens et de sa fille Jeanne de Picquigny sont
également rapportées dans les *Recherches généalogiques sur les comtés de Ponthieu*, etc., par de La Gorgue-Rosny, t. I, p. 31-32, et dans le *Recueil généalogique
des familles originaires des Pays-Bas*, t. II, p. 84, 96, 144 et 176.

2. René pour Regnault.

D'AMIENS, seigneur de Canaples et d'Outrebois se disent par tout
les tiltres depuis l'an 1220 jusques à 1250, ayant à compagne
AELIS, fit la branche des seigneurs de Canaples qui ne fut de
longue durée; car de luy vint seulement PIERRE D'AMIENS, seigneur de Canaples et d'Outrebois, lequel se conjoignit par mariage
à IMANA, et se rencontre encor, comme son père, par les chartes
tant de l'abbaye de S. Jean, que de S. Martin jusqu'à l'an 1280
qu'il décéda; de cette couple issirent EUSTACHE D'AMIENS sans
lignée, et GILLES D'AMIENS, son frère et héritier, seigneur de
Canaples et d'Outrebois, que l'on voit tost après le trespas de son
père parlant es chartes de ladite abbaye de S. Jean, l'an ci-dessus
1280, et n'eut qu'une fille MATHE ou MARIE D'AMIENS, conjointe
en premières nopces à BAUDOUIN, SIRE DE CRÉQUY, sans enfants, et en secondes à JEAN DE PICQUIGNY, seigneur de S. Ouin,

Recueil de plusieurs nobles et illustres Maisons du diocèse d'Amiens, par
de La Morlière, Amiens, 1630. In-4, p. 31-38.

PREUVE XLVI

BRANCHE DE BACHIMONT

ANNÉE 1275.

*Une des clauses de la charte communale d'Abbeville obligeait les habitants à
saisir de tous les litiges relatifs aux choses mobilières le vicomte de la ville,
préposé à la justice par le comte de Ponthieu. Selon qu'il y avait ou non
condamnation, la sentence était exécutée, dans le premier cas, par les magistrats urbains, dans le second, par le bailli, les échevins ayant contesté les
pouvoirs du vicomte, provoquèrent un grand débat, où l'on voit figurer
PIERRE, chef de la branche des sires de Canaples, et REGNAULT D'AMIENS,
son frère, fondateur de celle de Bachimont.*

En l'an de grâce 1275, le premier merkedi d'avrilg, fut déterminé
en pleine assise à Amiens ung débas qui estoit meus du majeur,
des eskevins et du commun de la vile de Saint-Rikier, d'une part,

et des vicontes d'Abevile d'autre, d'endroit che ke li maires, li eskevins, et la communauté disaient que il n'estoient mie tenu ne ne
devoient respondre de catel par devant le visconte d'Abevile :
lequel débas li baillieu d'Amiens presit en se main, et fit ajourner
les parties par devant lui en l'assise d'Amiens, à lequele assise li
maires et li eskevins de Abevile vinrent et en demandèrent le record
de leur court : carkié fu seur les hommes le roi, à le parfin, par le
jugement Jehan d'Atie, baillieu d'Amiens, par Monseigneur Drieu
d'Amiens, par Monseigneur Drieu de Milli, par Monseigneur Vuillaume Tirel, seigneur de Pois, par monseigneur Mahieu de Roye.
Là furent Simon Vatier, prevost de Biaukaisne; Jehan Pigret, prévost d'Amiens; Jehan le Moussu, prevost de Saint-Rikier; Jehan
Gousselin, prevost de Vimeu ; et Jakemon de Ponchel, prevost de
Biauvesis. Fu sentence definitive rendue en plaines assises à
Amiens, par devant grand planté d'abés et de chevaliers, et mult
d'autres gens, en tel manière que li devant dit bailli d'Amiens, li
houme le roi jugèrent et dirent que li maires et eskevins ni la communauté de la vile de Saint Rikier n'avaient dit paroles ni raison
souffisans par coi li maires et li eskevins d'Abevile n'en reussent
leur record, et par le jugement des devant dis lu le record rendu au
maieur et à eskevins d'Abevile. Là furent présens les abés de Saint-
Lucien de Biouvais et li moigne, li abbé de Saint-Jehan d'Amiens,
et li moigne, li abbé de Selincourt, et li moigne, et plusieurs aultres
religieux. Se i fu Messire PIERRES D'AMIENS, mesire Jehan de
Pois, mesire Enguerrant d'Araines, mesire RENAULT D'AMIENS,
mesire Bauduins de Gynes, mesire Jehan de Maiencourt, mesire
Enguerrant de Riencort, plusieurs autres chevaliers, et présent
Jehan..... maires, et Jehan Vaubers, eskevins de Corbie, et eskevin
de Mostreul, et eskevin de Waben, et eskevin de Rue ; si i fu Hue
de Brunviller, bailli d'Abevile, Gerars de Balli, bailleu de Rue,
maître Nicolas de Fricans, maître Hue de Causchaix, et sires Gerars
ses frères, Hue de Fammechon, Hues du Pont, Reniers Bousses,
maître Jehan d'Araines.

Coll. D. Grenier, vol. LIX, VIII paquet, n° 3, Bibl. Nationale. Cabinet
des Titres.— AUGUSTIN THIERRY : *Recueil des Monuments inédits de l'Histoire
du Tiers-Etat*, première Série, t. IV, page 585.

Aout 1276.

REGNAULT D'AMIENS, *chevalier, seigneur de Bachimont, est qualifié « Monseigneur » dans une charte confirmative octroyée par son cousin* DREUX D'AMIENS, *sire de Vignacourt, à l'occasion d'un arrangement conclu entre Bernard de Moraucourt, vassal de Dreux, et les dames de Moraucourt.*

DRIEUX D'AMIENS, chevalier, sire de Vinacourt, ratifia un accord passé entre les Dames de Moraucourt d'une part, et Bernard de Moraucourt, son homme, d'autre part, touchant le droit de terrage sur des terres assises devant la porte du monastère, en présence de Monseigneur RENAULT D'AMIENS, de Messire Philippe de Werchy et de Messire Wales de Bertangles, chevalier : le sceau de ce dernier porte *une bande fuselée,* au mois d'août 1276. (Arch. des Dames de Moraucourt à Amiens, Moraucourt.)

Trésor généalogique de D. Villevieille, publié par H. et A. Passier, t. I, page 368-369.

Année 1277.

REGNAULT D'AMIENS, *sire de Bachimont, reçoit de Dreux d'Amiens, sire de Vignacourt, 120 journaux du bois de Bachimont.*

Item, une lettre en parchemin donnée de DRIEUX D'AMIENS, chevalier, sire de Vinacourt, en date de l'an 1277, par laquelle appert que ledit Sgr de Vinacourt donna à REGNAULT D'AMIENS, chevalier, seigneur de Bachimont, VII journaux de bois pris en la forest de Vinancourt, nommés les bois de Bachymont, *alyas* Huyacourt. Icelle cottée au dos TT.

Recueil de documents inédits concernant la Piardie, publiés par Victor de Beauville, t. III, p. 287 ou 288.

PREUVE XLVII

31 Mai 1288.

THIBAULT D'AMIENS, *co-seigneur de Canaples et de Bachimont, rachète au prix de vingt-six livres, de l'évêque d'Amiens, un terroir sis à Halloy.*

THIBAULT dit D'AMIENS, écuyer, seigneur de Canapes, amortit à l'évêque d'Amiens autant qu'il est en luy si le Comte de Dreux, de qui il tient y consent, cinq journaux de terre, assis au territoire de Halloy, que ledit Sgr évêque avait acquis de Damoiselle Marguerite et de Nicolas, son fils, de Autieule pour la somme de 26 liv., le lundy après l'octave de la Trinité 1288, ce qu'il scelle de son sceau qui porte : « trois chevrons de vair au franc quartier du côté dextre ». (Arch. de l'évêché d'Amiens.)

Trésor généalogique de Dom Villevieille, publié par Henri et Alphonse Passier, in-4, t. I, p. 370-371.

31 Mai 1288.

Sceau [1] *de Thibault d'Amiens* [2], *écuyer, co-seigneur de Bachimont et de Canaples, appliqué au bas de l'amortissement terrien ci-dessus.*

AMIENS (THIBAULT D')
Seigneur de Canaples, écuyer, 1288.
Sceau rond de 40 mill. — Arch. de la Somme,
évêché d'Amiens.

Ecu portant *Trois chevrons de vair au franc canton* [2].
(Seel... d'AMIENS, SIRE DE CANAPES)
Inventaire des sceaux de la Picardie, département de la Somme, de l'Oise et de l'Aisne, par G. Demay, p. 13, n° 91.

---

1. De La Morlière et beaucoup d'autres après lui ont confondu ce Thibault avec son père, également nommé Thibault.

2. Ce sceau est attaché à la charte originale analysée ci-dessus par D. Villevieille et se rapportant à l'amortissement du terroir, sis à Halloy.

THIBAULT D'AMIENS, *dit « Bachimont », vend une coupe de bois dans la forêt de Bachimont à Enguerrand Piètre d'Iseu. Celui-ci, n'ayant point acquitté la dîme qui revenait au chapitre de Vignacourt, fut condamné par l'official d'Amiens à 100 sols parisis d'amende.*

On voit par le cartulaire du prébendier des chanoines de Vina-court, en date de l'an 1293, après la fête de Saint-Mathieu, que ledit THIBAULT D'AMYENS, seigneur de Bachimont et des bois de Bachimont, tenant à la forêt dudit Vinacourt, et rapportant 17 me-sures de bois par an, vendit la coupe d'une année à un nommé Enguerrand Piètre d'Iseu, lequel Enguerrand ne voulut payer la dîme qu'il devait à l'occasion de cette vente à Messieurs les Cha-noines, au Doyen et au Chapitre dudit Vinacourt, et fut condamné par l'Official d'Amiens, à payer cette dîme et cent sous parisis d'amende, ainsi que l'y obligeait le titre de fondation desdits cha-noines fait par le Seigneur de Vinacourt. Les bois dont il est ici question sont aujourd'hui les bois de Bachimont.

Généalogie de ceulx qui portent le nom et les armes d'Amyens. Mst du XVIᵉ siècle. Arch. du château de Ranchicourt.

PREUVE XLVIII

GUIOT OU GUILLAUME D'AMIENS *servait dans l'armée de Flandre en 1302.*

AMIENS (GUIOT D')

Sceau rond, de 22 mill. — Ecu portant *Trois chevrons.*
S. GUIOT D...

Ost de Flandre. — Quittance des gages de Pepin de Bours, cheva-lier. — Arras, 11 septembre 1302. (Clairambault, r. 20, p. 1394.)

Inventaire des sceaux de la Collection Clairambault à la Bibliothèque Nationale, par G. Demay, t. I, p. 15, nᵒ 132.

Constatation du mariage de Vuillaume *ou* Guillaume d'Amiens, *seigneur de Bachimont, avec* Marie de la Selve *ou* de la Seule.

Messire VUILLAUME D'AMIENS, seigneur de Bachimont, fils de Monsieur Thibault d'Amyens, seigneur de Bachimont, fut marié à Madame MARIE DE LA SÈVE, de laquelle il eût deux fils et trois filles. Le dit Messire Guillaume (Vuillaume), seigneur de Bachimont, exerça toute sa jeunesse aux armes et avait plus de cinquante ans quand il se maria et vécut bien 90 ans et plus.

Généalogie de ceulx qui portent le nom et les armes d'Amyens. Mst du xvɪᵉ siècle. Archives du château de Ranchicourt.

Mention de la même alliance par de La Morlière, à propos du lignage de Thibault d'Amiens, *seigneur de Canaples, qu'il confond avec son petit-fils nommé aussi Thibault.*

Et fait on soudre d'un de ses puisnés GUILLAUME D'AMIENS, seigneur de Bachimont qui durait encore de nos jours. Ce Guillaume prit alliance à MARIE DE LA SEULE dont il engendra DRUON D'AMIENS, seigneur de Bachimont, qui épousa la fille du Seigneur DE MAILLY, dame du Mesnil et de Donquert, etc.

Recueil de plusieurs nobles et illustres Maisons du diocèse d'Amiens, par A. de La Morlière, p. 31-38.

Désignation de Guillaume d'Amiens, *commandeur de Rhodes, fils cadet de* Guillaume d'Amiens, *seigneur de Bachimont, et des filles de ce dernier, mariées l'une à* Guillaume de Poix, *seigneur de la Verrière, et l'autre au seigneur* de Bray.

Le second fils dudit Messire GUILLAUME D'AMIENS, seigneur de Bach mont, fut Chevalier et Commandeur de Rhodes.

La fille aînée dudit messire Guillaume d'Amyens fut mariée au Seigneur de la VERRIÈRE, dont elle eut plusieurs enfants. Elle se remaria à Messire N... de Poix, dont elle eut un fils nommé Messire Damiot de Poix [1].

La seconde fille dudit Monsieur Guillaume d'Amyens, seigneur de Bachimont, fut mariée au sieur DE BRAY.

Elle se remaria à SIMON DE MONCHAULX, écuyer, dont elle eut une fille.

La troisième fille dudit Monsieur Guillaume nommée MARIE, ne se maria point.

Généalogie de ceulx qui portent le nom et les armes d'Amyens. Mst. du XVIᵉ *siècle. Arch. du château de Ranchicourt.*

PREUVE XLIX

Avant 1370.

Constatation du mariage de N... fille aînée de GUILLAUME D'AMIENS, *seigneur de Bachimont, avec Guillaume de Poix, seigneur de la Verrière, et de celui de N... d'Amiens, sœur cadette de la précédente, avec le sieur de Bray.*

GUILLAUME DE POIX, seigneur de la Verrière, pourrait être le même que Guillaume Tyrel, l'un des douze archers armés de la compagnie d'Olivier de Porcon, chevalier, qui fit montre à Caen le 1ᵉʳ octobre 1370.

Femme N..., fille aînée de GUILLAUME D'AMIENS, seigneur de Bachimont.

1. Le Guillaume de Poix, seigneur de la Verrière, se trouve, dans ce mémoire, former deux personnages mariés tour à tour à N. d'Amiens, fille de Guillaume d'Amiens, seigneur de Bachimont. Cette dualité singulière provient d'une méprise ; l'auteur a pris l'appellatif terrien de La Verrière pour un nom d'homme, c'est pour ce motif que Guillaume de Poix et le seigneur de La Verrière, qui ne faisaient qu'un, sont présentés comme constituant deux individualités. L'extrait suivant du P. Anselme ne laisse aucun doute à cet égard.

1. Daniel de Poix, seigneur de la Verrière, mari de N... fille d'Aleaume de Beauquerin.

2. Antoinette de Poix, femme de Louis de Luyrieux, seigneur de Villers, qui testa le 11 mai 1461.

Histoire généalogique des grands officiers de la couronne, par le P. Anselme, t. VIII, p. 822.

ANNÉES 1349-1359.

Extrait d'un vieux manuscrit du XVIe siècle, rappelant, comme de La Morlière, que GUILLAUME D'AMIENS épousa MARIE DE LA SELVE et que DRIEU D'AMIENS, leur fils aîné, reçut (1349), en avancement d'hoirie, un fief, sis à Fontaine-les-Hotton. Le même mémoire relate la confirmation d'un contrat passé en 1359 au profit de Drieu d'Amiens.

Il appert d'une lettre de 1349 que Messire VUILLAUME D'AMYENS, seigneur de Bachimont, et Madame MARIE DE LA SÈVE, sa femme, ont donné au dit DRIEU DE BACHIMONT, leur fils, un fief situé à Fontaine-les-Hoton, et ladite lettre scellée du sceau de Robert, sire de Filleures et de Visurant-Gié, et de son bailly, nommé Guillaume des Carrières, et fut content le dit sire Filleures, de ses droits seigneuriaux, en présence du dit bailly et de Gilbert de Vinacourt, Huon Le Roux et d'Abauval, escuiers, Simon Le Bœuf, Collart Le Roux, Pierre Le Bœuf et Broyart, et Jehan Le Magnier, dit Bouteiller, tous hommes de fief de ladite seigneurie de Filleure.

Idem une lettre de ratification passée par devant Guy de Gouy, seigneur de Falesque, bailli de Hesdin, en présence de Denys Cornille et Guillaume Susquerque, francs hommes du chastel de Hesdin ; et cette lettre scellée du sceau du bailliage et du sceau desdits francs hommes, et contenant la ratification faite par Pierre de Caours, écuyer, à DRIEU, seigneur de Bachimont, d'un contrat fait par lui avec Monsieur WUILLAUME D'AMYENS, père dudit Drieu, ladite lettre en date du mois de décembre 1359.

Généalogie de ceulx qui portent le nom et les armes d'Amyens. Mst. du xvi° siècle. Archives du château de Ranchicourt.

PREUVE L

Mention de l'alliance de DRIEU D'AMIENS, *seigneur de Bachimont, fils de Guillaume et de Marie de La Selve, avec N.* DE MAILLY.

Messire DRIEU D'AMIENS [1], seigneur de Bachimont, premier fils de Messire WUILLAUME ou GUILLAUME D'AMIENS, seigneur du dit Bachimont, fut marié à Madame N... DE MAILLY, fille du seigneur de Mailly, laquelle eut pour son mariage, entre autres choses, la terre du Maisnil-lez-Doncqueure, tenue des seigneurs d'Ally, et un fief nommé le fief d'Anteluche, séant à Prouville, et pays environ.

Généalogie de ceulx qui portent le nom et les armes d'Amyens. Mst. du xvi° siècle. Archives du château de Ranchicourt.

ANNÉE 1356.

DRIEU D'AMIENS *fut pris à la bataille de Poitiers, en compagnie du roi Jean, et réduit à aliéner la terre de Bachimont pour acquitter sa rançon.*

Que ledit DRIEU, seigneur de Bachimont, en sa jeunesse était des gentilshommes de la maison du roi Jehan de France, lequel

---

1. Le vieux mémoire suivi par de La Morlière dans sa Généalogie de la maison d'Amiens, donne pour père à Robert et Pierre d'Amiens, seigneurs de Bachimont, Drieu d'Amiens, ce qui est exact ; seulement on ne trouve dans le factum en question et dans l'œuvre de La Morlière qu'un seul Drieu quand il y en eut deux successivement. Robert et Pierre d'Amiens étaient fils de Drieu II, tandis que dans le manuscrit du xvi° siècle il paraît l'être de Drieu I, le seul connu de l'auteur et de de La Morlière.

Drieu fut fait prisonnier par les Anglais quand le dit Roi Jehan et son fils puiné, nommé Philippe, surnommé depuis le Hardy, furent pris à la journée de Poitiers, qui eut lieu la nuit de Saint-Martin d'hiver, l'an 1356, lesquels roi Jehan et son dit fils et plusieurs princes et gros seigneurs furent menés prisonniers en Angleterre, comme le fut Drieu, seigneur de Bachimont, lequel, pour trouver moyen de se racheter, engagea sa terre de Bachimont, en sorte qu'il fut contraint, longtemps après sa délivrance, de vendre ladite terre de Bachimont, à cause des grosses hypothèques dont son bien était chargé.

Qu'il appert de lettres scellées du sceau de Guy de Belly, seigneur de Caumont, qu'il bailla au dit DRIEU DE BACHIMONT, son cousin, deux journaux de pré en fief, séant en la ville de Fontaine-les-Hesdin; lesdites lettres datées du onzième jour de février 1368.

Généalogie de ceulx qui portent le nom et les armes d'Amyens. Mst. du XVIᵉ siècle. Archives du château de Ranchicourt.

PREUVE LI

1ᵉʳ MAI 1369.

PIERRE D'AMIENS, JEAN D'AMIENS et DRIEU D'AMIENS, ces deux derniers dits de Bachimont, et tous les trois fils de DRIEU D'AMIENS, seigneur de Bachimont, figurent dans la revue passée à Saint-Riquier, le 1ᵉʳ mai 1369, par Waleran de Rayneval, chevalier Banneret, qui avait sous sa conduite seize chevaliers bacheliers, vingt-six écuyers, et trente hommes d'armes. Cette compagnie était celle de Raoul Rayneval, pannetier de France.

Chevaliers.	
Mons. Waleran, banneret.	Mons. de Hangest.
Mons. Wille de Milly.	Mons. Charles, son frère.
Mons. Pierre de Milly.	Mons. Hubert de Hangest.
Mons. Geoffroy de Charny.	Mons. Jehan de St-Sauflieu.
Mons. de Wadencourt.	Le sire de Buissu.
	Mons. d'Engodessant.

Mons. Lancelot, son frère.

Mons. Legle de Dains.

Mons. de Saveuse.

Le sire de Béloy.

Le seigneur de Fransu.

Mons. Ysaac de Kerrieu.

Escuiers.

Saigremor d'Araines.

Jehan de Famechon.

Robert Boulars.

Hue d'Araines.

François de Roucourt.

Hennequin de Caetepie.

Camperonne.

Jehan de Eaucourt.

Colinet de Burhette.

Pierre Crustière.

Jehan de Hideville.

Périnet de Grasmenil.

Étienne de Sahurs.

Le Borne de Mondoucet.

PIERRE D'AMIENS.

Le Brun de Sains.

Trousselle de Sains.

Jehan de la Motte.

Bauduin de la Motte.

JEHAN DE BACHIMONT[1].

Romissart de Rochefay.

Mahieu de Béloy.

DRIEU DE BACHIMONT.

Jehan le Vicomte.

Frémont du Plouys.

Hemont de la Folie.

Jehan de Nuefville.

Trésor généalogique de Picardie, ou recueil de documents inédits sur la no-blesse de cette province, par un gentilhomme Picard, t. II, p. 190, n° 617.

PREUVE LII

Le mariage de ROBERT D'AMIENS, *fils aîné de Drieu, avec* MARIE DE BEAUFORT, *d'une des premières races de l'Artois, est signalé dans le vieux mémoire du* XVI° *siècle et dans le « Recueil des plusieurs nobles et illustres Maisons du diocèse d'Amiens, »* par de La Morlière.

Le fils aîné du dit DRIEU D'AMYENS[2], seigneur de Bachimont, fut ROBERT D'AMYENS et de Bachimont, seigneur de Fontaines-

1. Pierre, Jean et Drieu d'Amiens, n'étaient qu'écuyers en 1369, alors que leur père Drieu I était chevalier dès 1346, ce qui confirme la paternité de ce dernier.

2. Dans le vieux mémoire il n'est question que d'un seul Drieu d'Amiens ; or il y en eut deux de ce prénom dans la branche de Bachimont ; d'abord Drieu I d'Amiens, chevalier, fils de Guillaume, et Drieu II, écuyer, fils et successeur de Drieu I et auteur de Robert et de Pierre d'Amiens.

lez-Callons et de Maisnil-lez-Doncquerre, marié à Mademoiselle MARIE DE BEAUFORT, fille de Robert de Beaufort, escuyer, seigneur de Beaufort, dont il n'eut point d'enfants.

Que la dite demoiselle Marie de Beaufort, avant son mariage avec le dit Robert de Bachimont, avait épousé Tassart de Hayron, dont elle avait eu une fille.

Il appert d'une lettre scellée du sceau de Monsieur Edmond de Bourbecq, seigneur de Frencq et de Blesquin, de 1410, que lui et Madame Jeanne de Belly, dame de Caumont, sa femme, ont baillé au dit ROBERT D'AMYENS, seigneur de Bachimont, en cotterie, une mesure de terre aux champs et deux petits jardins, contenant chacun un quarteron ou environ, séants à Fontaine, tenus en cotterie de la seigneurie de Caumont par chacun an.

Généalogie de ceulx qui portent le nom et les armes d'Amyens. Mst. du XVIᵉ siècle. Arch. du château de Ranchicourt.

ANNÉES 1400 ET 1414..

ROBERT D'AMIENS est inscrit deux fois pour des tenures féodales dans le Livre terrier et dans le Cartulaire du couvent de Beaumont de Valenciennes.

ROBERT D'AMIENS est mentionné dans un état, dressé vers 1400, des rentes du couvent de Beaumont de Valenciennes, portant que la veuve de Jaquemart le Cambrelin, doit une rente audit couvent pour 2 maisons tenues audit Robert d'Amiens. Il est encore mentionné dans le cartulaire dudit couvent renouvelé le 13 février 1444 : portant que les chanoines de Saint-Géri devoient une rente aux dames de Beaumont pour 2 maisons qui furent à Faquemon le Cambrelin, tenues audit Robert d'Amiens.

Rouleau en parchemin aux Arch. de Beaumont à Valenciennes, nᵒ 56. — Cartulaire de Beaumont. — *Trésor généalogique*, par Dom Caffiaux, t. I, p. 121-127.

Avant 1481.

Le père Anselme et d'autres généalogistes nous font connaître la haute alliance de Catherine d'Amiens, *dame de Fontaines et de Bachimont, avec* Philippe de Beauval, *seigneur d'Occoch. De ce mariage, contracté avant 1581, vinrent deux filles : I.* Isabeau de Beauval *mariée à Guyon Le Roy, seigneur du Chillou et de Mondon, général des armées navales de Louis XII en 1513. — II.* Anne de Beauval, *dame d'Ignaucourt et de Fontaines, qui épousa Jean du Biez, seigneur de Bécourt, sénéchal et gouverneur du comté de Boulonnais.*

Guyon le Roy, seigneur du Chillou et de Mondon, servit dignement les rois Louis XI, Charles VIII, Louis XII et François Ier qui l'honorèrent de diverses charges. Le roi Louis XI le fit écuyer de son écurie en 1481 et le roi Charles VIII le fit vice-amiral à 500 l. de pension qu'il prenoit dès l'année 1485. Il servit le roi Louis XII à la conquête de Gênes, et ce prince l'institua, le 25 janvier 1513, général de ses armées navales contre les Anglois qui avoient fait des entreprises sur le royaume. Il étoit vice-amiral du roi en Normandie, et commis par lui à faire les devis, prix et marchez pour la construction du Havre-de-Grâce, lorsque le roi François Ier lui ordonna cent francs par mois par lettres données à Avignon le 22 septembre 1524.

I. Femme *Isabeau de Beauval*, dame d'Occoch et de Villeroye en Ponthieu, fille aînée de Philippe de Beauval, seigneur d'Occoch, et de Catherine d'Amiens, dame de Fontaines, étoit mariée avant 1481 et obtint avec son mari, au mois d'avril de la même année, droit d'un marché par semaine, et de deux foires par an, aux jours de S. Eloy pour sa terre de Villeroye.

Histoire des grands officiers de la couronne, par le P. Anselme, t. VIII, p. 250.

Jean du Biez, seigneur de Becourt, d'Enguinchault, etc., est qualifié conseiller et chambellan ordinaire du Roi, capitaine des villes

et chastel de Boulogne, seneschal et gouverneur au comté du Boulonnais, dans le contrat de mariage de son fils ainé.

Femme ANNE DE BEAUVAL, dame d'Ignaucourt et de Fontaines, fille puinée de Philippe de Beauval, seigneur d'Occoch, et de
CATHERINE D'AMIENS, dame de Bachimont, vivoit avec son mari,
le 21 janvier 1492.

Histoire généalogique des grands officiers de la couronne. par le P. Anselme,
t. VII, p. 188.

Quant à Guy le Roy, vice-admiral de France, il espousa en 1er lit
Isabeau de Beauval, dame d'Ococh et de Villeroye, fille aisnée de
PHILIPPE et de CATHERINE D'AMIENS, issue des seigneurs de
Vignacourt, petite-fille de Valeran de Beauval, Sr. d'Ococh, et de
Nicolle du Biez de la Maison d'Oudard, Sr. du Biez, mareschal de
France sous le roy François Ier. Ce Guy le Roy espousa en 2e lit
Radegonde de Maridor d'où vint un fils.

Histoire généalogique de la noblesse des Pays-Bas ou Histoire de Cambray,
par Jean Le Carpentier, t. II, p. 964.

CATHERINE D'AMIENS, issue des sieurs de Vignacourt, mariée
à PHILIPPE DE BEAUVAL, sieur d'Ocoche.

Recherches généalogiques sur les comtés de Ponthieu, par de La Gorgue-
Rosny, t. I, p. 31-32.

PREUVE LIII

PIERRE DE BACHIMONT *fut marié par son frère Robert et sa belle-sœur* MARIE
DE BEAUFORT *à* JEANNE DU HAYRON *ou* DE HARREUX, *fille du premier lit
de Jeanne de Beaufort.*

Le second fils dudit DRIEU D'AMYENS, seigneur de Bachimont,
fut maistre PIERRE D'AMYENS dit de Bachimont marié à Made-

moiselle JEANNE DU HAYRON [1], demoiselle de Branlicourt, par la
dite demoiselle MARIE DE BEAUFORT, sa mère. Il eut deux fils de
ce mariage.

Il appert du traité de mariage du dit maistre de Pierre de Bachimont que le dit Robert d'Amyens et la dite Marie de Beaufort, sa
femme, ont fait le mariage du dit maistre Pierre, son frère et héritier, avec la dite demoiselle Hayron, fille et héritière en cette partie
de la dite damoiselle Marie de Beaufort, sa mère, à laquelle furent
données pour son mariage la terre et la seigneurie de Branlicourt,
par contrat passé devant Jean de Triste, bailli de Maison-en-Ponthieu
en la présence de Pierre de Saint-Lô et Jehan de Royon, écuyers,
pairs et homme de la dite seigneurie de Maison-lez-Ponthieu; ce
contrat est daté du 19 juillet 1434 et scellé des sceaux desdits
bailli et hommes.

Généalogie de ceulx qui portent le nom et les armes d'Amyens. Mst.
du XVIᵉ siècle. Arch. du château de Ranchicourt (Pas-de-Calais).

ANNÉE 1465.

Le dit PIERRE DE BACHIMONT a toujours exercé les armes au
service des ducs de Bourgogne, tels que le duc Charles et autres; et
était à la journée de Montlhéry [2] où le roi de France perdit la bataille et a servi jusque dans sa plus grande vieillesse et avait sa
maison à Hesdin, près le château, qu'on appelait la maison de Monsieur de Bachimont, et il alla de vie à trépas dans la dite maison du
dit Hesdin.

Généalogie de ceulx qui portent le nom et les armes d'Amyens princes,
manuscrit du XVIᵉ siècle. Archives du château de Ranchicourt (Pas-de-
Calais).

1. Harreux d'après La Morlière.
2. La bataille indécise de Montlhery fut livrée le 18 juillet 1465, entre
Louis XI et les seigneurs de la Ligue du Bien public.

Enfants de PIERRE D'AMIENS, *sieur de Bachimont, et de* JEANNE DE HARREUX
ou DU HAYRON.

JACQUES D'AMIENS dit de Bachimont, seigneur du Maisnil-les-
Doncqueure, fils de Maistre Pierre d'Amyens, fut marié à N... dont
deux filles [1].

Généalogie de ceulx qui portent le nom et les armes d'Amyens. Mst. du
XVIᵉ siècle. Arch. du château de Ranchicourt (Pas-de-Calais).

PREUVE LIV.

18 DÉCEMBRE 1455.

Le mariage de PIERRE II D'AMIENS, *seigneur de Bachimont et de Branlicourt
ou Bralincourt, célébré le 17 décembre 1455 avec* JEANNE DE HESTRUS, *fut
ratifié le 26 mai 1459, par son frère* JACQUES D'AMIENS.

PIERRE D'AMIENS, dit BACHIMONT, seigneur de Branlicourt,
Fontaine et Abouve (Aboval), fils de messire Pierre d'Amyens,
seigneur de Bachimont, fut marié à damoiselle JEANNE DE HES-
TRUS [2] fille ainée de Jacques de Hestrus seigneur d'Essart (des Essarts). Il eut de cette union cinq fils et deux filles.

Le traité de mariage du dit PIERRE D'AMIENS, dit Bachimont,
seigneur de Branlicourt, avec ladite JEANNE DE HESTRUS, fut

---

1. Il eut aussi un fils nommé Obert d'Amiens qui se fit agréger à la bourgeoisie d'Arras, ainsi qu'il résulte de son inscription sur le Registre des
bourgeois de la dite ville.

« Obert d'Amiens, fils de Jacques, a récréanté la bourgeoisie de la manière
« acoustumée le pénultième d'octobre 1515 par devant Robillart et Jehan
« Valloy, eschevins.» *Registre aux bourgeois d'Arras*, fol. 257, Archives communales d'Arras.

2. Selon de La Morlière que nous avons suivi, Pierre d'Amiens épousa
Jeanne des Hotteux, fille de Jacques des Hotteux, seigneur des Essarts, et non
pas Jeanne de Hestrus.

passé par devant le Mayeur et échevins de la ville de Hesdin, en date du 18 décembre de l'année 1455 et scellé du sceau de la dite ville de Hesdin.

Il appert par une lettre en date du 26 mai 1459, passée par devant les notaires royaulx d'Abbeville, que le dit JACQUES DE BACHIMONT accordait et ratifiait le traité de mariage du dit PIERRE D'AMYENS, seigneur de Branlicourt, son frère aîné, à la condition que le dit lui accorderait de relever et appréhender la terre du Maisnil-lez-Doncquerre, par devers les officiers des dits seigneurs d'Ailly, pour tout partage, droits et portions de quints que le dit Jacques lui eut pu demander auxquels il renonçait au profit du dit Pierre, son frère aîné.

Généalogie de ceulx qui portent le nom et les armes d'Amyens. Mst. du xvie siècle. Arch. du château de Ranchicourt.

NICOLAS D'AMIENS *dit Esglet, second fils de* PIERRE II D'AMIENS,*seigneur de Bachimont, sa femme* MARGUERITE D'HALLENCOURT, *ses enfants,* FRANÇOIS *et* LOUIS D'AMIENS, *sont désignés comme suit dans le vieux mémoire.*

ESGLET DAMYENS[1], seigneur d'Aboval, second fils[2] de PIERRE DAMYENS, dit de Bachimont, seigneur de Branlicourt, Fontaines et Aboval, lequel eut pour partage et droit de quint la terre et seigneurie d'Aboval, fut marié à damoiselle MARGUERITE DELLENCOURT, fille et héritière de Jean Dellencourt, de laquelle il eut plusieurs enfants à savoir :

FRANÇOIS D'AMIENS lequel trespassa à marier et étoit héritier le second fils Loys que trouverez ci-après.

Le fils second de NICOLAS D'AMYENS, dit Esglet de Bachimont, est nommé LOYS D'AMYENS, seigneur de Bachimont, escuyer, seigneur d'Aboval et marié à Mademoiselle N. DE HORNES, fille de Monsieur de Cuinghen, près de Courtrai en Flandres, de la-

---

1. Esglet était un surnom ; son prénom était Nicolas comme on le remarquera un peu plus bas.

2. On trouvera plus loin l'aîné, nommé Adrien d'Amiens.

quelle il a eu deux enfants, savoir un fils nommée CLAUDE D'A-
MYENS, lequel fut tué en une bataille sans être marié, et aussi a
eu une fille, nommée MARIE D'AMYENS, mariée à M. de MORGNY
de la maison des Oursins, et depuis ledit Loys d'Amyens se remaria
en secondes noces avec la VICOMTESSE DE COURTIEULX LA
VALLÉE, près de Caprègne.

Généalogie de tous ceulx qui portent le nom et les armes d'Amyens.
Mst. du XVIe siècle. Archives du château de Ranchicourt (Pas-de-Calais).

ANNÉE 1474.

PIERRE D'AMIENS était seigneur de Fontaine et d'Aboval en l'année
ci-dessus.

PIERRE D'AMIENS tient de messire Jean de Melun, chevalier,
sieur de Camont, deux fiefs au bailliage d'Hesdin, l'un sis à Fontaine, l'autre à Aboval, en 1474. (Comptes dudit bailliage.)

Recherches généalogiques sur les comtés de Ponthieu, etc., par de La
Gorgue-Rosny, t. I, p. 31-32.

PREUVE LV

Filiation défectueuse des d'Amiens, seigneurs de Bachimont, par Adrien
de La Molière, qui a confondu quelquefois les membres parfaitement dis-
tincts de cette branche ayant mêmes prénoms, notamment ceux de Drieu et
de Pierre qui appartenaient à des personnages représentant des degrés diffé-
rents. De La Morlière donne pour sujet initial à la branche de Bachimont,
GUILLAUME, arrière-petit fils de THIBAULT D'AMIENS, qui était seigneur de
Canaples en 1220 et issu d'autre Thibault, seigneur de Canaples et de Ba-
chimont, dont les faits et gestes sont apparents depuis 1288 jusqu'à 1300.
De La Morlière constate que PIERRE d'AMIENS, seigneur de Bachimont, eut de
sa femme JEANNE DES HOTTEUX DES ESSARTS, 18 enfants.

Et fait on soudre d'un de ses puisnés GUILLAUME D'AMIENS
seigneur de Bachimont qui duroit encore de nos jours. Ce Guillaume

prit alliance à MARIE DE LA SEULE dont il engendra DRUON D'A-
MIENS, seigneur de Bachimont, qui épousa la fille du seigneur de
MAILLY, dame du Mesnil et de Donquert, d'où vindrent PIERRE
D'AMIENS DE BACHIMONT puisné cy dessous et ROBERT, sei-
gneur de Bachimont, de Fontaine et du Mesnil, mary de MARIE DE
BEAUFORT, en Arthois, sans enfans; PIERRE maintenant dit héri-
tier de son frère, contracta mariage avec JEANNE DE HARREUX,
dame de Bralincourt qui lui procréa encore PIERRE, seigneur de
Bachimont, Fontaine, du Mesnil et de Bralincourt lequel esleut
pour moitié JEANNE DES HOTEUX, fille de Jacques, seigneur des
Essarts, dont 18 enfans; ADRIEN D'AMIENS, l'aisné seigneur de
Bachimont, Fontaine, Bralincourt, eut pour espouse JEANNE DU
BOS fille du seigneur du Bos près Monstreul, et pour fils MICHEL
D'AMIENS, seigneur de Bachimont, lequel s'allia à MARIE DE
MARESEUR dont issit JEAN D'AMIENS, seigneur de Bachimont
conjoint par mariage à MARIE DE HAMES sans hoirs males;
JACQUES D'AMIENS, second fils de PIERRE et frère d'Adrien cy-
dessus, docteur en théologie, premièrement abbé de Dommartin,
l'an 1518 fut fait abbé de Prémonstré, puis général de l'ordre,
homme de grande érudiction qui obtint de sa Saincteté que les
docteurs dudit ordre de Prémonstré pourroient porter le bonnet
violet. PIERRE D'AMIENS, surnommé le Bon, fut abbé de Cher-
camp décédé l'an 1550 et JEAN D'AMIENS[1] encor leur frère seigneur d'Aboval, épousa MARGUERITE, héritière d'Halencourt de
laquelle il eut LOUYS D'AMIENS, seigneur d'Aboval, allié à MARIE
DE HORNES, fille du seigneur de S. Guillain, dont COLLART D'A-
MIENS[2] sans enfants où le nom se perdit quant à cette branche.

1. De La Morlière en énumérant quelques-uns des dix-huit enfants de
Pierre II d'Amiens, sire de Bachimont, a confondu Nicolas d'Amiens, dit
Esglet, avec son oncle Jean, et a donné à ce dernier, pour femme, Marguerite
d'Hallencourt, qui appartient légitimement au dit Nicolas. Le vieux généalogiste Picard a également pris Claude, fils de Louis et petit-fils d'Esglet pour
Collart d'Amiens, de la branche de Regnauville, séparée de celle de Bachimont
depuis trois cents ans. Ce Claude d'Amiens de même que Collart n'eut pas
d'héritier direct, mais il laissa de nombreux cousins, qui continuèrent la descendance des seigneurs de Bachimont au comté de Saint-Pol, où ils étaient
possessionnés.

2. Pour Collart. Voir plus haut pages 179 et 270.

Toutes fois il ne laissa pas de subsister encore sur nos frontières, au comté de Saint-Pol (cela soit dit sans faire tort à ceux qui le portent en cette ville d'Amiens, que je n'oublierois si j'en sçavois la descente).

Recueil de plusieurs nobles et illustres maisons du diocèse d'Amiens, par de La Morlière. Amiens. 1630, in-4, p. 31-38.

Extraits du vieux Mémoire relatifs aux enfants de PIERRE D'AMIENS *et de* JEANNE DE HOTTEUX.

JACQUES DE BACHIMONT, docteur en théologie et abbé de Prémonstré, 3e fils de Pierre Damyens, dit de Bachimont.

PIERRE DAMYENS, dit de BACHIMONT, bachelier, formé en théologie, fils 4e de Pierre Damyens, seigneur de Branlicourt, à présent abbé de Cercamp, en la comté de Saint-Paul.

PHILIPPE DE BACHIMONT, seigneur de Desquints, fils 5e dudit Pierre Damyens, seigneur de Branlicourt et de Fontaines, marié à Mademoiselle MARGUERITE DE HEUCHIN, auparavant veuve du seigneur de Hembond, de laquelle n'a aucuns enfants.

La fille aînée dudit Pierre Damyens fut nommée damoiselle JEANNE DE BACHIMONT et mariée à JACQUES DE FLAHAULT, escuyer, seigneur d'Obin en partie duquel n'a eu aucuns enfants.

La seconde fille dudit Pierre Damyens, nommée MARIE DE BA-CHIMONT, mariée à N. de Caylleux, duquel a eu une fille nommée JEANNE DE CAYLLEUX, mariée à JEAN LE JOSNE, escuyer, seigneur d'Ambricourt, filleul de M. de Cercamp.

Que la dite demoiselle MARIE DE BACHIMONT s'est remariée en secondes nocces à un nommé PIERRE DE CAVEREL, escuyer, seigneur de Quatrevaulx et en l'an 1521 mayeur de la ville de Hesdin duquel a eu plusieurs enfants, à savoir, messire:

Jean de Quaverel, chevalier, seigneur de Quatrevaulx, en ces temps homme d'armes de l'empereur Charles V° de ce nom et du roi Philippe, son fils, lequel a fait plusieurs voyages en armes, tant au couronnement dudit empereur en Italie, au reboutement du Grand Croicq en Hongrie et plusieurs autres dans l'espace de 40 ans et plus, sous la charge de Mgr le comte de Reuly, gouverneur de Flandres et Artois.

Généalogie de ceulx qui portent le nom et les armes d'Amyens. Mst du XVI° siècle. Arch. du château de Ranchicourt.

AVANT 1537.

Extrait établissant l'union de JEANNE D'AMIENS DE BACHIMONT *avec* PIERRE DE HAUTECLOQUE, *coseigneur d'Ellencourt.*

PIERRE DE HAUTECLOCQUE, écuyer, épousa JEANNE D'A-MIENS : On lit dans le procès-verbal de l'évaluation des fiefs du comté de Saint-Pol, faite en 1537, par ordre de François Ier : « Un fief à Ellencourt qui fut à Jean et Pierre de Hauteclocque appartenant à Jean Gricourt, à cause de sa femme. »

De ce mariage naquit un fils, savoir HUGUES DE HAUTE-CLOCQUE, écuyer, épousa MARIE DE MIRAMONT.

Miroir des notabilités nobiliaires de Belgique, des Pays-Bas, par M. Félix-Victor Goethals, t. II, p. 434.

PREUVE LVI

26 MARS 1480.

Philippe d'Hédouville, seigneur de Sandricourt, conseiller d'Etat, lieutenant gé-néral d'Ast ou Estrun ? mande à ADRIEN, ANDRIEU D'AMIENS, *conseiller et trésorier ducal en ladite ville de payer à Georges de Montaffia, capitaine, les gages de sa compagnie.*

Philippus de Hedouville, dominus de Sandricourt, ducalis consi-liarius et locum tenens generalis in patriâ et toto dominio Astensi

etc. spectabili ANDREÆ DE DAMIANIS, ducali consiliario et Astensi
thesaurario, salutem : quia vidimus monstras spectabilis Georgii de
Montaffia, capitanei et castellani castri magni veteris civitatis Astensis que sunt usque ad numerum duodecim personarum, mandamus vobis per presentes quatenus solutionem vadiorum mensium februarii, martis et aprilis proximé præteritorum ipso capitaneo solvi consuetorum, more solito, continuetis, et reportando presens mandatum, cum quittancia super hoc idonea, dicti capitanei in
quod de dictis vadiis, ipso capitaneo per vos solutum fuisse consti-
terit in computis dictis dicte thesaurarie Astensis allocabitur ubi
cumque decebit et de vestrà receptà deducetur ; in quorum testimonium presentes fieri jussimus et notro signo manuali ac sigillo
signavimus, datas Ast. die 26 mensis martis 1580. — Signé : P. HÉ·
DOUVILLE et plus bas : *Nicolas*.

29 MAI 1480.

Quittance de Georges de Montaffia à ANDRÉ *ou* ADRIEN D'AMIENS.

Spectabilis Georgius de Montaffia, capitaneus et castellanus castri
magni veteris civitatis Astensis suprascriptus confessus fuit et per
presentes confitetur habuisse ac recepisse prefato spectabili ANDREA
DE DAMIANIS, ducali thesaurario Astensi, somman librarum sep-
tingentarum nonagenta duarum monete Astensis, et hoc pro salario
seu vadiis ordinariis custodie dicti castri suprascriptorum trium
mensium at rationem de libris CCLXIV pro singulo mense de qua
quidem somma ipse capitaneus et castellanus pro dicto tempore
se contentum tenuit ac sibi bene solutum fuisse asseruit . . . .
. . . . presente me Nicolao Castellano, primo ducali secre-
tario Asten. qui hanc quittanciam per ipsum capitaneum subs-
criptam signo etiam meo manuali signavi in testimonium premis-

sorum in Astensi, die vigessimo nono mensis madii MCCCC octagesimo [1].

Signé : GEORGIUS DE MONTAFIA,
NICOLAUS.

Archives du château de Ranchicourt, parchemin.

*Le vieux mémoire constate qu'*ADRIEN D'AMIENS *eut autant d'enfants que son père* PIERRE, *c'est-à-dire dix-huit aussi, de* JEANNE DU BOIS, *et désigne quelques-uns d'entre eux.*

Le fils aîné dudit PIERRE D'AMYENS, dit de Bachimont, fut nommé ANDRIEU D'AMIENS, dit de Bachimont, seigneur de Branlicourt et de Fontaines, marié à damoiselle JEANNE DU BOYS, près de Monstreul, lui estant au service de Monseigneur Pierre de Bourbon, régent de France, de laquelle eut 18 enfants, à savoir douze fils et six filles.

Généalogie de ceulx qui portent le nom et les armes d'Amyens. Mst. du XVIᵉ siècle. Arch. du château de Ranchicourt (Pas-de-Calais).

Qu'il appert d'un accord passé à Hesdin par devant notaires royaulx en date du pénultième jour de Mars de l'an 1491 que le dit ANDRIEU D'AMIENS, fils aîné, accorda audit PHILIPPOT DE BACHIMONT, son frère, pour son partage et droit de quint, la terre d'Aboval.

Généalogie de ceulx qui portent le nom et les armes d'Amyens. Mst. du XVIᵉ siècle. Arch. du château de Ranchicourt (Pas-de-Calais).

1. La quittance ci-dessus, délivrée par Georges de Montaffia en faveur d'un d'Amiens, le 29 mars 1480, est signée par lui et Nicolas. Il reconnaît avoir reçu d'André d'Amiens la somme de 792 livres pour les gages de la garnison dudit château à raison de 264 livres par chaque mois.

Mention de l'alliance d'ADRIEN D'AMIENS, sieur de Bachimont,
avec JEANNE DU BOIS DE FIENNES.

ADRIEN D'AMIENS, sieur de Bachimont, descendu des chatelains d'Amiens, fils de PIERRE et de JEANNE DE HOTEUX, allié à JEANNE DU BOIS DE FIENNES.

Recherches généalogiques sur les comtés du Ponthieu, etc., par de La Gorgue-Rosny, t. I, p. 31-32.

PREUVE LVII

MICHEL D'AMIENS *est dit second fils d'Adrien d'Amiens et père*
de quatorze enfants.

Que le second fils dudit Andrieu d'Amyens est nommé MICHEL D'AMYENS, dit DE BACHIMONT, seigneur de Branlicourt et de Fontaines, et marié à Mademoiselle MARIE DE LA MARIE, escuyer, seigneur de la Boissière et de Lomes, de laquelle a eu plusieurs enfants jusques au nombre de quatorze lesquels sont tous morts au-dessous de l'àge de deux ou trois ans.

Reste un fils et quatre filles.

Généalogie de ceulx qui portent le nom et les armes d'Amyens. Mst.
du XVIᵉ siècle. Arch. du château de Ranchicourt.

27 JANVIER 1513.

MICHEL D'AMIENS, *sieur de Bachimont, fut reçu dans la corporation des bour-*
geois d'Arras, comme ses cousins des branches de Waringhen et de Mon-
cheaux.

MICHIEL D'AMIENS, receveur d'Estruns, reçu Bourgeois, par finance, de vingt-cinq sols, qu'il a payé à l'argentier, le 27 de janvier 1514, par devant Messieurs en nombre.

Extrait du registre aux Bourgeois, fol. 147. Archives municipales d'Arras.

Année 1544.

MICHEL D'AMIENS, *sieur de Bachimont et de Branlicourt, est dit frère de feu* ROBERT D'AMIENS.

MICHEL D'AMIENS dit de Bachimont, sieur de Branlicourt, demeurant à Hesdin en 1544, frère de feu ROBERT D'AMIENS.

Recherches généalogiques sur les comtés du Ponthieu, etc., par de La Gorgue-Rosny, t. I, p. 31-32.

Octobre 1557.

MICHEL D'AMIENS, *écuyer, sieur de Bachimont n'était plus à la date ci-dessus.*

De Saint-Ricquier
Octobre et novembre 1557.

Des héritiers de feu MICHEL D'AMIENS, dict de Bachimont, escuier, pour deux fiefz, nommés les fiefz de la vicomté d'Obbin, tenus de l'abbaye de Sainct-Ricquier, à luy appartenans, qu'il a déclairé valloir quarante une livres ung sol tournois, taxé à la dicte raison de six solz pour livre à la somme de douze livres douze solz tournois. Pour ce, cy XLI l. XII s. tz.

Recueil de documents inédits concernant la Picardie, publiés par Victor de Beauvillé, t. III, p. 431.

16 Avril 1566.

JEANNE D'AMIENS, *dite de Bachimont, fille de* MICHEL D'AMIENS *et de* MARIE DE LA MAIRIE, *épousa Antoine d'Esquincourt, écuyer.*

Noble demoiselle MARIE DE LA MARIE, veuve en 1567, de MICHEL D'AMIENS, écuyer, sieur de Fontaines, Estallon, Bachimont, mère de JEANNE D'AMIENS, dite de Bachimont, mariée le 16 avril 1566, à ANTOINE D'ESQUINCOURT, écuyer.

Recherches généalogiques sur les comtés de Ponthieu, etc., par de La Gorgue-Rosny, t. I, p. 31-32.

VERS 1570.

*Mention du mariage d'*ANTOINETTE D'AMIENS DE BACHIMONT, *dame d'honneur d'Anne d'Este, duchesse de Nemours*, avec GÉRARD DE BONMERCAT, *maître d'hôtel du duc de Nemours.*

Philippes de la Fontaine, né le 4 janvier 1572, fut seigneur de Bitry près Soissons, capitaine de cent chevaux légers, gouverneur du prince de Genevois, fils aîné du duc de Nemours, et mourut le 7 février 1637.

Femme *Anne de Bonmercat*, fille unique de GÉRARD DE BON-MERCAT, maître d'hôtel du duc de Nemours, et D'ANTOINETTE D'AMIENS DE BACHIMONT, héritière des seigneuries de Bitry, de Saint-Pierré, d'Yseux et la Boissière, est qualifiée fille d'honneur d'Anne d'Est, duchesse de Nemours, dans contrat de mariage passé à Paris le 14 may 1601 : étant veuve elle partagea avec ses enfans le 1er avril 1637, se retira dans le couvent des Ursulines de Crespy, où elle se fit religieuse, et y mourut en odeur de sainteté le 28 may 1642, âgée de 66 ans.

Histoire des grands officiers de la couronne, par le P. Anselme, t. VII, p. 854.

ANNÉE 1595.

Sceau de MARGUERITE D'AMIENS *dite de Bachimont, abbesse de Marquette.*

MARGUERITE D'AMIENS
dite de Bachimont, abbesse de Marquette, 1595.

Sceau ogival de 72 mill. — Arch. du Nord, abbaye de Marquette.

Dans une niche de la Renaissance, l'abbesse debout, de trois quarts, en voile et en guimpe, crossée de biais, tenant un livre ouvert, au-dessous, un écu à trois chevrons de vair.

S. DAME MARGUERITE DE BACHIMONT, ABBESSE DE MARQUETTE.

Accord au sujet d'un chemin tenu de la Motte d'Espaing à Wambrechies. — 10 avril 1595.

Inventaire des Sceaux de la Flandre, par G. Demay, t. II, p. 290.

PREUVE LVIII

DOCUMENTS RELATIFS A LA BRANCHE DE WARINGHEN, LA FERTÉ, RANCHICOURT.

Fragment généalogique indiquant la filiation des d'Amiens, sieurs de Waringhen, à partir de Christophe d'Amiens, époux d'Anne du Flos[1], c'est-à-dire depuis 1548, jusqu'à la fin du dix-septième siècle.

CHRISTOPHE D'AMIENS, natif d'Amiens, vivant en 1564, marié à ANNE DU FLOS[2], d'où NICOLAS, Sᵉ de Waringhen, marié en 1593, à BARBE LE PIPRE, d'où NICOLAS, Sᵉ de Waringhen, allié en 1625, à MARIE MENCHE, d'où Jean-François, Sʳ de La Ferté, mort à Béthune en 1710, marié à MARIE-YOLANDE DENIS DE SAPIGNY, d'où MARIE-YOLANDE D'AMIENS de Ranchicourt, mariée en 1679, à JEAN-FRANÇOIS-DOMINIQUE LE CARON, Sʳ de Cannettemont.

Recherches généalogiques sur les comtés de Ponthieu, de Boulogne, de Guines et pays circonvoisins, par de La Gorgue-Rosny, t. I, p. 32.

1. Les du Flos jouèrent un grand rôle dans les troubles religieux qui agitèrent profondément Arras en 1577. Ils sont fréquemment cités dans le *Mémoire de Pontus Payen et de Nicolas Lédé.*
Suivant M. du Hays, la famille du Flos portait : *D'or, au chevron d'azur chargé de 3 treffes d'or.*

AVANT ET APRÈS 1564.

Extraits où il est question du mariage de Christophe d'Amiens avec Anne du Flos, de celui de Nicolas I leur fils, sieur de Waringhem, avec Barbe Le Pipre, et enfin de l'union de Nicolas II d'Amiens avec Marie Menche.

NICOLAS I D'AMIENS, seigneur de Waringhem, etc., mort avant 1621, marié en 1595 à BARBE LE PIPPRE[1], morte en 1621.

CHRISTOPHE D'AMIENS, natif de la cité d'Arras, vivant en 1564, marié à ANNE DU FLOS, vivante en 1575.

NICOLAS II D'AMIENS, seign. de Waringhem, etc., vivant en 1605, marié en 1625, à MARIE MENCHE, inhumée ainsi que son mari à Sainte-Croix, à Béthune.

Esquisses généalogiques concernant un grand nombre de familles alliées entre elles, p. 5 et 29.

PREUVE LIX

Nicolas et Jacques-François d'Amiens, grand-père et petit-fils, le premier échevin et le second maire de Béthune en entrant dans l'échevinage d'Arras, ne font que suivre l'exemple des gentilshomes qui, à toutes les époques, recherchèrent les charges municipales.

Les d'Amiens de Tournay et Waringhen, en entrant dans l'échevinage, malgré leur noblesse, n'avaient pas plus démérité de leur

---

1. Le contrat de mariage, qui porte la date du 21 septembre 1593 au lieu de 1595, fut passé devant Pierre Charpiot, et Jean Bompre, notaires d'Arras. Dans l'assistance on remarque Marguerite du Flos, veuve de feu et honorable homme Nicolas Joudrequin, argentier de la gouvernance d'Arras, N. Garin, premier chatelain de la même cité, oncle de la future, Andrieu de Luis, Jacques Le Pipre, écuyer, sieur du Hayon, François Le Pipre, lieutenant général de la ville de Lille, frère de la dite demoiselle, Pierre de Senarpont, écuyer, sieur de Feringhen, son cousin germain, Catherine Le Hon, veuve de Nicolas Cornaille, écuyer, sieur d'Oppy.

Barbe le Pipre vendit, le 1er août 1622, aux religieux d'Anchin plusieurs héritages sis à Cornemuse. Marie Menche reçut le jour de son mariage une dot de 16,000 florins comptant.

origine qu'en se faisant admettre dans la bourgeoisie d'Arras [1]. On n'a qu'à se reporter à ce que nous avons dit à ce sujet page 63 de ce volume. L'édilité, en effet, fut de tout temps briguée par les gentilshommes en Artois, Picardie et Flandre, aussi bien que dans tout le royaume de France. Nous avons déjà fourni des preuves à l'appui, en voici d'autres non moins décisives. L'échevinage d'Arras se composait d'un mayeur ou maire électif, nommé à vie, et de douze échevins, dont quatre étaient recrutés obligatoirement dans la noblesse et quatre dans la robe ou la magistrature anoblissante, le dernier tiers était pris parmi les marchands notables.

Les nobles pénétrèrent dans l'administration des villes bien avant la féodalité, ce qui est attesté par une capitulaire de Lothaire où il est dit qu'il fallait être de vieille race pour devenir *scabin;* les mayeurs et les échevins, aux douzième et treizième siècles, sortaient tous de lignage, d'après Froissart. Il n'est donc pas étonnant de voir les grands noms de l'aristocratie figurer au premier rang dans les fonctions urbaines et les gentilshommes y affluer. Cet empressement était général mais particulièrement dans l'Artois et le Flandre, la Picardie, au rapport d'André de la Roque dont voici l'avis :

« En Brabant les premiers Bourgmestres de Louvain et d'Anvers sont tirés du corps des nobles. En Flandre une partie des Eschevins de Gand et de Saint-Omer en sont encore pris. A Namur outre le majeur, il y a toujours des Eschevins Nobles. Aussi Froissard parlant de Gand, dit que les premiers chevaliers de Flandres souhaitoient en estre Bourgeois pour entrer dans les charges...

« Adrien de la Morlière, chanoine d'Amiens, a observé que les majeurs de cette ville qui équipollent aux Maires, ont esté souvent nobles et personnes de condition. » (ANDRÉ DE LA ROQUE : *Traité de la noblesse,* p. 328, 329.)

Il en était de même à Paris. De Laigue le fait remarquer en ces termes : « On trouve plus de huit cents familles qui ont fourni des membres au corps municipal ou échevinage de Paris ; et beaucoup

---

1. Voir, au sujet du rôle de la noblesse dans l'échevinage où le consulat, ci-dessus, page 63, la notice de Jean d'Amiens, échevin de Tournay en 1338.

d'entre elles, comme je l'ai dit plus haut, étaient déjà nobles avant d'y être admises[1]. »

Le même auteur revient ailleurs sur cette première déclaration et la raffermit par une seconde : « Au reste, il suffit de jeter les yeux sur la liste de ces consuls ou conseillers, pour se convaincre que beaucoup d'anciens gentilshommes en ont exercé les fonctions, surtout avant l'année 1594. Cette assertion se trouve, au surplus, pleinement justifiée par les lettres mêmes de Charles VIII, données au mois de décembre 1495. *Iceux conseillers*, y est-il dit, *presens et à venir, s'ils n'estoient nés et extraits de noble lignée, avons anoblis et anoblissons par ces présentes, et du titre et privilège de noblesse, eux et leur postérité, née et à naistre en loyal mariage, avons décoré et décorons, etc.*[2] ».

Nous pouvons ranger parmi les familles nobles de Paris qui ont tenu la prevoté ou l'echevinages, Etienne Boileau prevot des marchands, chevalier et issu du viel estoc. — Jean de Folleville (1382); — Juvenal des Ursins (1388); — Jean Brulart, duquel sortirent les marquis de Sillery et de Genlis; — Denis de Saint-Yon (1517). La reine Blanche créa chevalier en 1251 un Saint-Yon qui reçut de Jean d'Ermines des étoffes d'écarlate, de pourpre et de pennes d'hermines pour son habillement. Les suivants occupèrent aussi l'office municipal : — Jean de Dammartin (1420); — Jean de Harlay (1464-1469-1484); — Jean du Drac, vicomte d'Ay, seigneur de Mareuil (1486); — Louis de Harlay (1490); — Eustache Luillier. seigneur de Saint-Masmin (1504); — Méry de Bureau (1508-1515); il descendait de Jean Bureau, trésorier de France et chef de l'artillerie sous Charles VII. D'après Michelet et tous les historiens, il contribua plus que tout autre à la délivrance nationale. — Christophe de Thou (1576); — Jean, seigneur d'Orville (1592); — Thomas de Rochefort (1595); — Jacques de Creil (1617); — Jean de Faverolles, intendant de la reine (1667); — Henri de Mesme, seigneur d'Orval (1680), etc.

---

1. DE LAIGUE: *Des Familles françaises considérées sous le rapport honorifique*, p. 25 et 26.

2. *Idem*.

La missive ci-après de Henri II et celle de Catherine de Médicis démontrent en quelle considération était tenue la fonction d'échevin qui mettait les titulaires en rapport continuel avec la couronne.

Lettre du roi Henri II à Jean de Breda, second fils de Hans.

18 novembre 1552.

« Monsieur de Breda, aiant donné charge à ce gentilhomme de présentement partir d'auprès de moy pour aller remonstrer au bureau de ma ville de Paris certaines choses de l'importance desquelles il vous apparaîtra, je n'ay pas voulu oublier de vous escrire particulièrement, et vous prier de l'assister de tout vostre pouvoir, tant au faict de sa dicte charge, que en touttes les autres occasions qui s'offriront par de là pour mon service, vous assurant que je vous en scauray très-bon gré et le tiendray pour une des meilleures preuves, que vous ne scauriez rendre de vostre dévotion à mon dict service. Sur ce je prye Dieu, Monsieur de Breda, vous avoir en sa sainte garde. Escript à Chaslons le dix-huitième jour de novembre [1].

(*Signé*) : « HENRY. »

ADRESSE : *A Monsieur de Breda, eschevin de ma ville de Paris.* Le cachet a disparu.

Lettre de Catherine de Médicis au même Jean de Breda.
(Papier.) (1552-1553.)

« Monsieur de Breda, saichant la bonne assistance que avez fayst aux gens du Roy, mon cheir signeur, à l'occasion des sub-

1. *Histoire de la souveraineté de S'Heerrenberg*, par C.-A. Serrure, Pièces justificatives, p. 66.
   Les de Breda étaient un rameau cadet des comtes de Berg (en Gueldre) qui continuaient eux-mêmes la filiation des comtes de Nassau et des princes de Hohenzollern-Sigmaringen.

sides, ne voleu fallir de vous remersier par la présante escritte de ma main, pour ce suget qui nous haublige de plus de augmenter la volonté, sy aynx se peult davantage, de vous povoyr fayre servise, cet que je panse avons si clèrement decleré alla visitte que fiste à Compiègne. Priant qui y plaise à Dieu vous tenir en sa bonne grase comme la chause que desire le plus.

> « Vostre bonne amye[1]. »
>
> *(Signé)* CATERINE.

Adresse: *A Monsieur de Breda, échevin.*

En Province, les offices consulaires étaient tout aussi appréciés qu'à Paris.

Le capitoulat de Toulouse, peut-être inférieur sous le rapport des privilèges à l'échevinage de Paris, n'était pas moins convoité par les gentilshommes comme on l'a déjà vu page **63** de ce volume. Montluc, dans ses commentaires, affirme que les premiers entre les nobles avaient été capitouls et un vieux dicton populaire que je recueille dans La Faille[2], proclame la même chose :

> De gran noblesse prend titoul
> Qui de Tolose ès capitoul[3].

Dans un certificat de vie en due forme, du **10 janvier 1743**, signé Delherm et Lassus, et portant le timbre sec de l'hôtel de ville de Toulouse, ces deux capitouls se qualifient : « gouverneurs de la ville et *chefs des nobles*, juges ès causes civiles, criminelles et de police en ladite ville et gardiage d'icelle[4]. »

Même en ses heures de décadence, d'après Abel de Froidefons, le capitoulat sauvegarda ses prérogatives : « Le capitoulat était bien

---

1. *Histoire de la souveraineté de S'Heerrenberg*, par C.-A. Serrure, pièces justificatives, p. XLVII. — La lettre ainsi que l'adresse sont entièrement de la main de la reine.

2. *Inventaire des archives d'Avignon*, p. 231. *Histoire de la maison de Villeneuve en Languedoc*, Preuves, vol. 2, coté 571, Cab. des Titres, Bibl. de Richelieu.

3. LA FAILLE : *Traité de la noblesse des capitouls*, p. 42.

4. ABEL DE FROIDEFONS : *Chronologie des noms de MM. les Capitouls*; Toulouse, 1786, imp. Raour.

déchu dans les deux derniers siècles, et cependant il conserva le privilège de conférer, par sa seule possession, la noblesse aux familles nouvelles. Pour le relever et lui rendre une partie de son ancien lustre, Louis XVI a recréé dans les premières années de son règne des capitouls d'épée et a revêtu de cet honneur MM. de Thezan, de Belestat, de Gavarret, » l'élite des gentilshommes.

Le *Saisimentum Comitatus Tolosæ* énumère les barons, chevaliers et nobles du Languedoc qui, en 1271, prêtèrent le serment féodal à propos de la réunion de cette province à la couronne. Dans leurs rangs figure Jourdain de Villeneuve, consul de Caraman et membre de l'illustre famille qui avait possédé la baronnie de ce nom dans le voisinage de Béziers; il joint à la qualité ci-dessus celle d'écuyer (*scutifer*). Jourdain de Villeneuve avait pour collègue Aimery de Rouaix; d'où il suit que les charges municipales étaient en grand honneur durant le treizième siècle, puisque des races comme celles de Villeneuve et de Rouaix les exerçaient alors dans une toute petite ville et conjointement sans nul doute avec des bourgeois.

Jean de Bernuy, capitoul de Toulouse, avait acquis par le commerce des richesses immenses[1]. Il était né à Burgos, en Espagne, et descendait d'un gouverneur de cette capitale de la vieille Castille. L'inscription de son tombeau ne lui donne que la qualification de *burgensis Tolosæ*, bien qu'il fût vicomte de Lautrec et de Veinez, baron de Villeneuve-la-Comtal, seigneur de Palaficat, Lasbordes et autres terres. Ce fut ce gentilhomme commerçant qui se rendit caution pour la rançon de François Ier lorsque, dans les champs de Pavie, le monarque-chevalier perdit tout, *fors l'honneur*. En 1533, ce prince, étant à Toulouse, alla dîner chez Bernuy. La reine y vint aussi, accompagnée d'environ deux cents dames de la cour, et, de son côté, Bernuy avait réuni dans son palais (aujourd'hui lycée) les plus belles Toulousaines. Jean de Bernuy laissa pour héritier un fils nommé Jean, comme lui, et qui fut comte de Lautrec, vicomte de Veinez, etc., et chevalier des ordres du roi. Celui-ci s'allia avec Marguerite de Foix-Candale, qui devint dame d'hon-

1. Du Mège, *membre de la Société archéologique du Midi*, tome Ier.

neur de Catherine de Médicis [1]; leur fille, Aldonsine de Bernuy, marquise de Saissac, fut mariée en 1565 à messire de Gui de Guilhem, baron de Castelnau-Bretenous, comte de Clermont-Lodève, chevalier du Saint-Esprit, etc. D'eux naquirent Françoise de Castelnau, vicomtesse d'Arpajon, mère de Louis, duc d'Arpajon, ministre d'Etat et l'un des plus braves généraux de son temps. Notons encore qu'Aldonsine de Bernuy [2], étant devenue veuve, se remaria à Jacques de Lorges, comte de Montgommery. Une pareille descendance et d'aussi illustres alliances comportent-elles l'idée d'une dérogeance par le négoce ?

Pithoncourt nous apprend que dans les principales villes du Midi dans le comtat Venaissin, les consuls, issus d'une même élection, étaient souvent tous qualifiés. En faisant cette remarque, il ajoute: « Cependant on peut dire que l'usage le plus constant et auquel on dérogeoit rarement, étoit de donner les deux premières places aux nobles [3]. » Les anciennes et nobles familles « de Fuers, de Chapponay, de Varay, de La Mure, de Saint-Vallier, de Chevriers, de Dodieu, de Vienne, de Nièvre et autres, dit M. de Laigue, jetèrent les premiers fondements de la communauté lyonnaise, qui n'a pas peu contribué à faire rentrer sous la domination des rois de France cette antique cité, décorée par l'empereur Claude de la qualification de colonie romaine [4]. » Nous relevons encore une preuve frappante de noblesse chez beaucoup de membres du consulat lyonnais : « Antoine de Masso soutint l'opinion qu'on avoit de sa noblesse, pendant son consulat de l'année 1581. Les commissaires du roi, étant arrivés à Lyon pour la convocation des états généraux, firent placer des bancs dans la grande salle du palais pour le tiers état de la province. Antoine de Masso refusa de s'y asseoir, disant *qu'il y avoit plusieurs conseillers de la ville qui ne tiroient pas leur noblesse de*

1. LAFAILLE : *Traité de la noblesse des capitouls*, in-4, pages 88 et 89.
2. Brantôme, dans la *Vie des Dames illustres*, cite parmi les dames de la cour de Catherine de Médicis « les plus renommées, madame de Lavardin, de la maison de Négrepelisse (belle-fille de Jean de Bernuy, le capitoul), et madame de Clermont de Lodève, de la maison de Bernuy. »
3. PITHONCURT: *Nobiliaire du comtat Venaissin*, art. Isnard, t. II, p. 465.
4. *Les Familles françaises considérées sous le rapport de leurs prérogatives honorifiques, héréditaires*, par de Laigue, pages 29-30.

la maison de la ville ; et que, s'ils n'étoient pas au rang de Mes-
sieurs du clergé et de noblesse, ils n'assisteroient pas à l'assemblée.
Ils siégèrent au rang du clergé et de la noblesse 1. »

Les de Caudron, les de Hornes, les d'Amiens et autres nobles de
la gouvernance d'Arras ou de Béthune, en acceptant les fonctions
échevinales, ne firent que se conformer aux traditions constantes
de leur caste qui, durant l'âge féodal et postérieurement, mon-
trèrent toujours grand empressement à figurer dans les municipa-
lités sachant que de telles charges s'accordaient très bien avec la
plus ancienne origine.

PREUVE LIX (suite)

12 Juillet 1625.

Contrat de mariage de Nicolas d'Amiens, *sieur de Berles, dit Larrière, fils de*
défunt Nicolas, *sieur de Berles, et de damoiselle* Barbe Le Pipre, *avec*
Marie Menche, *fille de Jean Menche, sieur de Chatelet, argentier de la ville*
de Béthune, receveur des Etats d'Artois, et de Claire Des Lions.

Comparurent en leurs personnes Nicolas d'Amiens, sieur de
Berles, dit Larrière, avocat au conseil d'Artois, fils de défunt
Nicolas, à son trépas, sieur dudit Berles, avocat au dit Conseil,
et de damoiselle Barbe Le Pipre, assistée d'Oregnon d'Amiens,
chanoine de l'Eglise collégiale de Saint-Géry à Cambrai, de Me Jean
Crulle, bailli général de messieurs du chapitre de Saint-Géry et des
terres de la Maison d'Egmont au pays de Cambrésis, mary et bail
de damoiselle Marie Le Pipre, tante maternelle au dit Nicolas,
Antoine de Marconville, sieur de Wanequelin, eschevin de cette
ville d'Arras, mary et bail de damoiselle Suzanne Cornaille, aussy
ses tantes grandes maternelles, et, Charles Vignon, écuier, sieur de
Buneville, esleu d'Artois, mary et bail de damoiselle Isabelle Le
Pipre, cousine germaine audit sieur de Berles, d'une part, Me Jehan
Menche, sieur de Chastelet, argentier de la ville de Béthune et rece-

1. *Les Lyonnais dignes de mémoire*, tome II, p. 354.

veur des Etats d'Artois en la dite ville , mary et bail de damoiselle
Claire Des Lyons, soy faisant et portant fort d'icelle et de damoiselle MARIE MENCHE leur fille à marier, assisté d'Hector des Lyons,
sieur des Hueurs, — Choqueaulx, greffier desdits Etats ; Adrien des
Lyons, procureur au conseil d'Artois, frère germain de ladite damoiselle Claire, et de Pierre Des Lyons, sieur de Fontenelle, neveu
d'icelle, d'autre part, et reconnurent lesdites parties, chacune en son
regard, que pour parvenir au traité de mariage pourparlé entre
lesdits Nicoles d'Amiens, et ladite damoiselle Marie Menche, lequel
au plaisir de Dieu, etc.... Les devises, portemens, retours et conditions sont tels qu'il s'en suit sçavoir ; quant au portement dudit
Me Nicolas, il a déclaré lui compéter et appartenir, du partaige de
ses dits père et mère en forme de testament passé par devant notaire le penultième d'octobre seize cent dix-sept, la terre et
seigneurie de Berles, dites Larrière, séantes au villaige et terroir de
Beaurain, laisse cette ville tenue en fief avec justice vicomtière, rente
foncière et seigneuriale [1].

Fait et passé en la ville d'Arras le 12 juillet 1625.

Signataires : MENCHE, NICOLAS D'AMIENS, et des notaires :
Lestoquart et *Jehan Leclerq.*

Archives du château de Ranchicourt, en double exemplaire dont l'un
original et insinué le 2 août 1625, papier.

_____

1. Suit l'énumération des rentes et redevances et ce sans charge de quint envers ses frères et sœurs. Le marié se constitua aussi une autre terre, sise vers
Saint-Sauveur, à l'encontre de damoiselle MARIE D'AMIENS, sa tante, veuve de
feu LOUIS DE COMET, conseiller de Sa Majesté en la gouvernance d'Arras ; il
se constitua en outre 11,000 florins en rentes diverses. Vient ensuite le relevé
et l'estimation des joyaux, parmi lesquels nous remarquons une chaîne de
600 florins, il est aussi question dans l'acte ci-dessus du testament de Nicolas I
d'Amiens et de sa femme, fait le 30 octobre 1617.

PREUVE LX

9 AOUT 1652.

Contrat de mariage de JEAN-FRANÇOIS D'AMIENS *avec* MARIE-YOLANDE DENIS DE SAPIGNY.

A tous ceux qui ces présentes lettres verront Mᵉ Louis Allemard, notaire royal et garde général du scel ordinaire, estably en la ville d'Arras, etc., salut : sçachent tous que par devant Christophe Benoist et Victor Desmaret, tous deux notaires royaux dudit pays de la résidence d'Arras, comparurent en leurs personnes Mᵉ JEAN FRANÇOIS D'AMIENS, licencié ès loix, sieur de Warenghem, Berles, etc., fils à marier de défunt Mᵉ NICOLAS, vivant avocat au Conseil d'Artois, sieur dudit Berles, et de damoiselle MARIE MENCHE, assisté de messire Philippes de Widebien, chevalier dudit conseil, sieur d'Ignancourt, mary et bail de dame Isabelle Le Pipre, cousine venue de germaine du costé paternel dudit seigneur d'Amiens, M. Nicolas Cornaille, escuier, sieur d'Oppy, premier conseiller dudit conseil, M. Louis Cornaille, aussi escuier, sieur du Croquet, conseiller audit conseil, pareillement, cousins venus de germains du même costé paternel, M. Antoine Deslions, escuier, sieur de Feuchin, et de Jacques Estienne des Couleurs, pareillement escuier, fils de M. Jacques des Couleurs, aussy escuier, sieur de la Batterie, conseiller audit conseil, et de feue damoiselle Isabelle Deslions, sa première femme, cousins issus de germains audit sieur d'Amiens du costé maternel, d'une part, Jacques Denis, escuier, sieur de Sapigny, échevin de la ville d'Arras, damoiselle MARIE-IOLENDE DENIS, sa fille à marier qu'il obt de feue damoiselle Iolende Lemarchand, assistée d'Antoine Denis, escuier, son frère, Antoine, aussi escuier, sieur de Belacoundel, son oncle, Antoine Lemarchand, escuier, sieur Delahaye, de M. Philippe Duval, escuier, sieur de la Tranerie, pareillement conseiller audit Conseil, de Louis le Sergeant, escuier, sieur de Beaurains, esleu d'Artois, son cousin germain du costé paternel, M. Philippe Wallast, escuier, sieur d'Incourt, prestre licencié ès droits, prévost dénommé de l'église cathédrale Notre-Dame d'Arras, et Adrien Payen, escuier, sieur de Hauttecotte, Lafosse, lieutenant général de la gouvernance d'Arras, ses cousins germains du costé maternel, ledit sieur conseiller des Couleurs à présent mary et bail de damoiselle Marie-Magdelaine de Manonville, signeur de Manonville, échevin de ladite ville d'Arras, ses cousin et cousine, issus de germain du costé paternel, et M. Jean Mulet, escuier, et de M⁰ François de Beaurains, advocat audit conseil sous-bailly de l'église et abbaye de Saint-Waast d'Arras, ses bons amis et bienveillant d'autre part; et reconnurent les dites parties que pour parvenir au traitté de mariage pourparlé entre lesdits sieurs d'Amiens et Manonville, Marie-Yolente Denis, etc.

Archives du château de Ranchicourt, contrat de mariage de Jean-François d'Amiens avec Marie-Yolande Denis de Sapigny. Parchemin.

PREUVE LXI

Etat des gentilhommes Artésiens avant et après l'annexion de l'Artois à la France.

Après trois siècles de ruines, amoncelées sur le sol de l'Artois par les calamités successives et diverses dont il a été déjà parlé, beaucoup de nobles ne pouvant, avec des terres infécondes, payer et fournir l'équipement militaire pour eux-mêmes ou leurs suppléants, avaient non-seulement abandonné la culture, mais encore leurs petits fiefs pour se réfugier dans la bourgeoisie, les professions honorables ou libérales, souvent même dans le commerce et dans les métiers qui, dans les pays laborieux et industriels du nord, ne furent jamais entachés d'indignité : ce qui est affirmé par le grand

feudiste André de La Roque : « Dans les provinces unies, les nobles
ne dérogent point par le trafic, ni par l'usage de certaines professions. Les privilèges de la noblesse ne consistent qu'à se trouver
aux Etats dans les Provinces où les nobles font un corps à part,
comme en Hollande, Utrecht, Gueldre, Overissel. En Frise, il n'y a
point de charges qui leur soient affectées. » (DE LA ROQUE : *Traité
de la Noblesse,* page 481.)

Pierre de Galard, grand maître des arbalétriers de France, gouverneur des Flandres pour Philippe le Bel et issu d'une des plus
anciennes familles du Midi, déclara, en 1319, que le commerce avait
été pour lui une source de profits plus abondante que celle des largesses royales. Philippe le long, ayant annulé tous les dons héréditaires faits par son père, Pierre de Galard, vint devant la chambre
des comptes de Paris justifier, par l'énumération des services rendus à la couronne, les récompenses légitimes dont il avait été l'objet. Le gentilhomme gascon ajoute qu'exempté de la fiscalité par
son titre de gouverneur des Flandres, il importait dans ce pays,
francs de tout péage, ses vins de Gascogne, ainsi que ceux de son
frère, Raymond, d'abord abbé et ensuite évêque de Condom[1].

En Artois, de même qu'en Flandre, il était permis aux gentilshommes de commercer. Laissons parler M. Lecesne à ce sujet :
— « Un gentilhomme, faisant trafic par mer, n'était point réputé
déroger, pas plus que celui qui était commis aux ministres ou qui
exerçait profession d'avocat, de médecin..... On avait même été
jusqu'à décider qu'un gentilhomme qui faisait la commission des
vins ne dérogeait pas..... La coutume ne demandait qu'une condition, c'était de vivre noblement. On admettait en outre assez facilement l'esprit de retour car la dérogeance s'effaçait « en soy dé-
« portant de son estat et manière de vivre, nonobstant la longueur
« de temps qui n'estaint la dite noblesse et franchise, posé que
« ladite longueur soit de vingt ans et pluz. » C'était au moins
encourageant pour ceux qui ne tenaient pas trop aux temps inter-

1. Extrait d'un livre in-fol., coté Bel, intitulé : *Revocatio facta per regem Philip-
pum Longum de pluribus donis per ejus patrem factis ; anno* 1320. Sénéchaussée
de Toulouse, Philippe le Bel. — Mss. de l'abbé de Lespine, dossier de Galard,
Bibl. de Richelieu, Cabinet des titres.

m.diaires, *media tempora non nocent.* D'ailleurs, il était assez difficile qu'il en fût autrement ; en effet, on ne voulait pas sacrifier cette petite noblesse besogneuse, qui était si souvent obligée de voiler son blason pour vivre. Aussi Maillart, dit-il, « qu'en Artois, « la noblesse ne fait que dormir pendant la dérogeance, elle se ré- « veille quand celle-ci cesse. » D'après ces idées, les descendants d'un noble, qui avait dérogé, pouvaient reprendre leur noblesse en cessant d'exercer l'état dérogeant, sans qu'ils eussent besoin, comme dans le reste de la France, de lettres de réhabilitation : **un placard du 14 décembre 1616 leur conférait positivement ce droit[1]. »**

En France, la législation sur la dérogeance était plus rigou- reuse. Aussi les familles qui avaient, en Artois, pratiqué le négoce où il était licite, se trouvèrent-elles, en passant sous l'empire des lois françaises, dans des conditions fatalement irrégulières. **La plupart pour ce motif durent se faire réanoblir.**

Ceux qui avaient trafiqué n'étaient pas les seuls en France préve- nus d'usurpation et menacés de répression. Il y en avait une infi- nité d'autres, qui, comme les de Moncheaux, les de Beaufort, de Canteleu et d'Amiens, victimes des événements anciens ou nou- veaux, avaient eu leurs châteaux, leurs terres et leurs titres de famille mis à sac et à néant par le fer et le feu des belligérants. .

La perte des papiers domestiques n'était pas du reste un fait par- ticulier à la noblesse d'Artois. En France, la masse des déshérités sous le rapport documentaire fut si imposante que le grand conseil se décida, le 19 mars 1667, à faire un règlement spécial à leur profit, dit M. de Laigue :

« Pendant le cours des recherches, les commissaires se trouvèrent arrêtés à l'égard des gentilshommes dont les anciens titres ou les titres primordiaux de noblesse étoient adirés ou n'existoient plus ; il fut décidé, par arrêt du conseil du 19 mars 1637, que ceux qui avoient porté les titres de chevalier et d'écuyer depuis 1560, avec possession de fiefs, emplois et services, et sans aucune trace de roture avant ladite année 1560, seroient réputés nobles de race et,

---

1. *Exposé de la législation coutumière de l'Artois,* par E. Lecesne, in-8. Paris 1869, pp. 57, 58 et 59.

comme tels, maintenus. Quant à ceux dont les titres n'étaient accompagnés ni de fiefs ni de services, les commissaires exigèrent de leur part une preuve de deux cents ans de qualifications. »

Bien peu étaient capables de la fournir en totalité. Les traitants, abusant de cette indigence, poussèrent l'iniquité jusqu'à juger les requérants, non pas d'après la possession ancienne de noblesse, avec ou sans éclipse, mais d'après la seule durée des fonctions c'est-à-dire depuis la première investiture de la famille jusqu'au moment de la recherche sans se préoccuper si les titulaires étaient ou nom d'extraction. Quand ils l'étaient on leur appliquait tout de même l'anoblissement comme à de simples roturiers qui auraient acquis leur noblesse par des offices auxquels elle était inhérente. Augustin-René-Pierre de Goyon, d'une famille sortie du Condomois, et implantée en Bretagne, avait été, dans une maintenue, considéré comme anobli par la charge de secrétaire du roi alors que ses ancêtres, en 1565, portaient la qualification d'écuyers. Celui qui avait été frustré dans ses droit originels réclama contre la noblesse de création qu'on lui attribuait au lieu et place de celle d'extraction. Les conclusions du procureur général des États de Bretagne lui furent favorables :

« Il nous paroit qu'ils ont prouvé qu'ils descendoient, ainsi que les branches de Guyenne, de trois auteurs qualifiés nobles au seizième et au commencement du dix-septième siècle ; leur ayeul, venu en Bretagne, n'avoit pu contracter dérogeance absolue ; il a fait le commerce à Nantes, mais la dérogeance absolue n'a pas lieu en Bretagne. En conséquence, n'opposons qu'il soit qu'Augustin-Joseph-René-Pierre de Gouyon, etc., ont les qualités requises pour entrée, séance et voix délibérative aux états dans l'ordre de la noblesse, etc. A Rennes, le 12 may 1777.

« *Signé* : DE LA BOURDONNAYE DE BOISHULLIN. »

En vertu de ces procédés arbitraires, les descendants des plus illustres maisons, pourvus de postes inférieurs, se trouvèrent anoblis malgré eux et à leur grande surprise. Nicolas-François de Bréda, qui n'avait pas besoin de l'être puisque sa branche était issue des anciens comtes de Berg, fut traité de la même façon parce qu'il était secrétaire du roi. Il repoussa l'anoblissement substitué à sa véritable noblesse par la raison que l'état préexistant de lui et de ses devanciers ne pouvait être que diminué par une formalité nouvelle et que l'exercice d'une charge anoblissante ne pouvait en aucune façon invalider la qualité de la naissance. A l'appui de son dire, Nicolas-François de Bréda produisit des titres établissant que les siens étaient qualifiés écuyers et seigneurs de Hauteborne avant d'être secrétaires du roi et que par conséquent il tenait sa noblesse de son sang et non de la chancellerie. En Artois et en Flandre des familles qui occupaient des sièges dans la magistrature, la judicature ou l'échevinage, se trouvèrent quoique patriciennes, anoblies malgré elles. C'est pour protester contre un pareil excès de pouvoir commis à son préjudice, que Jean-Benoit Caudron, avocat et échevin d'Arras, fit une preuve de noblesse remontant directement et authentiquement à Baudoin Caudron, chevalier, qui était aux champs en 1096.

M. le vicomte Oscar de Poli a fait un tableau navrant de cette pauvre noblesse, désarmée sous le rapport documentaire, traquée par les agents du fisc et acculée à des procès onéreux ou à l'abandon de ses droits et de son ordre :

« Louis XI, ce *bon rompu de roy*, comme l'appelle Brantôme, voulut faire d'une pierre deux coups, le célèbre édit des francs fiefs eut ce double effet de régulariser l'état des nouveaux fieffés et de remplir les caisses du Trésor, et même il advint ce fait curieux que, pour s'épargner les frais de la recherche de leurs preuves et d'une instance en maintenue de noblesse, d'excellents gentilshommes préférèrent légaliser leur possession d'état en acquittant la taxe des francs fiefs.

« Le 8 février 1661, Louis XIV rendit une déclaration pour la recherche et condamnation des usurpateurs de noblesse, cette déclaration et les suivantes, qui la confirmèrent en l'aggravant, jetèrent dans tous les rangs de la noblesse un si grand trouble qu'un grand nombre de gentilshommes, pour échapper aux taxes de la capitation, afférentes aux titres héraldiques qu'ils portaient, déclarèrent se désister des titres dont ils s'étaient honorés jusque là. »

Rien qu'en Bretagne, « on compta jusqu'à 67 gentilshommes chefs
de nom et d'armes, qui renoncèrent à leurs titres héraldiques[1]. »
Chaque province vit de ces abdications. Lors des réformations de
noblesse, mesures purement fiscales, équitables dans leur principe,
mais faussées dans l'application par les commissaires royaux, la
plupart bourgeois revêches, portés à transformer leur mandat de
recherches en tactique de vexation. — Bien des familles, ancienne-
ment et authentiquement nobles, trop pauvres pour subvenir aux
frais de revendication, de leur état, trop fières pour avouer leur
pauvreté, obsédées, abreuvées de dégouts et de persécutions, préférèrent se laisser dépouiller sans bruit de leurs prérogatives héréditaire. A côté des intendants commis à la recherche des usurpateurs,
il y avait les traitants, qui, ayant affermé le produit des poursuites,
les exerçaient avec une activité dévorante, avec une rigueur d'injustice, qui, plus d'une fois, leur attira de sévères mercuriales. En
1700, le premier président du Parlement de Paris, dit à l'avocat
des traitants, au sujet de la famille du poète Boileau, laquelle établissait par titres authentiques que sa noblesse remontait à
l'an 1342 : « Le Roy veut bien que vous poursuiviez les faux nobles
« de son royaume, mais il ne vous pas donné pour cela permission
« d'inquiéter les gens d'une noblesse aussi avérée que sont ceux
« dont nous venons d'examiner les titres. Que cela ne vous arrive
« plus! Allez, et ne péchez plus! » Mais les traitants continuèrent
à pécher et à faire de l'eau trouble pour y pécher. Toute famille
appelée à faire ses preuves devait justifier d'un partage noble remontant au moins à cent ans, et produire, pour le courant du
seizième siècle, au moins trois actes originaux et deux pour les
siècles antérieurs. Il fallait être bien riche pour se lancer dans des
recherches ardues dans la reconstitution de preuves, toujours si
difficile, lorsque les documents probatifs, chartes, contrats, aveux,
pierre tombales, étaient épars dans vingt endroits ; combien le
temps en avait détruit, et les guerres, et les accidents ordinaires
de la vie! S'il y avait eu dérogeance il fallait prouver cent ans de

1. A. DU CHATELLIER : *Des réformations de la noblesse de Bretagne*, dans la
Revue nobiliaire, t. XII, p. 12 et 14.

noblesse antérieurement au dérogeant : preuve presque toujours
impossible à faire lorsque la famille était originaire d'une province
éloignée de celle où elle se trouvait établie depuis moins d'un ou
deux siècles. « Certaines sentences des commissaires royaux apparaissent empreintes d'une rigueur odieuse jusqu'à l'iniquité. Philippe
du Bois, écuyer, seigneur de Chevillon, établit qu'il était fils de
Claude du Bois, écuyer, seigneur de Chevillon, et petit-fils de
François du Bois, écuyer, seigneur de Chevillon, « la maison du-
« quel où estoient les titres et pièces justificatives de leur noblesse
« fust bruslée et pillée pendant la Ligue, et que ledict Francoys
« estoit fils de Christophe du Boys, escuier, seigneur de Che-
« villon[1]. » Ce qui n'empêche pas l'intendant Caumartin de con-
damner Philippe du Bois, encore que sa mère fût une Le Febvre,
mais sans doute pas une Le Febvre de Caumartin. Et pense-t-on
que les maintenus ou les réhabilités, pour avoir, à grand labeur et
grands coûts, obtenu des lettres royaux ou des sentences favorables,
fussent dorénavant à l'abri des recherches, des dépenses et des persécutions? Telle famille, comme les Billeheust, de 1661 à 1781,
pourrait exhiber une douzaine d'arrêts de maintenue. Les d'Allard,
les Courtin du Forez, les Champagny, en comptent également une
série. Quand on croyait tout fini, tout était à recommencer et chaque
fois il fallait payer pour être considéré comme noble. Louis XIV,
au mois de décembre 1692, révoque toutes les réhabilitations, en
1696, déclare que les réhabilités sont confirmés moyennant finance ;
en 1698, qu'ils produiront les titres justificatifs de leur noblesse ;
en 1703 qu'ils seront tenus de rapporter les dits titres, depuis 1560 ;
en 1710, révocation générale des confirmations. Jusqu'au règne de
Louis XIV, les réformations avaient été simplement fiscales et ré-
pressives, la bascule des édits contradictoires, l'avidité des traitants,
la rigueur des intendants, donnèrent à la réformation du dix-huitième siècle un caractère lamentable d'agression, dont eut plus
particulièrement à souffrir l'ancienne noblesse, la noblesse d'épée,

---

1. Dossier bleu, numéro 2,583. Bibl. nat. Cabinet des titres : Du Bois de Chevillon, page 7.

parce que son ancienneté même et ses vicissitudes rendaient plus
difficile la production de ses titres. Et que d'anomalies dans les
décisions des commissaires royaux! Jean-Louis de Cabannes, frère
ainé de Jean-Jacques de Cabannes de Lanneplan, maintenu dans sa
noblesse en 1696, est classé comme « roturier » dans une convocation de ban faite, au même temps, par l'intendant de Guyenne.
En 1715, la maison de Cabannes est condamnée pour usurpation
de noblesse dans une de ses branches, tandis qu'elle est maintenue
dans trois autres par plusieurs ordonnances des intendants. Pour
se délivrer des persécutions elle acquit, à beaux deniers, une confirmation qui fut annulée presque aussitôt par l'édit général de
1710. C'est une tache au soleil du grand roi, une tache d'injustice et
d'ingratitude, que cette mise en coupe réglée de la noblesse, déjà si
appauvrie par des siècles de si généreux sacrifices, et livrée, comme
une proie fructueuse, aux serres des traitants. » (*Essai d'introduction
à l'Histoire généalogique*, par le vicomte O. de Poli. Paris, 1887,
in-12, pages 197 à 205).

Certains rejetons de races féodales, précipités par la fatalité des
temps dans une position infime, privés des chartriers qui remémo-
raient le passé de leurs aïeux et attestaient leur ancienne extraction,
avaient à la longue perdu le souvenir de leur point de départ et
des attaches généalogiques. Leur humilité et leur disgrâce dans le
présent, contrastant avec leur éclat d'autrefois, les faisait douter de
leur grandeur primitive, ceux surtout qui portaient la robe de père
en fils depuis deux ou trois générations oublièrent peu à peu que
leurs ancêtres avaient combattu en cottes de mailles. Toustaing de
Richebourg fait les réflexions suivantes à propos de ces familles
déchues.

« Celles-ci, perdant bientôt de vue leur identité primitive ou
leur liaison réciproque, par l'impossibilité d'en conserver longtemps une preuve littérale, commencèrent à se regarder comme
autant de races distinctes, en ne comptant leur filiation que depuis
le premier auteur dont elles conservaient la mémoire, et ne croyant
s'étendre que par les branches dont elles conservaient la jonction. »

Pour remédier à cette situation et réparer les dommages, subis par les nobles à travers les péripéties des guerres et des invasions, les archiducs d'Autriche et les rois d'Espagne constituèrent des commissions chargées de rendre justice aux gentilshommes qui, faute de preuve écrite, pouvaient établir leur état par des témoignages contemporains et la renommée de la famille. On vit alors beaucoup de gens, dont la noblesse se trouvait obscurcie ou compromise par l'absence de titres, demander à leurs suzerains des lettres d'anoblissement ou plutôt de réanoblissement. Dans le nombre de ceux qui recoururent à cette extrémité à la fin du seizième siècle et au commencement du dix-septième siècle nous pouvons indiquer les suivants d'après les registres aux commissions d'Artois. — Le 29 mai 1572 les lettres d'anoblissement ou plutôt de réanoblissement pour Pierre Payen, seigneur d'Ecoivres[1], le 7 février 1587 pour Alexandre-François-Ignace de Brandt, seigneur de Marconne[2]. — Le 7 janvier 1589, lettres d'anoblissement par Philippe II, roi d'Espagne, en faveur de Jacques de Lattre, seigneur de Willerval et de Rollencourt ; — le 27 octobre 1589, sentence de noblesse en faveur d'Adrien et Jean Le Josne, contre les habitants de Pressy[3], le 21 mars 1591, pour Nicolas Diéval, seigneur de Natoy[4] ; — le 31 juillet de la susdite année autre jugement de noblesse donnant gain de cause à Guillaume de Canteleu, seigneur de Contes, le 5 octobre 1591, autre au profit de Charles de Noudt, seigneur de la Roze, le 24 juillet 1592, sentence au profit de Jean de Poix, écuyer et issu de maison chevaleresque, et de François de Lyane, seigneur d'Avault, échevin de Saint-Omer[5] ; — le 20 février 1593 autre sentence de noblesse en faveur de Flourens Cornaille, seigneur de la Bucaille[6] ; — le 20 mars 1593 pour Hierosme Destienbecque, seigneur de Disque et de la Motte[7] ; — avril 1593,

---

1. Registre de l'Élection d'Artois, allant de 1574 à 1587, fol. 258. Arch. départementales du Pas-de-Calais.

2. *Idem*, fol. 356.

3. *Ibidem*. Registre allant de 1587 à 1595, fol. 48. Registre aux commissions d'Artois, fol. 137, v.

4. Registre de l'Élection d'Artois de 1595 à 1607, fol 261.

5. Registre de l'Élection d'Artois, de 1587 à 1595, fol. 92, fol. 115 v. fol. 160.

6. *Idem*, fol. 183.

7. *Idem*, foi. 192.

pour Antoine de Walhey, écuyer, seigneur de Lestarde[1]. — Avril 1593 pour Nicaise de Bersecques, seigneur d'Arquingoult[2]. — 29 novembre 1595 lettres d'anoblissement pour Jacques de Flandre, seigneur de Froment[3]. — Le 16 février 1599 requête de noblesse par François et Gilles de Monchaux dont les ancêtres étaient aux croisades[4]. — Le 21 juillet 1601 sentence de noblesse en faveur de Robert de Bengin, seigneur de Pouches[5]. — Le 11 février 1605 idem au profit de François d'Ailly, seigneur de Quinville, sorti d'un des plus illustres estocs du Nord[6]. — Le 9 mars 1606, lettres d'anoblissement accordées par les archiducs à Nicolas Daens, seigneur de Bonnechit et de Parquet, homme d'armes de la compagnie du comte de Rœux[7]. — Le 8 mars 1614, sentence de noblesse au profit de de Croix, seigneur du Petit-Berlencourt[8].

Les ratifications et les réhabilitations de noblesse continuèrent sous Louis XIV à partir de 1659, date du traité des Pyrénées, qui annexait en droit le comté d'Artois à la France. La misère des populations et des grandes familles s'était aggravée pendant la guerre de succession et le passage incessant des armées qui traversaient l'Artois pour gagner la Flandre et la Hollande. Ce n'est pas tout : la noblesse Artésienne venait de passer sous une législation différente de celle qui la régissait, tant qu'elle fut sous la domination autrichienne ou espagnole. En devenant française elle dut renoncer à la preuve testimoniale, la seule obligatoire autrefois, et fournir des actes en due forme. Les traitants savaient que les nobles, en Artois, étaient encore plus incapables qu'ailleurs de les produire conformément aux édits de réformation et de soutenir des procès dispendieux ; aussi imposaient-ils irrévocablement le droit de franc fief ou la taille aux prétendus délinquants. Ceux-ci,

---

1. Registre de l'Élection d'Artois, de 1587 à 1595, fol. 205.
2. *Idem*, fol. 211.
3. Registre de l'Election d'Artois de 1595 à 1607, fol. 1.
4. *Idem*, fol. 21.
5. *Idem*, fol. 58.
6 *Idem*, fol. 106.
7. *Idem*, fol. 253.
8. Registre de l'Élection d'Artois, de 1613 à 1640, fol. 39.

payaient pour échapper aux exactions et aux frais ou bien demandaient à justifier une ascendance exempte de toute indignité jusqu'en 1560, pour avoir des lettres reconstitutives de noblesse. C'est alors que le grand roi publia les ordonnances de vérifications qui furent appliquées par ses agents avec autant d'arbitraire que de rapacité. C'est dans ces conditions que furent accordées les lettres de création ou de confirmation, aux représentants des meilleures familles de l'Artois, victimes des guerres ou des changements politiques, comme on va le voir par la nomenclature ci-dessous :

— Décembre 1666, lettres d'anoblissement en faveur de Nicolas et François de Beaurains [1]. — Le 1er mars 1677, idem en faveur de Léonore-François de Rigauville contre le procureur de l'élection et le conseil d'Artois qui lui avaient contesté ses droits d'extraction [2]. — 4 décembre 1677 et août 1695, autres sentences confirmatives de noblesse au profit des sieurs de Guzelinghem, de Walle d'Eglegatte, enregistrées le 1er septembre 1695 [3]. — 18 mai 1683, jugement ratificatif pour François-Bernard du Puich, seigneur du Quesnoy, lieutenant des ville et baillage de Hesdin [4]. — Le 8 décembre 1683, lettres de réhabilitation pour demoiselle Thérèse-Elisabeth Morant, veuve du sieur de Saint-Michel [5]. — 28 décembre 1683, sentence de noblesse pour Jean de Flahaut, seigneur de Molinghem [6]. — Le 31 décembre 1685, pour Jean-Alexandre Wulde, seigneur de Salperwick [7]. — Le 23 décembre 1686, pour Beaudoin de Fossèques. — Le 27 octobre 1689 pour Philippe-François de Guerbode, seigneur de Douvrin [8]. — 26 mars 1695, autre au profit d'Eustache-Louis-Benoit-Hippolyte de Guisnes de Bonnières, chevalier de Souasse [9].

---

1. Sixième registre aux commissions d'Artois. Arch. départementales du Pas-de-Calais, fol. 322.
2. Registre de l'Élection d'Artois de 1676 à 1714, fol. 29 et 37.
3. Onzième registre aux commissions, fol. 598.
4. Registre de l'Élection d'Artois de 1676 à 1714, fol. 132.
5. *Idem*, fol. 156.
6. *Idem*, fol. 147.
7. *Idem*, fol. 171.
8. *Idem*, fol. 181, 205. — Douzième registre aux commissions, première série, fol. 111.
9. Onzième registre aux commissions, fol. 1269.

— 26 avril 1697, autre pour François de Lierres[1]. — 16 mars 1698, lettres confirmatives de noblesse données par Louis XIV à Arnould de Thieulaine, seigneur de Neuville[2]. — 12 octobre 1708, autres au profit de Jean-Benoit Caudron, avocat, échevin d'Arras, qui prouva une filiation noble et directe remontant à Baudoin de Caudron, chevalier qui existait en 1096. Le cas des d'Amiens de Wa-ringhen était identique en avril 1716. Le grand roi accorda des con-firmations de noblesse à Jean-Baptiste et Henri-Marc de Lignerolles[3]. — Louis XV en fit autant le 22 février 1737 pour Philippe Hanotel de Conchy, et le 21 août 1741, André de La Mainie-Clairac fut main-tenu par sentence de l'intendant d'Amiens dans sa gentillesse et ses titres[4].

En résumé beaucoup de gentilshommes, ayant compromis leur qualité, au point de vue du droit français, par le commerce et les arts mécaniques, avaient eu, dans le passé, leur titres anéantis ou dispersés par les tourmentes du temps. D'autres, simples cadets de cadets, n'en avaient jamais été pourvus dans un pays où la preuve documentaire n'était point indispensable puisqu'il suffisait du témoignage, du mode de vivre, de résider et de la notoriété[5] pour affirmer et établir son extraction. Après l'adjonction de l'Artois à la France ces règlements et ces traditions furent abolis. Ceux des nobles qui ne purent justifier leur rang et leurs prérogatives par des pièces authentiques, furent assujettis à la taille. Craignant

1. Registre de l'Élection, fol. 396.
2. Treizième registre aux commissions, fol. 812. — *Essai d'introduction à l'histoire généalogique par le vicomte Oscar de Poli*, p. 84 et 85.
3. Registre de l'Élection d'Artois de 1715 à 1745, fol. 315.
4. *Idem*, fol. 48.
5. La preuve d'extraction écrite étant, par suite des causes fatales que nous avons indiquées, impossible à obtenir, les archiducs, maîtres des Pays-Bas et de l'Artois, durent se contenter d'une enquête reposant sur les attestations de contemporains, la manière de vivre et de posséder « la noblesse de génération s'y établissait par la qualité de l'aïeul, un édit des archiducs, du 14 décembre 1616, le décidait ainsi. Quatre points principaux étaient examinés quand il s'agissait de prouver sa noblesse : 1° la commune renommée ; 2° la manière de vivre ; 3° la chevalerie du père ou de l'aïeul ; 4° la possession de château par soi-même ou par ses ancêtres. La possession de la noblesse était ordinai-rement fixée à cent ans. » (*Exposé de la législation coutumière de l'Artois*, par E. Lecesne.)

d'être évincés de leur caste et n'ayant pas toujours le moyen de soutenir une action judiciaire pour faire triompher le droit, la plupart se résignèrent à demander des lettres recognitives de noblesse et de chevalerie. Les d'Amiens, en suivant cet exemple, se trouvèrent, on le voit, en nombreuse et digne compagnie.

Les historiens, qui ont suivi avec attention les vicissitudes des dynasties royales et féodales, ont observé, dans leur destinée, des élévations alternant avec des chutes. On dirait que M. de Laigue avait prévu le cas de la plupart des maisons seigneuriales de l'Artois lorsqu'il a fait ces réflexions générales.

« L'inconstance des choses humaines est telle, que s'il étoit possible de connoître l'histoire de chaque famille sans acception de personnes ni de classes, on y verroit, dans l'espace d'un siècle au plus, d'étonnantes variations et de nombreux faits dignes de mémoire. La plupart des familles réputées anciennes ont éprouvé à diverses époques des accidents plus ou moins graves. Indépendamment des chances ordinaires de la vie, les dissensions civiles ont aussi beaucoup contribué à cette décadence. Tantôt ce sont des familles entières qui se trouvent frappées comme en masse dans leurs honneurs et dans leurs biens ; tantôt ce n'est qu'une famille, ou une branche seulement, ou même un puîné, qui, ne pouvant plus soutenir son rang, ne tarde pas à être mis en oubli. Cent ans bannière, cent ans civière. Mais, comme les malheurs de la fortune se réparent avec le temps, soit par le métier des armes, soit par les emplois, soit enfin par le commerce ou toute autre branche d'industrie, les descendants de ceux qui sont ainsi tombés dans la foule et dans l'obscurité paroissent à leur tour sur le théâtre du monde. Les uns ne conservent qu'une connoissance souvent très imparfaite de leur ancien état dans lequel ils rentrent; les autres, sans aucun souvenir de la gloire passée de leurs ancêtres, deviennent en quelque sorte les premiers de leur race. Semblables aux vagues d'une mer agitée, les familles s'élèvent et se précipitent alternativement[1]. »

---

1. *Les Familles françaises considérées sous les rapports de leurs prérogatives honorifiques héréditaires,* par A.-L. de Laigue, Introduction.

La diversité des armes ne prouve rien contre la communauté d'origine.

La brisure des armoiries était obligatoire dans les Pays-Bas, l'Artois et autres régions soumises à la domination des souverains d'Autriche ou d'Espagne. Ces règlements qui persistèrent, sous Louis XIV, dans la gouvernance d'Arras[1], se retrouvent en subs·tance dans l'article V de l'édit de Philippe III, roi d'Espagne (14 décembre 1616), relatif au port des armes et timbres dont voici la teneur :

« Pour remédier aux débats qui pourraient, comme on l'a vu
« souvent advenir du passé touchant l'ainesse et port des armes
« pleines, voulons et ordonnons que les maisnez de toutes mai-
« sons (mesmes les fils aisnez du vivant de leurs pères), soyent
« tenus de mettre en leurs armoiries quelque brisure, en la forme
« accoutumée à la distinction des aisnez, et de continuer telle bri-
« sure, aussi longtemps que les branches des aisnez durent, afin de
« pouvoir recognoistre et discerner les descendans de l'une ou de
« l'autre branche à peine de cinquante florins, saufs et exceptez les

1. La gouvernance d'Arras, comprenait l'advouerie de Béthune, le comté et la sénéchaussée de Saint-Pol, la chatellenie d'Oisy, les baronnies d'Havricourt, Houdain, Oisy, Barly-Fosseux et le bailliage de Lillers. Elle englobait en outre deux juridictions seigneuriales, le pouvoir ou fief de Chaulnes, qui dépendait de l'abbaye du Mont-Saint-Eloy, et le fief de Séchelles, appartenant à la maison de Melun. La gouvernance d'Arras était représentée officiellement par un bailli, un lieutenant-général, un lieutenant particulier, un avocat, un procureur du roi ; ces fonctionnaires n'exerçaient leur autorité que sur une petite partie de la circonscription urbaine d'Arras où prédominait la puissance de l'échevinage. Nous avons vu plus haut, p. 443, comment il était composé et que l'élément noble y était obligatoire pour un tiers au moins ; le noble était tenu de défendre les privilèges municipaux, même quand ils étaient en opposition avec ceux de sa caste. Aussi les gentilshommes faisant partie de la municipalité, étaient ils souvent députés par la bourgeoisie aux états de la province ; c'est ce qui advint pour Jean-François d'Amiens en 1717 et plus tard.

Outre les officiers issus du suffrage universel, il y avait, dans l'administration urbaine d'Arras un syndic, argentier ou trésorier, un greffier au civil et un autre au criminel, sans compter divers suppôts. L'échevinage était assisté de l'homme du fief, appelé chatelain, et avait droit en matière criminelle de haute, moyenne et basse justice. (*Exposé de la législation coutumière de l'Artois,* par E. Lecesne, p. 384-385.)

« gentilshommes de nos pais et duchez de Luxembourg et Gueldres
« es quels pais telles brisures d'armes n'est cognue, qui se pourront
« régler comme du passé. »

Dans la déclaration, touchant la recherche de la noblesse dans
les Flandres, le Hainaut et l'Artois et dépéchée de Versailles, le 8
décembre 1699, Louis XIV reconnait que les prohibitions sont bien
plus rigoureuses que celles des anciens suzerains de ces pays et
rappelle le susdit art. V de l'ordonnance de Philippe III en ces
termes : « L'article V ordonne aux cadets des maisons nobles de
« porter des brisures dans leurs armoiries à la différence de leurs
« armes sous peine de cinquante florins. » (Arch. Nat., Section leg.
Coll. Bondonneau.)

Les d'Amiens, seigneurs de Waringhen, introduisirent dans leurs
armoiries, à la fin du seizième siècle ou au commencement du dix-
septième, une brisure indiquant leur qualité de cadets, conformément aux règlements locaux[1], à l'exemple des puinés dans la
branche des d'Amiens de Regnauville et de toutes les familles des
pays du Nord. Grâce à cette brisure et à quelques additions secon-
daires, ils purent convertir, pour conquérir les avantages temporels de la bourgeoisie, leurs armes anciennes en nouvelles, c'est-à-
dire conserver les principaux signes héraldiques de leur race et
donner satisfaction aux exigences de la corporation civique. Il n'y
avait donc pas dissemblance sous le rapport héraldique entre
ce qu'ils avaient été et ce qu'ils étaient devenus; mais eût-elle
existé que cela n'eût pu tirer à conséquence. La différence des
armes entre les familles de même nom ne prouve rien en effet
contre la communauté d'origine, même quand elles sont absolu-

---

1. L'ainé de la famille portait les pleines armes, et, s'il venait à mourir avant
son père, son fils lui succédait dans cette prérogative, par droit de représenta-
tion. Les puinés pouvaient prescrire le port d'armoiries pleines par temps
immémorial. » — (Exposé de la législation coutumière de l'Artois, par
E. Lecesne, in-8, Paris, 1869, p. 57.)

Une déclaration du roi, spéciale à la recherche des usurpateurs dans les provinces de Flandres, Hainaut et Pays-Bas, vint, le 8 décembre 1699, confirmer
cet usage antérieur. « L'art. V ordonne aux cadets des maisons nobles de
porter des brisures dans leurs armoiries, à la différence de leurs armes, sous
peine de cinquante florins d'amende. »

ment disparates. Avant l'édit d'Amboise (26 mars 1555), les armoiries étaient sans fixité, et chacun pouvait les modifier suivant ses convenances. Le chevalier banneret, dans les courses ou les batailles, était exposé fréquemment à perdre son sceau. Il opérait alors avec celui, soit de son office, soit d'une alliance, soit de l'un de ses fiefs et même avec celui d'un autre capitaine. « Il y eut les armes de famille et les armes personnelles, » dit M. de Cos'on dans son *Étymologie des noms propres*, page 207. Dalloz, en son *Répertoire de jurisprudence*, article Noblesse, vol. 32, page 501, n° 15, nous apprend que «l'usage permettait, dans les premiers siècles de l'emploi des armoiries, de changer arbitrairement. » L'ordonnance d'Amboise, inefficace en France contre les abus, demeura lettre morte, à plus forte raison, en Artois et dans les Flandres, pays soumis à la domination étrangère et à des usages héraldiques encore plus insolites qu'ailleurs. On continua de plus belle, dans la région du Nord, à échanger le blason familial, cause de misère, contre le blason bourgeois, instrument de vie et de salut [1]. Les cadets d'ail-

---

1. Il était plus profitable souvent, en Artois, d'appartenir à la bourgeoisie qu'à la noblesse. Il n'en était pas de même en France, où les gentilshommes avaient plus de prérogatives et de faveurs que les bourgeois, surtout quand ils étaient à la cour. Laissons la parole à M. Borel d'Hauterive pour expliquer l'infériorité de la noblesse dans le Nord. « Du reste les avantages attachés à la « qualité de noble étaient très restreints en cette province et se réduisaient à « l'exemption du droit de franc fief et de nouvel acquêt et à celle des aides et « impositions. Le partage des biens, les charges de la tutelle et de la curatelle, « le payement de la taille, au moins en partie, étaient les mêmes pour la « noblesse et la roture. Les gentilshommes ayant droit de siéger aux États « d'Artois jouissaient seuls de privilèges politiques et administratifs de quelque « importance. Nul ne pouvait y être admis s'il ne justifiait de la possession « d'une *terre à clocher* dans la province. Une décision des États, rendue en « 1666, imposa en outre l'obligation de faire preuve de quatre degrés de « noblesse.

« Après la prise d'Arras, en 1477, le roi Louis XI, pour la punir de sa résis- « tance et de ses insultes, changea son nom en celui de *Franchise*, qu'elle « conserva jusqu'à l'avènement du roi Charles VIII. Il voulut en même temps « renouveler la population de cette ville en exilant les habitants et en les « remplaçant par des colons. Pour y attirer les bourgeois des autres « grandes cités, il accorda à *Franchise*, autrefois *Arras*, un grand nombre de « privilèges et entre autres, celui de la noblesse héréditaire pour ses éche- « vins (art. xxiii). » (*Armorial d'Artois et de Picardie*, par Borel d'Hauterive. Nobiliaire de Flandre et d'Artois, t. II, p. 372.)

leurs étaient tenus à briser leurs armes et les sous-cadets à les briser encore; ces modifications finissaient souvent par dégénérer en
changement réel.

Telle était la situation du port des armes à l'époque où l'Artois
fut annexé à la France par le traité des Pyrénées (1659). Les choses
après ne firent qu'empirer. « Par l'édit de novembre 1696, dit
« Borel d'Hauterive, Louis XIV ordonna la création de l'*Armorial*
« *général*, recueil officiel où devaient être enregistrées les armoi-
« ries de toutes les familles de France. L'Artois, en vertu de la ca-
« pitulation de 1640, refusa de se soumettre à cette mesure. Les
« commissaires, départis pour l'exécution de l'édit dans la géné-
« ralité d'Amiens, invitèrent les gentilshommes artésiens à se pré-
« senter à leurs bureaux, et quelques membres peu nombreux de
« la noblesse du pays répondirent seuls à cet appel. Dans les bail-
« liages de Béthune, de Calais et dans plusieurs autres, ils ne don-
« nèrent même pas signe de vie, et d'Hozier fut obligé d'imposer
« d'office et en masse un blason aux récalcitrants. Cette abstention,
« presque universelle en Artois, explique pourquoi une province
« aussi considérable n'est même pas représentée dans la collection
« de l'Armorial de 1696 par un registre particulier et se trouve
« confondu avec la généralité d'Amiens, dont elle semble être une
« annexe tout à fait secondaire. La déclaration du roi du 8 dé-
« cembre 1699, pour étendre à la Flandre, au Hainaut et à l'Artois
« la poursuite des usurpateurs du titre de noblesse, causa un grand
« trouble dans cette dernière province, où l'élection avait ouvert
« des registres publics pour l'inscription des nobles et l'enregistre-
« ment des armoiries, et avait établi, par conséquent, une espèce
« de recherche permanente. Les Etats refusèrent d'y adhérer et
« d'en consentir l'exécution. Une assemblée générale, tenue à Arras
« en 1700, réclama contre cette déclaration qui blessait les usages
« et les privilèges du pays, maintenus par les traités de Nimègue et
« des Pyrénées. Il intervint même, à ce sujet, le 21 février 1702 et
« le 16 janvier 1703, deux arrêts du conseil d'Etat par lesquels il
« fut interdit aux préposés à ce commis de faire dans l'Artois
« aucune recherche de la noblesse, traités ni recouvrements, soit

« pour usurpation, réhabilitation, confirmation ou autrement.
« En compensation de ce privilège et par une espèce de rachat ou
« de composition, les Etats généraux de la province payèrent une
« somme de quarante mille livres plus le décime[1]. » (*Armorial
d'Artois et de Picardie*, par Borel d'Hauterive, tome II, p. 370-
371.)

Les mesures tutélaires furent toujours lettre morte et l'arbitraire
recommença de plus belle contre les nobles des Flandres et d'Artois.
Louis XIV lui-même leur crioit : *Væ victis !* dans l'article XI de la
Déclaration de 1699 : « et d'autant que toutes les amendes ordon-
« nées ne sont pas des peines proportionnées aux exemptions dont
« ils ont jouy pendant que nos autres sujets se sont efforcez à l'en-
« vie les uns des autres de nous donner les secours dont nous avons
« eu besoin pendant la guerre, il est juste qu'ils soient condamnez[2],
« outre cette amende, en telle somme qu'il sera arbitrée par les
« sieurs intendans et commissaires par nous départis dans ces pro-
« vinces pour les restitutions de leurs indues jouissances. »

Encouragés par cette attitude menaçante du souverain à l'égard
des pays conquis, les élus et les commissaires royaux osèrent tout :
ils imposèrent, pour combler le vide du trésor, à ceux qui en
étaient dispensés par leur naissance, la taille et des armes d'office ou
de fantaisie pour susciter des complications en fait de preuves,
provoquer des revendications litigieuses et finalement faire financer
à nouveau pour obtenir rectification ou justice. Dans les provinces,
éprouvées par des calamités séculaires comme l'Artois, les titres n'a-
vaient pu être sauvegardés que par miracle ; la plupart des maisons
illustres avaient perdu les leurs et étaient en outre absolument appau-
vries. Elles ne pouvaient, dans ces conditions, faute de moyens, réclamer et soutenir des procès en instance de maintenue contre les traitants. Ces derniers profitaient en outre souvent de l'absence d'un gentilhomme éloigné du foyer pour le service du roi, pour le ranger dans la

1. Ces déclarations sont tirées des **Édits de Chérin**.
2. Louis XIV, on le voit, confesse, dans sa Déclaration du 8 décembre 1699,
qu'il se venge sur les pays conquis.

catégorie des non-privilégiés et lui attribuer des armes qui n'étaient point les siennes. On vit alors en réalité des blasonnés malgré eux que Molière a négligés de peindre. Dans l'*Armorial officiel* de 1696 et dans les inscriptions précédentes, diverses personnes d'une même souche, souvent du même rameau, reçurent des armoiries qui n'avaient aucune analogie entre elles. La même anomalie se produisit entre frères ; la preuve sera facile à fournir. C'est, par suite de ces mesures vexatoires et de la confusion sociale qui en résultait, que les premières maisons de Picardie et d'Artois telles que les de Canteleu, les de Poix, les de Beaufort, furent réduites, pour échapper aux taxes roturières, à demander les unes des lettres recognitives de noblesse, les autres de chevalerie. A plusieurs, nous le répétons, on impartit d'office, et souvent à leur insu, des armes improvisées et contradictoires entre père et fils, et même absolument diverses pour le même personnage. Nous bornerons nos exemples au nom de d'Amiens. Joseph d'Amiens, sieur de Béhen, avocat au Parlement et au Présidial d'Abbeville, est inscrit dans le *Grand Armorial de Picardie*, vol. XXVII, fol. 451, comme portant : *échiqueté d'argent et d'azur a une croix de gueules brochant sur le tout*, tandis que Jean-Baptiste d'Amiens, seigneur d'Hébecourt, présumé son frère ou cousin, est enregistré avec le vieux blason de sa race. Dans la branche de Waringhem, Jean-François d'Amiens, lieutenant-général de la gouvernance d'Arras, figure dans les Archives départementales de l'Artois avec des armoiries brisées ou personnelles, et, dans le *Grand Armorial de France*, avec d'autres toutes différentes. Le juge d'armes le confondit, à cause de l'identité du nom patronymique et de sa qualité d'avocat, avec Joseph d'Amiens, qui l'était au Présidial d'Abbeville et lui colloqua le blason professionnel de ce dernier avec lequel il n'avait aucun lien visible de parenté. Ce n'est pas tout ; les enfants de Jean-François d'Amiens ont dans le *Grand Armorial* des armes dissemblables entr'elles et d'une dissemblance parfaite avec celles de leur père. En présence de ces abus de pouvoir, les d'Amiens de Waringhen reprirent le blason traditionnel ainsi que l'observe le Manuscrit Palisot de Beauvais, c'est-à-dire : *De gueules, à trois chevrons de vair.* Il est certain d'ailleurs que la diversité des armes n'implique nullement celle d'origine. Cette vérité est proclamée et démontrée par le grand feudiste André de La Roque qui corrobore son opinion par les exemples suivants :

« Je commenceray par celles de Caumont en Gascogne, dont l'une porte : tranché d'or, de gueules et d'azur, et l'autre : d'azur à trois léopards d'or.

« Percy en Angleterre, qui vient du sang de Louvain, désigne son escu : d'or, au lion d'azur; et ceux de ce nom en France, originaires de Normandie et établis en Angleterre, portent : de sable au chef danché d'or.

« Ainsi, l'ancien Montgommery en Normandie portait : azur, au lion d'or ; et en Angleterre, en Écosse et encore en Normandie : de gueules, à trois fleurs de lys d'or.

« On remarque aussi que les seigneurs d'Audelay, du nom de Touchet, en Angleterre, portent : d'hermines au chevron de gueules, et, en Normandie, ceux de ce nom ont : d'azur à trois mains d'or. Les premiers y ont ajouté un chevron d'argent.

« Bray, en Angleterre, porte: d'argent, au chevron accompagné de trois pattes de griffon de sable.

« En Normandie, deux autres maisons du nom de Bray ont des armes différentes; l'une, d'argent, au chef de gueules, chargé d'un léopard d'or ; l'autre, échiqueté d'or et d'azur à la bande accompagnée de deux cottices de gueules.

« Bailleul, en Artois : d'argent à la bande de gueules;

« Bailleul, en Flandre : de gueules au sautoir de vair ;

« Bailleul, en Picardie, s'arme d'hermines à l'écusson de gueules :

« Bailleul, en Normandie: parti d'hermines et de gueules ; et encore : d'hermines semé de croisettes recroisées, au pied fiché, à la croix neillée de gueules. Autre Bailleul: de gueules, semé de croisettes et à la croix neillée d'argent.

« Au nombre de ceux qui ont pris les noms et les armes de leur seigneurie qu'ils avoient acheptée, a été, selon le sentiment de Jean Scohier, chanoine de Bergue, Jacques Mouton, seigneur de Turcoing, qui vendit la terre de Turcoing et achepta celle de Harchies dont il porta le nom et les armes, *brisées d'un canton de gueules ;* il les écartela de celles du Quesnoy, à cause de Marguerite du Quesnoy de Turcoing, sa mère.

« De même que Guillaume Lejosne, seigneur de Contay, gouverneur d'Arras, qui mourut en 1467, prit les armes de Contay, sa seigneurie, qui étaient : de gueules, semé de fleurs de lys d'or, fretté d'argent.

« Jean Le Landois possédait la terre de Herouville-Azeville, dont il prit le nom et les armes [1]. »

On peut donc conclure des preuves fournies par de La Roque, ainsi que de l'Édit d'Amboise, de l'opinion de juristes anciens et des monuments sigillographiques et héraldiques, que la différence absolue des armes existait entre de nombreuses familles ayant même nom et même berceau et que l'identité de blason existait souvent entre familles tout à fait distinctes par le nom et le point de départ.

Dans la maison qui nous occupe Aleaume d'Amiens, co-seigneur de Vignacourt et de l'Estoile, dont nous avons signalé la carrière page 104, portait, dans une charte de 1224, un sceau avec deux bandes ; Jean d'Amiens de Sironville, capitaine de quatre arbalétriers en garnison au Cotroy, le 22 février 1417 [2], figure dans une quittance militaire avec un *Écu à deux chevrons,* Christophe d'Amiens en supprima un autre, en sa qualité de cadet [3], et y adapta quelques pièces accessoires pour se faire accepter dans la bourgeoisie d'Arras, indispensable aux gentilshommes qui voulaient vivre de la vie urbaine et exercer toutes les prérogatives qu'elle comportait.

Ce blason passager et occasionnel fut abandonné et remplacé par l'ancien, ainsi que le constate Palisot et que nous l'avons observé pour beaucoup de nobles de l'Artois. Reprendre ou relever les armes

---

1. *Traité de l'Origine des noms et des surnoms,* par Messire Gilles-André de La Roque.

2. Voir plus haut, page 274 et plus loin aux *Pièces justificatives,* preuve LXXIX, page 510.

3. Voir ci-dessus page 202.

originelles était en effet pour eux le meilleur moyen de sauvegarder l'unité de leur race au milieu de la société française dans
laquelle ils se trouvaient incorporés et confondus depuis l'annexion.

PREUVE LXII

1ᵉʳ OCTOBRE 1712

Brevet de lieutenant-colonel au régiment de Solre pour ELOY-LOUIS D'AMIENS
sieur d'Oismont, chevalier de Saint-Louis.

Louis par la grâce de Dieu roy de France et de Navarre à notre
cher et bien aimé le sieur DAMIENS, sergent-major au régiment
d'infanterie de Solre, salut. La charge de lieutenant-colonel dudit
régiment, dont estoit pourveu le sieur Durasseau, estant à présent vaccante par sa mort et désirant les remplir d'une personne
qui ayt toutes les qualités requises pour s'en bien acquitter nous
avons estimé que nous ne pouvions faire, pour cette fin, un meilleur
choix que de vous pour les services que vous nous avez rendus dans
toutes les occasions qui s'en sont présentées où vous avez donné des
preuves de votre valleur, courage, expérience en la guerre, vigilance
et bonne conduite et de votre fidélité et affection à notre service. A
ces causes et autres, à ce nous mouvans, nous vous avons commis,
ordonné et establi, commettons, ordonnons et establissons par ces
présentes, signées de notre main, lieutenan -colonel dudit régiment
en la première de la seconde compagnie d'iceluy ; lesdites charges
vaccantes comme dit est ci-dessus pour en ladite qualité de lieutenant-colonel commander ledit régiment, conduire et exploiter, sous
notre autorité et sous celle du colonel dudit régiment, la part et
ainsy qu'il vous sera par nos lieutenants généraux, commandé et
ordonné pour notre service envers nous, de payer ensemble les officiers, sergents et soldats dudit régiment des estats, apointements et
soldes qui vous seront et à eux deubs suivant les montres et revues

qui en seront faites par les commissions et controlleurs des guerres. . . . . de longuement que ledit régiment sera sur pied pour notre service, tenant la main à ce qu'il vive en si bon ordre et police que nous ne puissions recevoir de plainte : de ce faire vous donnons pouvoir, commission, autorité et mandement spécial. Mandons au comte de Beaufort, colonel dudit régiment, et en son absence à celui qui le commande de vous recevoir et vous reconnoistre en la dite charge et à tous qu'il appartiendra que vous en ce faisant soit obey. Tel est notre plaisir. Donné à Versailles le premier jour d'octobre l'an de grace mil sept cent douze et de notre règne le soixante dixième.

LOUIS

Par le Roy,
VOYSIN.

Archives du château de Ranchicourt ; parchemin coupé par le milieu.

PREUVE LXIII

9 AVRIL 1707

Provisions de l'office de subdélégué de l'intendance d'Amiens en la ville de Béthune, accordé à JACQUES-FRANÇOIS D'AMIENS, *sieur de La Ferté.*

Louis, par la grâce de Dieu, roy de France et de Navarre, etc., salut. Par nostre edict du mois d'avril 1704, vérifié où besoin a esté, nous avons pour les causes y contenues, créé et érigé en titre d'office, fermé et héréditaire, en chascun chef-lieu des élections des pays taillables et en chacun des eveschés ou baillages des pays d'Etat de nostre royaume, mesme dans les autres villes principales où il a esté establi jusques à présent et dans lesquelles l'establissement nous en paroistra nécessaire, un austre conseiller subdélégué des sieurs intendants et commissaires, départis pour l'exécution de nos ordres dans les provinces et generalités de notre royaume ; et

voulant remplir les dits offices de personnes dont la probité nous
soit connue, savoir faisons que pour la pleine et entière confiance
que nous avons en la personne de nostre cher et bien aimé JACQUES-
FRANÇOIS D'AMIENS DE LA FERTÉ, en ses sens, suffisance,
loyauté, prudhommie, capacité, expérience, fidélité et affection à
nostre service, pour ces causes lui avons donné et octroyé, donnons
et octroyons par ces présentes l'office de nostre conseiller subdélégué du sieur intendant et commissaire departys en généralité d'A-
miens dans la ville de Béthune et estendue de la subdélégation,
créé héréditaire par notre édict auquel n'a encore esté pourvu, et
dorénavant exercer, en jouir et user par le dict d'Amiens héréditairement, sans incompatibilité d'aucuns autres offices ou emplois
ou fonctions énoncés audit édict, ensemble de 300 livres de gages
escheues et effectuées par chascun an, à prendre sur la recette des
finances dans ladite généralité d'Amiens, dont l'emploi sera fait
dans nos estats qui en seront arrestés, jouir en outre par ledit d'A-
miens, des honneurs, fonctions, rang, préséance, voix délibérative,
privilèges, exemptions, tant de la taille, des droits de franc-fief et de
toutes autres impositions, que de logement de gens de guerre, col-
lectes, tutelle, curatelle et autres charges et avoir ses causes com-
mises au bailliage et autre siège royal le plus prochain de ladite
ville de Béthune, suivant qu'il est plus au long porté dans nostre
edict et arrest rendu en conséquence ; dont copies imprimées soubs
le contre seel de nostre chancellerie; pourvu toutefois que le dict
d'Amiens ait l'àge de 25 ans accomplis et suivant son extrait bap-
tistère du 11 janvier 1654 et qu'il n'ait dans la juridiction de la
ville de Béthune aucuns parens ni allyés aux dégrez prohibés par
nos ordonnances, etc. Ce donnons et mandons à nostre amé et féal
conseiller, le surintendant et commissaire desparty en la généralité
d'Amiens, qu'ils le reçoivent, et instituent de par nous et sans
frais conformément audit édict, en possession dudit office, l'en faisant jouir et user ensemble desdits honneurs, rang, préséance,
autorité, prérogatives, franchises, libertés, fonctions, privilèges,
exemptions, gages et droits susdits, pleinement et héréditairement
et à luy obéir et entendre de tous ceux et, ainsi qu'il appartiendra,

des choses touchant et concernant ledit office. Mandons en outre à
nos amis et féaulx conseillers les Présidents Trésauriers généraux de
France, etc., car tel est notre bon plaisir. En tesmoin de quoy nous
avons fait mettre nostre scel aux présentes. Donné à Versailles le
neufviesme jour d'avril l'an de grâce 1707 et de nostre règne le
soixante quatrième. Sur le reply estait signé par le Roy. *Henin*, et
au dos escrit et controllé le 12 avril 1707.

Enregistré le 13 avril 1707, signé : GOURDON.

Archives départementales du Pas-de-Calais, série B. B. 18. Registre aux
Mémoires de la ville de Béthune, p. 444. Verso.

PREUVE LXIV

14 DÉCEMBRE 1713.

Partage de biens laissés par JEAN-FRANÇOIS D'AMIENS *et sa femme* MARIE-
YOLANDE DENIS *à leurs enfants, par des tantes et une sœur de ces derniers.
On y voit figurer, entre autre article, le fief d'Outrebois qui appartenait, au
commencement et à la fin du treizième siècle, aux d'Amiens, sires de Canaples, et dont la majeure partie fut aliénée au roi Charles V par Jeanne de
Picquigny, petite-fille de* GILLES D'AMIENS, *dernier rejeton mâle et direct
des barons de Canaples.*

Par devant les notaires Royaux d'Artois soubsignez furent présens
en personne JACQUES-FRANÇOIS D'AMIENS, escuier, sieur de la
Ferté, M⁴ ANTOINE-NICOLAS D'AMIENS, prestre, docteur de Sorbonne, chanoine et chantre de l'église cathédralle d'Arras, stipulant
tant en leurs propres et privés noms que comme procureurs spéciaux d'ELOY-LOUIS D'AMIENS, escuier, sieur d'Oysemont, lieutenant-colonel du régiment de Solres, fondez de pouvoir sous son
seing privé, fait en la ville d'Arras le cinq de ce présent mois de
décembre, dont la teneur sera incorporée en fin du présent
partage, Jean Plomelle, escuier, sieur de La Penotrie, demeu-

rant à Arras, et dame MARIE-MAGDELAINE D'AMIENS, son
épouse, de luy deument autorisée et non contrainte comme elle a
déclaré, iceux du surnom d'Amiens frères et sœurs, enfans et
héritiers de JEAN-FRANÇOIS, escuier, sieur de Waringhem, et de
dame MARIE-YOLENDE DENIS, sa femme, et aussi héritiers de
dame Louise-Antoinette Denis, leur tante, à son trépas veuve de
M. le conseiller Deslions, et de dame CLAIRE-JOSEPH D'AMIENS,
leur sœur, à son trépas veuve du sieur JEAN D'ITHIER, lieutenant
colonel du regiment de cavalerie de Belaceüil; lesquels comparans,
après avoir laissé le fief de la Chaussée tenu du comté de Saint-Pol,
consistant dans un droit de terrage, situé au village de Blaringhem et quelques stiers d'avoine, dus par les manans et habitans de
la communauté du village de Cauchy-à-la-Tour, comme apartenant
audit sieur de la Ferté, de la succession de ladite dame d'Ithier, en
qualité de frère aîné d'icelle, et luy a laissé quinze mesures ou environ, tant terres labourables que prez et manoirs, situez aux villages
de Camblain, Chatelain et Calonne-Rycouart, venant aussi de la
succession de ladite dame d'Ithier; lesquels il y a trois quartiers de
près et quatre mesures et demie de terres, tenus en fief du sieur
marquis de Wigniacourt, appellez le fief Jourdain; un ancien
manoir contenant six quartiers, tenu dudit sieur de Wignacourt, et
un autre contenant aussy six quartiers situez audit Callonne,
appellez le manoir Appegarde, tenu du seigneur dudit lieu, apartenant à l'aîné, suivant les coutumes des lieux, pour l'indemniser
d'unze mesures de terre, fief, situées au village du Montbernenchon,
tenues du seigneur dudit lieu, et de dix quartiers de terre, aussy fief
situez au village de Billy-Montigny, où estoit cy deuant bâtie la
censée, qui a été brulée pendant le siège de Douay, que ledit de la
Ferté a laissé dans la masse commune des biens cotiers à partager:
et pourquoi il a esté convenu que si lesdites unze mesures, situées
audit Montbernenchon et lesdits dix quartiers, situez audit Billy,
vaillent mieux par l'estimation qui en sera faite par les experts,
dont les parties conviendront, que les six mesures trois quartiers de
coline, situées audit Camblain qu'on laisse audit sieur de la Ferté
pour l'indemniser, etc., lesquels ont partagé amiablement les biens,

immeubles, maisons, titres de rente et arrentement des successions
des dits sieurs et dames d'Amiens, leur père et mère, et de ladite
dame Deslions, leur tante, qui sont restés à partager entre les susdits quatre comparans après en avoir laissé leur part appartenant à
leurs cohéritiers, tant du chef du dit sieur et dame d'Amiens que de
celui de ladite dame Deslions, suivant les contrats passés par devant
les notaires à Arras, le 26 mars mil sept cent unze et 15 de mars
mil sept cent douze ; ayant aussi partagé les biens de la succession
de ladite dame d'Ithier[1], leur sœur, entre eux quatre, également de
ce qui est ci devant assigné audit sieur de la Ferté pour son droit
d'ainesse aux conditions avant dites des biens de toutes lesquelles
successions la déclaration s'en suit :

Premièrement.

Cinquante six mesures ou environs tant fiefs que collines de terres
labourables, situées au village de Billy-Montigny, etc., etc.

. . . .

Item, un tiers de la moitié de vingt huit mesures de terre composant le fief et seigneurie d'*Outrebois* situé au village Blaringhem à
l'incontre du sieur de la Ferté, héritier féodal, etc.

. . . .

Et audit sieur de la Ferté appartiendra le premier desdits trois
lots ; consistant ce qui en suit, savoir :

. . . .

Item la moitié de vingt-huit mesures de terre composant le dit fief
et seigneurie *d'Outrebois*, située à Blaringhem occupée par Jean
Catoire.

. . . .

Et comme le dit sieur Jean François d'Amiens, escuier, sieur de
Waringhem, père des dits sieurs comparans, a assigné au sieur

---

1. Ses biens, qui étaient considérables, incombèrent à ses frères et neveux,
qui recueillirent de son chef les fiefs de la Chaussée et divers manoirs compris
dans le comté de Saint-Pol et notamment celui de Collin-Ricouard, la seigneurie
de Jourdain et plusieurs autres relevant du marquis de Vignacourt ; ce qui
prouve que les d'Amiens n'avaient jamais abandonné le berceau originel. La
dame Dithier résidait à Billy-Montigny, village qui avait été brûlé pendant le
siège de Douai.

Chanoine par son testament dix mesures de terres de nature féodalle, situées audit village de Corency, le dit sieur Chanoine a déclaré, pour faciliter le présent partage, qu'il n'en veut faire aucune apprehension, etc.

Archives du château de Ranchicourt, cahier in-fol. ayant pour titre: Copie du partage fait le 14 décembre 1713 devant Henri et Ménétrier, notaires, collationné avec l'original le 14 novembre 1715 par les notaires royaux d'Artois: Castelar et Fauquette.

1720 ET APRÈS.

Constatation de l'alliance (1720)de MARIE-YOLANDE D'AMIENS *avec* JEAN-FRAN-ÇOIS DOMINIQUE LE CARON DE CANETTEMONT, *seigneur de Canettemont et Sains-lès-Hauteclocque, qui eurent entr'autres enfants :* I. JEAN-FRANÇOIS JOSEPH LE CARON — II. LOUIS-DOMINIQUE LE CARON, *écuyer, sieur de Rollois, qui épousa en* 1716, MARIE-ANNE DE TORCY, *de laquelle vint* MARIE-YOLANDE LE CARON, *qui contracta union en* 1744 *avec* CHARLES-FRANÇOIS DE HAUTECLOCQUE, *chevalier, seigneur de Vail.* — III. LOUISE-ANTOINETTE LE CARON, *dame du Mesnil.* — IV. MARIE-YOLANDE LE CARON, *femme de* JEAN-FRANÇOIS LE FEBVRE, *sieur de Gouy.* — V. MARIE-AGNÈS LE CARON, *conjointe en* 1720, *à* CHARLES-PHILIPPE QUARRÉ, *écuyer, seigneur de Rouy, Saint-Martin, Cauroye, etc.*

Le Caron en Artois, porte : *Écartelé au* 1 *et* 4 *d'argent à* 2 *fasces de sable ; au* 2 *et* 3 *de gueules à* 3 *coquilles d'argent.* Roland Le Caron, mort avant 1625, allié à Antoinette de Lettre, d'où Jean, allié en 1619 à Marie Broude, d'où Jean, écuyer, conseiller au conseil d'Artois, marié en 1654 à Marie-Anne Le Grand, dame de Cannettemont, d'où JEAN-FRANÇOIS DOMINIQUE, sieur de Cannettemont, de Sains-les-Hauteclocque, mort en 1692, marié en 1679 à MARIE-YOLANDE D'AMIENS, d'où MARIE-AGNÈS, mariée en 1720 à CHARLES-PHILIPPE QUARRÉ, écuyer, sieur de Boiry-Saint-Martin, Cauroye, etc. De cette famille sort M. Le Caron de Cannettemont. (*Tablettes généal.*)

Jean-François-Dominique Le Caron avait une sœur Marie-Scolas-
tique, mariée en 1679 à Jean-Patrice de Valicourt d'Ambrines,
sieur de Ricametz, et en secondes noces à Jean-François Le Comte,
sieur d'Essarts. Son fief de Sains lui venait de sa mère ; il n'eut pas
d'enfants de sa seconde femme Marie-Rosa, veuve de Philippe de
Widebien, sieur d'Ignocourt, mais de la première, MARIE-YOLANDE
D'AMIENS DE WARINGHEN, il eut *Jean-François-Joseph*, qui
suit ; 2° *Louis-Dominique*, écuyer, sieur de Rollois, allié en 1716 à
Marie-Anne de Torcy, d'où *Marie-Yolande*, mariée en 1744 à
Charles-François de Hauteclocque, chevalier, sieur de Wail, etc.,
dont postérité. — 3° *Louise-Antoinette*, damoiselle du Maisnil ;
4° *Marie-Yolande*, femme de *Jean-François Le Febvre, sieur de
Gouy*, conseiller au conseil d'Artois ; 5° *Marie-Agnès*, mariée en
1720 à *Charles-Philippe Quarré*, écuyer, sieur de Cannettemont,
Sains en Ternois, Bungalant, Rozières, marié en 1703 à Jeanne-
Françoise de Fromentin-Monchy ; d'où Philippe-Marie-Dominique,
écuyer, marié en 1739 à Marie-Françoise Le Duc de Masnuy...

Recherches généalogiques sur les comtés de Ponthieu, de Boulogne, de Guines,
par L.-E. de La Gorgue-Rosny, t. Ier, pages 32, 344-345.

Mention des mariages de MARIE-YOLANDE D'AMIENS *avec* JEAN-FRANÇOIS-DO-
MINIQUE LE CARON, *seigneur de Cannettemont, et de* JEAN-FRANÇOIS D'AMIENS,
seigneur de la Ferté, avec MARIE-YOLANDE DENIS DE SAPIGNY.

JEAN-FRANÇOIS-DOMINIQUE LE CARON, seigneur de Cannettemont, Sains-les-Hautecloque, mort en septembre 1692, marié en
1679 à MARIE-YOLANDE D'AMIENS, de Ranchicourt [1], morte le
1er mai 1691.

JEAN-FRANÇOIS D'AMIENS, seigneur de la Ferté, etc., mort à
Béthune, le 29 janvier 1710, marié à MARIE-YOLANDE DENIS DE
SAPIGNY, morte le 14 janvier 1688.

Esquisses gén. concernant un grand nombre de familles alliées entre elles,
p. 5 et 29.

1. Il faut de Waringhen, Ranchicourt n'était pas encore dans la famille.

PREUVE LXV

5 FÉVRIER 1724

*Contrat de mariage d'*ANTOINE-LOUIS-JOSEPH D'AMIENS, *écuyer, sieur de Waringhem, fils de* JACQUES-FRANÇOIS D'AMIENS, *écuyer, sieur de la Ferté et de Révillon, et de* JACQUES-ELISABETH-SABINE DU PUICH *avec* MARIE-ANNE-JOSÈPHE DU PIRE DE LA COURTAUBOIS, *fille de messire Nicolas-Alexandre du Pire, chevalier, baron d'Hinge, grand bailli de Béthune colonel de dragons et major général de l'armée de Flandre, chevalier de Saint-Louis, et de Thérèse-Guislaine Briois.*

JACQUES-FRANÇOIS D'AMIENS, escuier, sieur de la Freté, Res-villon, premier eschevin de cette ville de Béthune, dame JEANNE-ELISABETH-SABINE DU PUISCH, son épouse, et ANTOINE-LOUIS-JOSEPH D'AMIENS, escuier, sieur de Vuaringhem, leur fils aîné à marier, assisté de Messire JEAN-JOSEPH D'AMIENS, bachelier de Sorbonne, chanoine de l'église cathédrale de Nostre-Dame d'Arras, son frère, de Charles-Philippe Quarré, chevalier, seigneur de Boiry, mary et bail de Marie-Agnès Le Caron, sa cousine germaine du costé paternel, de Messire Nicolas Valléra, sieur de Favoise, avocat au Parlement de Paris, et dame Jacqueline-Françoise Sauvaige, son espouse, son cousin venu de germain du costé maternel, et de Mestre Adrien Caillères, curé de la paroisse de Sainte-Croix en cette ville, son amy et bienveillant, d'une part, dame Thérèse-Guislaine Briois, veuve de Messire Nicolas-Alexandre du Pire, vivant chevalier, baron d'Hinge, grand bailly des ville et gouvernance dudit Béthune, colonel de dragons au service de Sa Majesté, major général de l'armée de Flandre, chevalier de l'ordre militaire de Saint-Louis, et damoiselle MARIE-ANNE-JOSÈPHE DU PIRE, damoiselle de la Courtaubois, leur fille à marier, assistée de Messire-Louis-Alexandre du Pire, chevalier, baron, grand bailly desdites ville et gouvernance, son frère, de Messire Claude-François-Vaast du Pire

chevalier, seigneur dudit Hinge, aussy son frère, de damoiselle Thérèse-Guislaine du Pire, damoiselle dudit Hinge, sa sœur, de Pierre-
Antoine-Henry, escuyer, conseiller, secrétaire du Roy, maison et
couronne de France, seigneur de Vaudricourt, et dame Nicole
Vidastine du Pire, son espouse, aussy sa sœur, de Messire Claude-
François du Pire, chevalier, seigneur du Chasselet, cy devant capitaine au régiment de dragons du Roy, chevalier de l'ordre militaire de Saint-Louis, et dame Marie-Claire-Josèphe Vallera, son
espouse, et de Messire Pierre-François de Lobry, curé de la paroisse de Saint-Vaast, en cette ville, son amy et bienveillant,
d'autre part. Lesquels partis, pour parvenir au traité de mariage
pourparlé qui, au plaisir de Dieu, se fera, parfera et solem-
nisera en face de Nostre Mère la sainte Église entre lesdits
sieurs de Vuaringhen et la dite damoisele du Pire de la Courtaubois, mais auparavant que entre eux il y ait aucune foy, promesse
ou lien de mariage, les partis sont convenus des portemens, retours
et conditions d'iceluy de la manière suivante : primo : quant aux
portemens dudit sieur mariant, lesdits sieur et dame de la Freté,
ses père et mère, lui ont donné et donnent, pour à ce mariage parvenir, l'usufruit et jouissance, la vie durante, d'iceux sieurs et dames
de la Freté des parties ci-après, sçavoir de toute la terre fief, seigneurie, bois à pied, cense et marché dudit la Freté, situez dans la
paroisse de Camblin, le Chatelain et pays à l'environ, comme aussy
les rentes foncières et droits seigneuriaux. Ledit marché est affermé à
Philippe-Albert Ricard au rendage annuel de 800 livres sans y com-
prendre lesdits bois, rentes foncières et droits seigneuriaux, valables
encore au moins deux cens livres par chacun an : *item* de la cense
et marché tant en fief que cotterie, situez au village de Roberq et
pays à l'environ, affermé à François Flament au rendage de
800 livre par chacun an, de plus ledit sieur de Vuarighem porte
à ce présent mariage, seize mesures et un quartier, tant prez que
terres, situez audit Robecq et sur le terroir de Saint-Venant... pourront par-dessus ce lesdits sieur et damoiselle marians demeurer avec
lesdits sieur et dame de la Freté qui se chargent de les nourrir tant
et si longtemps qu'ils demeureront ensemble, et au cas que lesdit

sieur et damoiselle marians trouveront bon d'en sortir pour se
mettre à leur ménage, en ce cas lesdits sieur et dame de la Freté
promettent d'augmenter, du jour qu'ils sortiront de chez eux les
portemens cy dessus, jusques à la somme de trois mille livres par
an... A l'égard des portemens de la dite damoiselle mariante, ladite
dame, baronne d'Hinge, sa mère lui a aussi donné et donne, pour
parvenir à ce mariage, et promet lui payer ses coffres annuellement
la somme de quinze cens livres de rente, monnoye d'Artois, pour en
jouir pendant la vie de la dite dame sa mère, etc.[1].

Fait et passé à Béthune, en double, le cinq février mil sept cent
vingt-quatre[2].

Archives du château de Ranchicourt; expédition sur papier de huit feuillets
dont deux blancs.

PREUVE LXVI

Antoine-Louis d'Amiens, *écuyer, seigneur de Waringhen et de Ranchicourt, en
demandant en 1724 des lettres de chevalerie se trouvait dans le même cas
que les deux cents gentilshommes de l'Artois et du Cambrésis qui avaient
été créés chevaliers héréditaires quelque temps auparavant par Louis XIV
dans l'édit ci-après.*

« Création et établissement de *deux cents chevaliers hériditaires*
dans les provinces de Flandres, Artois et Hainaut, dont le nombre
sera rempli de ceux des *gentilshommes* desdites provinces qui se
seront les plus distingués par leur mérite et par leurs services ;

---

1. Suivent les clauses relatives aux successions à recueillir, à leur transmission aux enfants à naître de ce mariage et à leurs descendants et à l'estimation
des bijoux apportés par la future.

2. Viennent ensuite les signatures : J.-F. D'Amiens, S.-E. Saline du Puich,
T.-G. Briois, baronne d'Hinge du Pire de la Courtaubois, d'Amiens, chanoine
d'Arras, de Lobry, pasteur de Saint-Vaast, Vallera, J.-F. Sauvaige, Caillères,
curé de Sainte-Croix, le baron du Pire d'Hinge, le chevalier d'Hinge, Heury de
Vaudricourt, T.-G. du Pire, du Pire de Vaudricourt.

« Et ordonne que lesdits chevaliers qui possèdent une terre à
clocher dans les provinces d'Artois et de Cambrésis soient appelés
aux états desdits pays[1]. »

Ainsi, voilà des gens d'ancienne souche qui ont reçu de Louis XIV
la chevalerie héréditaire sans crainte que cette concession ne fût
fatale à leur lignage et que l'antériorité de roture leur fût imputée.
La chevalerie, étant décernée à des guerriers aussi nobles que
le roi, ne pouvait pas être un anoblissement.

Les titres de la féodalité, qui correspondaient aux *honores et
dignitates* des Romains, étaient, d'après Loyseau, ceux de chevalier, de baron, appartenant aux personnes constituées en dignités
éminentes. Or l'honneur qui en découlait était tantôt limité à
l'individu et tantôt étendue à sa postérité, selon la forme de
l'octroi.

3 FÉVRIER 1727.

*Hommage d'*ANTOINE-LOUIS-JOSEPH *d'*AMIENS, *écuyer, sieur de Waringhem,
au marquis de Vamin, seigneur de Mazinghem, Fontaine, Fiefes en Lillers,
etc.*

A tous ceux qui ces présentes lettres verront Messire Louis-Joseph
Joubert, receveur, agent du seigneur, marquis de Wamin, seigneur
de Mazinghem, Fontènes, fiefs de Guernèt en Lillers et autres lieux,
salut: sçavoir faisons que Messire ANTOINE-LOUIS-JOSEPH
D'AMIENS, escuier, seigneur de Waringhem, et autres lieux à
dame MARIE-ANNE-JOSEPH DU PIRE, son épouse, nous auroit
servy certain dénombrement dont la teneur s'en suit. C'est le rapport, aveu et denombrement que fait, sert et baille à Messire Fran-
çois-Edguard de Fléchin, chevalier, marquis de Wamin, vicomte du
Waissemoult, seigneur de Mazinghem, Fontènes, grand fief de
Lillers, dit Guernet ou Grenet, de sa seigneurie en Burbure, Fontènes,
Sergny et autres lieux à cause de Madame sa compagne, dame et

---

1. *Abrégé chronologique d'Edits concernant la Noblesse*, par Chérin, p. 975.

marquise desdits lieux et comtesse du saint Empire, Antoine-Louis-Joseph d'Amiens, écuyer, seigneur de Waringhem et autres lieux, à cause de dame Marie-Anne-Joseph du Pire, son épouse, fille et héritière de dame Thérèse-Guillaine Briois, baronne d'Hinge, sa mère, de deux fiefs et noble tenement, dévolus à la dite dame d'Amiens par le trépas de la dite dame Thérèse-Guillaine Briois, dame de Burbure, Courtaubois, Monchy, et autres lieux, sa mère, paravant dame Jacqueline Leleu, sa mère, par relief de Thomas Briois, etc.

Lesquels deux fiefs le dit seigneur denombrant, à cause dite, tient et avoue tenir en fief dudit seigneur marquis de Wamin, à cause de la seigneurie de Guernet, aux charges avant dites, etc.

Fait et denombré à Béthune le 5 février mil sept cent vingt-sept

Signé: D'AMIENS DE WARINGHEM.

Archives du château de Ranchicourt, papier in-fol.

11 NOVEMBRE 1734.

Le même hommage fut renouvelé, le 11 novembre 1734, par noble seigneur ANTOINE-LOUIS-JOSEPH D'AMIENS, *comme tuteur de* LOUIS-ALEXANDRE D'AMIENS, *son fils.*

Noble seigneur ANTOINE-LOUIS-JOSEPH D'AMIENS, escuier, seigneur de Waringhem et autres lieux, en qualité de père et tuteur légitime de LOUIS-ALEXANDRE D'AMIENS, son fils mineur, qu'il a retenu de feu dame MARIE-ANNE-JOSEPHE DU PIRE, son épouse, fille et héritière de dame Thérèse-Guislaine Briois, baronne d'Hinge, sa mère, de deux fiefs et nobles tenements, dévolus audit seigneur Louis-Alexandre d'Amiens par le décès de la dite dame sa mère qui les avoit succédés par le trépas de ladite dame Thérèse-Guislaine Briois, dame de Burbure, Court au Bois, Monchy[1] et autres lieux, sa mère.

1. Monchy était autrefois l'apanage des sires de ce nom, alliés aux d'Amiens de Regnauville.

Lesquels deux fiefs ledit seigneur dénombrant en sa dite qualité tient et avoue tenir dudit seigneur marquis de Wamin, à cause de sa dite seigneurie de Guernet, aux charges avant dites, avec droit seigneurial, en cas de vente, ainsi qu'il est stipulé par la coutume du bailliage de Lillers. Lequel dénombrement ledit seigneur denombrant présente audit seigneur marquis de Wamin sans préjudice de ses droits, des siens ni d'autruy ; le tout par amendement, le requérant lui et ses officiers de le vouloir aussi recevoir et accepter et de l'acceptation lui en dépêcher lettre de récépissé à ses dépens.

Ainsi fait et dénombré à Béthune le 11 novembre mil sept cent trente-quatre.

Signé : D'AMIENS.

Archives du château de Ranchicourt, parchemin en deux feuillets.

17 FÉVRIER 1741.

Dénombrement et hommage fournis par messire Antoine-Adrien de Blocquel de Croix, chevalier, baron de Visme, agissant comme seigneur de Maret, fief qui relevait ANTOINE-LOUIS D'AMIENS, *seigneur de la Ferté.*

Rapport et dénombrement que fait, sert et bail messire Adrien-Antoine du Blocquel de Croix, chevalier, baron de Wisme, seigneur de Maret et autres lieux, demeurant en son hostel en la ville d'Arras, à ANTOINE-LOUIS-JOSEPH D'AMIENS, écuier, seigneur de la Fresté, Warenghem et autres lieux, demeurant en son hostel en la ville de Béthune, de trois fiefs scitués au village et terroir de Maret qu'il tient et avoue tenir de mondit seigneur de la Fresté à cause de sa terre et seigneurie dudit La Fresté, chacun a soixantes sols parisis de relief, tier cambellage et aide pareil audit relief, quand le cas y eschet et en vente, don, cession, transport ou autre alliénation, est dû audit seigneur de la Fresté le cinquième deniers de la vente ou de la prisée qui en seroit fait par les officiers dudit seigneur. Lesquels fiefs sont escheus audit seigneur dénombrant par relief du sieur Nicolas François Boucque, en son vivant maire de la ville d'Arras et seigneur de Maret, par achat qu'il en a fait par décret au conseil d'Artois sur Messire Charles Alexandre de France, baron de Vaux, fils héritier de dame Agnès, Gertrude du Viet, marquise de Noyelle dont la déclaration s'ensuit, etc.

Suit l'énumération des terres dénombrées et de droits féodaux dus à Antoine-Louis-Joseph d'Amiens par le baron de Wisme.

Fait et dénombré à Arras le dix-sept février mil sept cent quarante et un. La signature dudit dénombrant est scellée du cachet de ses armes.

BLOCQUEL DE WIMES.

Archives du château de Ranchicourt, dénombrement original en parchemin.

PREUVE LXVII

11 FÉVRIER 1751.

Contrat de mariage de ANTOINE-LOUIS-JOSEPH D'AMIENS, *écuyer, seigneur de Ranchicourt, Mesnil, Rebreuve, Varinghem etc., avec* MARIE-MADELEINE LE RICQUE.

Pardevant les notaires royaux d'Artois soussignés furent présens ANTOINE-LOUIS-JOSEPH D'AMIENS, escuier, seigneur de Ranchicourt, Mesnil, Rebreuve, Waringhem et autres lieux, demeurant en la ville de Béthune, assisté et accompagné de messire JEAN-JOSEPH D'AMIENS, prestre chanoine de la catédralle de Nostre-Dame d'Arras, son frère germain, d'une part, dame Marie-Françoise-Thérèse de La Rivière, dame de Violaine, Dours et autres lieux, veuve de Lamoral Le Ricque vivant escuier, seigneur d'Alennes, d'Espret, La Bourse et autres lieux, demeurant en son château d'Espret, à Sailly, et demoiselle MARIE-MAGDELEINE LE RICQUE, sa fille à marier, assistée et accompagnée de Philippe-Louis Le Ricque, escuier, sei-

gneur d'Espret, Marquay, Labourse et autres lieux, demeurant en
la ville de Béthune, de Messire Nicolas-Procope Le Ricque, capitaine
au régiment de Picardie et chevalier de l'ordre militaire de Saint-
Louis, et de Lanoral-Antoine Le Ricque, escuier, seigneur d'Al-
lennes, ses frères germains, étans tous présens audit Sailly, d'autre
part.

Lesdits marians et comparans ont dérogé et dérogent par ces
présentes à l'effect, payement et accomplissement de tout ce que
dessus, ils ont obligés et obligent leurs biens présens et avenirs sur
lesquels il accordent main assize et mise de fait, domicile esleu en
la gouvernance de Béthune, acceptant à payer Messieurs du Conseil
d'Artois, renonçant à toutes choses contraires, et au besoin ladite
dame et ladite damoiselle future épouse à tous droits et privilèges
introduits en faveur de leur sexe. Passé au château d'Espret au
village de Sailly pardevant que dessus soussignés, avec lesdits marians, comparans et assistans le unze février mil sept cent cinquante
et un.

Signé : D'AMIENS, MARIE-MAGDELAINE LE RICQUE, de Lari-
vière d'Allènes, D'AMIENS, chantre d'Arras, Le Ricque d'Espret,
Le Ricque d'Allènes[1], Le Ricque du Sossois, L. Le Ricque d'Allènes,
et comme notaires : Saint-Léger et Hullen.

Archives du château Ranchicourt, papier.

PREUVE LXVIII

7 NOVEMBRE 1761.

C'est le rapport et dénombrement que fait, sert et baille dame
MARIE-MADELEINE LE RIQUE, veuve D'ANTOINE-LOUIS-
JOSEPH D'AMIENS, vivant escuier, seigneur de La Ferté, Ranchi-
court, Maisnil et autres lieux, icelle au nom et comme mère tutrice

---

1. Procope Le Ricque, écuyer, seigneur d'Alènes, portait: *D'azur à un pal de
gueules chargé d'une molette d'or.* (Armorial général, Picardie, vol. 27, ol. 794,
Cabinet des titres.)

légitime de Jean-Louis d'Amiens, son fils mineur, qu'elle a retenu de sa conjonction avec son dit mary, à Haut et Puissant Seigneur Messire Adrien-Louis de Guines, chevalier, comte de Souastre, colonel d'infanterie au service de Sa Majesté Très Chrétienne, seigneur de Cottes, S. Hillaire, Amettes, Hingettes, Rocourt en l'Eau, Magnicourt en Comté, Illies, Hérin, Ballieulmont, Pomier, Hambercamp et autres lieux, des immeubles ci-après déclarés que ledit mineur d'Amiens tient en cotterie dudit seigneur, à cause de sa terre et seigneurie de Plaisir en Amettes, pour laquelle outre la Rente foncière et annuelle dont ils sont chargés, je reconnois, en ma ditte qualité de devoir en relief le cas y échéant, le double de la rente dont lesdits immeubles sont chargés, et en cas de vente, don, échange, transport ou toutes autres aliénations, le sixième denier du prix fixé par les contracts, ou sur le pied de la prisée et estimation qui se fait par les hommes dudit seigneur, et outre le droit de ventrolle, etc.

Ainsy fait et dénombré en la ville de Béthune le vingt-sept de novembre mil sept cent soixante-un était signé « Le Rique. d'Amiens. »

Archives du château de Ranchicourt.

26 OCTOBRE 1770.

Déclaration d'aveu faite par MARIE-MADELEINE LE RICQUE, *veuve d'*ANTOINE-LOUIS-JOSEPH D'AMIENS, *écuyer, seigneur de la Ferté, Varinyhem, Ranchi-court, Rebreuves, agissant comme tutrice au nom de son fils* JEAN-LOUIS D'AMIENS, *mineur, qui devait dénombrer devant le chapitre d'Arras en qualité d'héritier de* JEAN-JOSEPH D'AMIENS, *ancien chanoine.*

Déclaration et reconnaissance que sert et baille à Messieurs les prévots et doyens, chanoines et chapitre de la cathédrale Notre-Dame d'Arras, seigneurs de Lattre Saint-Quentin et autres lieux, dame MARIE-MAGDELAINE LE RICQUE, veuve D'ANTOINE-LOUIS-JOSEPH D'AMIENS, écuyer, seigneur de la Ferté, Waren-

ghem, Ranchicourt, Rebreuve, Mesnil et autres lieux, demeurant
en son château de Ranchicourt, mère et tutrice légitime de JEAN-
LOUIS D'AMIENS, aussi écuyer, seigneur desdits lieux, iceluy neveu
et unique héritier de Messire JEAN-JOSEPH D'AMIENS, décédé chanoine de l'église d'Arras, des immeubles que je tiens et avoue tenir
en cotterie de mes dits seigneurs à cause de leur terre et seigneurie de Lattre Saint-Quentin, provenant audit Jean-Louis d'Amiens...

Fait à Ranchicourt le 6 octobre mil sept cent soixante-dix et
signé « Le Ricque d'Amiens ».

Archives du château de Ranchicourt,

18 AVRIL 1789

MARIE-MADELEINE LE RICQUE *donne pouvoir à son fils* JEAN-LOUIS D'AMIENS
*de la représenter aux États d'Artois qui doivent se réunir pour l'élection des
députés aux États généraux.*

Par devant les notaires royaux d'Artois, soussignés, fut présentée
dame MARIE-MAGDELEINE LE RICQUE, dame de la seigneurie
vicomtière d'Alennes, veuve D'ANTOINE-LOUIS-JOSEPH D'AMIENS
écuyer, seigneur de Ranchicourt, Maisnil, La Ferté, Rebreuve,
Waringhen, et autres lieux, demeurant ordinairement en son hôtel
en cette ville, laquelle a fait et constitué son procureur général et
spécial Jean-Louis d'Amiens, écuyer, seigneur de Ranchicourt,
Maisnil, Rebreuve, etc., auquel elle a constitué pouvoir de pour elle
et en son nom, comparoir à l'assemblée générale des trois états du
bailliage royal et gouvernance d'Arras qui doit être tenue le 20 dudit mois en exécution des lettres du roi, données à Versailles le
24 janvier dernier pour la convocation des États généraux du
royaume, du règlement y annexé et de l'ordonnance de M. le lieutenant général du bailliage royal et gouvernance... En conséquence
desdites lettres, pour se trouver à la dite assemblée et concourir,
au nom de ladite dame constituante, à l'élection des députés de son
ordre qui seront envoyés aux États généraux dans le nombre et la

proportion déterminés par arrêt de Sa Majesté, de leur donner tous pouvoirs généraux et suffisants pour proposer, démontrer, aviser, consentir, tout ce qui peut concerner le bien de l'Etat, la réforme des abus, l'établissement d'un ordre fixe et durable dans toutes les parties de l'administration. Ainsi fait et exposé à la ville de Béthune le 18 avril 1789. Signé « Le Ricque d'Amiens ».

Archives départementales du Pas-de-Calais, Série C, gouvernance d'Arras, documents relatifs aux États généraux de 1789, pièce 66.

PREUVE LXIX

8 AOUT 1765.

Aveux fournis par JEAN-JOSEPH D'AMIENS, *chanoine de la cathédrale d'Arras et seigneur de Lattre-Saint-Quentin à raison de cette terre, au prince de Croy et au chapitre d'Arras, seigneurs dominants.*

Dénombrement de trois quartiers de la terre de Lattre-Saint-Quentin, sise au-dessus des marais de Noyelles, par JEAN-JOSEPH D'AMIENS devant le procureur d'office, de haut et puissant seigneur messire Emmanuel de Croy-Solre, prince du Saint-Empire, chevalier de l'ordre du Saint-Esprit, lieutenant général de ses armées, gouverneur et baron de la ville de Condé, grand veneur héréditaire du pays et comté de Hainaut, seigneur de Pernès, de Saint-Laurent, de Maldéghen, Aldeghen, Beauffort, Blavincourt[1], etc.

Archives du château de Ranchicourt, Déclarations et dénombrement sur papier avec un contrat de vente sur parchemin, du 18 mai 1756.

---

1. Les biens de Jean-Joseph d'Amiens étaient mouvants du fief Blavincourt.
Le même dénombrement avait été fourni par Jean-Joseph d'Amiens le 25 juillet 1761.

17 FÉVRIER 1785

Dénombrement de la susdite terre, par Messire JEAN-LOUIS D'AMIENS,
seigneur de la Ferté, de Lattre et Ranchicourt, etc.

C'est le rapport et dénombrement que je, Messire JEAN-LOUIS
D'AMIENS[1], escuier, seigneur de la Ferté, Mesnil, Rebreuve, Ranchicourt et autres lieux, neveu et héritier de JEAN-JOSEPH
D'AMIENS, vivant chanoine de la cathédrale d'Arras, demeurant
ordinairement en son hostel à Béthune, fais, sers et baille à
Messire Jean-Hermann-François-Xavier, vicomte de Sacy, chevalier
de l'ordre de Saint-Lazare, seigneur d'Hachicourt et autres lieux,
d'un fief à sept sols six deniers parisis de relief, etc. Déclaré à Arras
le 17 février 1785.

Signé : D'AMIENS DE RANCHICOURT.

Archives du château de Ranchicourt, papier.

PREUVE LXX

14 OCTOBRE 1823.

PHILIBERT D'AMIENS DE RANCHICOURT *et sa femme Adélaïde-Clémence
Aronio, sont dits cousins de Léopold-Valentin-François de Hauteclocque au
contrat de mariage de celui-ci avec Marie de Navigheer.*

CONTRAT DE MARIAGE DE LÉOPOLD-VALENTIN-FRANÇOIS DE HAUTECLOCQUE AVEC MARIE DE NAVIGHEER.

Furent présents, très noble homme,

Léopold-Valentin-François, baron de Hauteclocque chevalier

---

1. Jean-Louis d'Amiens marié à Marie-Charlotte-Florence-Victoire Payen
de La Bucquière

héréditaire, chevalier de justice de l'ordre souverain de Saint-Jean
de Jérusalem en 1816... demeurant ordinairement au château de
Wail, département du Pas-de-Calais, arrondissement de Saint-Pol...
fils majeur de très noble homme messire François-Louis-Joseph de
Hauteclocque, chevalier ancien officier d'infanterie..., et de très
noble dame Madame Catherine-Philippe-Julie de Monet de Lamarck,
son épouse... de dame ADÉLAIDE-CLÉMENCE ARONIO, sa cousine,
et de M. PHILIBERT D'AMIENS DE RANCHICOURT, écuyer, propriétaire demeurant à Lille, époux de cette dernière, etc.

Miroir des notabilités nobiliaires des Pays-Bas, par Goethals, t. II, page 450.

PREUVE LXXI

BRANCHE DE CHYPRE.

1228 ET APRÈS.

Extrait des « lignages d'Outre-Mer » établissant que THIBAULT D'AMIENS,
*fondateur de la branche des d'Amiens, seigneurs du Plaissier, en Chypre,
épousa* ESTÉPHÉNIE DU PLAISSIER *et qu'il en eut* PIERRE D'AMIEMS, *marié à*
ANCELLE LA BELLE. *Il appert en outre de ce document que* THIBAULT
D'AMIENS, *né du susdit Pierre, eut pour femme* ESTÉFÉNIE DE MONTGISARD
et pour enfants JEAN D'AMIENS, *gendre de Hugues, vicomte de Tripoli, et*
PIERRE, *archidiacre de Limisso.*

Hugue Martin vint deçà mer avec le roy Gui. Quand le roy Gui
acheta Chipre, il vint avec lui en Chipre, et amena deus siens
nevous avec lui, fis de ses deus sœurs; l'un ot nom Fouque d'Yver,
et l'autre Laurens dou Plessé. Fouque Yver fu sire de Maretasse et
moru sans heirs; Laurens dou Plessé fu sire de Loriaqui et de celui
fié; lequel Lorens fu fait chevalier au Morf; et pour ce furent il et
ses heirs appellés dou Morf. Le dit Lorent esposa Isabel, la fille de
Helie dou Rouvre qui estoit seignor d'Avelones, et orent sis fis et

une fille : Johan, Bauduin, Joffroi, Bartelemi, Helies, Phelippe et Estefenie qui esposa THIBAUT DE DAMIANE qui fut seignor de Plessie, et pour ce fu il appellé de *Plessie* ; et orent un fis Pierre que esposa ANCELLE LA BELLE ; et orent un fis THIBAUT qui esposa ESTEFENIE, la fille Robert de Mongisart, et orent trois fis : *Jehan, Hugues* et *Pierre.*

JOHAN esposa MARIE, la fille HUE visconte, com vous avés oy ; PIERRE fu archediacre de Limeson. Joffroy, Helies et Phelippe, les fis Lorens dou Morf dessudit, esposa Sebille, la fille Renaut le Chamberlain, com vous avés oy. Beauduin esposa Aalis, la fille Johan Babin, et ot trois fis et sept filles, Adam, Johan, Helies, Aalis, Agnès, Marguerite, Estefenie, Helvis, Isabeau et Femie. Adam esposa la fille Regnier de Giblet, et orent un fis et deux filles : Lorens, Aalis et Marie. Aalis esposa Jehan de Brie, com a este dit. Marie moru ; Lorens esposa Bienvenue, la fille le Tors, et ot une fille Pole : Johan moru sans heirs ; Helies esposa .... et ot deus fis et une fille, Bauduin et Anciau. Berteleme, qui fu fis doudit Lorens dou Morf, esposa la fille de Bauduin Bonvoisin, qui estoit dame de Quellie, et ot quatre fis et une fille : Bauduin, Joffrei, Johan, Phelippe et Estefenie qui esposa Phelippe de Nevaire, et ot un fis Bauduin. Bauduin, le fis doudit Bertelemi dou Morf, esposa Eschive, la fille de Johan de Brie, et ot deus filles, Marguerite et Aalis. Marguerite esposa Henri de Giblet, com a esté dit ; Aalis esposa Bertran son frère, et moru sans heirs. Joffrey esposa la seur de Pierre de Stambole, et ot un fis Bauduin, et deux filles ; l'une des filles esposa Gui de Mimart, et l'autre esposa Bauduin de Baruth. Bauduin esposa Johanne la fille Balian le sire d'Arsur. Johan et Phelippe, les fis doudit Berteleme, moururent. Aalis, la fille doudit Bauduin dou Morf, esposa Gauthier le Moyne le seignor de Sindex. Agnès esposa Phelippe de Caffran et moru sans heirs. Marguerite esposa Phelipe de Giblet, et ot une fille qui esposa Jacques Beduin ; puis esposa ladite Marguerite Raoul le Borgne, et puis Raoul de Helin. Estefenie, l'autre fille Bauduin dou Morf, fu femme Bauduin de Mores, et orent deus fis et deux filles, Johan et Anciau. Johan fu trésorier de Nicosie ; Anciau esposa Aalis, la fille

Guillaume de Pinquegni ; l'une des filles esposa Rolant de la Baume, et l'autre, Balian de Mongisart. Helvir, l'autre fille de Bauduin dou Morf, esposa Renaut de Saissons, etc.

Recueil des historiens des Croisades. Assises de Jerusalem, publiées par le comte Beugnot, t. II, p. 472-473 (Les lignages d'Outre-Mer.)

PREUVE LXXII

1228 ET APRÈS.

Extrait des Familles d'Outre-Mer de Du Cange, se rapportant à la branche des D'AMIENS, seigneurs du Plaissier, en Chypre.

LES SEIGNEURS DU PLAISSIÉ OU DU PLAISSIER.

Thibaud de Damiane, fut seigneur du Plaissié, à cause de quoy sa postérité en prit le surnom. Je crois qu'il estoit de la maison des *chastelains d'Amiens* et qu'il faut lire au *lignage d'Outre-Mer*[1], THIBAUD D'AMIENS au lieu de Thibaud de Damiane, car outre la ressemblance de ces noms, c'est qu'il se rencontre un Thibaud d'Amiens, au temps que celui-cy vivoit, c'est-à-dire vers l'an 1220. Ce Thibaud estoit fils puisné de DREUX, chastellain d'Amiens et frère de PIERRE D'AMIENS, avec lequel il souscrit un titre de l'an 1195 et qui décéda l'an 1204 à l'entreprise de Constantinople, comme il est amplement raconté par Villehardouin. Si toutefois Thibaud fit le voyage d'outre-mer, il faut que c'ait esté après l'an 1209 et 1216, auquel temps il estoit encore en Picardie, comme on recueille de quelques titres de RENAUD D'AMIENS, son frère, qu'il souscrit avec ALEAUME et BERNARD, ses autres frères. Ce Thi-

---

1. Thibault de Damian ou d'Amiens, fils d'autre Thibaut, seigneur de Canaples, a été confondu par du Cange avec son père. C'est pour ce motif que nous prions le lecteur de se tenir en garde contre les hypothèses erronées de du Cange, touchant l'identité de Thibault et de se reporter à ce que nous avons dit à ce sujet, pages 256 et 257.

baud, seigneur du Plaissié, espousa ESTÉFÉNIE, fille de Laurens, du Plessis, dit du Morf, premier du nom, et en eut le fils qui suit.

PIERRE, seigneur de Plaissié, fils de Thibaud est probablement ce Pierre que Sanudo nomme *Damineis* au lieu d'Amiens, qui, en l'an 1273, amena trois cents arbalestriers pour la garde d'Acres. Il épousa ANCELLE LA BELLE et en eut Thibaud.

THIBAUD, II° du nom, seigneur du Plessié, fut conjoint par mariage avec ESTÉLÉNIE, fille de Robert de Montgisard, qui lui procréa entre autres enfans; JEAN seigneur du Plessié, HUGUES et PIERRE, archidiacre de Limessol au royaume de Chypre.

JEAN, seigneur du Plessié, fils de Thibaud II, s'allia avec MARIE, fille de Hugues, vicomte, seigneur de Saint-Jean, et laissa de cette alliance, *Jean, Baudouin, Estéfénie* femme de *Joffroy le Tor, Marguerite,* mariée à *Jean de Gillet* et *Ancelle.*

Cette famille subsistoit encore en Cypre l'an 1368, auquel temps MATHIEU DU PLESSIÉ y possédoit le titre de Bouteillier de Hierusalem. (Il fut un des seize seigneurs désignés dans l'assemblée du 16 novembre 1369 pour la révision des assises.)

Les familles d'outre-mer de du Cange, publiées par M. E.-G. Rey... — Paris, 1849, in-4, p. 416-417.

8 AVRIL 1273.

PIERRE D'AMIENS amène 300 archers fournis par Philippe le Hardi, au secours de Saint-Jean d'Acre.

Quand Bibars eut fait la paix avec les chrétiens d'Acre, grâce à l'entremise du roi Charles I de Sicile, les Mongols à leur tour jugèrent à propos de traiter; une ambassade de leur part vint à Damas le 2 mai 1272, et, de son côté, Bibars envoya des députés Egyptiens auprès d'Abagha. Puis le sultan se rendit au château Kurde où il arriva le 19 juillet 1272, alla inspecter la forteresse d'Akkar et revint au château Kurde. Depuis lors, les chrétiens de la Terre-Sainte vécurent relativement tranquilles et sans être inquiétés. Le 8 octobre 1272, l'ex-archevêque de Corenza, Thomas, vint en qualité de Légat apostolique, débarquer à Acre avec 500 hommes d'armes, le 8 avril 1273, Olivier de Termes y arriva avec 25 cavaliers et 100 archers envoyé par le roi Philippe de France et fut rejoint bientôt après par Gilles de Sanci et PIERRE D'AMINNES (pour Pierre d'Amiens) avec 300 archers recrutés aux frais du roi Philippe à l'aide des décimes des croisades [1].

Pendant ce temps, Bibars détruisait complètement les derniers châteaux des assassins Moïnakah, Kadmos et Kahf (juillet 1273), garantissait l'Egypte par de forts armements contre tout débarquement imprévu d'une armée de croisés et partit du Caire, le 1er février 1275, pour envahir la Cilicie dont le roi s'était de nouveau allié avec les Mongols.

Archives de l'Orient latin, t. II, p. 404-405. Etudes sur les derniers temps du royaume de Jérusalem.

Il résulte des Lignages d'Outre-Mer, que JEAN D'AMIENS, *seigneur du Plaissier, en Chypre, épousa* MARIE, *fille de Hugues, vicomte de Tripoli, seigneur de Saint-Jean d'Acre, et d'*ESTÉPHÉNIE DU FOUR, *et qu'ils procréèrent* JEAN D'AMIENS *seigneur du Plaissier,* BAUDOIN D'AMIENS, ESTÉPHÉNIE, *mariée à* JEOFFRIN LE TOR, *et Marguerite, femme de* JEAN DE GIBLET.

... Aalis esposa Bertelot de Garnier, un Pisan; Raimonde, l'ainsnée fille Gautier de Baruth, esposa Bertrand le seignor dou Margat; Marguerite, l'autre sœur, esposa Guillemin Porcelet, et orent trois fis et une fille : Renaut, Bertran, Hue et Marie. Les trois fis morurent sans heirs, et Marie esposa Lienart de Baphe, et orent une fille Marguerite qui esposa Guillaume le vicomte de Triple; et orent deus fis et une fille; Johan, Hue et Aalis qui esposa le sire de

1. Eracles, 464. Marin Sanuto, 225.

Moners. Johan fu visconte de Triple, et esposa Eschive, la fille
Johan de Farabel seignor dou Pin, et orent un fis et trois filles :
Balian, Marie et Marguerite, Balian fu occis à la porte de Triple,
Marie esposa Renaut Beduin, Marguerite esposa Jehan Beduin, le fis
doudit Renaut, Hue l'autre fis Guillemin le visconte de Triple, fu
seignor dou fié de Saint Johan, et esposa Estefeni, la fille Johan dou
Four, et orent un fis et deus filles : Johan, Marguerite et Marie.
Johan esposa Isabeau, la fille de Anciau, le mareschal de Chipre,
et moru sans heirs ; Marguerite esposa Balian Mangarni, et orent
une fille Estefanie qui esposa Johan d'Antioche, et moru sans
heirs. MARIE *esposa* JOHAN DU PLASSI, *et orent deus fis et trois
filles :* JOHAN, BAUDUIN, ESTEFENIE, MARGUERITE, ANSELE.
ESTEFENIE *esposa* JOFFROI LE TOR, MARGUERITE *esposa* JOHAN
GIBLET ; Marie, après la mort Lienart de Baphe, esposa Hue de
Giblet ; Eschive, l'autre fille Gautier de Baruth, esposa Jocelin de
Giblet le seignor d'Avegore, et orent deus fis et deus filles :
Renaut et Phelippe qui fu tué ; et leurs seurs, l'une espose Oste
Potier, et l'autre Simon de Naveles. Marie, la fille Pierre de Baruth,
qui esposa Guillaume de Tabarie, esposa Girart de Han, conestable
de Chipre, et orent un fis et une fille, Thomas et Agnès ; Thomas fu
conestable de Triple, et esposa la fille Julian de Ravendel de Mareclée,
et moru sans heirs ; Agnès esposa Hue de Giblet, seignor de Resmedin.

Recueil des historiens des Croisades. Assises de Jérusalem, publiées par le
comte Beugnot, t. II, p. 459. (Les lignages d'Outre-Mer.)

Beatris, l'autre fille Pierre de Baruth, esposa Jehan le Tor seignor dou Manuet, et orent un fis et deus filles : Joffroi, Marguerite et Marie. Marie esposa Amauri le Chamberlan, et orent deus
fis et trois filles : Renaut et Phelippe, Agnès, Torterele et Helvis.
Agnès fu mariée en Ermenie ; Torterele esposa Johan de Giblet le
signor de Piles, et orent un fis et quatre filles : Guillaume, Simone,
Lienor, Johanne et Catherine. Guillaume esposa Douce la fille
Johan de Brie, puis esposa Isabeau la fille Gautier Lambert, et

ot un fis et une fille, Amouri et Torterelle ; Simone esposa Phelippe
le Petit, et Lienor fu aveugle ; Johanne esposa Bauduin de Mimars
sire d'Asquie, Catherine fu Nonain ; Helvis, l'autre fille Johan de
Tor, ot un fis qui noia à la Mensore, puis esposa Bienvenue qui fu
fille de Phelippe de Cafran, et fu feme de Bernard de la Baume, et
orent un fis Johan qui esposa Estefenie, la fille Johan de Saissons, et
orent deus fis et cinq filles : Joffrei, Balian, Marie, Bienvenue, Aalis,
Isabeau et Eschive. JOFFREI *esposa* ESTEFENIE, *la fille* JOHAN
DOU PLESSI : Balian esposa Johanne, la fille Pol de Naples ; Marie
esposa Guillaume visconte ; Bienvenue esposa Lorens dou Morf, et
puis Bauduin de Pinquegni[1] ; Aalis esposa Pierre Chappe, et puis
Hugues de Helin ; Isabeau esposa Nicolas Carpas. Eschive esposa
Robert de Mongisart.

Recueil des historiens des Croisades. Assises de Jérusalem, publiées par le
comte Beugnot, t. II, p. 464-465. (Les lignages d'Outre-Mer.)

16 NOVEMBRE 1369.

MATHIEU D'AMIENS, *dit du Plaissier, bouteiller de Jérusalem, fut un des seize
seigneurs Cypriotes qui reçurent le mandat, le 16 novembre 1369, de
reviser les assises de Jérusalem.*

Et aprez ce que monseignor le bail ot dit, la communauté des
homes liges furent d'une part et ordonerent, pour ce que ladite
besongne est de grand fait et convenoit de faire ce à droit, et pour
ce que il estoient assez, lors sembla que ce serait à point pour tous
les autres ensemble, et s'accorderent et ordenerent que ledit livre
et besongne se fist par seize homes liges de la court, en la présence
de monseignor le baill, lesquels furent les aprez ci devises : messire
Jacque de Lescignan, seneschau de Chipre, messire Phelippe de
Ibelin sire d'Arsur, sire Johan dou Morf comte de Rohais, sire Thomas de Montolif l'auditor, sire Simon Tonouris mareschau de Jeru-

1. Baudouin de Pecquigny était cousin de Jean d'Amiens du Plessier.

salem, sire MARTHE DE PLESSIE bouteiller de Jerusalem, sire
Raimon Babin bouteiller de Chipre, sire Thomas d'Antioche, sire
Johan de Montolif, sire Jacques Beduin l'ainsné, sire Johan de Giblet, fis de sire Guillaume, sire Thomas de Montolif l'ainsné, sire
Henry de Giblet, sire Johan de Saurel, sire Jacques de Bon, sire
Reinier le Petit. Et en celle oure fut retrait ce que les homes ordenerent en la presence de Monseignor le baill, et monseignor le baill
otria ce que les homes liges avoient fait. Et sur ce monseignor le
baill fit recouvrer la plus grant partie des livres des assises les plus
vrais que le conte ot fait, et en la presence des avant només furent
corrégé et ehlurent le plus vrai livre des assises, et fu contre escrit,
et mis les ordenances susdites que les homes liges ont fait, et la
connoissance que fu faite pour le roy Hugue et les autres assises et
autres qui furent fais au temps passé.

Recueil des historiens des Croisades. Assises de Jérusalem, publiées par le
comte Beugnot, t. I, p. 6.

PREUVE LXXIII

BRANCHE DES D'AMIENS SEIGNEURS DE REGNAUVILLE.

1er JANVIER 1274.

Il ressort de l'article ci après que BERNARD D'AMIENS, *co-seigneur de l'Etoile*
était frère de DREUX D'AMIENS, *sire de Vignacourt, et fils comme lui de*
JEAN D'AMIENS, *baron du même lieu.*

DREUX D'AMIENS, chevalier, sire de Vinacourt, fait un échange
avec BERNARD, son frère, par lequel ledit Bernard luy abandonne
les trois cens livrées de terre que noble homme et sage Messire
JEAN D'AMIENS, sire de Vinacourt, leur pere, luy avoit assigné
sur la terre d'Arreville (Oreville), et en recompense il assigne audit
Bernard, son frère, 80 l. de rente sur la terre de l'Etoile, tenue de

l'abbaye de Saint-Riquier, et les 210 l. restans sur le fief qu'il tenoit du vidame d'Amiens, sire de Pinqnigny, au mois de janv. le lendemain du premier jour de l'an 1274. (*Arch. de l'abb. de Corbie.*)

2 Janvier 1274.

BERNARD D'AMIENS, *co seigneur de Vignacourt, se déclare frère de* DREUX ou DRIENON D'AMIENS *et donne à ce dernier ainsi qu'à son père* JEAN *la qualification de « Monseigneur »*.

BERNARD D'AMIENS, chevalier, avoue tenir en fief lige et franc du vidame d'Amiens, sire de Pequigny, 114 journaux de terre en une pièce, assise à Vinacourt, et 550 journaux de bois appellés Pierre trouée, et 60 l. de rente sur le travers de Vinacourt, lesquelles choses Monseigneur Drienon d'Amiens, son frère, seigneur de Vinacourt, chevalier, luy avoit données en échange de 300 l. de rente que feu Monseigneur Jean d'Amiens, chevalier, sire de Vinacourt, leur père, luy avoit assigné sur la terre d'Orreville, le lendemain du jour de l'an 1274. (*Arch. de l'abb. de Corbie, Cartul. de Pequigny, fol.* 66, 2°.)

Septembre 1284.

BERNARD D'AMIENS *se dit encore frère de Monseigneur* DRIENON D'AMIENS *dans l'acte que voici.*

BERNARD, dit D'AMIENS, chevalier, vendit au chapitre de Foulloy, pour la somme de 160 l. parisis, 20 journaux de terre assis au territoire de Vinacourt, lesquels il tenoit de noble home Monseigneur DRIENON D'AMIENS, son frère, chevalier, seigneur de Vinacourt, et qui devoient être tenus de noble home Monseigneur Jean, vidame d'Amiens, seigneur de Pequigny, après le décès dudit

32

Drienon, son frère, lesquels amortirent l'un après l'autre lesdites terres vendues au mois de septembre 1284. (*Cartul. du chapitre de Foulloy, fol. 77, v° et suiv.*)

Trésor *généalogique* de Dom Villevieille, publié par Henri et Alphonse Passier, t. I, p. 368-370.

28 Mai 1279.

BERNARD D'AMIENS, *chevalier, se porte caution de Pierre Giffart et de sa famille.*

Asseurement donné par BERNARD D'AMIENS, chevalier, à Pierre Giffart et aux siens, et réciproquement. — Dimanche, jour de la Trinité (28 mai).

Olim II, fol. 43, v°, *Actes du Parlement de Paris,* par M. Boutaric, t. I, p. 205, n° 2187.

JANVIER 1302.

BERNARD D'AMIENS *est lui-même qualifié « Monseigneur » dans une charte résumée par D. Villevieille.*

L'héritier de Monseigneur Bernard d'Amiens tenoit un fief de l'héritage de Monseigneur Enguerran de Bove qui la tenoit de la seigneurie de Pinkegny que le vidame d'Amiens avoua tenir en fief de l'évêché d'Amiens au mois de janv. 1302. (*Cartul. A de l'évêché d'Amiens, fol. 54.*)

F Trésor *généalogique* de Dom Villevieille, publié par Henri et Alphonse Passier, t. 1, p 371.

PREUVE LXXIV

Septembre 1302

Résumé de la quittance délivrée par Regnault d'Amiens *à Guillaume de Milly et Jouffroy Coquatrix pour son service actif dans l'armée de Flandre.*

Renaud d'Amiens, chevalier, a reçu de Guillaume de Milly et de Jouffroy Coquatrix ses gages et ceux de quatre écuyers, pour le service qu'ils ont fait en Flandres. — Arras, 17 septembre 1302.

(Sceau en cire brune sur lequel est un écusson seul qui porte : *trois chevrons de vair.* Légende effacée.)

Trésor généalogique de la Picardie ou recueil de documents inédits sur la noblesse de cette province, par un gentilhomme picard, t. II, p. 5, n° 16.

29 septembre 1352.

*Mention de la mort d'*Adam d'Amiens *par de Caffiaux.*

Adam d'Amiens est rapporté comme mort dans un aveu servi à l'abbé de S. Denis en France, le 29 septembre 1352, par Nicolas le Mire, sieur de Baubigny, dont est tenu un fief par les héritiers dudit Adam d'Amiens, au lieu de feu André Pocheron.

Trésor généalogique, par Dom Caffiaux, t. I, p. 121-127.

7 septembre 1346.

Hue ou Hugues d'Amiens, *prêtre, aumôna diverses censives et rentes en nature à l'abbaye de Saint-Michel.*

Abbaye de Saint-Michel.
7 septembre 1346.

L'abbaye continua de bénéficier de la piété des grands. En 1314, ce fut Robert, chevalier, sire de Biauval, qui lui fit donation de

14 sols de cens, sur un gardin tenant au cimetière de Saint-Michel. L'acte est en français et se termine : «En tesmoignage de laquelle je ai ches presentes lettres scellées de mon propre scel : fait l'an de grace mil trois chens et quatorze, au mois de avril. » Puis, ce fut le sieur de la Houssoye qui aumôna de nouveaux cens en 1321, puis encore maître HUE D'AMIENS, qui donna des censives et rentes en blé, et dont la donation fut confirmée par lettres patentes de Philippe VI en date du 7 septembre 1346. Les mêmes lettres patentes portent amortissement des possessions de l'abbaye, moyennant une messe par semaine.

Histoire de la ville de Doullens, par M. E. Delgove, p. 292.

PREUVE LXXV

1328 ET APRÈS.

JEAN D'AMIENS, *négociateur de Philippe VI, est élu échevin de Tournay comme partisan de la France.*

Les luttes intestines en Flandre et en Hainaut avaient considérablement affaibli le pouvoir modérateur des gouvernements respectifs de ces deux pays. Le roi de France sut en profiter et après la bataille de Cassel, en 1328, il pesa de toute son autorité sur l'un et sur l'autre.

Le roy de France envoya Jean de Chasteler, son chambellan. Celui-ci arriva avec Pierre de la Morlière au mois de juillet et convoqua le peuple aux halles pour le premier dimanche de ce mois. Il composa d'une manière populaire tout le gouvernement. Durant toute son administration la ville de Tournay fut néanmoins privée de franchises communales.

Les bourgeois élurent par son influence Guillaume de Waudripont, JEAN DAMIENS, Jean Pouret, Jacques de Maubray, Jacques Dandlen, Jean de Berducque, Jacques Mouton et Jacques, son fils, Pierre du Mortier.

Miroir des notabilités nobiliaires de Belgique, des Pays-Bas, par M. F.-V. Goethals, t. II, p. 852.

1er AVRIL 1351.

A la montre de Pierre Le Bouteiller comparaît JEAN D'AMIENS, *monté*
sur un cheval gris pommelé.

La monstre Pierre Le Bouteiller et VI escuiers de sa comp.,
receus du roy nostre sire à Saint-Jehan d'Angli le premier jour
d'avril l'an 1351.

Led. Pierre, cheval bay estèle au front.

Richardin le Clerc, ch. tout morel nar fendues.

JEHAN D'AMIENS, ch. grys pomelé.

Robinet le Breton, ch. bart.

Jehan de Gans, ch. rouge bay.

Hanequin Lalemant, ch. fauve raie noire sur le dos.

Périnet de Rogy, ch. brun bay.

Trésor généalogique de Picardie, par un gentilhomme picard, t. II, p. 49,
n° 161.

PREUVE LXXVI

5 MAI 1412.

Quittances de gages militaires souscrite par PIERRE D'AMIENS, *seigneur*
de Régnauville à Jean de Précy, trésorier des guerres.

PIERRE D'AMIENS, seigneur de Regnauville, chevalier, a reçu de
Iehan de Précy, trésorier des guerres, 330 livres tournois pour ses
gages, ceux d'un chevalier bachelier, 8 écuyers et 8 archers de sa
compagnie, servant partout où il plaira au roi de les envoyer et
faisant partie d'un corps de 2,000 hommes d'armes et de 1,000
hommes de trait aux ordres du duc de Bourgogne, 5 mai 1412.

Sceau en cire rouge: *Écu à trois chevrons de vair* surmonté d'un
heaume et supporté par deux chiens debout. La légende a disparu.

Quittance du même[1] au même de 615 livres tournois pour lui,
un chevalier bachelier, 8 écuyers et 4 archers de sa compagnie,
servant, etc., comme ci-dessus, 12 mai 1412.

(Même sceau que ci-dessus, cire rouge.)

Trésor généalogique de Picardie, par un gentilhomme picard, t. I , p.
n° 17 et 18.

12 MAI 1412.

Autre quittance du même.

AMIENS (PIERRE D')
Seigneur de Regnauville

Sceau rond de 24 mill. — Ecu portant : *Trois chevrons brisé
de...* au canton dextre, penché, timbré d'un heaume cimé d'un
chien et supporté par deux chiens.

Service de guerre. — Quittance de gages. — 12 mai 1412. (Clair.
r. 4, p. 127.)

Inventaire des Sceaux de la collection Clairambault à la Bibliothèque nationale, par G. Demay, in-4, t.I, p. 15, n° 134.

PREUVE LXXVII

24 OCTOBRE 1457.

Constatation du mariage de COLARD D'AMIENS, *seigneur de Regnauville,
avec Marguerite de Monchy*[2].

COLARD D'AMIENS, seigneur de Regnoville, comme mary de damoiselle MARGUERITE DE MONCHY, tenoit un fief de la seigneurie

---

1. Pierre d'Amiens, seigneur de Regnauville.
2. De La Morliere a confondu *Monchy* avec *Moncheaux*.

de Wauraing dont aveu fait au duc de Bourgogne le 24 octobre 1457.
(Chambre des Comptes de Lille, reg. des fiefs du comté de Flandre,
de 1447 à 1457, p. 109.)

Trésor généalogique de Dom Villevieille, publié par Henri et Alphonse
Passier, t. I, p. 371.

VERS 1440.

Mention de l'alliance de JEANNE D'AMIENS, *dame de Regnauville, avec* PHILIPPE
DU BOIS, *seigneur de Boyeffes.*

XIII

Mathieu du Bois, dit Gallois, seigneur de Boyeffes, de Trehoult
et de la Bourse.

Femme Tasse de Sains fut mère de :

XIV

PHILIPPE DU BOIS, seigneur de Boyeffes.

Femme, JEANNE D'AMIENS, dite de Regnauville [1].

I. Pierre dit Porus du Bois, seigneur de Boyeffes.

II. Jean du Bois, seigneur de la Bourse, mort sans postérité de
Claire de Mieuvre, héritière de Blangerval et de la Vacquerie.

Histoire des grands officiers de la Couronne, par le père Anselme, t. VI,
p. 177.

Extraits relatifs à COLARD D'AMIENS, *seigneur de Regnauville et d'Estrées
et à ses quatre filles.*

Messire N... D'AMYENS, seigneur de Regnauville, fils de Monsieur JEHAN D'AMYENS, seigneur de Regnauville, fut marié à N...
dont il eut un fils nommé Collart d'Amyens, seigneur de Regnauville et d'Estrées.

---

1. Vers 1440.

Madame MARGUERITE D'AMYENS, fille aînée de Collart d'A-
myens, seigneur de Regnauville et d'Estrées, fut mariée à messire
N. D'AUXY, seigneur de Gennes, duquel elle eut une fille nommée
Madame *Jeanne d'Auxy*, mariée à Monsieur *de Dreuze*, seigneur
de Piérecourt.

Madame JACQUELINE D'AMYENS, fille de Messire COLLART
DAMYENS, seigneur de Regnauville, et de Madame MARGUERITE
DE MONCHY, sa femme, fut mariée à Messire WALDRAN DE
FIEFES, seigneur de Fiefes, dont elle eut un fils, Messire Antoine
de Fiefes qui était vassever du seigneur de Flain.

Madame JEANNE D'AMYENS, fille de Messire Collart Damyens,
seigneur de Regnauville, fut mariée à Monsieur *Philippe du Bois*,
seigneur de Boyeffes.

Madame CATHERINE D'AMYENS, 4e fille de Collart d'Amyens,
seigneur de Regnauville, fut mariée à Monsieur *Anthoine de Riencourt*.

Généalogie de ceulx qui portent le nom et les armes d'Amyens.
Mst. du XVIe siècle. Archives du château de Ranchicourt ; département du
Pas-de-Calais.

PREUVE LXXVIII

RAMEAUX DE SIRONVILLE ET DE MONCHEAUX

23 DÉCEMBRE 1387.

*Constatation de la parenté existant entre Regnault d'Amiens, seigneur de Siron-
ville, HUE ou HUGUES D'AMIENS, prêtre, son frère, et PIERRE D'AMIENS,
écuyer.*

PIERRE D'AMIENS, écuyer, avoue tenir un fief de l'abbaye de
Saint-Riquier, auquel il a toute justice et qui a appartenu à feu

REGNAULT D'AMIENS, son cousin, et étoit échu par succession à Messire HUE D'AMIENS[1], prêtre, son frère et héritier, le 23 décembre 1387.(Archives de l'abbaye de Saint-Riquier, livre rouge, fol. 44, v.)

Trésor généalogique de Dom Villevieille, publié par Henri et Alphonse Passier, t. I, p. 371.

Extraits du vieux mémoire relatifs à REGNAULT D'AMIENS, *à son fils* JEAN *et à leurs alliances.*

REGNAULT D'AMIENS fils de PIERRE D'AMIENS, seigneur de Sironville, fut marié à Mademoiselle MARGUERITE DE QUINCHY ou CUNCHY de laquelle il eut plusieurs enfants :

JEHAN D'AMYENS, fils aîné de REGNAULT D'AMYENS, seigneur de Sironville, fut marié à la fille de SIMON D'AVERDOING, seigneur de Monchaulx, de laquelle il eut plusieurs enfants.

PREUVE LXXIX

Quittances et sceau de JEAN D'AMIENS, *seigneur de Sironville et capitaine de 24 arbalétriers.*

JEHAN D'AMIENS, capitaine de 24 arbalétriers, étant en la ville du Crotoy, déclare avoir par les mains de Colart de Beaurain, receveur en Ponthieu, par les mains de messire Jacques d'Harcourt, capitaine des ville et château du Crotoy, reçu 815 livres tournois pour lui et ses arbalétriers. — 21 février 1416.

(Sceau en cire rouge portant : seulement un écu à trois chevrons, entouré de cette légende : S. JEHAN D'AMIENS.)

Trésor généalogique de Picardie, ou recueil de documents inédits sur la noblesse de cette province, par un gentilhomme picard, t. II, p. 5, 6, n° 19.

1. Voir plus haut page 503 la donation faite par Huc ou Hugues d'Amiens le 7 septembre 1346.

Autre quittance du même avec sceau dont l'un, à deux chevrons, indique une brisure.

AMIENS (JEAN D')

Capitaine de 24 arbalétriers au Crotoy.

Sceau rond de 22 mill. — Ecu portant : *deux chevrons.*

Garde de la ville et du château du Crotoy. — Quittance de gages. — 22 février 1417. (Clair., r. 4, p. 127.)

Inventaire des Sceaux de la collection de Clairambault, par G. Demay, t. I, p. 15, n° 133.

Mention du mariage de MARIE D'AMIENS *avec Laurent de Sempy et de celui de leur fille Catherine de Sempy avec Jean de Bournel, seigneur de Boncourt, etc.*

Guy de Bournel, seigneur de Namps, Boncourt, etc., contracta mariage de Jeanne Vuissoc, dame de Mammez, fille de N. et de Jacqueline de Saintes, laquelle le fit père de deux fils Jean et Guillaume... Jean de Bournel, seigneur de Roncourt, Mardicoigne, s'allia par mariage à Catherine de Sempy, fille de LAURENS de Sempy et de MARIE D'AMIENS qui fut fille de JEAN, seigneur de Seronville, et de la dame de Moncheaux.

Recueil de plusieurs nobles et illustres Maisons du diocèse d'Amiens, par M. Adrien de La Morlière, p. 143-144.

Autre mention du même mariage.

Jean Bournel, seigneur de Boncourt, de Mamez, de Mardicoigne et de Rabodenghen, bailli de Guynes et capitaine d'Ardre, après son frère aîné, mourut le 22 may 1522.

Femme : *Catherine de Sempy*, fille de LAURENT DE SEMPY, seigneur de Rebetangles, et de *Marie d'Amiens*, mourut le dernier mars 1516.

Histoire des grands officiers de la couronne, par le P. Anselme. t. VIII, p. 154.

PREUVES LXXX ET LXXXI

Notes généalogiques se rapportant à JEAN D'AMIENS, *sieur de Sironville, à sa femme* JEANNE DE MONCHEAUX, *à leurs enfants et à leurs alliances.*

JEAN D'AMIENS, sieur de Seronville, allié à JEANNE, dame de Moncheaux, morte avant 1457[1], d'où MARIE, femme de LAURENT DE SEMPY. — HUGUES D'AMIENS, sieur de Moncheaux, allié à PÉRONNE DE MARQUAIS, père de JEAN, sieur de Moncheaux, allié à AGNÈS DE CANTELEU. — FRANÇOIS D'AMIENS, sieur de Moncheaux en Ternois, en 1547.

HUGUES D'AMIENS tient, au bailliage de Hesdin, un fief à Regnauville en 1474.

Recherches généalogiques sur les comtés de Ponthieu, etc., par de La Gorgue-Rosny, t. I, p. 31-32.

Extraits du vieux mémoire du seizième siècle.

HUGUES D'AMYENS, seigneur de Monchicault, et fils de JEHAN D'AMYENS, seigneur de Sironville, fut marié à N... de laquelle il eut JEHAN D'AMYENS, seigneur de Monchicault et plusieurs autres enfants.

Généalogie de ceulx qui portent le nom et les armes d'Amyens. Mst. du XVIe siècle. Archives du château de Ranchicourt.

1. La Gorgue-Rosny a mis 1547 au lieu de 1457 ; cette interversion de chiffres est évidemment une erreur typographique.

JEAN D'AMIENS, allié à MARIE DE LA FORGE, d'où JEANNE, femme de CLAUDE DE LANDAS, vers 1510.

Recherches généalogiques sur les comtés de Ponthieu, etc., par de **La Gorgue-Rosny**, t. I, p. 31-32.

JEAN D'AMYENS, fils aîné de HUGUES D'AMYENS, seigneur de Montchaulx, fut marié à Mademoiselle N. DE CANTELEU, de laquelle eut FRANÇOIS D'AMYENS, seigneur de Montchaulx, et plusieurs autres enfants.

Généalogie de ceulx qui portent le nom et les armes d'Amyens. Mst. du XVIe siècle. — Arch. du château de Ranchicourt.

Mention du mariage D'ANTOINETTE D'AMIENS *(de Moncheaux et non de Bachimont) avec* PIERRE DE PARTZ, *seigneur de Plovis.*

PIERRE DE PARTZ, seigneur de Plovis, lequel épousa ANTOINETTE-D'AMIENS BACHIMONT, fille d'une CANTELEU, comme il paraît par un titre de 1579. Leurs enfants furent :

1° Pierre de Partz, vivant en 1579.

2° Antoine qui suit :

IV. Antoine de Partz, seigneur de Buissertain, marié par contrat de l'an 1582 à Marie de Fœutre, fille d'Antoine, seigneur du faubourg de Sainte-Catherine à Arras, et de Marie-Jeanne de Habarcq.

Nobiliaire des Pays-Bas, par M. de Vegiano, t. II, p. 1523.

1517-1696.

Mentions de FRANÇOIS *et de* CATHERINE D'AMIENS DE MONCHAUX

FRANÇOIS D'AMIENS, écuyer, receveur du bailliage d'Hesdin en 1517, succède à Henry de La Forge (Id.)

Recherches généalogique sur les comtés de Ponthieu, etc., par de **La Gorgue-Rosny**, t. I, p. 31-32.

ANNE-CATHERINE D'AMIENS, demoiselle de Montcheaux, (Monchaux) porte :

De gueules, à trois chevrons de vair.

Armorial général de Picardie, généralité d'Amiens, vol. 27, année 1697, p. 682.

PREUVE LXXXII

D'AMIENS, SIEURS DE BÉHEN

ABBEVILLE.

Les premiers sujets que nous rencontrions authentiquement dans le passé de cette famille sont des mayeurs d'Abbeville. Nous ignorons s'ils sont ou non dérivés de la race dont nous venons de restaurer les générations historiques [1]. Les seules glanures généalogiques que nous ayons pu recueillir à leur sujet se résument aux suivantes :

§

N. D'AMIENS, conjoint à Damoiselle DE CHEPY, qui le rendit père de :

§

N. D'AMIENS, marié à Damoiselle BLONDIN [2], qui procréa :

§

OLIVIER D'AMIENS, sieur de Béhen, échevin d'Abbeville en 1601 et mayeur de la même cité en 1605. Le P. Ignace signale ce personnage comme ayant trépassé en 1613 et comme étant l'auteur de *Commentaires* estimés sur les coutumes du Ponthieu. Olivier

---

1. Dom Grenier parle d'un noble Corbiois du nom de d'Amiens existant en 1354.

2. *Recherches généalogiques sur les comtés de Ponthieu*, etc, par M. de La Gorgue-Rosny, t. I, p. 33.

d'Amiens, sieur de Béhen, avait été emprisonné en 1588 à raison de son zèle royaliste. De son union avec MARGUERITE WAIGNART, fille d'Antoine Waignart et d'Isabeau Le Boucher [1], vinrent :

1° *Thomas d'Amiens*, sieur de Béhen, qui suit ;

2° *Marie d'Amiens*, femme de noble *Antoine Nacart*, sieur de Hodicq, lieutenant de la maréchaussée de Picardie [2].

§

THOMAS D'AMIENS, seigneur de Béhen, avocat au parlement de Picardie et mayeur d'Abbeville en 1643. Il s'allia à ANTOINETTE RUMET, fille de Nicolas-François Rumet, écuyer, seigneur de Buscamp et de Beaucouroy, qui était à la tête de la municipalité d'Abbeville en 1589 et 1599, et d'Adrienne Danzel [3]. De Thomas d'Amiens et d'Antoinette Rumet naquit le fils unique ci-après :

§

JOSEPH D'AMIENS, fils de Thomas, sieur de Béhen, fut marié à ANTOINETTE DE MOREL, fille d'Adrien de Morel, seigneur de Bécordel, Proyart, conseiller au présidial d'Amiens, et d'Agnès de Heu [4], dont :

§

BARTHÉLEMY D'AMIENS, écuyer, seigneur d'Acheux, secrétaire du roi, et sa femme Honorée Comte réglèrent, devant notaire, leurs dernières dispositions le 29 janvier 1735 et se firent donation mutuelle de l'usufruit en faveur du survivant à la condition de nourrir et d'entretenir deux de leurs enfants cadets, Joseph et Catherine d'Amiens. Le partage de la succession, laissée par les deux testateurs, amena entre Barthélemy d'Amiens, principal héri-

1. *Les mayeurs et les maires d'Abbeville*, 1183-1847 par Louandre, p. 43 et 50. — *Recherches généalogiques sur les comtés de Ponthieu*, etc., par de La Gorgue-Rosny, t. II, p. 33.

2. *Idem.*

3. *Les mayeurs et les maires d'Abbeville*, 1183-1847, par Louandre, p. 43 et 50. — *Nobiliaire du Ponthieu et du Vimeu*, par le marquis de Belleval, 2° édition, in-4, p. 817.

4. *Recherches généalogiques sur les comtés de Ponthieu*, etc., par de La Gorgue-Rosny, t. I, p. 33.

tier, en sa qualité d'aîné, et ses frères et sœurs puinés un long procès rapporté dans un Mémoire de 46 pages que l'on trouve à la Bibliothèque Nationale sous la cote F. 3, vol. 388, division jurisprudence. Honorée Comte, dame d'Acheux, qui trépassa le 4 décembre 1739, donna à Barthélemy d'Amiens :

1° *Barthélemy d'Amiens*, continuateur de la descendance.

2° JEAN-BAPTISTE *d'Amiens*, maintenu par le testament de ses auteurs dans la possession des fiefs d'Acheux et de Leauvillers dont il avait été pourvu par son contrat de mariage[1]. Il est présumé être le même que Jean-Baptiste d'Amiens, sieur d'Hébécourt, qui fit enregistrer, dans le grand Armorial de France, les armes ci-après: *De gueules, à trois chevrons de vair*[2], tandis que son frère Joseph est indiqué dans le même livre d'or comme portant : *Échiqueté d'azur à une croix de gueules brochante*[3], ce qui démontre que les procédés des élus et des traitants avaient été les mêmes pour les sieurs de Béhen que pour ceux de Waringhem et qu'ils avaient, en leur imposant des armes professionnelles et corporatives, commis des erreurs profitables au fisc mais préjudiciables aux familles.

3° *Joseph d'Amiens*, avocat au présidial d'Abbeville, auquel ses parents, assignèrent, le 29 janvier 1735, une rente perpétuelle de 1200 francs sur les revenus féodaux d'Acheux et de Leauvillers[4]. Ses armes insérées dans l'*Armorial de France*, Picardie, généralité d'Amiens, sont, on l'a déjà vu, absolument dissemblables de celles de son frère Jean-Baptiste.

1. Mémoire signifié pour Jean-Baptiste d'Amiens, écuyer, seigneur d'Acheux et de Leauvillers, appelant ;

Contre le sieur Morel et autres enfans ou représentants, tant de feu Barthélemy d'Amiens, écuyer, seigneur de Coutai et Agnicourt, que de feue dame Honorée d'Amiens, épouse du sieur Le Fort, aussi écuyer, tous intimés.(*Factum* in-4, coté F, 3° vol. 388, division jurisprudence. Bibl. Nat.)

2. Armorial général, Picardie, vol. 27, fol. 46. Cabinet des titres. Bibl. Nationale. — *Recherches généalogiques sur les comtés de Ponthieu*, etc., par de La Gorgue-Rosny, t. I, p. 33.

3. Armorial général, Picardie, vol. 27, fol 451. Cabinet de Titres. — *Armorial général d'Artois et de Picardie*, généralité d'Amiens, 1685-1770, publié par Borel d'Hauterive, t. II, p. 96, n° 219.

4. *Factum*, in-4 de 46 pages, coté F. 3° vol. 388, division jurisprudence. Bibl. Nationale.

4° *Catherine d'Amiens*, qui fut inscrite pour une rente sem-
blable dans le testament de ses père et mère, et décéda le 6 janvier
1740[1].

5° *Honorée d'Amiens*, épousa *N. Lefort* et fut d'abord dotée de
26,000 livres : dans les dernières volontés de ses auteurs, elle reçut
un supplément de 6,000[2].

§

BARTHÉLEMY D'AMIENS, qualifié écuyer, seigneur de Contay et
d'Agnicourt, contracta union avec MARIE-ANNE CORNET [3], de laquelle il eut entr'autres enfants : *Marie-Anne-Honorée d'Amiens*,
mariée le 4 novembre 1740 à *Gilbert Morel*, seigneur de Bécordel,
Attilly, Misery, Bazentin-le Grand, La Hétroye, conseiller au présidial d'Amiens, né le 2 mars 1707. Honorée d'Amiens laissa de Gilbert Morel les trois filles ci-après. — I. *Marie-Anne-Catherine-
Gilberte Morel*. — II. *Elisabeth-Lorisse-Henriette Morel* venue au
monde le 1er novembre 1742. — III. *Marie-Marguerite-Charlotte
Morel*, née en 1754.

1. *Factum* in-4°.
2. *Ibidem*. Armorial général de France, Picardie, vol. 27, fol. 151.
3. Armorial d'Artois et de Picardie, 1696, 1710. t. II. p. 202, n° 806, publié
par Borel d'Hauterive. — MARIE-ANNE CORNET, femme de BARTHÉLEMY D'AMIENS
écuyer : *D'argent à deux pals engrelés de gueules*. MARGUERITE D'AMIENS, femme
de PIERRE D'INCOURT, est inscrite sur le même régistre officiel avec les mêmes
armes que Marie-Anne Cornet.

TABLE

DES

MATIÈRES CONTENUES DANS CE VOLUME

PRÉLIMINAIRES

	Pages
Les d'Amiens furent au début de la féodalité châtelains, princes et comtes d'Amiens, barons de Flixecourt et de Vignacourt............	1
De la puissance et des prérogatives des comtes, princes, châtelains et barons au moyen âge....................................	8
Attributions et privilèges du châtelain d'Amiens......................	12
Origine du nom d'Amiens...............................	15
Consistance de la terre de Flixecourt.............................	17
Illustrations de la Maison d'Amiens................................	18

FILIATION

	Pages
Branche des Comtes, princes et châtelains d'Amiens, barons de Flixecourt et de Vignacourt....................................	71
Branche des d'Amiens, sires de Canaples et Outrebois.................	144
Branche des d'Amiens, sires de Bachimont..........................	155
Branche des d'Amiens seigneurs de Waringhem ou Warenghem, de La Ferté et de Ranchicourt....................................	198
Branche des seigneurs du Plaissié ou Plaissier en Chypre	256
Branche des seigneurs de Regnauville.............................	261
Rameau des seigneurs de Sironville et de Moncheaux.............	273

PIÈCES JUSTIFICATIVES

	Pages
Pièces justificatives ou preuves supplémentaires des diverses branches ci-dessus..	291

TABLE

DES PERSONNES ET DES FAMILLES

MENTIONNÉES DANS CE VOLUME

A

ABÉLARD, pages 29, 42, 44.
ADE, 90, 93, 325.
AELIS, 146, 147, 153.
AIGREMONT (D'), 64.
AILLY (D'), 96, 141, 142, 143, 155, 162, 168, 182, 269, 272, 334, 461.
ALBERT DE CADENET (D'), 141, 142, 143.
ALENÇON (COMTE D'), 94.
ALERAN, 22, 76.
ALSACE (PHILIPPE D'), 15, 47, 92, 327.
ALSKEN (D'), 203.
AMANDEI, 48, 49.
AMBREVILLE (D'), 113, 122, 127, 134, 263, 361, 372, 388.
AMERVAL (D'), 171.
ANCELLE LA BELLE, 62, 258, 496.
ANNE DE RUSSIE, 291, 292.
ANGENNES (D'), 272.
ANTIOCHE (JEAN D'), 259, 500.
ANTIOCHE (RAYMOND D'), 91.
ANVIN (D'), 49.
ARAINES OU ARAISNE (D'), 164, 416, 425.
ARDOYE (COMTESSE D'), 249.
AREMBERG (COMTE D'), 65.
ARONIO DE FONTENELLE, 250, 493.
ARPAJON (DUC D'), 448.
ARSCHOT (D'), 207.
ARTOIS (COMTE D'), 121, 124, 146, 154, 206, 333, 343, 370, 381, 404, 414.
ATIE (D'), 416.
AUBIGNY (D'), 8, 57, 94, 120, 123, 124, 340, 366, 370, 371, 372.

AUMALE   E '), 1 7.
AUTEUIL (D'), 201.
AUVÉ, 188.
AUVERGNE (COMTE D'), 94.
AUXY (D'), 48, 49, 93, 270, 331, 341, 344, 508.
AVERDOING (DE), 161, 341, 509.
AVESNE (D'), 53.

B

BABIN, pages 494, 500.
BACON, 240.
BAILLEUL (DE), 127, 137, 183, 263, 471.
BAILLI (DE), 416.
BAILLON (DE), 173, 175.
BAIS (DE), 227.
BALZAC (DE), 358.
BAPHE (DE), 497.
BARDIN, 106.
BARLEMONT (DE), 203.
BARUT (DE), 497, 498.
BARVILLE (DE), 172.
BAUCHAIN (DE), 341.
BÉATRIX, FEMME DE THIBAULT D'AMIENS, 101.
BEAUFFORT (DE), 165, 167, 168, 232, 234, 245, 425, 426, 428, 429, 433, 454, 470.
BEAUJEU (DE), 12, 94, 340.
BEAUMETS (DE), 241.
BEAUMONT (COMTE DE), 29, 190.
BEAUQUERIN (DE), 161, 422.
BEAURAINS (DE), 219, 274, 462.
BEAUVAIS (COMTE DE), 8.
BEAUVAL (DE), 122, 166, 167, 375, 427, 428.

BEAUVILLÉ (DE), 100, 112, 122, 130, 136, 138, 139, 140, 141, 143, 325, 331, 352, 353, 358, 359, 364, 365, 386, 387, 390, 392, 393, 394, 395, 399, 416, 417, 439.

BEAUVOIR (DE), 108.

BÉCLOY (DE), 97, 102, 110, 333, 353.

BEDFORT (DE), 108.

BÉGEZ, 96.

BELESTE (DE), 389.

BELLAY (DU), 269.

BELLEVAL (MARQUIS DE), 176, 201, 287.

BELLEY (DE), 164.

BELLOT, 213.

BELLOY (DU), 178, 425.

BELLY (DE), 163, 424, 426.

BELZUNCE (DE), 178.

BENGIN (DE), 461.

BENOIST, 451.

BERDUCQUE (DU), 63, 504.

BERG (COMTE DE), 456.

BERGHES OU BERGUES DE WINOC, 182, 186, 187, 199, 244.

BERNOT (DE), 188.

BERNUY (DE), 447, 448.

BERRY (DUC DE), 108.

BERSEQUES (DE), 461.

BIEZ (DU), 427, 428.

BERTANGLES (DE), 96, 157, 334, 381, 417.

BERTEAUCOURT (DE), 114.

BERTON, 278.

BERTOUL (DE), 182.

BETEAUCOURT (DE), 135.

BETENCOURT, BARON DE CARENCY, 234, 389.

BÉTHUNE (DE), 183, 238, 240.

BEURES OU BÉVERE (DE), 153, 413, 414.

BIERS (DE), 61.

BILLY (DE), 201.

BIEZ (DU), 167.

BLANGY (DE), 122, 201, 374, 375.

BLARNE (DE), 315, 319.

BLARRU (DE), 317.

BLOCQUEL, BARON DE WISME, 237, 250, 487.

BLOIS (COMTE DE), 94.

BLOIS (PIERRE DE), 40.

BLONDEL (DE), 175, 212.

BOILEAU, 444.

BOIS DE FIENNES (DU), 184, 185, 186, 198, 234, 271, 433, 437, 438, 507.

BOIS DE CHEVILLON (DU), 458.

BOMBELLES (DE), 173.

BON (DE), 207, 500.

BONGARS (DE), 64.

BONIFACE, 211.

BONIN, 210, 211.

BONMERCAT (DE), 68, 69, 196, 197,

BONNE-AME (GUILLAUME), 36.

BONNIÈRES (DE), 220, 462. — Voir : GUINES DE BONNIÈRES.

BOOT, 277.

BORAVAL, 227.

BORD, 400.

BORDEAUX (DE), 282.

BORDEREAU DES BROSSES, 249.

BOREL D'HAUTERIVE, 213, 249, 462, 468, 469.

BORLETA, 399.

BOSC (DU), 201.

BOTE, 59, 385.

BOUBERS (DES), 201.

BOUCQUE, 487.

BOUDART DE LA COUTURELLE, 225.

BOUFFLERS (DE), 386.

BOUILLANE (DE), 191.

BOULARS, 425.

BOULAINVILLIERS (COMTE DE), 189.

BOULOGNE (DE), 178.

BOULOGNE (COMTE DE), 56, 111, 112, 115, 355.

BOUQUEHEM (DE), 246.

BOURBECQ, 426.

BOURBON (DE), 12, 185, 206, 272, 437.

BOURDONNAYE (DE LA), 455.

BOURGEOIN LE SAGE, 150.

BOURNEL (DE), 275, 510.

BOURNONVILLE (DE), 182, 239, 240, 269.

BOURS (DE), 126, 378, 419.

BOUSSES, 416.

BOUTHORS, 56.

BOUVILLIER (DE), 178.

BOVES (DE), COMTES D'AMIENS, 7, 20, 24, 25, 26, 28, 29, 46, 72, 74, 76, 78, 79, 81, 85, 86, 87, 99, 124, 145, 262, 264, 291, 292, 295, 300, 301, 302, 502.

POYNEL (DE), 61, 401.

BRANCAS, COMTE DE LAURAGAIS, 241.

BRANDT (DE), 225, 460.

BRAQUE (DE), 189, 190.

BRASLY (DE), 127.

BRAY (DE), 420, 421, 471.
BREDA (DE), 445, 456.
BREHEVAL (DE), 317.
BRETON, 248.
BRÉZÉ (DE), 172, 212.
BRIE (DE), 494, 498.
BRIOIS (DE), 214, 231, 236, 237, 243, 245, 481, 485.
BRIMEU (DE), 161.
BROSSES (DE), 17.
BRULART, 444.
BRUYÈRE (DE), 141.
BRYAS (DE), 182.
BRYET, 142.
BUISSON (DU), 173, 212.
BUISSU (DE), 424.
BUNARD (DE), 267.
BUREAU (DE), 444.
BURHETTE (DE), 425.
BURIDAN, 129, 383, 393.
BUUS D'HOLLEBÈKE, 250, 251.

C

CABOCHE, page 209.
CAPTAN (DE), 499.
CAGNY (DE), 86, 89, 324.
CAILLIÈRES, 481, 483.
CALMER, 142.
CAMBRELIN (LE), 164.
CAMPERONNE, 425.
CAMPUAING (DE), 63.
CANAPLES (DE), 96.
CANDAS (DU), 126.
CANTELEU (DE), 53, 54, 277, 278, 282, 454, 460, 470, 512.
CANTEPIE (DE), 425.
CAOURTS (DE), 162, 422.
CAPERONS, 352.
CARDEVAC (DE), 241.
CARON (LE). — Voir LE CARON, 224.
CARPAS, 499.
CARRIÈRES (DES), 422.
CASTELLAN (DE), 173.
CASTELNAU (DE), 448.
CASTILLE (DE), 202.
CASTRIES (DE), 182.
CATO, 173.
CAUCHY (DE), 220.
CAUDRON, 202, 212, 220, 449, 456, 463,
CAUMONT (DE), 137, 317, 344.
CAUSCHAIX (DE), 416.

CAVEREL (DE), 434.
CAYEU OU CAYEUX (DE), 53, 54, 96, 145, 182, 183, 184, 205, 273, 282, 334, 434.
CENT-MARS, 63.
CERCAMPS (DE), 183.
CHABOT, COMTE DE CHARNY, 188, 202.
CHAMART, 226, 227.
CHAMBLY (DE), 49, 201.
CHAMBONNET (DE), 400.
CHAMPAGNE (COMTE DE), 10.
CHAMPAGNY (DE), 458.
CHAMPEAUX (DE), 29.
CHAMPLITTE (DE), 53.
CHAMPS (DES), 212.
CHANTEMERLE (DE), 317.
CHAPPE, 499.
CHARNY (DE), 154, 164, 424.
CHARPIOT, 211.
CHARTRES (COMTE DE), 56, 115.
CHASTELER (DE), 63, 504.
CHASTELLUS (COMTE DE), 108.
CHASTILLON (DE). 115, 137.
CHATEAUDUN (VICOMTE DE), 115, 340, 362.
CHATILLON (DE), 190.
CHAULNES (DE), 141, 142.
CHAZAUD (DE), 251, 252.
CHEPY, 513.
CHÉRISY (DE), 239.
CHEVALIER, 169.
CHOISEUL (DE), 206.
CHOISY (DE), 333.
CHORIER, 172.
CLARCK (DE), 207.
CLARY (DE), 86, 90, 324, 333.
CLERMONT (COMTE DE), 56, 115, 206.
COLL, 245.
COLIGNY (DE), 190.
COLOGNA (DE LA), 400.
COLONNA, 178.
COMBORN (DE), 340.
COMET (DE), 209, 210, 450,
COMIÉCOURT (DE), 183.
CONON, 21.
CONRAD III, 90, 336.
CONTI (DE), 194.
COQUATRIA, 60, 264, 503.
CORNAILLE, 211, 212, 213, 217, 245. 442, 451, 460.
CORNET, 516.
CORNILLE, 422.
COSSARD, 49.

COUCY (DE), 8, 12,25, 28, 29, 53, 56, 84, 85, 115, 301, 340, 361, 362.

COULEURS (DE), 217, 451.

COULON, 127.

COUPIGNY (DE), 69, 225, 234, 249.

COURCELLES (DE), 141.

COURMONT (DE), 249.

COURONNEL (DE), 235.

COURRIER, 239.

COURTENAY (DE), 56, 115, 190, 317.

COURTEVILLE (DE), 234.

COURTIEULX LA VALLÉE (DE), 432.

COURTIN DE LA BOURBONNIÈRE, 161, 175, 458.

COURTOIS, 49, 226.

CRAON (DE), 340, 362.

CRÉCY (DE), 25, 60, 85, 99, 100, 301, 337.

CREIL (DE), 444.

CRÉMEAUX D'ENTRAGUES (DE), 188.

CRÉON (DE), 94, 362.

CRÉQUY (DE), 142, 152, 153, 154, 217, 269, 413, 414, 415.

CROC (DE), 126, 379.

CROCQUOISON (DE), 142.

CROISILLES (DE), 217.

CROIX (DE), 234, 385, 461, 486.

CROY (DE), 59, 126, 165, 184, 201, 217, 385, 241, 491.

CUNCHY (DE), 509.

CRULE, 213, 218, 245, 449.

CRUSTIÈRE, 425.

CUER (DE), 59, 385.

CUINGHEN (DE), 179, 234, 245, 431.

CULANT (DE), 201.

CUNCHY (DE), 273.

D

DAENS, page 461.

DAINS (DE), 425.

DAMIAN, 69, 70.

DAMMARTIN (DE), 444.

DAMPIERRE (DE), 340.

DANZEL, 514.

DELISLE (LÉOPOLD), 110, 111, 354, 355.

DELVIELLEUSE, 213, 245.

DENIS DE SAPIGNY, 217, 218, 221, 222, 227, 228, 229, 232, 441, 452, 451, 476, 477, 480.

DESLYONS OU DES LIONS, 215, 216, 217, 227, 245, 249. — VOIR LIONS (DES), 449, 450, 478.

DESMAREST, 451.

DESPLANQUES, 234.

DESTIENBECQUE, 460.

DIVION, 234.

DOIGNON (DE), 55.

DOLE (DE), 339.

DONDIEU, 401.

DORIA, 272.

DOTHY, 213, 245.

DRAC (DU), 444.

DREUSE (DE), 270, 508.

DREUX (COMTES DE), 56, 115, 342, 361, 418.

DU GUESCLIN, 174, 175.

DUNOIS, 175.

DURAND (DOM), 305, 308, 309, 310, 322, 323.

DURAS (DUC DE), 249.

DUVAL, 451.

E

EAUCOURT (D'), page 425.

EBBLES (COMTE DE ROMY), 79.

ENGHIEN (D'), 207.

ENGODISSANT (D'), 424.

ERMINES (D'), 444.

ESPALUNGUE (D'), 225.

ESQUINCOURT (D'), 194, 196, 440.

ESQUIRES (D'), 225.

ESTE (D'), 196, 440.

ENGUERRAN DE BOVES, COMTE D'AMIENS, 295, 296.

ESTOURNEL (D'), 183, 194, 270.

ESTRÉES (D'), 104, 267, 279, 345, 346.

ETIENNE, COMTE DE BLOIS, 34.

F

FALAISE (DE), page 400.

FALLAQUE (DE), 173.

FALOEL OU FOLOEL, 58, 60, 102, 129, 339, 348, 382.

FAMECHON, 378, 416, 425.

FARABEL (DE), 498.

FAUQUEMBERQUE (COMTE DE), 141.

FAUQUES, 175.

FAUTEREAU, 209.

FAVEROLLES (DE), 444.

FAYEL DE COUCY (DE), 201.

FEUTRE (DE), 278.

FIEFFES (DE), 137, 138, 166, 271, 508.

FIENNES (DE), 161, 235.

FLAHAUT (DE), 181, 220, 434, 462.

FLAMENT, 482.

FLANDRE (COMTE DE), 10, 53, 54, 62, 94, 107, 110.

FLANDRE (DE), 461.

FLÉCHIN, MARQUIS DE WAMIN, 237.

FLORANT, 226.

FLOS (DU), 200, 208, 209, 210, 211, 214, 441, 442.

FOLLEVILLE (DE), 444.

FOLOEL. — Voir FALOEL, 136.

FONTAINE (DE), 96, 102, 114, 127, 331, 388.

FONTENELLE, 245, 249, 250.

FORCEVILLE (DE), 272.

FORCON (DE), 161.

FOSSEUX (DE), 153.

FOUGÈRES (DE), 29.

FOULLOY (DE), 112, 229, 356.

FOULQUES (DE NEUILLY), 52.

FOUQUET, 56.

FOUQUIER, 222.

FOUR (DU), 497.

FOURNIVAL (DE), 173.

FRAMECOURT (DE), 185.

FRANCE (DE), BARON DE VAUX, 487.

FRÉRON, 175.

FRESSEGUILCO, 343.

FROMENTIN-MONCHY (DE), 224, 480.

FUMÉE, 173.

G

GAUSSART (DE), page 127.

GALARD (DE), 453.

GANS (DE), 508.

GARD DE MÉRODE DE MONTMORENCY, 241.

GARIN, 212.

GARNIER (DE), 497.

GAUDE, 389, 390.

GAUDECHART (DE), 49.

GAUDRIS, 59.

GÉNEVOIS (PRINCE DE), 69.

GENLIS (MARQUIS DE), 444.

GEOFFROY (ÉVÊQUE D'AMIENS), 55, 74, 75, 79, 292, 293, 294, 295, 296, 297, 298, 301, 302.

GEOFFROY PLANTAGENET, COMTE D'ANJOU, 34.

GEOFFROY LE TOR, 495, 498.

GÉRARD, ABBÉ DE FLAVIGNY, 41.

GERMOND (DE PICQUIGNY), 292, 294.

GIBLET (DE), 494, 497, 498, 500.

GIFFART, 262.

GILLET (DE), 490.

GIVENCHY (DE), 276.

GLOCESTER (COMTE DE), 33, 35.

GOARRIO (DE), 279.

GONNELIEU (DE), 183.

GOURNAY (DE), 81.

GOURDON DE GENOUILLAC, 70.

GOUSSELIN, 416.

GOUY (DE), 162, 422.

GOUYON (DE), 455.

GRAMESNIL (DE), 164, 425.

GRANCOURT (DE), 333.

GRANDMAISON (DE), 223.

GRENET (DE), 241.

GUERBODE (DE), 462.

GUÉRIN, 43, 45, 314.

GUESSARD (DE), 378.

GUILLAUME LE MAUVAIS, 25.

GUINES DE BONNIÈRES (DE), 220. — Voir BONNIÈRES.

GUILHEM (DE), 448.

GUYNES OU GUINES (DE), 344, 416, 462, 489.

GUY (COMTE DAUPHINOIS), 304, 305.

GUZELINGHEM (DE), 219.

H

HABARQ, pages 278, 512.

HAININ OU HAYNIN (BARON DE), 213, 214, 218, 245.

HALLENCOURT (D'), 177, 178, 187, 194, 199, 200, 431, 433.

HALLUIN (D'), 165, 272.

HAM (D'), 498.

HAMEL BELLENGLISE (MARQUIS DE), 249.

HAMES (DE), 194, 270, 433.

HANGART (DE), 59, 385.

HANGEST (DE), 56, 115, 164, 201, 362, 424.

HANOTEL DE CONCHY, 463.

HARCOURT (D'), 274, 317, 509.

HARLET, 444.

HARREUX (DE), 165, 167, 168, 428, 429, 433.

HAUDIQUIER DE BLANCOURT, 178, 181.

HAUQUINCOURT (DE), 269.

HAUTECLOCQUE (DE), 181, 182, 183, 224, 249, 282, 435, 479, 480, 490.

HAYS (DU), 210.
HAYRON (DE), 165, 426, 428, 429.
HÉDINCOURT (D'), 102, 333, 339.
HÉDOUVILLE (DE), 185, 485, 436.
HELIN (D'), 212, 494.
HEMBORD (DE), 434.
HENIN (DE), 279, 476.
HERSELLES (DE), 279.
HESSE, 142.
HESTRUS (DE), 177, 185, 430.
HEUCHIN (DE), 181, 267, 284, 434.
HIDEVILLE (D'), 164, 425.
HILLY (D'), 86, 324.
HINGE (BARON D'). — Voir PIRE (DU).
HINNISDAL (D'), 279.
HONS (DE), 342.
HORN (DE), 103.
HORNES (DE), 178, 207, 225, 431, 433, 449.
HOSDENG (DE), 53,
HOTTEUX (DE), 177, 185, 187, 286, 430, 432, 433, 434, 438, 439.
HOUDT (DE), 216.
HOVART, 358.
HUGUES, VICOMTE DE TRIPOLI, 62.
HUGUES III DE LUSIGNAN, ROI DE CHYPRE ET DE JÉRUSALEM, 61.
HUGUES, DUC DE BOURGOGNE, 935.
HUMBERCOURT (DE), 178.
HUMIÈRES (DE), 178, 182.

I

ISELIN (D') pages 148, 260..
ISALGUIER, 64.
ISEU OU YSEU (D'), 419. — Voir YSEU.
ISNARD D'AGOUT, 172.
ITHIER (D'), 223, 227, 477, 478.

J

JACQUEMONT (DE), page 240.
JANVIER, 20, 21, 22, 24, 26, 45, 75, 79, 80, 81, 82, 85, 86, 99, 300, 301.
JASCHET DE LUCINE, 68, 196.
JAUCHE (DE), 186, 187.
JEANNE, REINE DE CASTILLE ET DE LION, COMTESSE DU PONTHIEU, 127, 133, 263, 387.
JEANNE D'ARC, 175.
JOUDREQUIN, 211, 442.
JOYEUSE (DE), 272.
JUMEL, 8, 45, 25, 48, 52, 56, 79, 82, 83,

84, 85, 87, 88, 93, 94, 101, 104, 107, 109, 110, 112, 113, 115, 119, 120, 124, 125, 134, 135, 136, 137, 140, 302, 326, 357, 362, 370, 373, 390, 391.

K

KERRIEU (DE), page 425
KOCCKEBAECK, 277.

L

LA BARRE (DE), pages 201, 214, 266.
LA BLACHÈRE (DE), 174.
LA BORYE (DE), 275.
LA BROSSE (DE), 173.
LA BUCQUIÈRE (COMTE DE), 247. — Voir PAYEN.
LACOUR (DE), 49.
LA CROIX (DE), 86, 90, 324.
LA FERTÉ (DE), 317, 341.
LA FOLIE (DE), 425.
LA FONTAINE (DE), 69, 197.
LA FOREST DE VIGNACOURT, 166.
LA FORGE (DE), 202, 241, 244, 278, 512.
LA GORGUE-ROSNY (DE), 50, 51, 57, 100, 105, 106, 117, 125, 149, 152, 153, 154, 161, 166, 178, 181, 184, 186, 194, 196, 209, 213, 216, 217, 224, 258, 264, 266, 269, 276, 278, 287, 330, 333, 337, 370, 414, 428, 432, 439, 440, 441, 480, 512.
LA GRANGE (DE), 49.
LA HAYE (DE), 252
LALLEMAND, 217, 504.
LA MAINIE DE CLAIRAC (DE), 463.
LA MAIRIE (DE), 185, 194, 438, 439.
LA MARCHE (COMTE DE), 94.
LA MARCK (DE), 65.
LA MEILLERAYE, 175.
LAMETH, 272.
LAMOIGNON (DE), 192, 213.
LAMOTTE (DE), 425.
LANDAS (DE), 279, 512
LANDES (DES), 221.
LANNOY (DE), 165, 186, 187, 200, 234, 250.
LANNOY (COMTE DE), 250.
LA PANOTERIE (DE), 223, 229.
LA PORRÉE (DE), 37.
LA PORTE (DE), 176, 389.
LA PORTE DE FLIXECOURT (DE), 152.
LA PRÉVOSTÉ DE CANAPLES, 147, 148, 150, 406.

La Rivière (de la), 487.
La Roche (de), 137, 340, 362.
Las Mevas (de), 283.
La Selve ou la Seule, 160, 420, 422, 423, 433.
Lattre (de), 460.
Laval (de), 94, 340.
La Vallière (de), 222.
Lavardin (de), 448.
La Verrière (de), 95.
Laymel, 136.
Le Bouteiller, 267, 505.
Le Bœuf, 422.
Le Brun de la Rochette, 211.
Le Cambrelin, 426.
Le Caron, 183, 236, 441, 481.
Leclerc, 215, 450, 505.
Le Comte, 480.
Le Duc de Masnuy, 224, 480.
Le Fébure de Lattre, 213.
Le Febvre, 224, 458, 479, 480.
Le Febvre de Caumartin, 458.
Lefort, 518.
Legrand, 378, 479.
Leheaucourt (de), 135.
Lehecourt (de), 389.
Le Hon, 442.
Le Josne (de), 126, 183, 220, 235, 434, 460, 472.
Le Candors, 472.
Le Maçon (de), 363.
Le Magnier, 422.
Le Marchand, 451.
Le Merchier, 128, 129, 382.
Le Messagier, 128, 381.
Le Mire, 265, 503.
Le Moussu, 416.
Le Moyne, 494.
Lenqueving (de), 225.
Le Pipre, 211, 212, 213, 214, 215, 217, 246, 441, 442, 449.
Le Ricque, 231, 238, 239, 240, 241, 242, 243, 244, 487, 488, 490, 491.
Le Roux, 169, 422.
Le Roy, 166, 427, 428.
Le Sage, 106.
Lesdiguières (de), 142.
Le Sergeant, 217, 235, 451.
Lestoquart, 215, 450.
Le Tor, 260.
Lévis (duc de), 250.

Lezennes (de), 279.
Libailes, 348.
Lierres (de), 220, 463.
Ligne (de), 269, 279.
Lignerolles, 463.
Lion (du), 173.
Lobry, 482.
Loges (des), 201.
Lone (de), 127.
Longueval (de), 49.
Lorges (de). — Voir Montgommery.
Lorraine (de) prince de Guise, 202.
Lostelier de Naours, 151.
Louvencourt (de), 49.
Loyseau, 10,
Lucine (Jaschet de). — Voir Jaschet.
Luillier, 444.
Luitprand, 97.
Lusignan, roi de Chypre et de Jérusalem (de), 94, 99, 148, 212, 257, 260, 336, 340, 499.
Luxembourg (de), 141, 165.
Luyrieux (de), 161, 422.
Lylers (de), 110, 350.
Lynde (de), 279,

M

Madre de Norguet (de), pages 246, 247.
Mahaut ou Machaut (comtesse), 137, 324, 359, 360.
Maiencourt (de), 380, 416.
Maillé (de), 206.
Mailly (de), 53, 106, 107, 162, 239, 362, 413, 414, 420, 423, 433.
Mainguot (de), 340.
Male (comte de), 19.
Malherbe (de), 397.
Manne, 378.
Manonville (de), 217, 452, 452.
Mans (du), 340.
Marcin (de), 400.
Marconville (de), 215, 449.
Mareuil (de), 96, 334.
Maridor (de), 428.
Marle (de), 7, 20, 21, 22, 23, 25, 29, 46, 74, 75, 76, 78, 79, 80, 83, 84, 85, 99, 204, 295, 296, 297, 299, 300, 301, 302.
Marquais (D.), 127, 263, 276, 277, 282, 511.
Marselles (de), 400.

MASSO (DE), 448.

MASTAING (DE), 186, 187.

MATHILDE, COMTESSE D'ANJOU, 39.

MATHILDE (COMTESSE), 146, 403.

MATHILDE (DE BOVES), 326.

MATHILDE, FEMME DE REGNAULT D'AMIENS, 337, 356, 365.

MAUBRAY (DE), 63, 266, 504.

MAUGARNI, 259, 498.

MAULDE (DE), 179, 249.

MAULÉON (DE), 340, 362.

MELLANNOI (DE), 110, 350.

MELLET, 380.

MELUN (DE), 176, 234, 432.

MENCHE, 214, 215, 216, 229, 441, 442, 449, 450.

MERLON (DE), 335.

MÉRODE (DE), 165, 203.

MESLAY (DE), 128.

MESME (DE), 444.

METZ OU METZ (DE), 96, 333, 334.

MIEUVRE (DE), 271, 508.

MILLY (DE), 60, 105, 145, 156, 164, 204, 264, 346, 401, 416, 424, 503.

MIMARS (DE), 494, 499.

MIRAMONT (DE), 182, 435.

MIRBEL (DE), 340.

MOLINIER (DE). 59, 90, 385.

MONCHEAUX (DE), 163, 274, 275, 282, 284, 421, 454, 464.

MONCHY (DE), 179, 183, 269, 270, 275, 284, 504, 508.

MONDOUCET (DE), 425.

MONET DE LAMARCK, 192, 493.

MONFAUCON (DE), 362.

MOUFFLERS (DE), 127, 128, 380.

MONGISARD (DE), 259, 494, 495, 496.

MONNOYER (DE), 55.

MONSOUT, 400.

MONTESQUIOU-FÉZENSAC (DE), 253.

MONTAFFIA (DE), 185, 435, 436, 437.

MONT-CAVREL (DE), 166.

MONTFAUCON (DE), 115.

MONTFERRAT (MARQUIS DE), 99.

MONTFORT (DE), 56, 64, 202, 206, 340.

MONTGRION (DE), 194.

MONTHOLON (DE), 192, 213.

MONTGOMMERY (COMTE DE), 471.

MONTIGNY (DE), 61, 400.

MONTMORENCY (DE), 12, 17, 56, 115, 169, 181, 190, 206, 269, 272, 361.

MONTOLIF (DE), 499, 50.

MONTPELLIER (DE), 340.

MORANT, 462.

MOREAUCOURT (DE), 111, 114, 145, 402, 417.

MOREB (DE), 514, 516.

MOREEL, 251.

MOREUIL (DE), 272.

MORL (DE), 257, 260, 493, 494, 495, 499.

MORIANCOURT (DE), 380.

MORGAN (DE), 182.

MORIANCOURT (DE), 128

MORNY (DE), 179, 432.

MORTIER (DU), 63, 504.

MOUSCRON (DE), 266.

MOUTON, 470, 504.

MOYENCOURT (DE), 127, 128.

MUDIS (DE), 279.

MULET, 452.

N

NACART, page 514.

NAMUR (SYBILLE DE), 20, 21, 24, 80.

NANT (DE), 174.

NANTEUIL (DE), 115, 362.

NAPLES (DE), 96, 260.

NASSAU (COMTE DE), 207.

NAVELLES, 498.

NAVIGREER (DE), 249, 250, 492.

NEMOURS (DUC DE), 196, 197, 440.

NÉELLE COMTES DE PONTHIEU (DE), 53, 85, 89, 127, 133, 263, 340, 362, 387.

NESLE (DE), 8, 56, 61, 115.

NEUFVILLE DE VILLEROY (DE), 142, 425.

NIVELLE (DE), 400.

NOAILLES (DE), 178.

NORFOLK (DUC DE), 271.

NOUDT (DE), 460.

NOUGUIER, 180.

NOUVION (DE), 390.

O

OGNIES OU OIGNIES (D'), pages 141, 202, 272.

OISI (D'), 361.

ORLÉANS (DUC D'), 108.

ORSET (D'), 190.

ORVILLE (D'), 444.

OSTREL (D'), 235.

OUDARD (D'), 428.

OUTREMONT-RIVIÈRE, 203.

P

PALISOT DE BEAUVAIS, pages 208, 470.
PAPI, 31.
PARIS (DE), 400.
PARTZ (DE), 277, 278, 512.
PAS (DE), 341.
PASQUIER, 212, 359.
PAUSILO, 48, 49.
PAYEN (DE), 217, 452, 456, 492.
PAYEN, COMTE DE LA BUCQUIÈRE, 246,248.
PERCY (DE), 471.
PÉRONNE (DE), 89.
PHILIPPE, COMTE DE FLANDRE, 279.
PHILIPPE D'ALSACE, COMTE D'AMIENS, 327
— Voir ALSACE.
PHILIPPE, ÉVÊQUE DE BAYEUX, 38.
PICQUIGNY, 8, 9, 19, 47, 55, 72, 73, 86,
88, 90, 91, 92, 101,102, 105, 111, 112,
121, 123, 129, 130, 134, 136, 137, 139,
141, 145, 153, 154, 260, 269, 293, 299,
324, 325, 330, 338, 339, 340, 352, 354,
355, 356, 360, 371, 376, 382, 383, 386,
388, 392, 409, 413, 414, 415, 476, 495,
501.
PIERREGORT OU PIERREGOT (DE), 129,
389.
PINS (DE), 281.
PIGRET, 416.
PIRE, BARON D'HINGE (DU), 231, 236,
237, 238, 242, 243, 481, 482, 483, 485.
PISSELEU (DE), 172, 211.
PLAISSIER OU PLAISSIÉ (DU) 148, 257, 493
498, 499.
PLANTAGENET (GEOFFROY), 39.
PLOMEL DE LA PANOTRIE, 223, 476.
PLOUYS (DU), 425.
POCHERON, 265.
POITIERS (DE), 94.
POIX (DE), 161, 282, 416, 420, 421, 422,
460, 470.
POLI (VICOMTE DE), 170, 171, 172, 173,
174, 175, 176, 188, 189, 192, 193, 199,
201, 202, 204, 205, 212, 218, 219, 220,
456, 459, 463, 470.
POLLART, 229, 230.
PONCHEL (DE), 416.
PONS (DE), 340.
PONT (DU), 416.
PONT REMY (VICOMTE DU), 138, 140, 344,
395.

PORION (DE), 421.
PONTHIEU (COMTE ET COMTESSE DE), 8, 50,
73, 102, 104, 106, 109, 124, 125, 127,
133, 134, 149, 156, 157, 274, 292, 342,
343, 344, 376, 388, 410, 415.
PONTOISE (DE), 338.
PORTO MORTUO (DE), 317.
POSSÈQUES, 220.
PRANET (DE), 400.
PRÉMONT (DE), 247, 247. — Voyez VAN
CAPPEL.
PRÉCY (DE), 234, 268.
PRATELLE (DE), 317.
PROUVILLE (DE), 234.
PRUINE (DE), 400.
PUICH (DU), 225, 228, 229, 230, 232, 245,
317, 462, 481, 483.

Q

QUARRÉ (DE), pages 235, 236, 480, 481.
QUESNOY (DU), 472.

R

RANCON (DE), page 340.
RAOUL, COMTE D'AMIENS, 291.
RAOUL, CHATELAIN DE NÉELLE, 324.
RAVENDEL DE MARÉCLÉE, 496.
RAY (DE), 127.
RAYNEVAL (DE), 48, 49, 66, 90, 113, 141,
163, 164, 166, 360.
RÉCY (DE), 66.
REGNAUVILLE (DE), 127, 263.
REGNIER, 199.
REIMS (DE), 29.
RENARD, 242.
RENAUVAL (DE), 126, 127, 379, 380.
RENÉ, ROI DE SICILE, 174.
RENTY (DE), 165, 182, 223, 247.
RESTOUT (DE), 215.
REY, (COMTE DE), 184, 259, 260, 435.
RICAMETZ (DE), 182.
RICARD, 482.
RICHARME (DE), 186.
RICHEDAME (DE), 267.
RICHAUD (DE), 191.
RIENCOURT (DE), 48, 49, 271, 272, 508.
RIGAUVILLE (DE), 219, 462
RIGONALD (DE), 195.
RIVIÈRE (DE), 400.
ROAIX, 64, 447.
ROBERT DE BOVES, COMTE D'AMIENS, 300,
323, 324, 326, 327.

ROCHEFAY (DE), 425.
ROCHEFORT (DE), 340, 364, 444.
ROEULX (COMTE DE), 461.
ROGER, CHATELAIN DE PÉRONNE, 324.
ROGY, 505.
ROHAIS, 260.
ROLEPOT (DE), 389.
RONCIVAL (DE), 400.
ROSEL OU ROSET (DE), 340.
ROSSET (DE), 172.
ROUCOURT (DE), 425.
ROUCY (COMTE DE), 56, 79.
ROUVRE (DE), 257, 492.
ROUVROY (DE), 140.
ROYE (DE), 101, 201, 338, 344, 416.
ROYON (DE), 168, 429.
RUMET, 514.

S

SACY (DE), pages 244, 492.
SAHURS (DE), 425.
SAINS (DE), 271, 425, 507.
SAINT-ADJUTEUR, ABBÉ DE TIRON, 314,
    315, 316, 317, 318, 319, 320, 321, 322.
SAINT-AMAND (DE), 234.
SAINT-ANDRÉ (DE), 221.
SAINT-CHÉRON (DE), 53.
SAINT-GEOFFROY, ÉVÊQUE D'AMIENS, 6,
    16, 23, 72, 73.
SAINT-GEORGES (DE), 188.
SAINT-GERMAIN (DE), 180.
SAINT GILLES (COMTE DE), 94.
SAINT GUILLAIN (DE), 438.
SAINT-LÉGER, 239.
SAINT-LO (DE), 429.
SAINT-PIERRE (DE), 201.
SAINT-POL (COMTE DE), 8, 52, 53, 54, 94,
    98, 100, 101, 102, 106, 115, 144, 183,
    257, 284, 333, 341, 344, 361.
SAINT-POL (MARGUERITE DE), 52, 332,
    333, 337, 339.
SAINT-RÉMY (DE), 181.
SAINT-SAUFLIEU (DE), 424.
SAINT-VALERY (DE), 341.
SAINT-YON (DE), 444.
SAINTE-ALDEGONDE (DE), 204, 69.
SAINTE-CROIX (DE), 63.
SAINTE-FOY (DE), 120, 367.
SAINTE-PALAYE, 212.
SAINTE-SUZANNE (VICOMTE DE), 340, 362,
    435.

SALADIN, 98.
SALISBURY (COMTE DE), 271.
SALUCES (MARQUIS DE), 11.
SANS (DE), 127, 384, 497.
SARTIGES (DE), 400.
SARCUS (DE), 49.
SAUREL (DE), 500.
SAUVAIGE, 481, 483.
SAVEUSE (DE), 165, 425.
SAVIÈRES (DE), 114, 387.
SCHREWSBURY (COMTE DE), 271.
SEMPY (DE), 127, 263, 275, 510.
SÉNARPONT (DE), 149, 212, 409,
    442.
SENS (DE), 182.
SERLON, ABBÉ DE SAINT-LUCIEN, 35.
SILLERY (MARQUIS DE), 444.
SIMON, FILS DE RAOUL, COMTE D'AMIENS,
    292.
SUARSCEMBOURG (DE), 203.
SOISSONS (COMTE DE), 8, 48, 49, 94, 498.
SOLERS (DE), 282.
SOMORENS (DE), 400.
SONAY (DE), 400.
STUART-AUBIGNY (DE), 190.
SUGER, 9, 21, 23, 24, 36, 37, 81, 92, 308.
SULLY (DE), 12, 38, 340, 362.
SUSQUERQUE, 422.
SUZANNE (VICOMTE DE), 94.
SYBILLE DE NAMUR, 303. — Voir NA-
    MUR.

T

TABARIE (DE), page, 498.
TACON, 341.
TAISNY (DE), 150, 408. — Voir TESNY.
TENREMONDE (VICOMTE DE), 213, 214, 218,
    245, 246.
TESNY (DE), 101, 338. — Voir TAISNY.
TESSON (DE), 340.
THÉZAN (DE), 48, 64, 124, 374.
THIERS, 40.
THIEULAINE (DE), 220, 463.
THOU (DE), 444.
THOUARS (VICOMTE DE), 9, 94, 340.
TILLET (DU), 115.
TIRAQUEAU, 254.
TIREL OU TYREL, 161, 292, 416, 24.
TONOURIS, 493.
TORCY (DE), 224, 263, 479, 480.
TORQUEFIS (DE), 221.

TOULOUSE (COMTE DE), 10.

TOURNAY, BARON D'OISY (DE), 234.

TOUSTAING DE RICHEBOURS, 176.

TRAMECOURT (DE), 49, 234.

TRAVERS, 217.

TRIECOC (DE), 343.

TRIPOLI (VICOMTE DE), 259, 493, 497, 498.

TRISTE (DU), 168, 429.

TUM (DE), 95, 331.

TURENNE (VICOMTE DE), 94.

TURGIS, 173,

U

URAC (D'), page 172.

URFÉ (D'), 188.

URSINS (DES), 179, 444.

V

VALENCE (DE), page 61.

VALENCIENNES (DE), 399.

VALERA, 481, 482, 483.

VALERAN, 424.

VALICOURT D'AMBRINES, 480.

VALLIER (DE), 188.

VALOIS (CHARLES DE), 62, 160.

VAN CAPPEL, 249. — Voir PRÉMONT.

VAN DER PLAEST OU DE LA PLACE, 277.

VANVES (DE), 204.

VARENNES (DE), 60, 136, 137, 138, 139, 140, 141, 142, 143, 166, 382, 391, 392, 393, 395.

VASQUEHAL (DE), 279.

VATIER, 416.

VAUBERS (DE), 416.

VAUDRICOURT, 127. 263.

VAURANS (DE), 137.

VAUX (DE), 140, 333.

VAYRIE (DE), 400.

VENDACH (DE), 400.

VENDOME (COMTE DE), 56, 188.

VENTADOUR (DE), 340.

VERAC (DE), 272.

VERGOLAY (DE), 358.

VERGY (DE), 157.

VIESIER (DU), 183.

VIET (DU), 487.

VIGNACOURT (SIRES DE), 14, 48, 49, 90, 101, 137, 165, 282, 325, 328, 329, 330, 333, 422, 477.

VIGNEUL DE MARVILLE, 191.

VIGNON, 215, 449.

VILLA-ROYA (DE), 344.

VILLARS (DE), 403.

VILLERS (DE), 102, 127, 146, 166, 234, 263, 339.

VILLES (DE), 123, 377.

VIOLLET, 111, 353.

VIX (DE), 204.

VOZ (DE), 280, 283.

VUILLEMÉ, 226.

VUISSOC, 510.

W

WADENCOURT (DE), page 424.

WAIGNART, 514.

WALLE D'EGLEGATTE (DE), 219.

WALLEY (DE), 461.

WALLAST (DE), 217, 452.

WALLOY, 168.

WAMIN (MARQUIS DE), 242, 485, 486. — Voir FLECHIN.

WARAGUE (DE), 64.

WAREGNIES OU WARIGNIES (DE), 97, 407.

WAUDRIPONT (DE), 63, 266.

WAUTERS, 211.

WERCHY (DE), 417.

WÈRE (DE), 35.

WETENS, 63.

WIBERT-LE-FRANC, 380.

WIDEBIEN (DE), 213, 214, 217, 246, 480.

WISME (BARON DE), 487. — Voir BLOQUEL.

WISME (BARON DE), 238.

WULDE, 220.

Y

YMANIE, pages 127, 130, 152, 408, 415.

YSEU (D'), 101, 110, 158, 338, 354.

Z

ZENGHI, page 91.

4461. — ABBEVILLE. — TYP. ET STÉR. A. RETAUX. — 1888.

www.ingramcontent.com/pod-product-compliance
Lightning Source LLC
Chambersburg PA
CBHW070713280326
41926CB00087B/1825